系统集成与应用部署

国家质检总局信息中心　组编

中国质检出版社
北京

图书在版编目(CIP)数据

系统集成与应用部署/国家质检总局信息中心组编.—北京:中国质检出版社,2011.10

金质工程(一期)应用系统培训教材/张明主编

ISBN 978-7-5026-3499-5

Ⅰ.①系… Ⅱ.①国… Ⅲ.①质量检验—系统集成技术—技术培训—教材 Ⅳ.① F273.2

中国版本图书馆 CIP 数据核字(2011)第 194246 号

内 容 提 要

本书主要介绍了"金质工程"(一期)中的集成系统的部署和操作,以及各业务应用系统的部署说明。集成系统包括集成框架、主数据库、WebService 和数据交换平台等四个需要独立部署的应用程序的布署说明,增加了"综合信息服务系统"的部署与操作说明,该系统属于质检信息服务系统中的一部分,主要是为领导决策提供支持,为质监部门提供服务,为企业和工作提供服务。

读者对象:主要面对"金质工程"(一期)系统集成布署与安装维护的技术人员与管理人员的使用人员和维护人员。

中国质检出版社出版发行

北京市朝阳区和平里西街甲 2 号(100013)

北京市西城区三里河北街 16 号(100045)

网址:www.spc.net.cn

总编室:(010)64275323 发行中心:(010)51780235

读者服务部:(010)68523946

中国标准出版社秦皇岛印刷厂印刷

各地新华书店经销

*

开本 787×1092 1/16 印张 19 字数 445 千字

2011 年 12 月第一版 2011 年 12 月第一次印刷

*

定价 **70.00** 元

丛书编委会

本册编写　徐　磊　陈　瑛　刘自宪　刘光惠　周志强

范武凌　佘兆力　颜　武　沙海燕　郭启武

陈少华　谭春琴　钟云智　代　鹏　李夏光

陈　涛　姜亚楠　赖　新

前　言

"金质工程"是国家电子政务建设的一个重要工程，是国家发展改革委按照基本建设项目的要求正式立项批准，中央办公厅、国务院办公厅以17号文件形式正式确定的工程项目。金质工程包含质量技术监督、检验检疫、认证认可、标准化和WTO通报评议咨询五大块业务。其中，质量技术监督部分应用系统所占的比例最大，涵盖了质量信用、计量管理、特种设备、质量监督、食品监管、执法打假及其行政许可和信息服务等多项内容；检验检疫部分涵盖了重点商品的电子监管和备案审批、行政许可和信息服务等。这些系统已经在部分地方局开始应用。

金质工程在总体设计上具有鲜明的特点。首先，它是一个有机的整体，不同的业务子系统有机地结合在一起。在系统运行过程中，不同业务子系统实现了业务数据资源的高度共享。其次，它是一个实时的应用系统，上下级机构之间可实行数据实时交换，可实现各地数据实时汇总上级到总局，为统计分析、数据挖掘和行政监察等很多方面的应用奠定了基础。第三，它是一个资源高度共享的系统。组织机构代码、产品分类代码等基础数据全国共享，保证了数据的一致性，也保障了业务数据的规范性。

金质工程也是一个很好的具有顶层设计理念的信息系统工程。顶层设计的方法论包括了三个方面的内容：一是技术架构的规划和设计；二是应用架构的规划和设计；三是运行和维护体系的规划和设计等。

金质工程的技术架构的规划和设计是非常优秀的，它采用的是总集成、总标准和总分总的技术路线，总集成设计和开发金质工程的总体技术架构，总标准规划与建设金质工程整体工程的标准体系，各个应用系统开发团队在总集成的技术架构之下完成应用系统的开发与实施，并且总集成商的技术集成开发框架在近3年的系统开发和实施中得到了充分的检验和完善，已经形成了一个较稳定的系统集成框架平台。

金质工程的应用架构的规划和设计由各个应用开发团队和总局业务司局与地方业务管理部门合作完成，前期的业务调研与需求分析也渗透了我们业务主管部门的心血和付出，体现了应用系统的开发与业务管理的融合与协同。

金质工程的运维体系也在逐步建立和完善之中，总集成和应用开发团队的技术力量还在帮助我们运维系统和推广与完善应用。

为了金质工程的进一步推广应用，也为了使得业务部门和基层的业务管理人员能够更加深入的理解和使用金质工程的应用系统，我们组织编写了这套培训教材，以便帮助基层的信息化技术管理人员能够顺利安装和部署金质工程的集成框架，维护系统的应用环境；也帮助基层的业务管理人员使用这套系统管理业务和处理日常工作，提升管理部门的业务管理水平、提升其公众服务能力和监管效能，也帮助我们的业务管理部门提高工作效率和工作质量。

国家质检总局信息中心

2011.9

目　　录

1 系统综述

"金质工程"是国家电子政务建设的重要组成部分，是我国电子政务建设的12重点应用系统之一，其建设内容可以用"一网一库三系统"的建设来概括，即建设质检业务监督管理系统、质检业务行政许可管理系统、质检信息服务系统，建设质检业务数据库群，建设软硬件及网络平台。

"金质工程"(一期)为了使各个业务系统成为统一的整体，方便业务人员使用，实现了统一登录、统一组织机构和统一的权限管理。实现这个统一管理功能的平台称为集成框架，又称为"系统管理"、Unieap平台、统一登录平台等。各业务系统(横向)之间都需要操作到的企业、机构、产品等基础数据，由"主数据管理系统"来进行统一管理，业务系统是通过调用WebService服务来实现对基础库的操作。实现总局和地方局(纵向)数据交换功能的程序是"数据交换平台"，也称为DXP(Data eXchange Platform)。

本文主要描述了"金质工程"(一期)中的集成系统的部署和操作，以及各业务应用系统的部署。集成系统包括了集成框架、主数据、WebService和数据交换平台这四个需要独立部署的应用程序，它们一起实现了整个"金质工程"的系统集成。

其次，描述了"综合信息服务系统"的部署与操作。综合信息服务系统属于质检信息服务系统中的一部分，为领导决策提供支持，为质监部门提供服务，为企业和公众提供服务。

"金质工程"(一期)的各应用系统都是部署在金碟中间件上，见附录《金蝶中间件Apusic安装部署手册》。

文中所引用的脚本，均附在应用程序安装光盘中。

2 集成框架部署

2.1 概述

本章节适用于部署“金质工程”(一期)应用集成框架,从数据库服务器、应用服务器两方面说明系统的部署,并总结了在部署中碰到的常见问题,具体可参考 2.5 系统部署常见问题。

2.2 部署环境说明

系统部署要求:应用服务器、数据库服务器的操作系统为 Windows(2000/2003)/Linux,应用服务器采用金蝶中间件 5.1 版(Apusic5.1),数据库服务器采用 Oracle10g。

访问系统的客户端环境要求为 Windows 操作系统,浏览器为 IE6 sp2 版。

由于“金质”各业务系统都是在集成平台中统一登录,为使各业务系统能正常使用,需在各业务系统部署之前,先把集成系统部署完成。

2.3 数据库服务器部署

2.3.1 数据库说明

集成框架部署的数据库环境说明见表 2-1。

表 2-1 集成框架数据库环境说明

系统名称	所属区域	表空间描述	用户名	默认表空间名	临时表空间
集成框架	核心业务区	内网支撑库	UNIEAPZJZJ	TS_UNIEAPZJZJ	TS_PLATFORM_TEMP
		外网支撑库	UNIEAPZJZJ_H	TS_UNIEAPZJZJ	
		基础库	MDB	TS_MDB	
		监控支撑库	DEXCONTROL	TS_UNIEAPZJZJ	
	内部接入区	监控支撑库	DEXCONTROL	TS_DXP	
		访问量统计	MONITOR_EX	TS_MONITOR_EX	

2.3.2 数据导入

数据导入包括核心业务区和内部接入区。

（1）核心业务区

执行《表空间、用户创建脚本-业务处理区 J》脚本，创建核心业务区整个数据库实例所需要的相应表空间和脚本。注意执行此脚本时，表空间的路径需要依实际修改，表空间大小可依实际情况进行扩大，数据库用户的密码也可做修改。若修改了数据库用户的密码，在做应用部署时需修改相应配置文件中的密码部分。

说明：此脚本将核心区各业务系统的数据库用户与表空间都已创建完全，以后各业务系统不必再创建自身业务所需的表空间与用户，只需把相应数据库用户的对象导入即可。

然后将提供的数据库文件 unieapzjzj.dmp、unieapzjzj_h.dmp、mdb.dmp、dexcontrol.dmp 分别导入到 unieapzjzj、unieapzjzj _h、unieapzjzj_h、mdb 和 dexcontrol 数据库用户中。导入脚本格式：

imp　数据库用户名/密码@数据库实例名　file=路径\文件名　full=y

数据库实例命名一般为 QSxxxxJ，中间四位使用省局的行政区划码，例如贵州局为 QS5200J。若数据库文件路径如果是在 D 盘根目录下，unieapzjzj 用户的密码为 unieapzjzjaqsiq09＃，数据库实例名为 QS5200J，则一个导入脚本的例子：

imp　unieapzjzj/unieapzjzjaqsiq09＃@QS5200J　file=D:\unieapzjzj.dmp　full=y

（2）内部接入区

执行《表空间、用户创建脚本-内部交换区 Z》脚本，创建内部接入区整个数据库实例所需要的相应表空间和脚本。注意执行此脚本时，表空间的路径需要依实际修改，表空间大小可依实际情况进行扩大，数据库用户的密码也可做修改。若修改了数据库用户的密码，在做应用部署时需修改相应配置文件中的密码部分。

说明：此脚本将内部区各业务系统的数据库用户与表空间都已创建完全，以后各业务系统不必再创建自身业务所需的表空间与用户，只需把数据库用户的对象导入即可。

然后将提供的数据库文件 dexcontrol.dmp 和 monitor_ex.dmp 导入到 dexcontrol 和 monitor_ex 数据库用户中。导入方式同见上“核心业务区”。注意核心区和内部区的同名数据库用户 dexcontrol，其导入的文件是不同的。

2.3.3 数据清库

在 unieapzjzj 和 unieapzjzj_h 用户下分别执行《集成系统清库脚本(保留全局角色)》。

在 mdb 用户下执行《主数据清库脚本》。

2.3.4 数据授权

（1）在核心区 unieapzjzj 用户下执行《zjzj_unieapzjzj 用户为业务用户授权脚本》。

（2）在核心区 unieapzjzj_h 用户下执行《zjzj_unieapzjzj_h 用户为业务用户授权脚本。

（3）在核心区数据库系统管理员 sys 或 system 用户下执行《dexcontrol 用户授权脚本_核心区》。

(4) 在内部区数据库系统管理员 sys 或 system 用户下执行《dexcontrol 用户授权脚本_内部区》。

(5) 在 mdb 用户下执行《zjzj_数据库用户 mdb 授权脚本. txt》授权脚本。

(6) 若各业务系统的数据已经导入,则在 sys 或 system 用户执行《zjzj_业务系统给集成框架授权脚本》,否则在单个业务系统部署之后再单独授权也可。

2.3.5 数据库配置

2.3.5.1 数据源连接修改

修改数据库用户 unieapzjzj 和 unieapzjzj_h 的 drm_sys_datasource 表中的数据源链接信息,即将字段 DBURL、USERNAME、PASSWORD、SERVERNAME 的内容按照实际情况进行修改,见图 2-1。

```
select t.*, t.rowid from drm_sys_datasource t
```

	DSID	POOLPROVIDER	DSNAME	DSDESCRIBE	DRIVERNAME	DBTYPE	DBURL	USERNAME	PASSWORD	SERVERNAME	VALIDSTATUS	DSTYPE
1	dexcontrol	APUSIC	dexcontrol	dexcontrol	oracle.jdbc.driver.OracleDriver	Oracle	dexcontrol	dexcontrol	dexcontrol	QS5100J	0	0
2	control_z	APUSIC	control_z	control_z	oracle.jdbc.driver.OracleDriver	Oracle	control_z	dexcontrol	dexcontrol	QS5100H	0	0
3	MDB	APUSIC	mdb	data	oracle.jdbc.driver.OracleDriver	Oracle	mdb	mdb	mdbAqsiq09#	QS5100J	0	0
4	UNIEAP	APUSIC	unieaps	platform datasource	oracle.jdbc.driver.OracleDriver	Oracle	unieaps	unieapzjzj	unieapzjzjAqsiq09#	QS5100J	0	0

图 2-1 集成框架的数据源配置表

说明:字段 DBURL 对应金蝶中间件数据源配置文件 datasources. xml 中的<jndi-name>,必须完全一致,包括大小写;USERNAME、PASSWORD 对应数据库用户和密码,SERVERNAME 对应数据库实例名。

2.3.5.2 视图编译

(1) 给集成系统用户授予查询业务系统相关表的权限,即在相应的业务系统用户或数据库管理员用户下执行《zjzj_业务系统给集成框架授权脚本. txt》。

(2) 重新编译 unieapzjzj 用户下的视图。

(3) 如果视图编译仍然出错,请等到所有业务系统都安装部署完成之后再进行各业务系统给集成框架授权,然后再次编译视图即可。

2.3.5.3 相关参数修改

分别修改核心业务区和外部接入区 unieapzjzj 和 unieapzjzj_h 用户下名为"MonitorCountPro"存储过程的行政区划参数,例如贵州省局为 520000,修改内容见图 2-2。

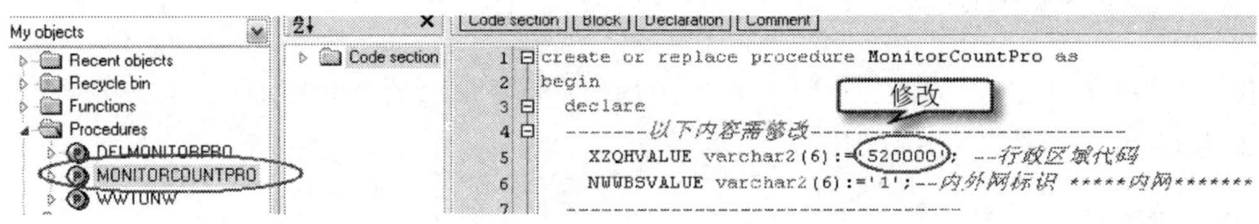

图 2-2 行政区划参数设置

在核心业务区和内部接入区的 dexcontrol 用户下分别执行:

Update ex_record set node_code='质检机构代码'

以贵州省质量技术监督局为例,其质检机构代码为 520000110,见图 2-3。

```
select t.*, t.rowid from ex_record t
```

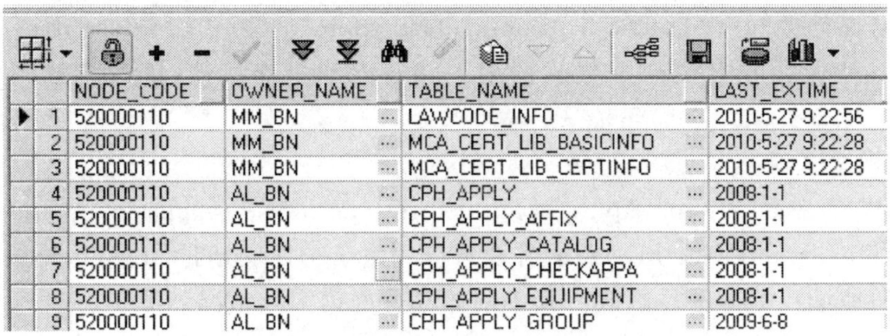

	NODE_CODE	OWNER_NAME	TABLE_NAME	LAST_EXTIME
1	520000110	MM_BN	LAWCODE_INFO	2010-5-27 9:22:56
2	520000110	MM_BN	MCA_CERT_LIB_BASICINFO	2010-5-27 9:22:28
3	520000110	MM_BN	MCA_CERT_LIB_CERTINFO	2010-5-27 9:22:28
4	520000110	AL_BN	CPH_APPLY	2008-1-1
5	520000110	AL_BN	CPH_APPLY_AFFIX	2008-1-1
6	520000110	AL_BN	CPH_APPLY_CATALOG	2008-1-1
7	520000110	AL_BN	CPH_APPLY_CHECKAPPA	2008-1-1
8	520000110	AL_BN	CPH_APPLY_EQUIPMENT	2008-1-1
9	520000110	AL_BN	CPH_APPLY_GROUP	2009-6-8

图 2-3 贵州质量技术监督局质检机构代码

2.4 应用程序部署及访问

2.4.1 应用程序部署

在金蝶中间件下创建、配置应用集成系统所需的域，创建方法参见《附录 金蝶中间件 Apusic 安装部署手册》。

将集成框架程序部署到核心业务区和外部接入区的应用服务器相应的金蝶域下，即将压缩后的应用程序包拷贝到对应金蝶域的 applications 目录下，假定部署时域名为 mydomain(下同)，则将程序文件压缩包拷贝到/opt/Apusic-5.1/domains/mydomain/applications/下。

集成系统的应用程序名为 zjzjdomain。拷贝完之后将压缩包解压，解压完成之后删掉原程序压缩包。

2.4.1.1 修改支撑库连接文件

按照实际情况修改/opt/Apusic-5.1/domains/mydomain/applications/zjzjdomain/WEB-INF/conf/unieap/udolink/conf/supportDB.properties 文件中的数据库实例名、DataSourceURL 连接串及用户密码。具体修改见图 2-4 斜体字部分。

假设支撑库 unieapmaster 所在数据库服务器 ip 地址为 10.1.10.4，数据库实例名为 orcl 且是单节点(非集群)，则修改例子见图 2-4。

```
DriverName=oracle.jdbc.driver.OracleDriver
TargetDatabase=Oracle
DBServer=orcl
DataSourceURL=jdbc:oracle:thin:@10.1.10.4:1521:orcl
UserName=unieapzjzj
Password=unieapzjzjAqsiq09#
```

图 2-4 支撑库配置文件

对于数据库集群环境下的 DataSourceURL 连接串例子见图 2-5。

```
jdbc:oracle:thin:@(DESCRIPTION=(ADDRESS_LIST=(ADDRESS=(PROTOCOL=
TCP)(HOST=10.13.10.222)(PORT=1521))(ADDRESS=(PROTOCOL=TCP)(HOST=
10.13.10.221)(PORT=1521)))(LOAD_BALANCE=yes)(CONNECT_DATA=(SERV
ER=DEDICATED)(SERVICE_NAME=ORCL)))
```

注：其中斜体部分需要根据实际情况修改替换。

图 2-5 集群数据库连接串

2.4.1.2 修改金蝶连接池配置文件

按实际情况修改/opt/Apusic-5.1/domains/mydomain/config/datasources.xml 文件中的数据库连接串及用户名密码。集成框架一共需配四个连接池，修改方法同 2.4.1.1 中说明。

2.4.1.3 修改集成配置

检查集成菜单配置/opt/Apusic-5.1/domains/mydomain/applications/zjzjdomain/WEB-INF/applications.xml 文件中所加载的各业务应用系统的访问地址和端口，见图 2-6，需要按照实际的访问地址和端口进行修改。其中斜体部分根据实际情况修改。

```
<application name="zljd">
    <config>/WEB-INF/conf/zljd/zljd-config.xml</config>
    <title>产品质量监督管理系统</title>
    <started>true</started>
    <welcome>http://localhost:8181/zljddomain</welcome>
  </application>
```

图 2-6 集成菜单配置文件

2.4.2 系统登录访问

金蝶应用服务器的启动请参见《附录 金蝶中间件 Apusic 安装部署手册》。金蝶应用服务器启动后，根据应用系统部署的服务器地址来访问系统。假如应用服务器 IP 地址为 192.168.1.5，端口号为 6888，则在浏览器地址栏内输入 http://192.168.1.5:6888/zjzjdomain，即可打开登录页面，使用超级管理员账户 admin、核心区密码 12345678Aa(外部区的密码为 12345678Bb)登录系统，如果金蝶中间件启动没有错误信息，且系统登录成功，则说明集成框架部署成功。

2.5 系统部署常见问题

2.5.1 报 NoClassDefFoundError 错误

部署到 Apusic 后启动时报 java.lang.NoClassDefFoundError 错误。

解决办法：编辑 WEB-INF\web.xml 文件，在所有 Filter 的配置之前，增加参数见图 2-7。

```
<context-param>
    <description>
    </description>
    <param-name>com.Apusic.web.ServletClassLoaderDelegate</param-name>
    <param-value>com.Apusic.servlet.http.IntegrateLoaderDelegate</param-value>
</context-param>
```

图 2-7 参数配置

(1) 重新启动 Apusic。

(2) 如果重启后仍然报错，要检查报错的 class 文件，是否在 WEB-INF 的 classes 或 lib 目录下存在。

2.5.2 报 ZipException 错误

访问首页时报“error reading C:\jdk1.5.0_11\jre\lib\ext\localedata.pack; java.util.zip.ZipException:error in opening zip file”的错误。

解决办法：

(1) 检查安装的 JDK 的版本是否是 1.5.0_06。

(2) 设置的系统 JAVA_HOME 环境变量是否为 1.5.0_06 版本的 JDK。

可在命令行下，运行 java-version 命令进行检查，见图 2-8。

(3) 重新启动 Apusic。

```
C:\WINDOWS\system32\cmd.exe
Microsoft Windows XP [版本 5.1.2600]
(C) 版权所有 1985-2001 Microsoft Corp.

C:\Documents and Settings\Administrator>java -version
java version "1.5.0_09"
Java(TM) 2 Runtime Environment, Standard Edition (build 1.5.0_09-b03)
Java HotSpot(TM) Client VM (build 1.5.0_09-b03, mixed mode, sharing)
```

图 2-8 java 版本查看

2.5.3 日志开关设置

(1) 在应用程序文件夹的\EAPDomain\WEB-INF\classes\log4j.xml 文件中，修改相应的配置信息，可以控制日志的输出。主要有以下两点：

1) 文件中的<priority value="info"/>在正式上线稳定后，要将 info 修改为"error"。

2) 文件中的<root><appender-ref ref="Console"/></root>，在正式上线后要设置为<root><appender-ref ref="App1"/></root>，其中 App1 要在文件的前面部分进行定义，定义信息参考语句见图 2-9。

```
<appender name=" App1"
 class="com.neusoft.unieap.service.log.RollingFileAppender">
<param name="File" value="${unieap.log}/ App1.log" />
<param name="MaxFileSize" value="200MB " />
<param name="MaxBackupIndex" value="3" />
 <layout class="org.apache.log4j.PatternLayout">
 <param name="ConversionPattern" value="%d &gt;&gt; %5p &gt;&gt; %t &gt;&gt;
[UniEAP_Platform] &gt;&gt; %l &gt;&gt; %m%n" />
   </layout>
</appender>
```

图 2-9 参数定义

App1 要配置成服务器上的一个文件，由系统工程师来进行规划设置。比如，文件的

MaxFileSize 可以设成 200 MB，MaxBackupIndex 设成 3，这样一共是 600 MB，三个文件轮循使用。

（2）修改\EAPDomain\WEB-INF\conf\unieap\udolink\conf\OP. properties 文件，可以进行不输出 SQL 的设置，设置方法为：IS_DEBUG＝false。设置后，启动服务时会在控制台看到输出见图 2-10。

```
[ DRM NOTICE ] :conf/OP.properties  was found: ........
file:/D:/Tomcat5016/webapps/eapdomain/WEB-INF/conf/unieap/udolink/
conf/OP.properties  when find  in  OP_SYS_PATH!
IS_DEBUG=false
[UDOLink IMPORTANT NOTICE] :  DataSource bound  in UDOLink JNDI
 Context with name : UNIEAP
```

图 2-10　控制台输出

\EAPDomain\WEB-INF\conf\unieap\udolink\conf\DRMLogger. properties 文件，是 DRM 的 log4j 配置文件，系统稳定后应该设成：

log4j. rootLogger＝ERROR，R

log4j. appender. R. File＝DRMLogger. log

3 系统管理员操作

集成框架部署完成后，管理员操作“系统管理”中相应的增加、删除、修改功能，来完成对组织机构、角色、用户、权限等信息的维护。无论是系统管理员还是业务操作人员，都完全是从集成框架中进行登录来进行操作。本章只描述系统管理员的操作，业务人员的操作说明见相关业务系统的用户操作手册。

3.1 组织机构操作

3.1.1 组织单元管理

3.1.1.1 功能概述

组织单元管理是对组织单元信息进行维护的模块，包括增加、修改、删除。组织单元管理主界面分两个部分，左侧是组织单元树，右侧是组织单元信息编辑区，见图 3-1 组织单元管理主界面。

图 3-1 组织单元管理主界面

主要输入域说明：

(1) 名称：组织单元名称，必填项，不允许重名；

(2) 描述：组织单元的描述信息。

3.1.1.2 操作过程

(1) 增加

在组织单元树上我们提供了“增加”和“删除”右键菜单。用户鼠标右键单击菜单的“增加”项，系统会把焦点自动落在组织单元信息区中，这时用户可以填写相关信息，再单击【确定】按钮保存。系统会先校验用户输入的信息，如果校验通过，会弹出增加成功提示信息。在用户增加完后，系统会自动选中左侧组织单元树中用户新增加的节点，见图 3-2。

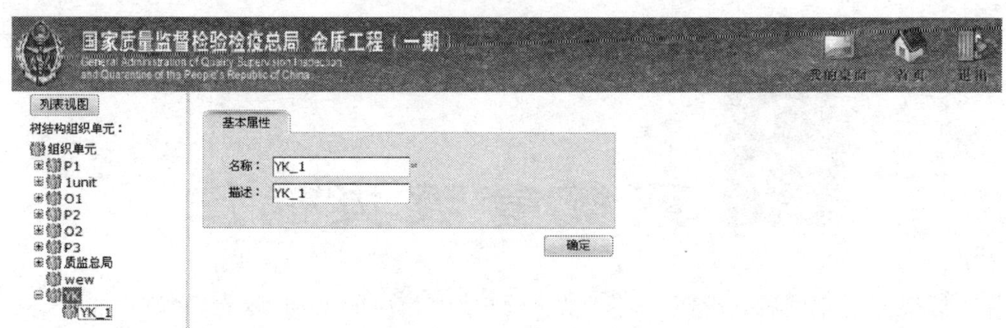

图 3-2　增加成功

（2）修改

用户可以直接单击要修改的节点，这时该节点的信息会自动填写在组织单元信息区，用户可以直接在这个区域修改内容，并单击【确定】按钮保存，见图 3-3，将 YK_1 修改为 YK_1_1。

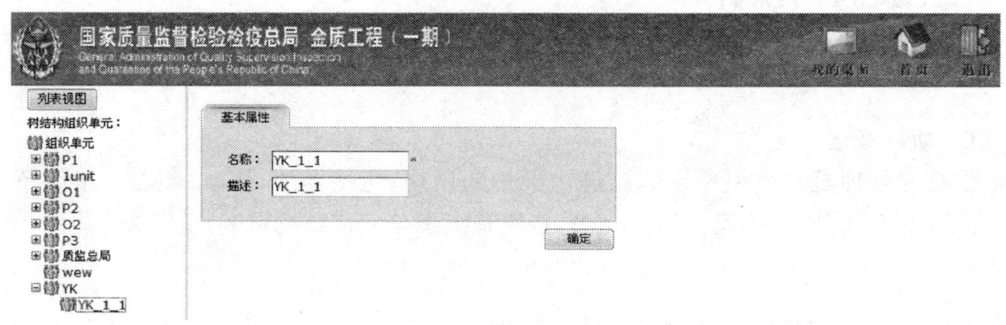

图 3-3　修改成功

（3）删除

用户右键单击菜单的“删除”项，可以删除组织单元，见图 3-4，删除了组织单元 YK_1_1。

“组织单元”的根结点及非叶子结点在删除时会提示禁止删除，也就是说，只能删除叶子结点，见图 3-5 和图 3-6。

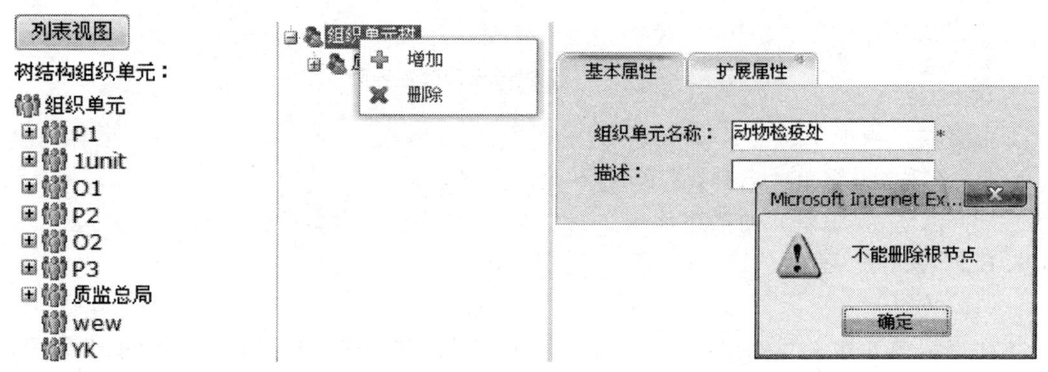

图 3-4　删除成功　　　　图 3-5　删除组织单元根结点

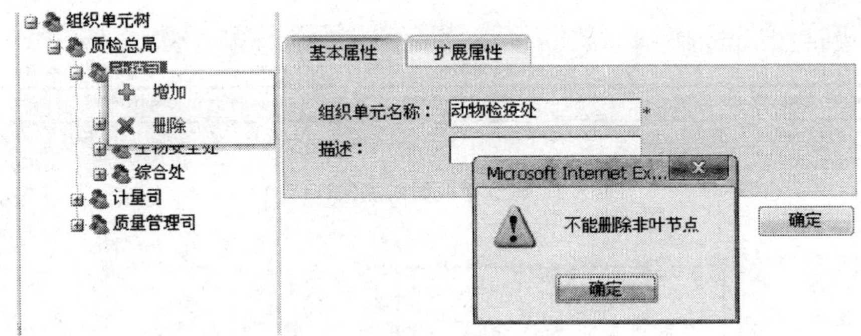

图 3-6　删除其他非叶子结点

3.1.2　用户管理

提供“超级管理员”、“安全管理员”、“业务用户”的增加、修改、删除功能。

3.1.2.1　超级管理员维护

注意：超级管理员一般系统中只有一个，对于它的维护要谨慎，否则对系统的运行和维护会造成影响。

（1）增加

1）选择“超级管理员维护”菜单，显示超级管理员账号信息见图 3-7。

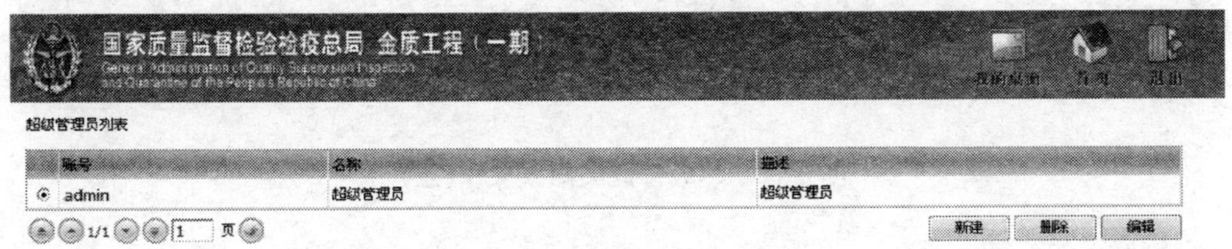

图 3-7　超级管理员列表

2）单击【新建】按钮，填写基本属性和扩展属性，见图 3-8。

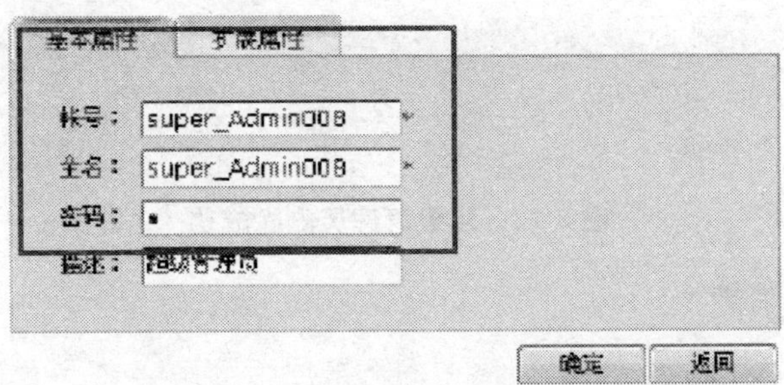

图 3-8　超级管理员增加操作(一)

3）单击【确定】按钮，见图 3-9。

（2）修改

1）在“超级管理员维护”界面，选择“superAdmin”，然后单击【编辑】按钮，修改基本属性和扩展属性。见图 3-10。

超级管理员列表

	账号	名称	描述
⦿	admin	超级管理员	超级管理员
○	super_Admin008	super_Admin008	超级管理员

1/1 1 页 新建 删除 编辑

图 3-9　超级管理员增加操作(二)

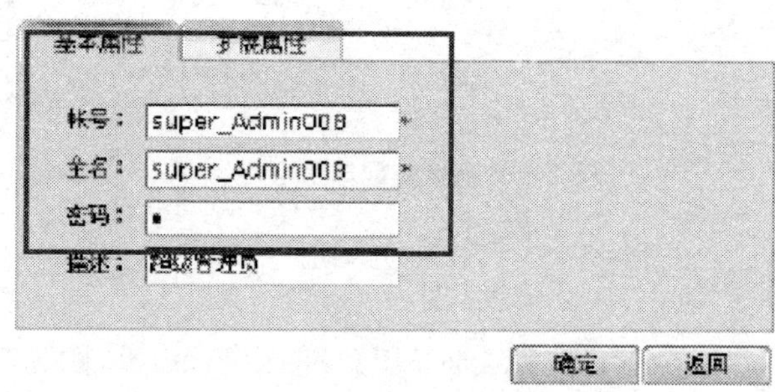

图 3-10　超级管理员修改操作(一)

2）单击【确定】按钮，见图 3-11。

图 3-11　超级管理员修改操作(二)

(3) 删除

在“超级管理员维护”界面，选择“super_Admin008”，然后单击【删除】按钮，删除成功后，列表中将不再有超级管理员 super_Admin008 的账户。见图 3-12。

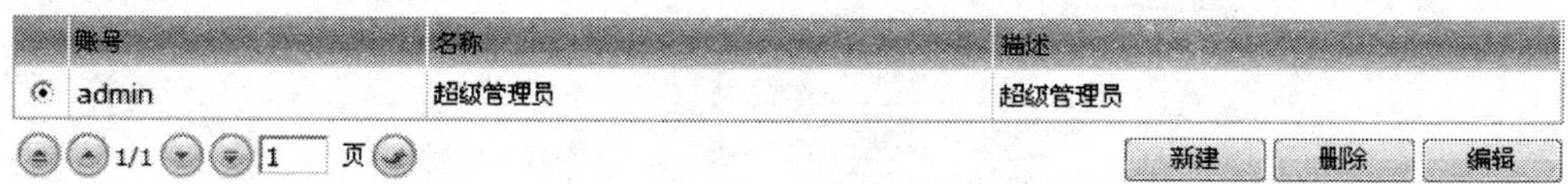

图 3-12　超级管理员删除成功

3.1.2.2　安全管理员维护

(1) 增加

1）选择“安全管理员维护”菜单，见图 3-13。

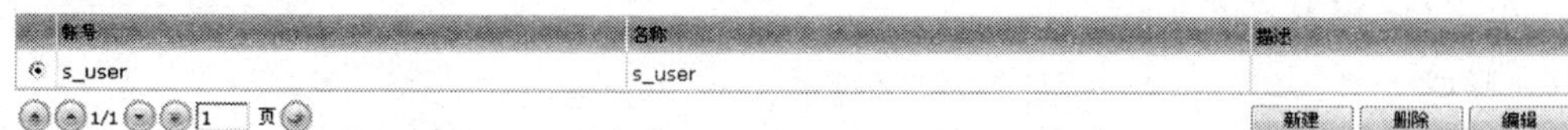

图 3-13　安全管理员列表

2）单击【新建】按钮，填写基本属性和扩展属性，其中通过“所属角色”栏可以选择该安全管理员所属的安全管理角色，见图 3-14。

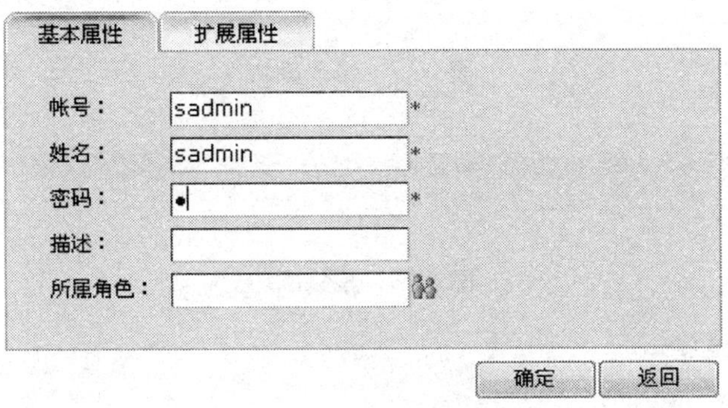

图 3-14　增加安全管理员操作

3）单击【确定】按钮，可以看到增加成功。见图 3-15。

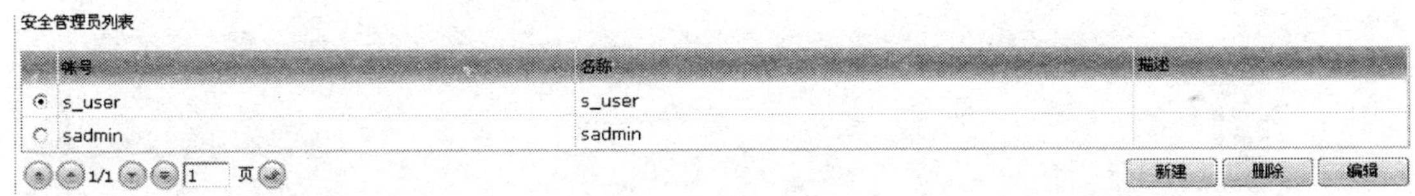

图 3-15　增加成功

（2）修改

1）在“安全管理员维护”页面，选择“sadmin”，然后单击【编辑】按钮，修改基本属性和扩展属性，见图 3-16。

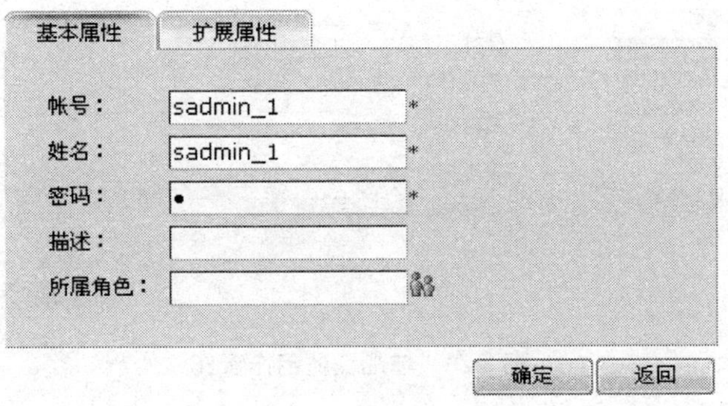

图 3-16　修改操作

2）单击【确定】按钮，可以看到修改成功，见图 3-17。

（3）删除

在“安全管理员维护”页面，选择“sadmin_1”，然后单击【删除】按钮，删除成功后，列表中将不再有“sadmin_1”，见图 3-18。

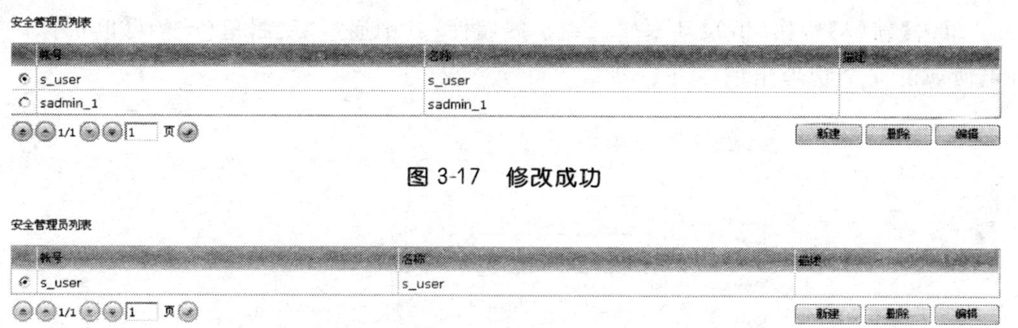

图 3-17　修改成功

图 3-18　删除成功

3.1.2.3　业务用户维护

（1）增加

1）选择“业务用户维护”菜单，选中左侧组织机构单元的某个结点，右侧列表中显示出该组织机构单元拥有的业务用户列表，见图 3-19。

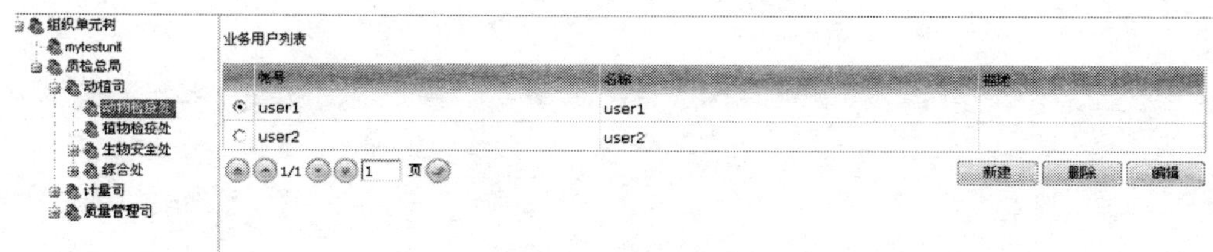

图 3-19　业务用户列表

2）单击【新建】按钮，填写基本属性和扩展属性，见图 3-20。

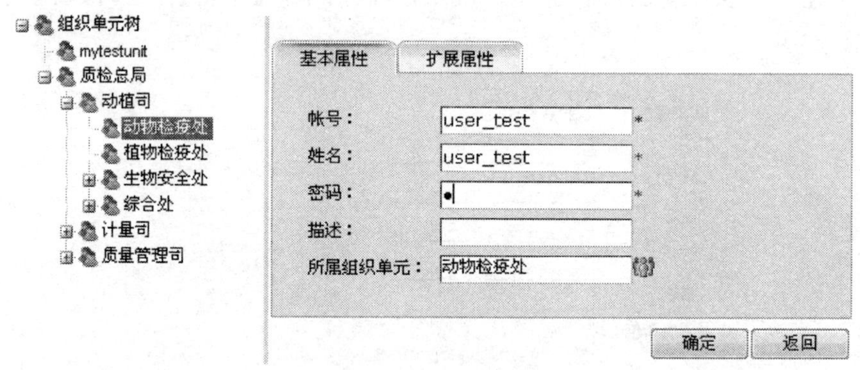

图 3-20　增加业务用户操作

3）单击【确定】按钮，见图 3-21。

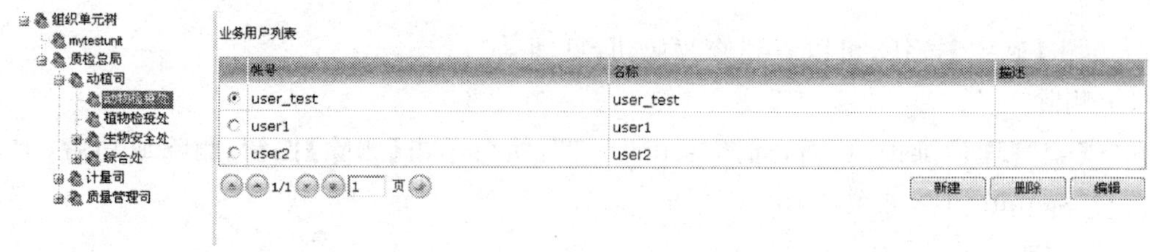

图 3-21　增加成功

(2) 修改

1) 选择“业务用户维护”菜单，见图 3-22。

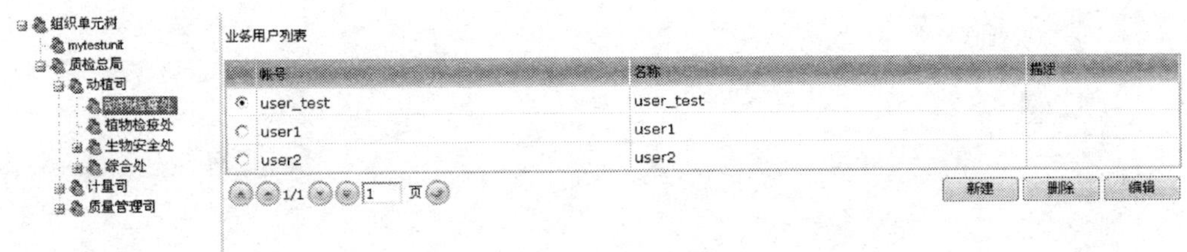

图 3-22　业务用户列表

2) 单击【编辑】按钮，修改基本属性和扩展属性，见图 3-23。

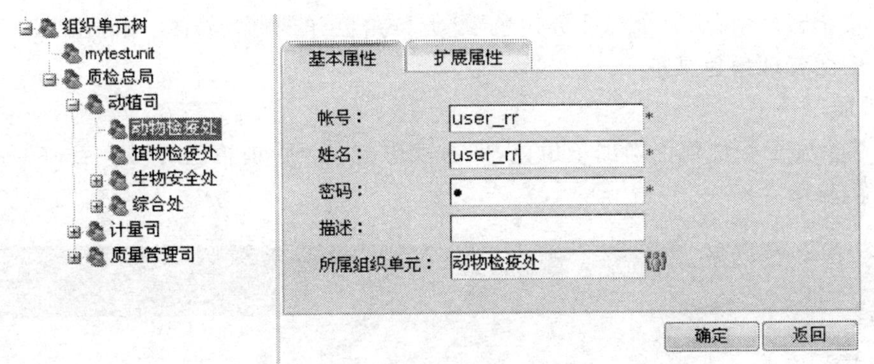

图 3-23　修改业务用户操作

3) 单击【确定】按钮，查看修改结果，列表中的“user_test”用户已改为“user_rr”，见图 3-24。

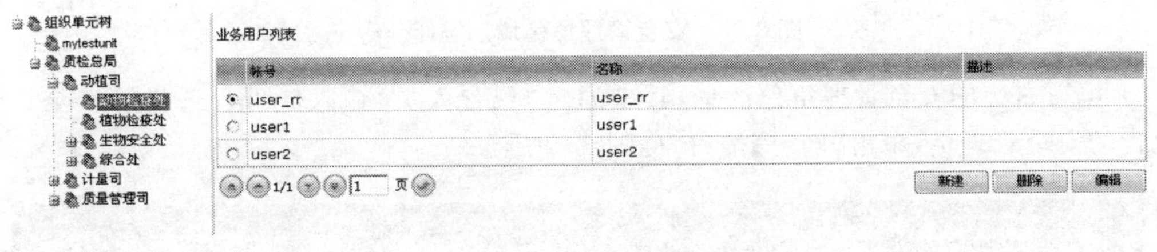

图 3-24　修改成功

(3) 删除

1) 选择“业务用户维护”菜单，见图 3-25。

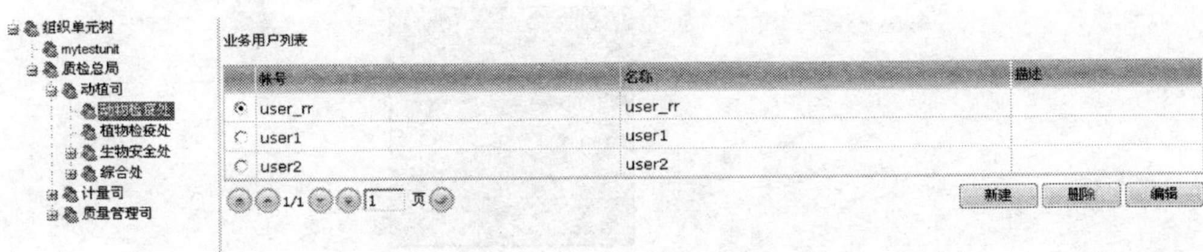

图 3-25　业务用户列表

2）选择列表中账号为“user_rr”的记录，单击【删除】按钮，删除成功后，列表中将不再有账号“user_rr”，见图 3-26。

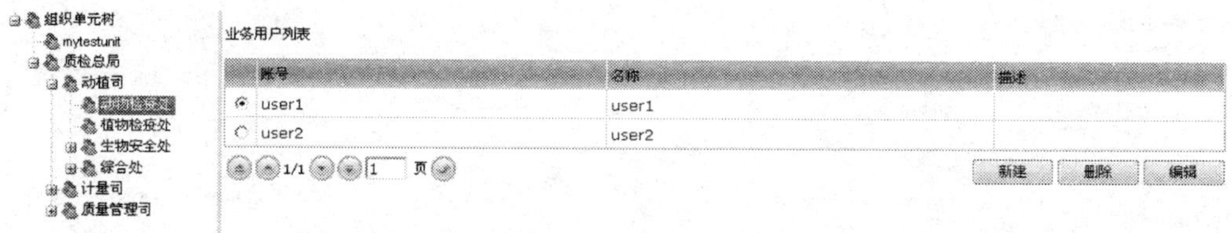

图 3-26 删除成功

3.1.3 角色管理

提供“安全管理角色”、“全局业务角色”、“业务角色”的增加、修改、删除功能。

3.1.3.1 安全管理角色维护

（1）增加

1）为某个安全管理角色增加子角色，即右键单击安全管理角色的树节点，在右键菜单上选择“增加”，见图 3-27。

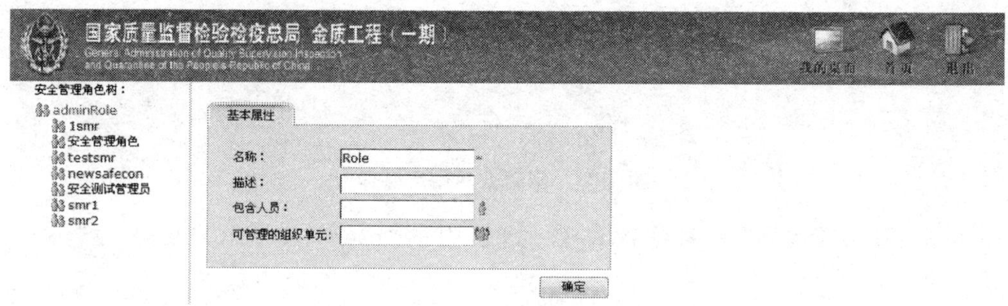

图 3-27 安全管理角色增加操作(一)

2）填写右边的安全管理角色信息，其中通过“包含人员”输入域可以选择该安全管理角色包含的安全管理员，单击【确定】按钮，见图 3-28。

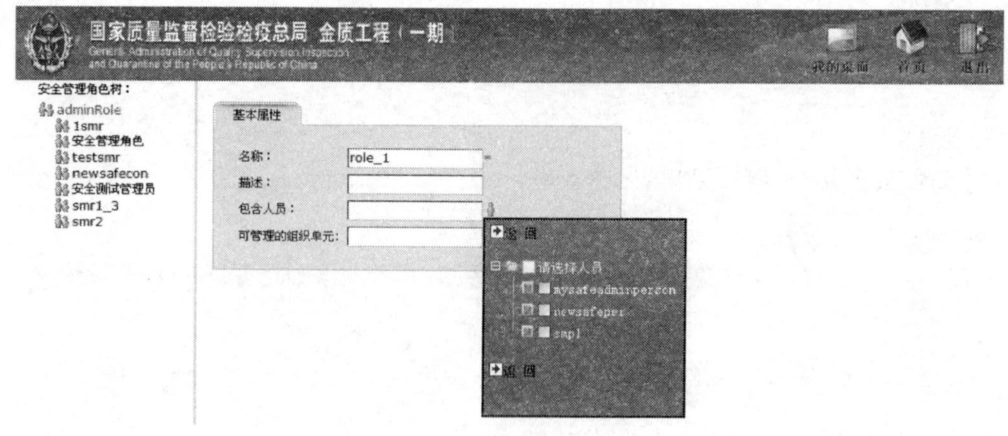

图 3-28 安全管理角色增加操作(二)

3）增加成功后，左侧的角色树会生成上面增加的“smr1_2”节点，见图 3-29。

（2）修改

1）修改某个安全管理角色，左键单击该安全管理角色的树节点，右面的编辑域会显示该安全管理角色的信息。见图 3-30。

2）修改该安全管理角色的信息，单击【确定】按钮。见图 3-31。

3）修改成功后，左键单击该安全管理角色的树节点，查看是否修改成功，见图 3-32。

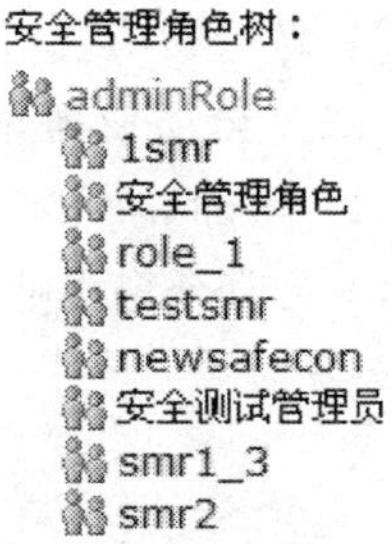

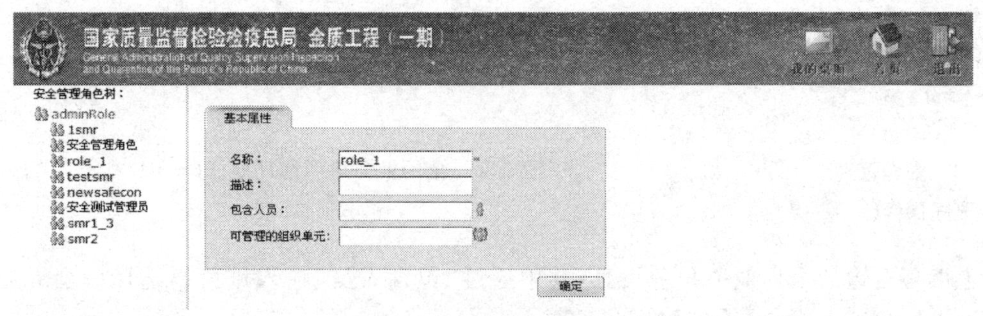

安全管理角色树：
adminRole
1smr
安全管理角色
role_1
testsmr
newsafecon
安全测试管理员
smr1_3
smr2

图 3-29 安全管理角色增加操作(三)

国家质量监督检验检疫总局 金质工程（一期）
安全管理角色树：
adminRole
1smr
安全管理角色
role_1
testsmr
newsafecon
安全测试管理员
smr1_3
smr2
基本属性
名称：
role_1
描述：
包含人员：
可管理的组织单元：
确定

图 3-30 安全管理角色修改操作(一)

基本属性
名称：
role_1_2
描述：
role_1_2
包含人员：
可管理的组织单元：
确定

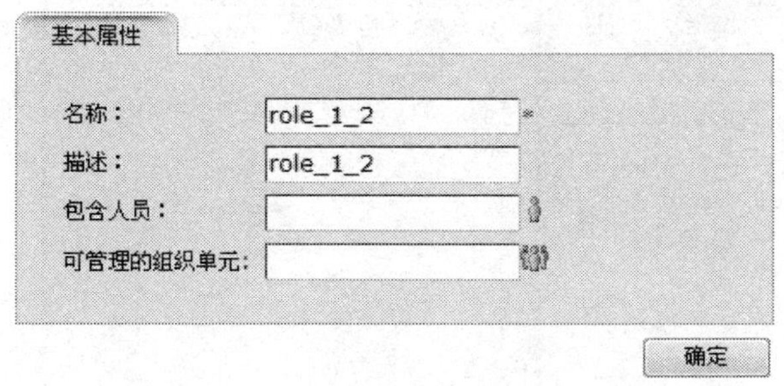

图 3-31 安全管理角色修改操作(二)

安全管理角色树：
adminRole
1smr
安全管理角色
role_1_2
testsmr
newsafecon
安全测试管理员
smr1_3
smr2

图 3-32 安全管理角色修改操作(三)

（3）删除

1）删除某个安全管理角色，即右键单击该安全管理角色的树节点，然后在右键菜单中选择“删除”，见图 3-33。

国家质量监督检验检疫总局 金质工程（一期）
安全管理角色树：
adminRole
1smr
安全管理角色
role_1_2
testsmr
newsafecon
安全测试管理员
smr1_3
smr2
基本属性
名称：
Role
描述：
包含人员：
可管理的组织单元：
确定

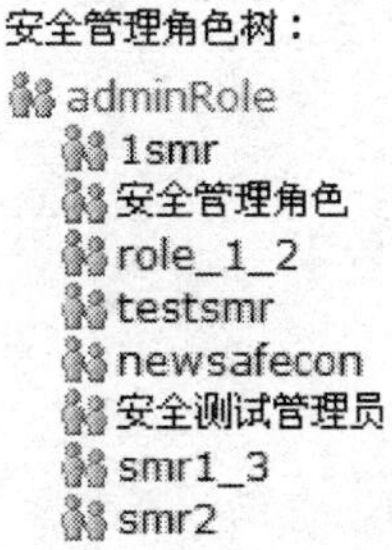

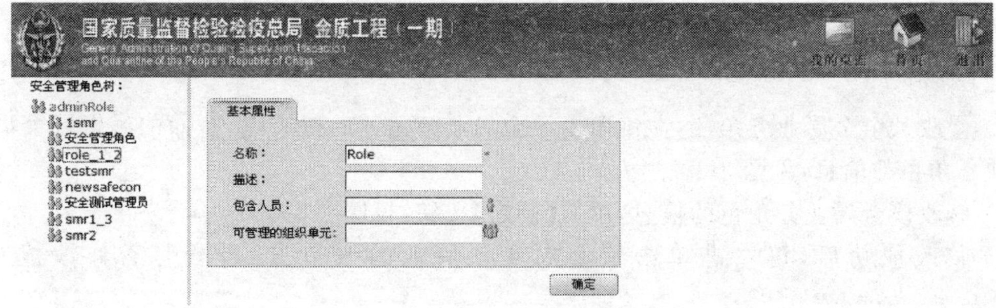

图 3-33 安全管理角色删除操作(一)

2）删除成功后，左侧的角色树不再有该安全管理角色节点，见图 3-34。

3.1.3.2 全局业务角色维护

（1）增加

1）为某个全局业务角色增加子角色，即右键单击全局业务角色树的某个节点选择“增加”，见图 3-35。

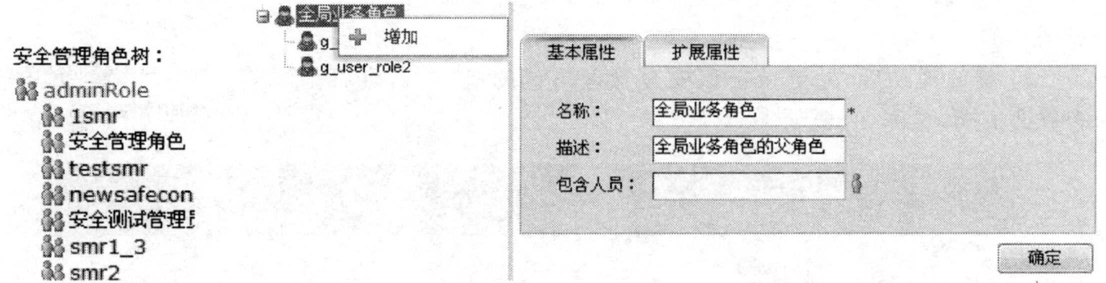

图 3-34 安全管理角色删除操作（二）

图 3-35 全局业务角色增加操作（一）

2）填写右边的全局业务角色信息，其中通过“包含人员”输入域可以选择该全局业务角色包含的业务用户，单击【确定】按钮，见图 3-36。

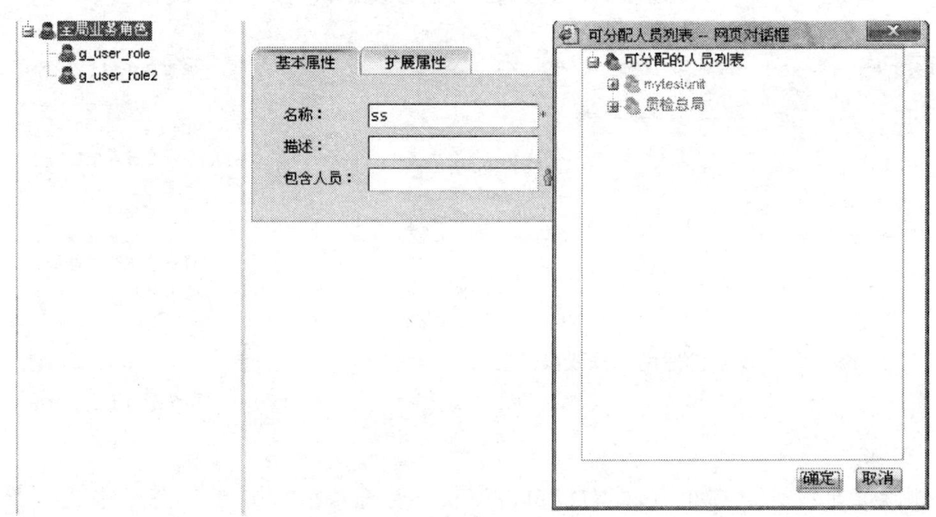

图 3-36 全局业务角色增加操作（二）

3）增加成功后，左侧的角色树会生成上面增加的“ss”节点，见图 3-37。

（2）修改

1）修改某个全局业务角色，左键单击该全局业务角色的树节点，右面的编辑域会显示该全局业务角色的信息，见图 3-38。

2）修改该全局业务角色的信息，单击【确定】按钮，见图 3-39。

3）修改成功后，再左键单击该全局业务角色的树节点，查看是否修改成功，见图 3-40。

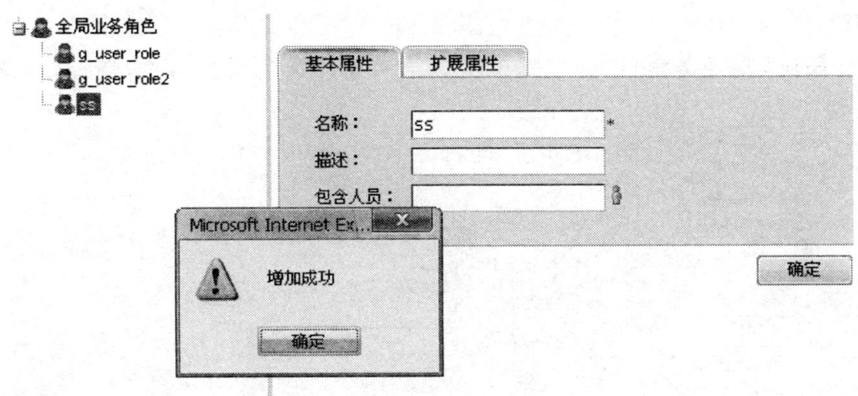

图 3-37 全局业务角色增加操作(三)

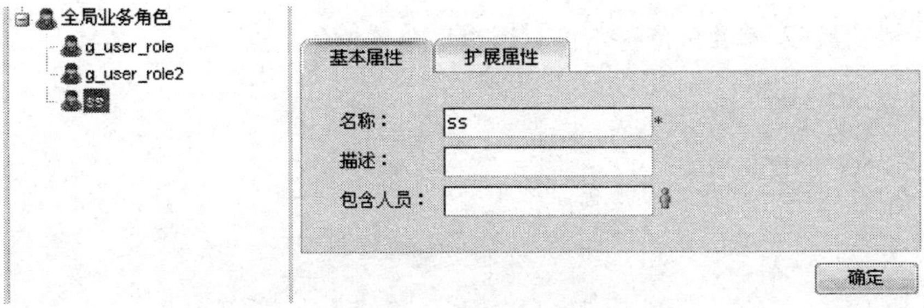

图 3-38 全局业务角色修改操作(一)

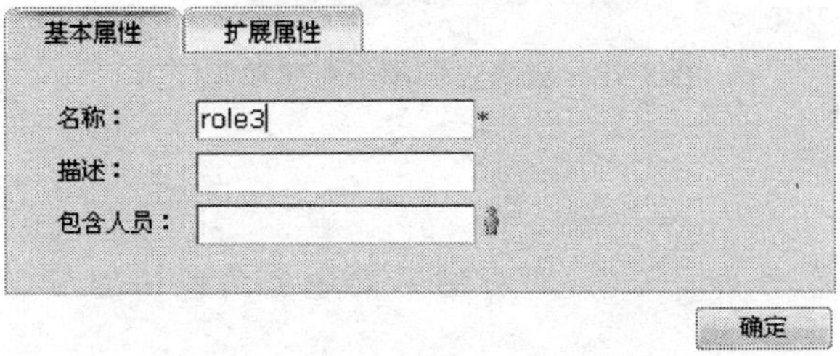

图 3-39 全局业务角色修改操作(二)

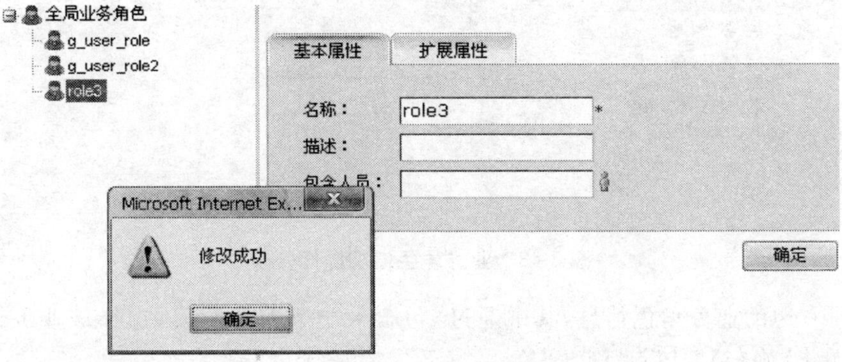

图 3-40 全局业务角色修改操作(三)

（3）删除

1）删除某个全局业务角色，即右键单击该全局业务角色树的节点，选择“删除”菜单，见图3-41。

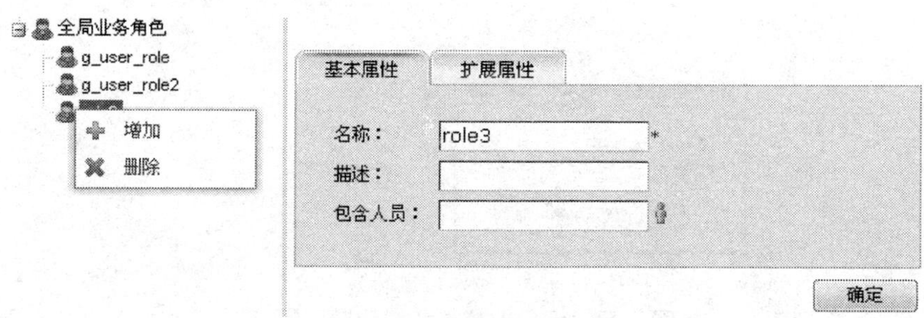

图3-41　全局业务角色删除操作(一)

2）删除成功后，左侧的角色树不再有该全局业务角色结点，见图3-42。

图3-42　全局业务角色删除操作(二)

3.1.3.3　业务角色维护

（1）增加

1）为某个业务角色增加子角色，即右键单击业务角色树的节点，选择“增加”菜单，见图3-43。

图3-43　业务角色增加操作(一)

2）填写右边的业务角色信息，其中通过“包含人员”输入域可以选择该业务角色包含的业务用户，单击【确定】按钮，见图3-44。

3）增加成功后，左侧的业务角色树会生成上面增加的“role”节点，见图3-45。

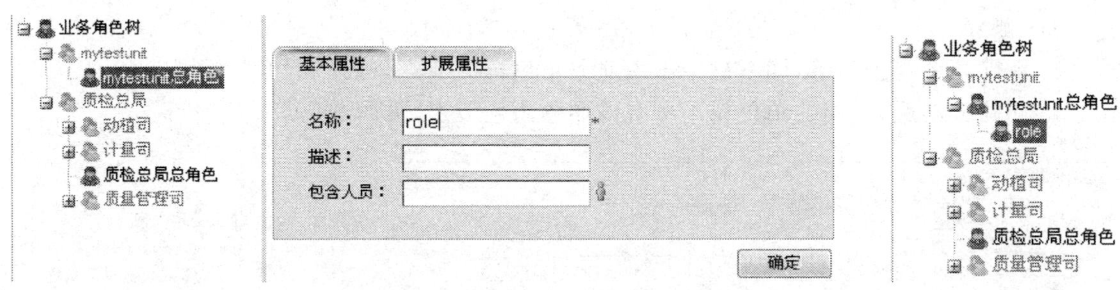

图 3-44　业务角色增加操作(二)

图 3-45　业务角色增加操作(三)

（2）修改

1）修改某个业务角色，左键单击该业务角色树的节点，右面的编辑域会显示该业务角色的信息，见图 3-46。

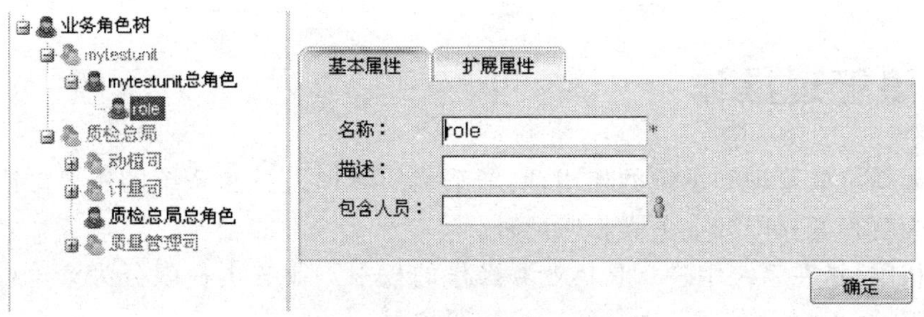

图 3-46　业务角色修改操作(一)

2）修改该业务角色的信息，单击【确定】按钮，见图 3-47。

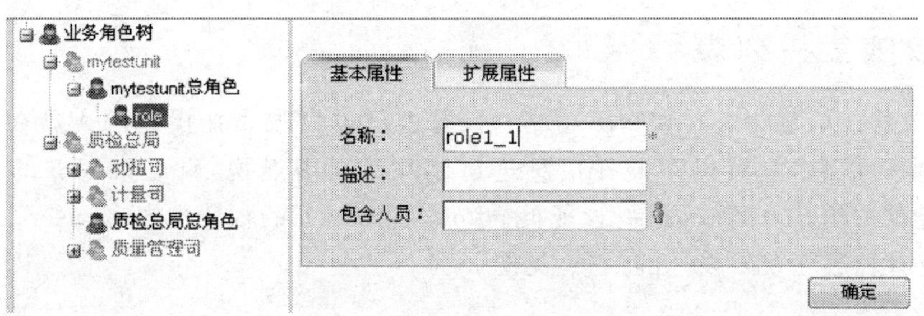

图 3-47　业务角色修改操作(二)

3）单击【确定】按钮之后会弹出提示信息，并且左边业务角色树会刷新结点信息，见图 3-48。

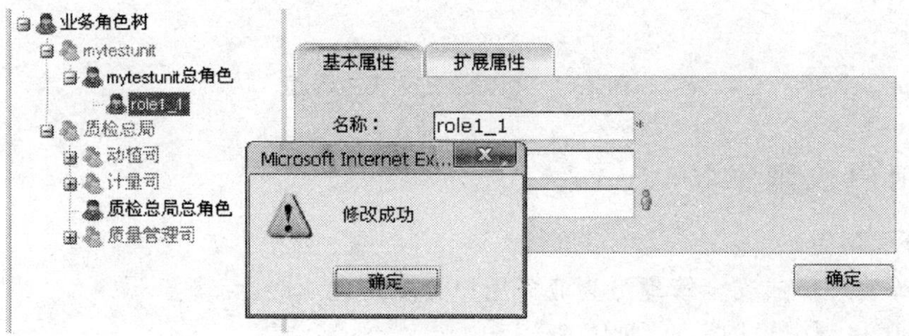

图 3-48　业务角色修改操作(三)

(3) 删除

1) 删除某个业务角色,即右键单击该业务角色树的节点,选择"删除",见图 3-49。

2) 删除成功后,左侧的角色树不再有该业务角色节点,见图 3-50。

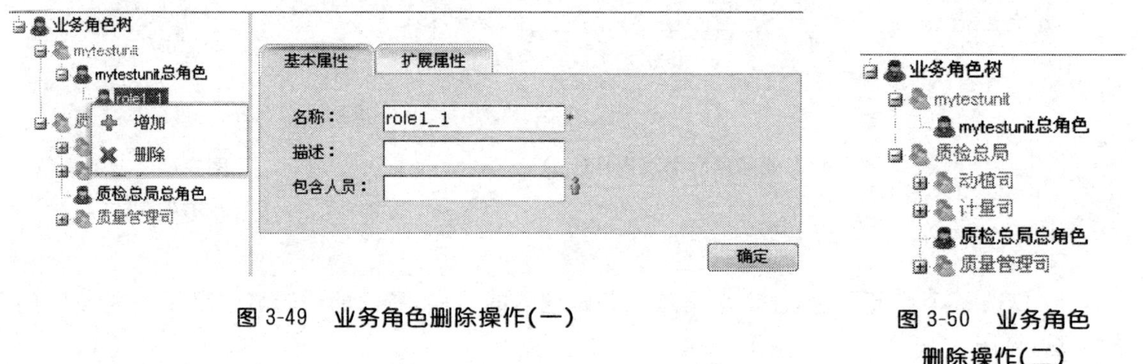

图 3-49 业务角色删除操作(一)　　图 3-50 业务角色删除操作(二)

3.2 权限管理操作

为了区分系统的管理和系统的使用,明确系统的管理人员和系统的用户之间的职责,我们将权限分为管理类权限和业务类权限两种。

业务类权限,指在系统中进行具体业务操作的权限。业务类权限分为菜单权限、页面权限。菜单权限、页面权限在系统中又统称为视图权限。

管理类权限,指维护系统中的用户以及对业务类权限进行管理、分配、回收的权限。比如业务用户维护、用户权限维护等权限。

3.2.1 权限委托列表

提供权限委托信息的查看和删除功能。只有进行过权限委托操作的人员在该界面可以查看到权限委托信息,并可以对委托信息进行删除。通俗点说,就是谁建立的权限委托信息,谁才能查看和删除。例如,超级管理员 admin 把 user1 的权限委托给 user2,现以 admin 登录,即可查看和删除权限委托的信息,见图 3-51。

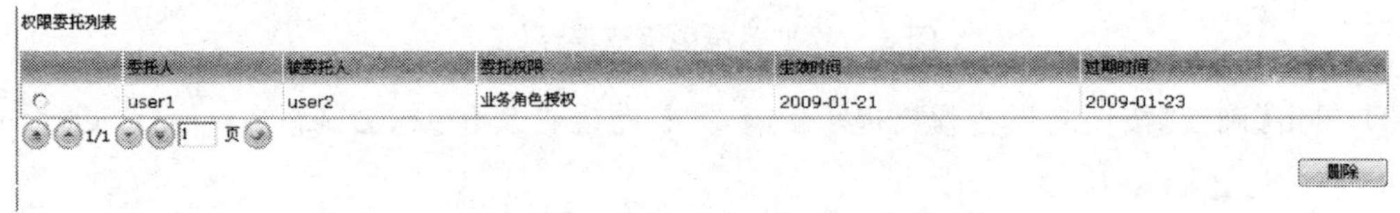

图 3-51 权限委托列表主界面

3.2.2 用户权限维护

3.2.2.1 分配角色

提供超级管理员或安全管理员为业务用户分配角色功能。

1) 进入用户权限维护主页,见图 3-52。

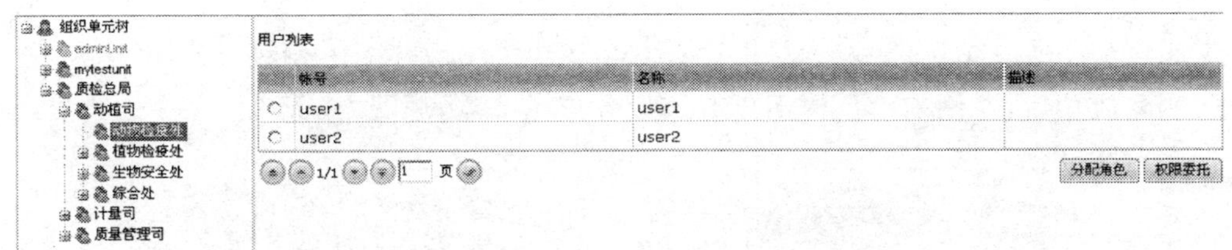

图 3-52 分配角色操作步骤一

2）选择一个用户单击【分配角色】按钮，见图 3-53。

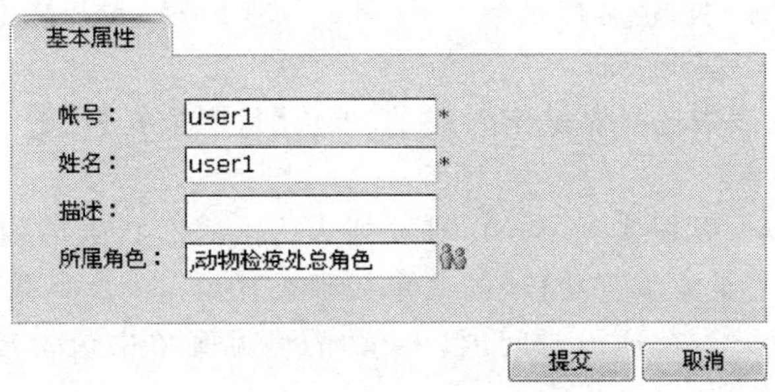

图 3-53 分配角色操作步骤二

3）在所属角色中选择该用户将被授予的角色，单击【提交】按钮，见图 3-54。

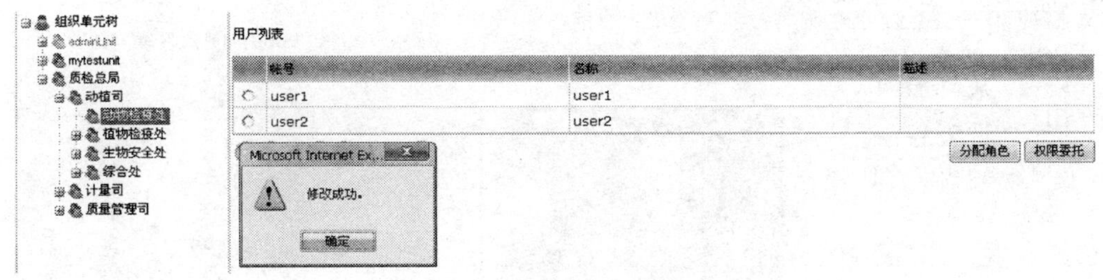

图 3-54 分配角色操作步骤三

3.2.2.2 权限委托

超级管理员或安全管理员可以将业务用户 A 的部分或全部权限委托给业务用户 B。

(1) 进入“用户权限维护”主页，单击左侧组织单元树的某个结点，右侧列表显示所属该组织单元的业务用户列表，见图 3-55。分别用“user1”和“user2”登录，查看未作权限委托时两个用户拥有的菜单权限，见图 3-56 和图 3-57。

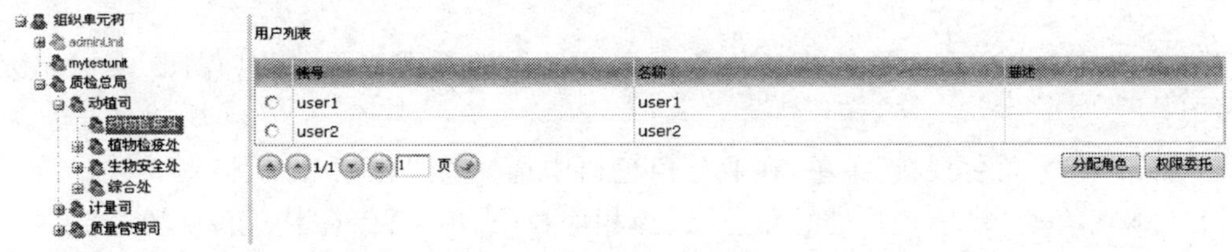

图 3-55 权限维护主页面

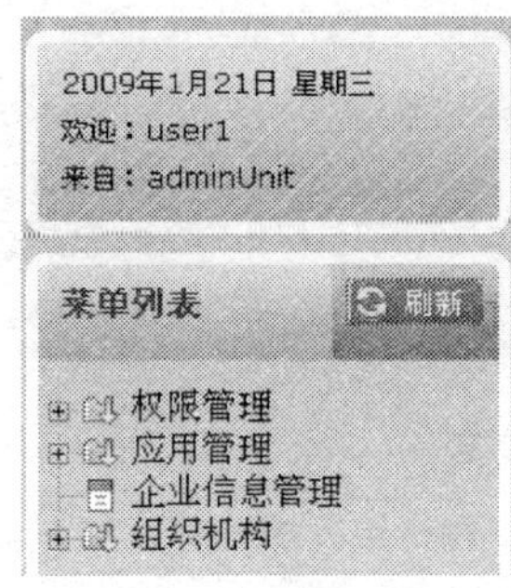

图 3-56　拥有的权限

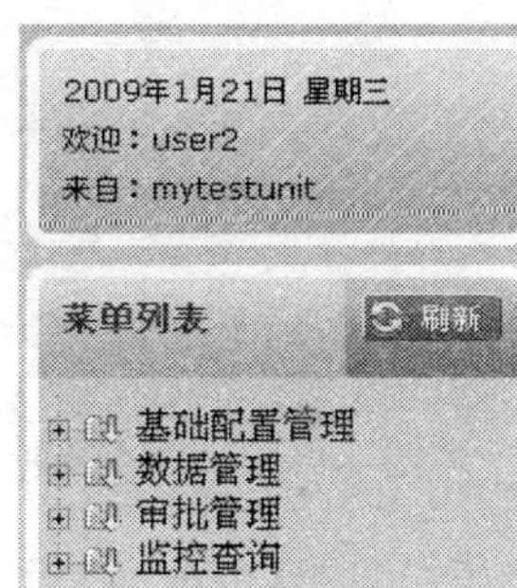

图 3-57　user2 拥有的权限

(2) 在业务用户列表中选择要操作的记录，单击【权限委托】按钮，进入权限委托输入明细页，见图 3-58。

(3) 如图 3-58 所示，委托人为 user1，被委托人为 user2，权限的内部树列出了 user1 的所有的菜单权限，选择“业务角色授权”的菜单权限委托给 user2，生效时间为“2009-01-21”，过期时间为“2009-01-23”。在这段时间内，user2 的可见菜单中包含被委托的菜单权限，见图 3-59。

图 3-58　为业务人员 user1 进行权限委托

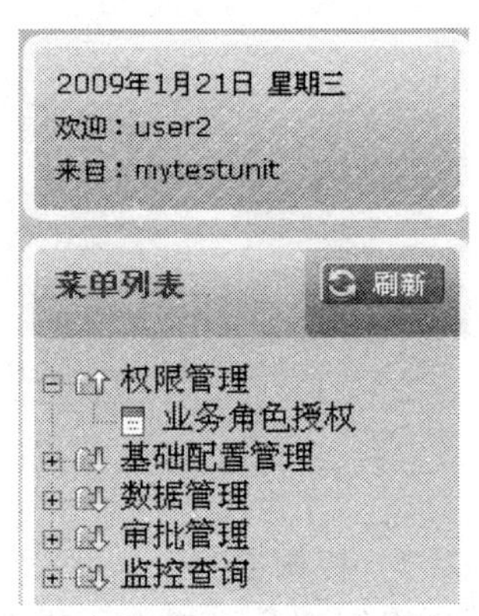

图 3-59　权限委托后 user2 登录后可见菜单的效果图

3.2.3　业务角色授权

超级管理员或安全管理员为业务角色分配可操作的视图权限、区县视图、桌面单元、报表等权限。

(1) 单击“业务角色授权”菜单，在业务角色树中选择要操作的节点，见图 3-60。

(2) 为业务角色“动物检疫处总角色”选择相应权限，单击【保存】按钮，见图 3-61。

(3) 业务用户 user1 的角色为“动物检疫处总角色”，现以 user1 登录，可见的菜单包含图 3-61“动物检疫处总角色”授权的菜单，见图 3-62。

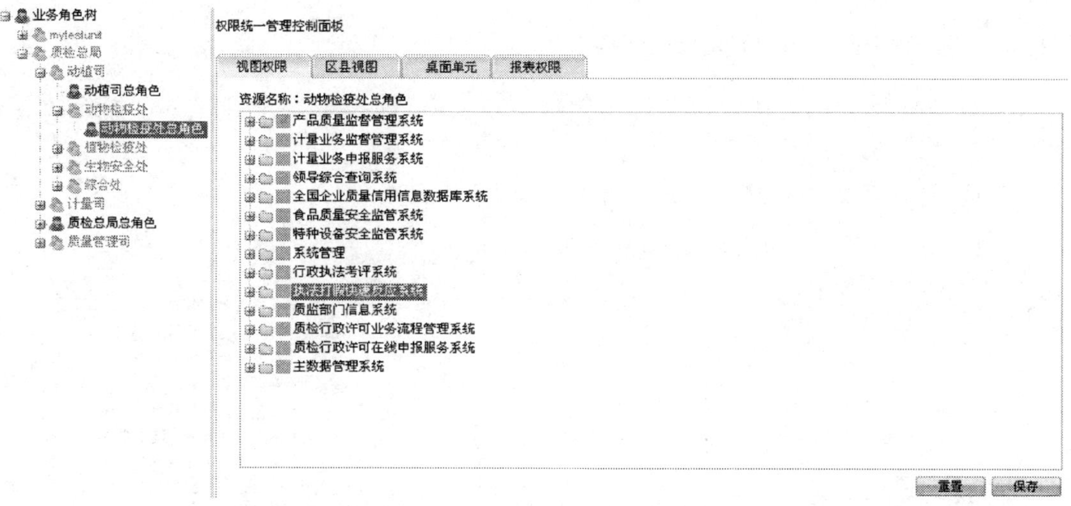

图 3-60　业务角色授权主页面

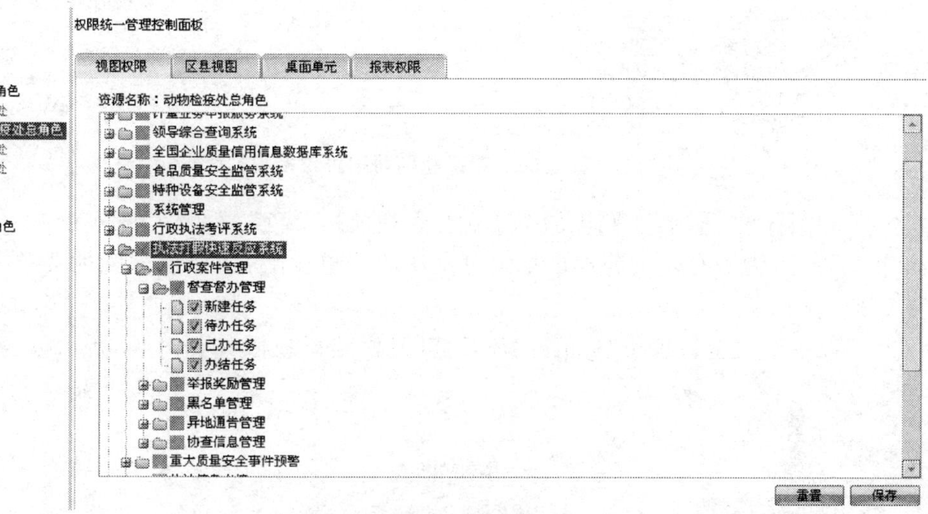

图 3-61　为业务角色授予菜单权限

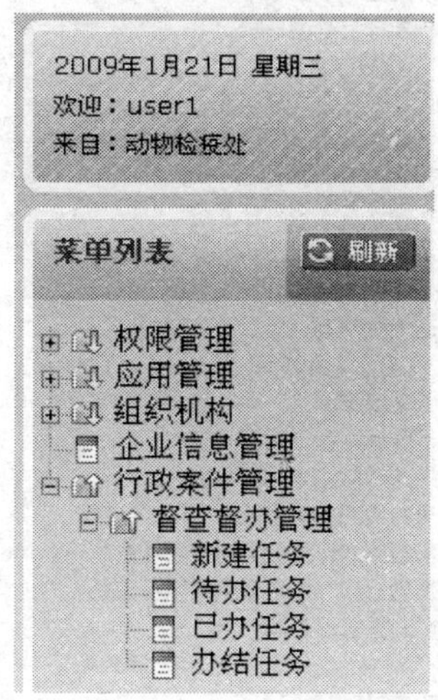

图 3-62　授权后的效果图

3.2.4 管理角色可用菜单授权

超级管理员授予安全管理角色可用管理菜单权限，即授予安全管理员可操作的管理菜单。

(1) 选择“管理角色可用菜单授权”菜单，见图 3-63。

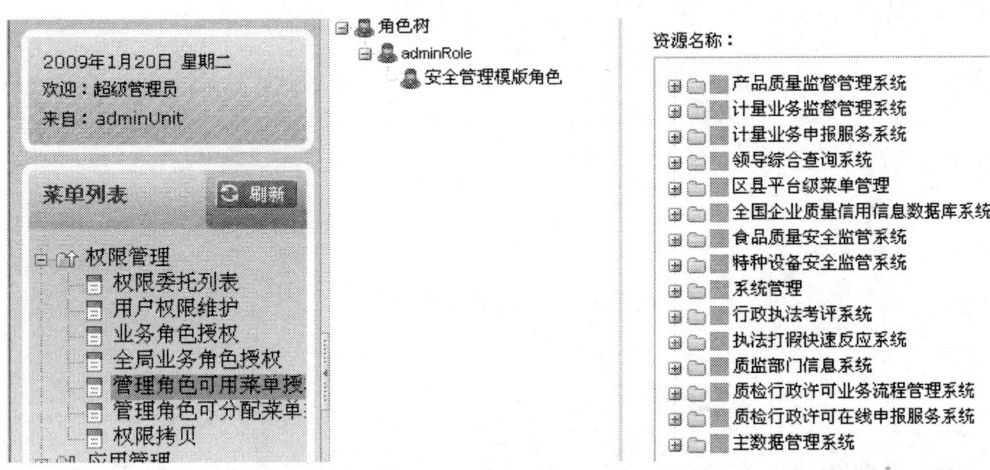

图 3-63 管理角色可用菜单授权界面

(2) 如图 3-64 所示，左侧区域为“安全管理模板角色”，右侧区域为菜单树。通过对右侧菜单树的选择，为所有安全管理员指定可操作的菜单权限：选择预分配的菜单节点，单击【保存】按钮。

(3) 以一个安全管理员“s_user”登录，可操作菜单权限如图 3-64 所示授权的菜单权限，见图 3-65。

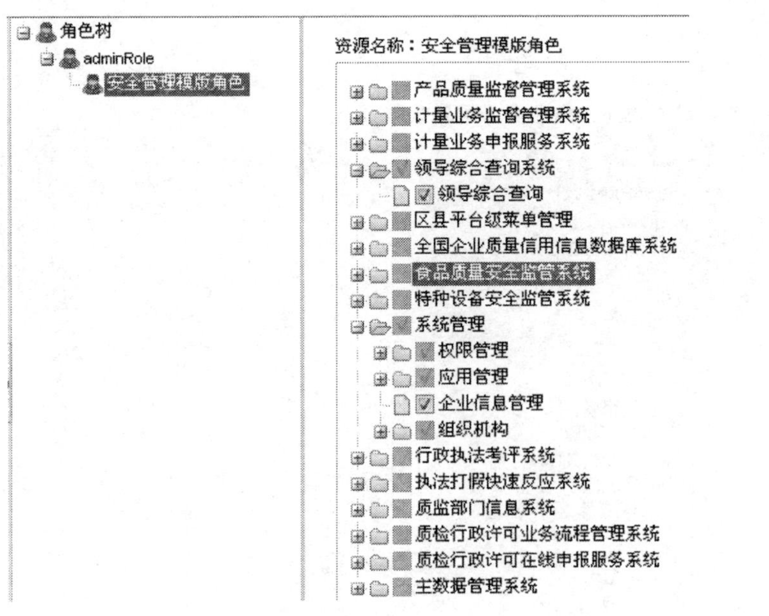

图 3-64 为安全管理角色模板授权

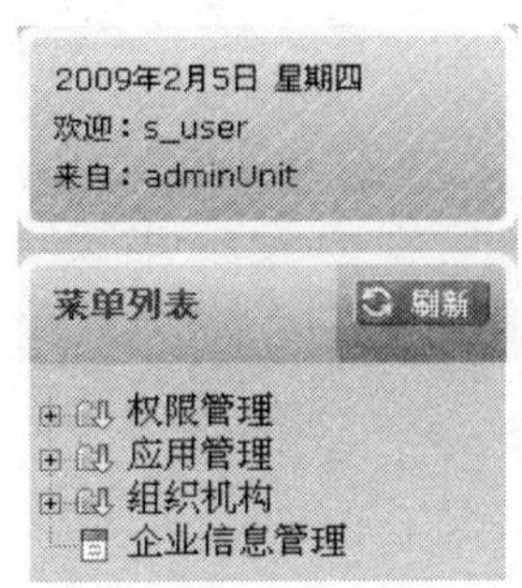

图 3-65 安全管理员登录效果

3.2.5　管理角色可分配菜单授权

超级管理员为安全管理角色授予可分配的菜单权限，即安全管理角色可以为其子角色和其所管理的业务角色分配的权限。权限类型包括视图权限、区县视图、桌面单元。

3.2.5.1　授予可分配的视图权限

（1）进入“安全管理角色可分配菜单授权”菜单，选择“视图权限”的tab页，为“安全管理角色”授予可分配的视图权限，首先在左侧角色树中选择一个角色，然后在右侧资源名称树中选择相应的子系统，例如选择“系统管理”和“主数据管理系统”，单击【保存】按钮，见图3-66。

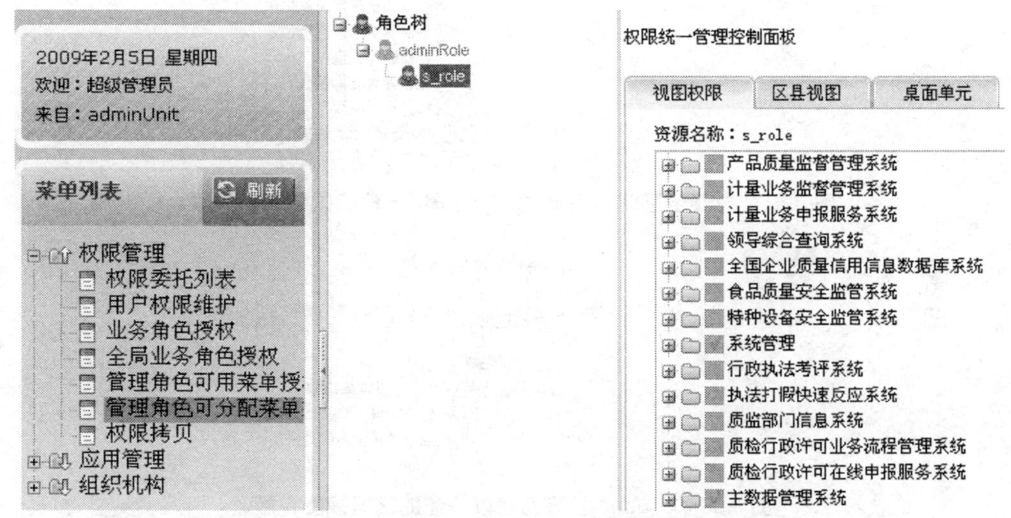

图3-66　为安全管理角色s_role授予可分配的视图权限

（2）安全管理员“s_user”的角色是“s_role”，图3-67为s_user登录后，可以为其所属的“安全管理角色”的子角色授予的视图权限有“系统管理”和“主数据管理系统”。

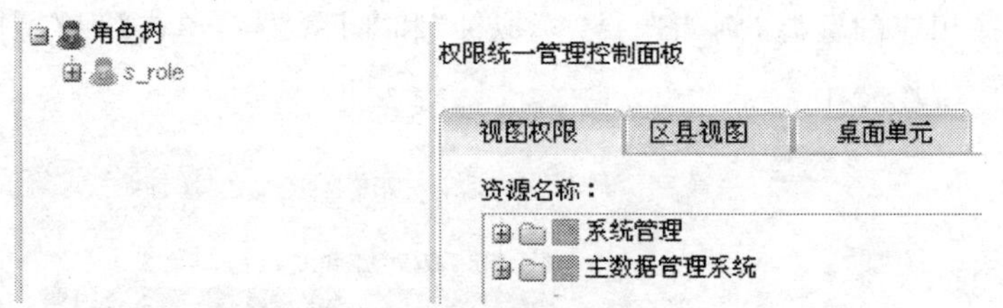

图3-67　s_user登录后可以分配的视图权限

3.2.5.2　授予可分配的区县权限

（1）进入“安全管理角色可分配菜单授权”菜单，选择“区县视图”的tab页，为“安全管理角色”授予可分配的区县视图权限，首先在左侧角色树中选择一个角色，然后在右侧资源名称树中选择相应的子系统，例如选择“超级管理员维护”和“企业质量信用信息采集”，单击【保存】按钮，见图3-68。

（2）安全管理员“s_user”的角色是“s_role”，图3-69为s_user登录后，可以为其所属的“安全管理角色”的子角色授予的区县视图权限有“超级管理员维护”和“企业质量信用信息采集”。

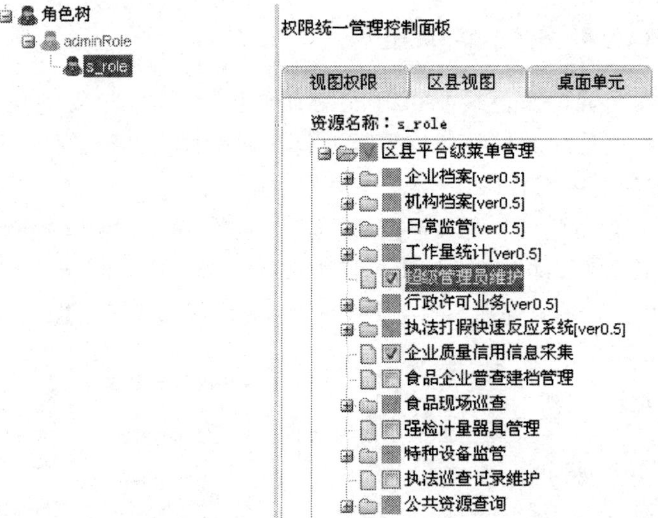

图 3-68 为安全管理角色 s_role 授予可分配的区县视图权限

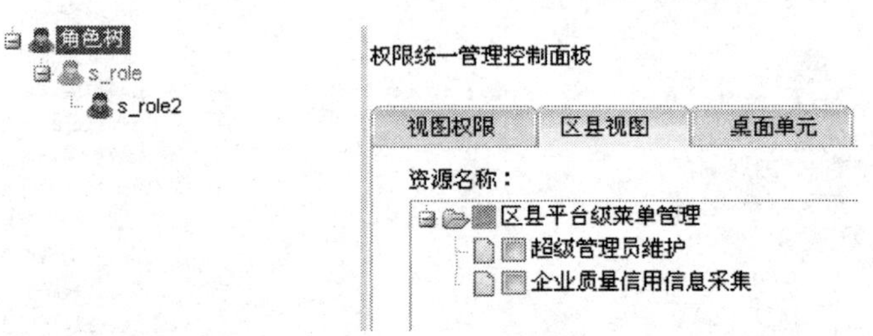

图 3-69 s_user 登录后可以分配的区县视图权限

3.2.5.3 授予可分配的桌面单元

(1) 进入“安全管理角色可分配菜单授权”菜单，选择“桌面单元”的 tab 页，为“安全管理角色”授予可分配的桌面单元权限，首先在左侧角色树中选择一个角色，然后在右侧桌面单元授权列表中选择相应的资源，例如选择“模拟钟”和“计算器”，单击【保存】按钮，见图 3-70。

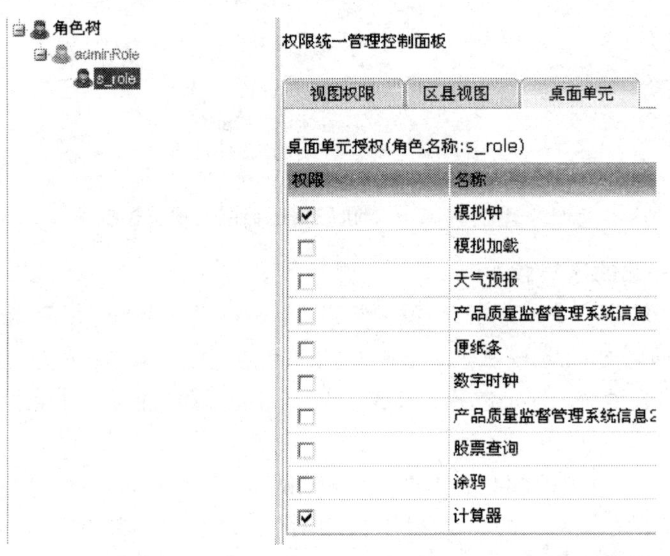

图 3-70 为安全管理角色 s_role 授予可分配的桌面单元权限

(2) 安全管理员"s_user"的角色是"s_role",图 3-71 为 s_user 登录后,可以为其所属的"安全管理角色"的子角色授予的桌面单元有"模拟钟"和"计算器"。

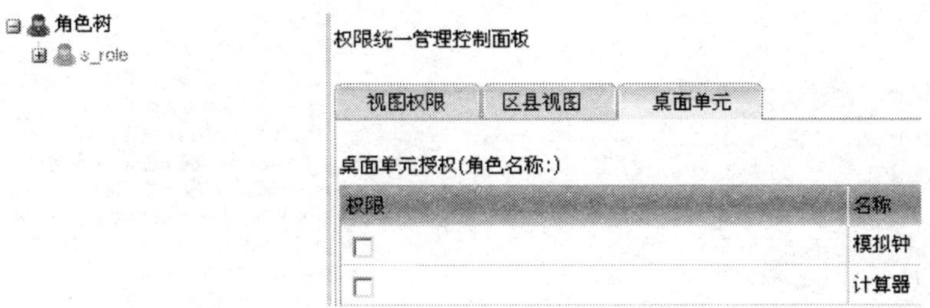

图 3-71　s_user 登录后可以分配的桌面单元

3.2.6　权限拷贝

实现业务角色与业务角色之间的权限的复制,以及业务角色权限的删除。

进入权限拷贝菜单,选择一个业务角色作为"源节点参与者",选择一个业务角色作为"目标节点名称",单击【复制】按钮即可将源节点参与者的权限拷贝到目标参与者上;选择要删除权限的业务角色,单击【移除】按钮即可移除该业务角色的所有权限,见图 3-72。

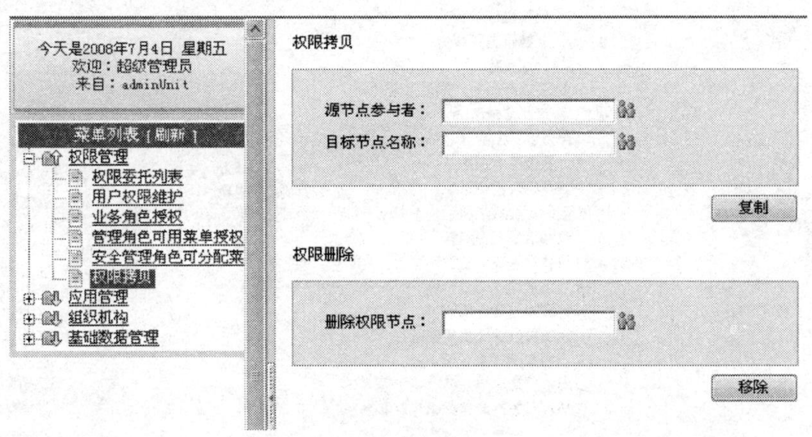

图 3-72　权限拷贝界面

3.2.7　全局业务角色授权

超级管理员为全局业务角色,分配可操作的视图权限、区县视图、桌面单元、报表权限。

(1) 选择"全局业务角色授权"菜单,见图 3-73。

(2) 在左侧"全局业务角色"树中选择 g_user_role 结点,然后选择右侧菜单树中的菜单结点,点击【保存】按钮,见图 3-74。

(3) 以"user1"为例,业务用户"user1"是"g_user_role"角色的所属用户。登录之后如图 3-75 所示,菜单中包含了图 3-71 中已选的"产品质量监督管理系统"中的菜单。

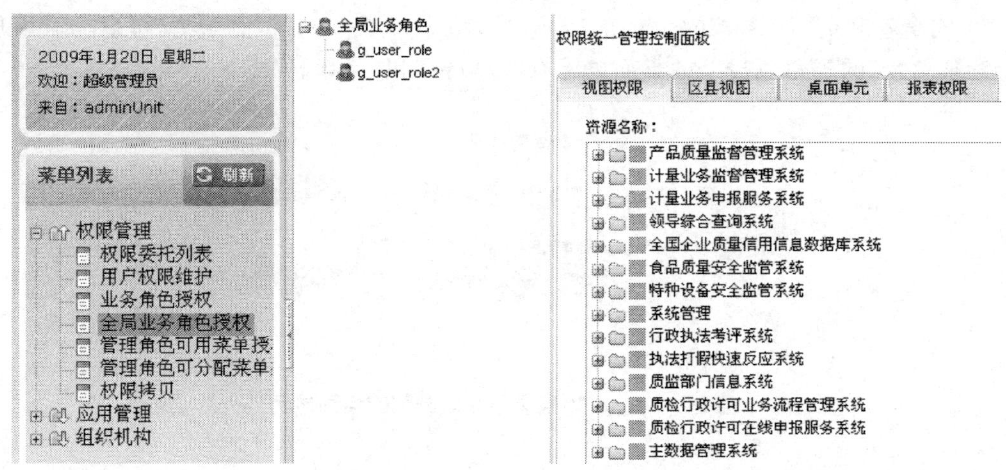

图 3-73　为点击全局业务角色授权菜单后的效果

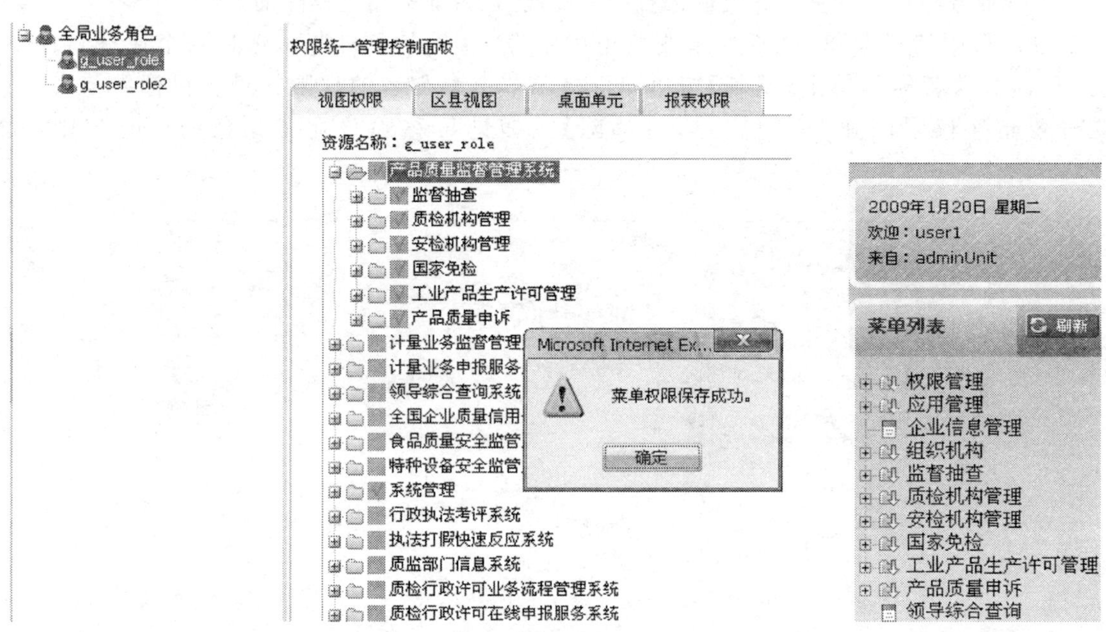

图 3-74　为全局业务角色授予视图权限

图 3-75　业务用户登录后左侧菜单显示

3.3　业务库交换监控

业务库交换监控功能主要是对各业务数据库中的存储过程的定时执行情况进行监控。各业务数据库的存储过程，主要实现将各业务数据库中需要上报、下发的数据交换到交换库中。

3.3.1　任务查询

每个业务数据库中的存储过程，会放在一个任务中按照设定的调度时间进行执行。其中,针对行政许可业务交换的数据较多,设置了四个任务。

任务查询模块,主要是对各任务的基本信息、任务状态等进行查询和监控,并可进行调度的创建、任务的创建、任务的启动、任务的停止和删除。

(1) 进入任务查询界面

单击业务库交换监控模块下的任务查询链接进入查询界面,见图 3-76。

任务查询

任务名称 任务状态

创建时间 起 止

查询 重置 创建调度 创建任务 启动任务 停止任务 删除任务

任务列表

...	任务名称	任务说明	调度名称	程序名称
○	JOB_JCAPP_SUP	特设监管业务	SCHEDULER_JCAPP_SUP	JOB_JCAPP_PROGRAI
○	JOB_XZXK_JLTS	行政许可计量和特设任务	SCHEDULER_XZXK_JLTS	JOB_XZXK_JLTS_PRO
○	JOB_SPJG	食品监管工作流任务	SCHEDULER_SPJG_SUP	JOB_SPJG_PROGRAM
○	JOB_XZXK_GX	行政许可工业、食品相关、化妆品任务	SCHEDULER_XZXK_GX	JOB_XZXK_GX_PROG
○	ZLJD_QS_BN_SJFS_JOB	省局监管业务库到交换库配置数据交换调用作业计划配置表	ZLJD_QS_BN_SJFS_SCHEDULE	ZLJD_QS_BN_SJFS_P
○	JOB_XZXK_RTATT	行政许可工作流和附件任务	SCHEDULER_XZXK_RTATT	JOB_XZXK_RTATT_PR
○	JOB_XZXK_SP	行政许可食品、设备监理、机动车任务	SCHEDULER_XZXK_SP	JOB_XZXK_SP_PROGI
○	MDB_SUP_JOB	省局基础库企业基础信息业务库到交换库配置数据交换调用作业计划配置表	MDB_SUP_SCHEDULE	MDB_SUP_PROGRAM

图 3-76 任务查询界面

(2) 创建调度

创建数据库中配置好的调度,单击查询界面中的【创建调度】按钮,在提示“是否确定要创建全部高度?”中选择【确定】后,创建调度成功,见图 3-77。

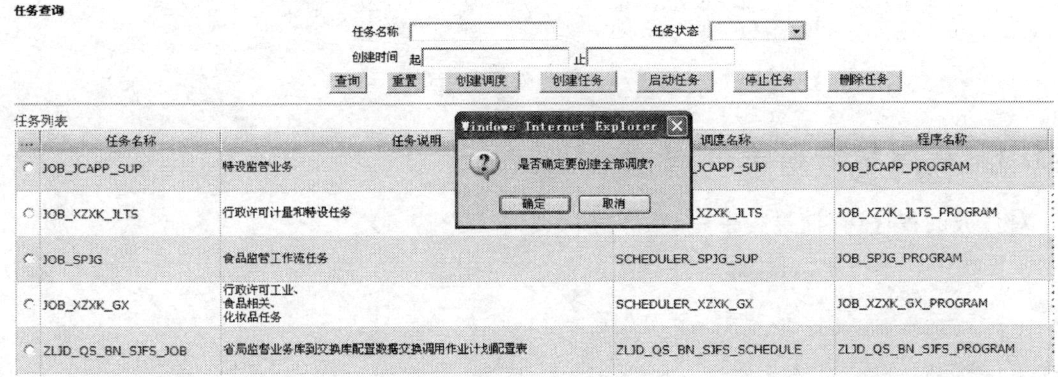

图 3-77 创建调度

(3) 任务的创建、启动、停止和删除

在创建完调度后,可以对任务进行创建,单击查询页面中的【创建任务】按钮创建任务,创建任务可全部创建,也可以选择单一任务进行创建,见图 3-78。任务的启动、停止与删除与任务的创建操作相同,这里不作过多说明。

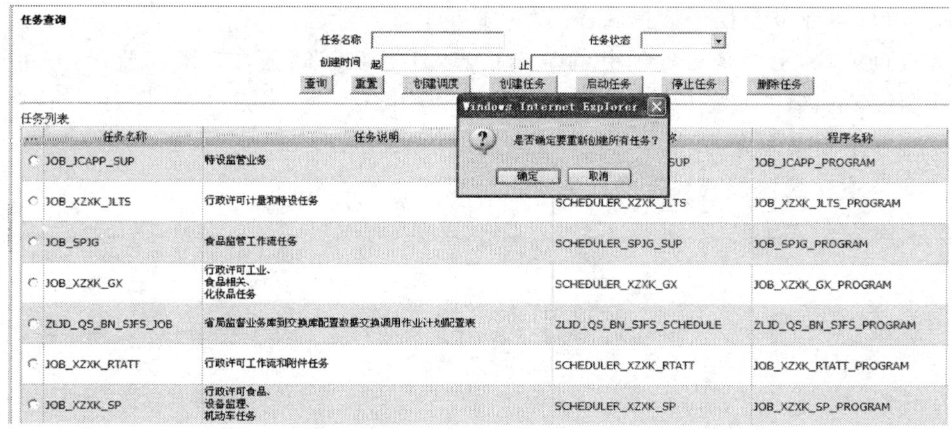

图 3-78　创建调度

3.3.2　任务执行日志查询

对任务在执行过程中的状态进行查询，见图 3-79。

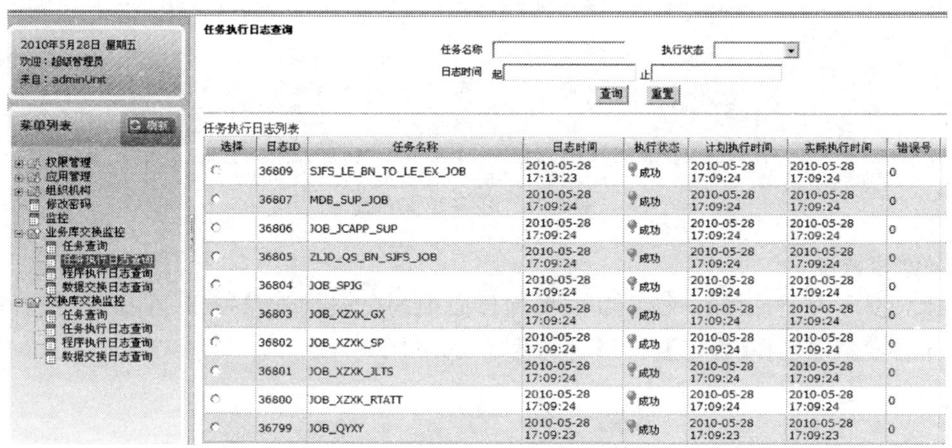

图 3-79　任务执行日志查询

3.3.3　程序执行日志查询

对任务的程序(存储过程主题)状态进行查询，见图 3-80。

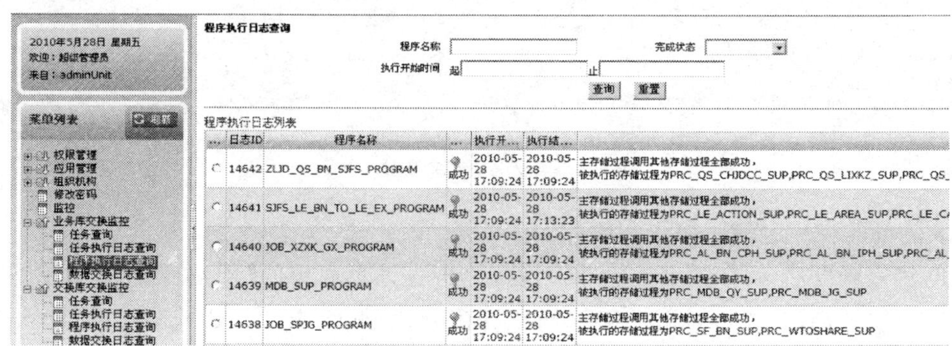

图 3-80　程序执行日志查询

3.3.4　数据交换日志查询

对程序下的交换表状态进行查询，见图 3-81。

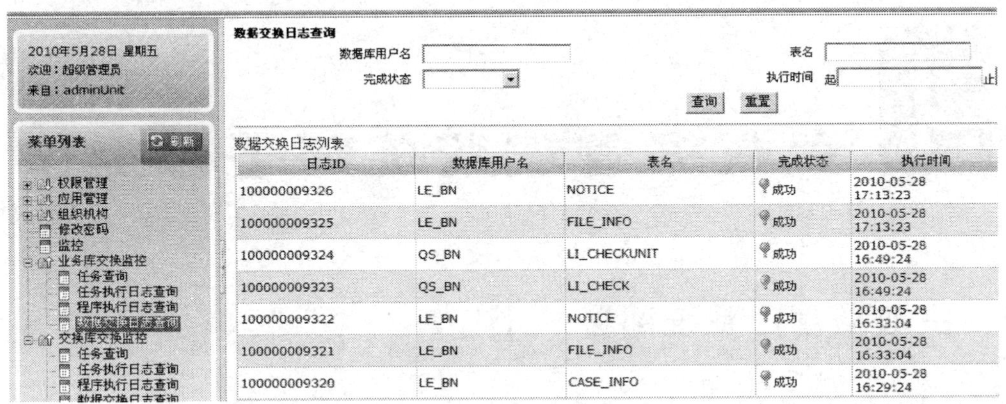

图 3-81　程序执行日志查询

3.4　交换库交换监控

交换库交换监控功能，主要是对各交换数据库中存储过程的定时执行情况进行监控。各交换数据库的存储过程，主要实现将各交换数据库中需要上报、下发的数据交换到业务库中，具体操作参见 3.3 业务库交换监控。

主数据管理系统部署与操作

4.1 主数据管理系统部署

4.1.1 概述

本章节适用于部署金质工程(一期)主数据管理系统,包括主数管理系统和主数据交换库的部署两部分内容,从数据库服务器、应用服务器两方面说明系统的部署,并总结了在部署中碰到的常见问题(具体可参考 4.1.5 系统部署常见问题)。

4.1.2 部署环境说明

主数据管理系统部署要求:应用服务器、数据库服务器的操作系统为 Windows(2000/2003)/Linux;应用服务器采用金蝶中间件 5.1 版(Apusic5.1);数据库服务器采用 Oracle10g。

访问系统的客户端环境要求为 Windows 操作系统,浏览器为 IE6 sp2 版。

主数据系统应在集成框架部署完成之后再进行部署。

4.1.3 主数据管理系统部署

4.1.3.1 数据库说明

主数据部署的数据库环境,见表 4-1。

表 4-1 主数据的数据库环境

系统名称	所属区域	表空间描述	表空间名	用户名
主数据管理系统	核心业务区	支撑库	TS_UNIEAPMASTER	unieapmaster
		基础库	TS_MDB	mdb,mdb_qr
	内部接入区	交换库	TS_MDB_EX	mdb_ex

4.1.3.2 数据导入与清库

(1) 核心业务区

1) 确认表空间 TS_UNIEAPMASTER、TS_MDB 已经创建完成,并且数据库用户 unieapmaster、mdb 和 mdb_qr 也已创建完成(在部署集成系统时已经执行脚本《表空间、用户创建脚本-业务处理区_J》进行创建）。

2）将提供的数据库文件 unieapmaster.dmp、mdb. dmp、mdb_qr. dmp 分别导入到 unieapmaster、mdb、mdb_qr 数据库用户中。导入脚本格式为（可参见 2.3.2 数据导入）：

imp　数据库用户名/密码@数据库实例名　file=路径\文件名　full=y

3）导入完成之后，在 mdb 用户下执行《主数据清库脚本》。如果在部署集成系统时已经执行过，那不必再执行。

（2）内部接入区

1）确认表空间 TS_MDB_EX 已经创建完成，并且数据库用户 mdb_ex 也已创建完成（在部署集成系统时已经执行脚本《表空间、用户创建脚本-业务处理区_Z》进行创建）。

2）在 mdb_ex 用户下执行脚本《mdb_ex. sql》（在发布的程序中有此数据文件），创建数据对象。

4.1.3.3　数据授权

（1）在核心区 mdb 用户下执行《mdb_授权脚本》，为各业务系统用户进行授权。

（2）在核心区 is_ent_sq 用户下为 mdb 用户授权，授权脚本参见《is_ent_sq 为 mdb 用户授权脚本. txt》部分。

（3）在内部区 mdb_ex 用户下执行《mdb_ex 授权脚本》，给监控用户授权。

4.1.3.4　数据库配置

（1）修改数据源连接

修改核心业务区区域数据库用户 unieapmaster 的 drm_sys_datasource 表中的数据源连接信息，将字段 DBURL、USERNAME、PASSWORD、SERVERNAME 的内容按照实际情况进行修改，见图 4-1。

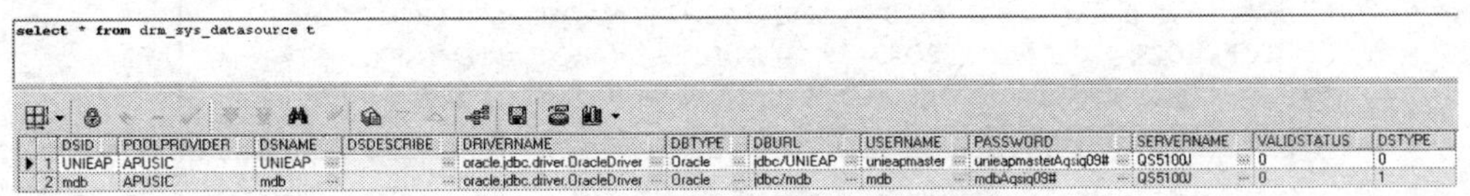

```
select * from drm_sys_datasource t
```

	DSID	POOLPROVIDER	DSNAME	DSDESCRIBE	DRIVERNAME	DBTYPE	DBURL	USERNAME	PASSWORD	SERVERNAME	VALIDSTATUS	DSTYPE
1	UNIEAP	APUSIC	UNIEAP		oracle.jdbc.driver.OracleDriver	Oracle	jdbc/UNIEAP	unieapmaster	unieapmasterAqsiq09#	QS5100J	0	0
2	mdb	APUSIC	mdb		oracle.jdbc.driver.OracleDriver	Oracle	jdbc/mdb	mdb	mdbAqsiq09#	QS5100J	0	1

图 4-1　主数据的数据源配置表

说明：字段 DBURL 对应金碟中间件数据源配置文件 datasources. xml 中的＜jndi-name＞，必须完全一致，包括大小写；USERNAME、PASSWORD 对应数据库用户和密码，SERVERNAME 对应数据库实例名。

（2）编译视图

在核心业务区区域主数据支撑库用户 unieapmaster 中，重新编译视图。如果视图编译失败，请执行《zjzj_unieapzjzj 用户为业务用户授权脚本》中“主数据管理集成授权”部分，然后再重新编译视图。

（3）编译存储过程

核心业务区区域，先在 is_ent_sq 用户下为 MDB 用户授权，然后重新编译函数 get_sequence 和存储过程 proc_ex_ent。

4.1.3.5　应用程序部署及访问

在金蝶中间件下创建、配置应用主数据管理系统所需的域，创建方法参见《附录　金蝶中间件 Apusic 安装部署手册》。

本系统程序需要放置在金蝶中间件的“mdb”域下，系统访问端口为 4321，安全访问端口为 4322，金蝶应用服务器的部署请参见《附录　金蝶中间件 Apusic 安装部署手册》。

（1）应用程序部署

将应用程序部署到核心业务区应用服务器的 mdb 金蝶域下，即将压缩后的应用程序包拷贝到/opt/Apusic-5.1/domains/mdb/applications/目录下。

主数据管理的应用程序名为 eapdomain。拷完之后将压缩包解压，解压完成之后删掉原程序压缩包。

（2）应用程序配置

1）修改支撑库连接文件。按照实际情况修改/opt/Apusic-5.1/domains/mdb/applications/eapdomain/WEB-INF/conf/unieap/udolink/conf/supportDB.properties 文件中的数据库实例名、DataSourceURL 连接串及用户密码。具体修改，见图 2-4 斜体字部分。

假设支撑库 unieapmaster 所在数据库服务器 ip 地址为 10.1.10.4，数据库实例名为 orcl 且是单节点（非集群），则修改例子，见图 4-2。

```
DriverName=oracle.jdbc.driver.OracleDriver
TargetDatabase=Oracle
DBServer=orcl
DataSourceURL=jdbc:oracle:thin:@10.1.10.4:1521:orcl
UserName= unieapmaster
Password=unieapmasterAqsiq09#
```

图 4-2　支撑库配置文件

对于数据库集群环境下的 DataSourceURL 连接串例子，见图 4-3。

```
jdbc:oracle:thin:@(DESCRIPTION=(ADDRESS_LIST=(ADDRESS=(PROTOCOL=
TCP)(HOST=10.13.10.222)(PORT=1521))(ADDRESS=(PROTOCOL=TCP)(HOST=
10.13.10.221)(PORT=1521)))(LOAD_BALANCE=yes)(CONNECT_DATA=(SERV
ER=DEDICATED)(SERVICE_NAME=ORCL)))
```

注：其中斜体部分需要根据实际情况修改替换。

图 4-3　集群数据库连接串

2）修改金蝶连接池配置文件。按实际情况修改/opt/Apusic-5.1/domains/mdb/config/datasources.xml 文件中的数据库连接串及用户名密码。主数据管理系统一共需配两个连接池，连接串修改方法同 1）修改支撑库连接文件。

3）修改平台登录入口。修改/opt/Apusic-5.1/domains/mdb/applications/eapdomain/WEB-INF/conf/unieap/security 目录下的 applicationContext.xml 配置文件，将斜体部分的入口地址修改成实际情况，见图 4-4。

（3）系统登录访问

金蝶应用服务器的启动请参见《附录　金蝶中间件 Apusic 安装部署手册》。金蝶应用服务器启动后，通过集成系统的统一登录平台来访问系统。用具有主数据管理权限的账号登录集成平台，并点击左侧任意主数据管理相关的业务菜单链接，如果右侧成功出现系统界面，则说明系统部署成功。

```
    <bean id="authenticationProcessingFilterEntryPoint"
class="com.neusoft.unieap.service.security.ui.webapp.AuthenticationPr
ocessingFilterEntryPointExtend">
        <property
name="loginFormUrl"><value>http://10.134.10.3:6888/zjzjdomain</value>
</property>
        <property name="forceHttps"><value>false</value></property>
    </bean>
```

图 4-4　平台登录入口配置

4.1.4　主数据交换库部署

4.1.4.1　数据库说明

主数据交换库的数据库环境，见表 4-2。

表 4-2　主数据交换库的数据库环境

系统名称	所属区域	表空间描述	表空间名	用户名
主数据交换库	总局内部接入区	交换库	TS_MDB_EX	mdb_ex
	地方局内部接入区	交换库	TS_MDB_EX	mdb_ex

4.1.4.2　数据导入

在内部接入区区域，确认 4.1.3.2“(2)内部接入区”操作已经完成，创建了 mdb_ex 的数据库对象完毕。

4.1.4.3　编译存储过程

(1) 总局下发存储过程

说明：地方局部署时可省略此节步骤。

总局下发存储过程，实现了将总局业务库中数据交换到交换库中的功能，创建步骤如下：

1) 在总局核心业务区 MDB 用户中建立连接到总局内部接入区 MDB_EX 用户、名称为 MDB_EX_DBLK 的数据库连接(dblink)，如果导入后的数据库用户中已经存在同名称的数据库连接，则需要先删除原来的数据库连接，再重新创建，创建脚本见《mdb_建连接脚本.txt》中“总局核心业务区”部分。

2) 在核心业务区 DEXCONTROL 用户中导入初始化数据，导入脚本参见《dexcontrol_总局下发初始化脚本.sql》。

3) 在 MDB 数据库用户中执行授权脚本，授权脚本参见《mdb_授权脚本.txt》中“总局下发 MDB 授权脚本”部分。

(2) 总局上报存储过程

说明：地方局部署时可省略此节步骤。

总局上报存储过程，实现了将总局交换库中数据交换到业务库中的功能，创建步骤如下：

1) 在总局内部接入区 MDB_EX 用户中建立连接到总局核心业务区 MDB 用户、名称为 MDB_DBLK 的数据库连接(dblink)，如果导入后的数据库用户中已经存在同名称的数据库连接，则需要先删除原来的数据库连接，再重新创建，创建脚本见：《mdb_建连接脚本.txt》中

“总局内部接入区”部分。

2）在内部接入区 DEXCONTROL 用户中导入初始化数据，导入脚本参见《dexcontrol_总局上报初始化脚本.sql》。

3）在 MDB_EX 数据库用户中执行授权脚本，授权脚本参见：《mdb_授权脚本.txt》中“总局上报 MDB_EX 授权脚本”部分。

（3）地方局上报存储过程

地方局上报存储过程，实现了将地方局业务库中数据交换到交换库中的功能，创建步骤如下：

1）在地方局核心业务区 MDB 用户中建立连接到地方局内部接入区 MDB_EX 用户、名称为 MDB_EX_DBLK 的数据库连接（database link），如果导入后的数据库用户中已经存在同名称的数据库连接，则需要先删除原来的数据库连接，再重新创建，创建脚本见：《mdb_建连接脚本.txt》中“核心业务区”部分。

2）在核心业务区 DEXCONTROL 用户中导入初始化数据，导入脚本参见《dexcontrol_地方局上报初始化脚本.sql》。成功导入后，在 DEXCONTROL 用户中执行以下语句，其中斜体部分的 NODE_CODE 值需要修改为当地质监局质检机构代码：

UPDATE EX_RECORD T SET T.NODE_CODE='510000110' WHERE T.OWNER_NAME='MDB';

3）重新编译 mdb 用户下的各存储过程。

（4）地方局下发存储过程

地方局下发存储过程，实现了将地方局交换库中数据交换到业务库中的功能，创建步骤如下：

1）在地方局内部接入区 MDB_EX 用户中建立连接到地方局核心业务区 MDB 用户、名称为 MDB_DBLK 的数据库连接（database link），如果导入后的数据库用户中已经存在同名称的数据库连接，则需要先删除原来的数据库连接，再重新创建，创建脚本见《mdb_建连接脚本.txt》中“内部接入区”部分。

2）在 DEXCONTROL 用户中执行以下语句，其中斜体部分的 NODE_CODE 值需要修改为当地质监局质检机构代码：

UPDATE EX_RECORD T SET T.NODE_CODE='510000110'WHERE T.OWNER_NAME='MDB_EX';

3）重新编译 mdb_ex 用户下的各存储过程。

4.1.4.4 定制数据交换平台任务及调度

（1）主题说明

主数据交换库的主题列表，见表 4-3。

表 4-3 主数据交换主题列表

序号	主题名称	包含的交换模版名称 （需要按照发布顺序填写）	发布的节点信息描述
1	mdb_U_codelist	mdb_PDT_BASE_EX_U_01 mdb_ORG_NAME_EX_U_01 mdb_ORG_BASE_EX_U_01	发布给省级行政单位节点

表 4-3(续)

序号	主题名称	包含的交换模版名称 (需要按照发布顺序填写)	发布的节点信息描述
1	mdb_U_codelist	mdb_ENT_PROD_ADDR_EX_U_01 mdb_ENT_BASE_EX_U_01 mdb_CD_SORT_EX_U_01 mdb_CD_PDT_SORT_EX_U_01 mdb_CD_DETAIL_EX_U_01	发布给省级行政单位节点
2	mdb_D_codelist	mdb_PDT_BASE_EX_D_01 mdb_ORG_NAME_EX_D_01 mdb_ORG_BASE_EX_D_01 mdb_ENT_PROD_ADDR_EX_D_01 mdb_ENT_BASE_EX_D_01 mdb_CD_SORT_EX_D_01 mdb_CD_PDT_SORT_EX_D_01 mdb_CD_DETAIL_EX_D_01	发布给省级行政单位节点
3	mdb_U_orgcode	mdb_ORGCODEDB_EX_U_01 mdb_RELATION_CODE_EX_U_01	发布给省级行政单位节点
4	mdb_D_orgcode	mdb_ORGCODEDB_EX_D_01 mdb_RELATION_CODE_EX_D_01	发布给省级行政单位节点

(2) 任务说明

在数据交换平台接收主题后,需配置相关的任务和调试。任务列表,见表 4-4 和表 4-5。

表 4-4　主数据交换总局任务列表

序号	任务名称	包含的主题名称	任务项配置
1	job_mdb_U	mdb_U_codelist	数据加载类型
2	job_mdb_D	mdb_D_codelist	数据导出类型

表 4-5　主数据交换省局任务列表

序号	任务名称	包含的主题名称	任务项配置
1	job_mdb_U	mdb_U_codelist	数据导出类型 数据上传类型
2	job_mdb_D	mdb_D_codelist	数据下载类型 数据加载类型

(3) 调度说明

在数据交换平台接收主题后,需配置相关的任务和调试。调度列表,见表 4-6 和表 4-7。

表 4-6　主数据交换总局调度列表

序号	调度名称	包含的任务名称	间隔调度时间
1	scheduler_mdb_D	job_mdb_D	24 个小时
2	scheduler_mdb_U	job_mdb_U	24 个小时

表 4-7 主数据交换省局调度列表

序号	调度名称	包含的任务名称	间隔调度时间
1	scheduler_mdb_D	job_mdb_D	24 个小时
2	scheduler_mdb_U	job_mdb_U	24 个小时

各地方局执行数据上报调度的时间建议设置在 21:00～22:00，执行数据下发调度的时间建议设置在 3:30～4:00。

总局执行数据上报调度的时间建议设置在 23:00，执行数据下发调度的时间建议设置在 2:00～3:00。

4.1.5 系统部署常见问题

4.1.5.1 主数据管理系统连接数据源失败

(1) 查看是否已经修改\EAPDomain\WEB-INF\conf\unieap\udolink\conf\support-DB.properties 文件中的 DataSourceURL 连接串及用户名密码。

(2) 是否已经修改支撑库 unieapmaster 中的数据源配置信息。参考本手册 3.3.1 修改数据源。

4.1.5.2 在系统中点击菜单，报 401 未授权错误

(1) 查看\EAPDomain\WEB-INF\lib 目录下，是否存在 integrate-app-interface.jar 文件，如果没有，请将该文件拷贝到该目录下。

(2) 查看 unieapmaster 用户下，是否已经建立所有视图，具体请参见 4.1.3.4(2) 编译视图。

4.2 主数据系统管理员操作

4.2.1 总体说明

主数据管理系统对各个应用系统维护基础数据的权限进行统一管理，并对基础数据进行维护，其系统功能包括：

(1) 可以完成数据中心注册、应用系统注册以及对各应用系统操作权限进行维护。

(2) 可以对企业主数据、企业地址基础信息、机构主数据、机构名称基础信息、产品主数据、产品分类代码、基础代码、代码详细信息进行增删改查维护操作，操作后的数据并没有被立即更改，需要进行审批后才能生效。

(3) 可以对企业基础信息、企业生产地址基础信息、机构基础信息、机构名称信息、产品能分类代码、基础代码类别、基础代码详细信息进行审批。

(4) 可以对企业基础信息维护情况、产品基础信息维护情况、机构基础信息维护情况、公共代码主数据维护情况的进行查询，对于修改和删除操作的记录，还可以查看其历史信息。

4.2.2 基础配置管理

4.2.2.1 数据中心注册管理

数据中心注册管理是对数据中心信息进行维护的模块，包括增加、修改、删除。

操作步骤：单击左侧的菜单树，展开“基础配置管理”菜单，单击“数据中心注册管理”菜单，在右侧区域显示界面内容，见图 4-5。

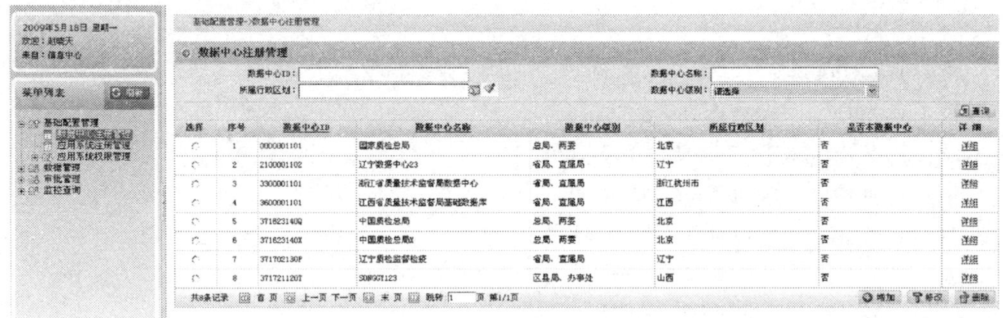

图 4-5 数据中心注册管理

（1）查询

功能：可以根据数据中心 ID、数据中心名称、所属行政区划、数据中心级别 查询数据中心信息。

操作步骤：在查询区域填写或者选择查询内容后，单击【查询】按钮，见图 4-6。

图 4-6 数据中心注册管理-查询

（2）增加

操作步骤：在数据中心注册管理界面，单击下方的【增加】按钮，进入数据中心注册界面，其中带星的各项为必填项，见图 4-7。

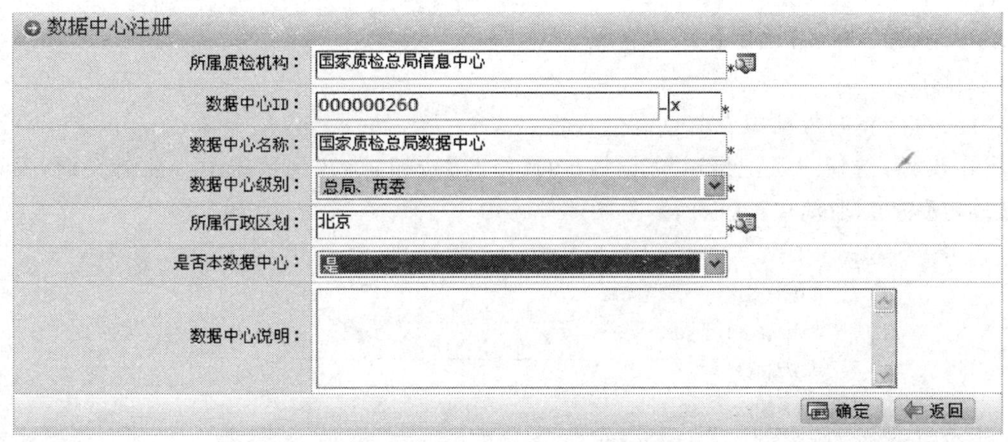

图 4-7 数据中心注册——添加

填写数据中心注册的信息：

1）单击“所属质检机构”右侧的图标，在弹出窗口中选择所属的质检机构，见图 4-8。

2）数据中心 ID 前 9 位为自动生成，需要在右侧文本框中添加 1 位校验位，字母和数字

质检机构

质检机构代码：　　质检机构名称：

查询

	序号	质检机构代码	质检机构名称
○	1	411330130	桐柏县质量技术监督局
○	2	411381130	邓州市质量技术监督局
○	3	411400130	商丘市质量技术监督局
○	4	411403110	商丘市睢阳区质量技术监督局
○	5	411421130	民权县质量技术监督局
○	6	411423130	宁陵县质量技术监督局
○	7	411424130	柘城县质量技术监督局
○	8	411425130	虞城县质量技术监督局
○	9	411426130	夏邑县质量技术监督局
○	10	411481130	永城市质量技术监督局

共4079条记录　首 页　上一页　下一页　末 页　跳转:1　页 第1/408页　确定

图 4-8　所属质检机构

都可以。

3）根据实际情况，填写数据中心名称。

4）根据实际情况，选择数据中心级别。

5）一般情况下在“是否本数据中心”下拉列表中选择“是”，表示该数据中心为本地的质检机构数据中心；当其他数据中心的应用系统需要调用本地数据中心的 WebService 服务，来维护本地数据中心的基础数据时，则需要在本地数据中心中添加该数据中心，并在“是否本数据中心”下拉列表中选择“否”。

填写完成后，单击【确定】，添加完成。

（3）修改

功能：对已有的数据中心信息进行修改。

操作步骤：选择一条记录后单击下方的【修改】按钮，跳转到数据中心注册页面，修改后单击【确定】按钮，取消单击【返回】，见图 4-9。

数据中心注册

数据中心名称：	中国质检总局X *
数据中心级别：	总局、西委 *
所属行政区划：	北京 *
是否本数据中心：	否
数据中心说明：	中国质检总局

确定　返回

图 4-9　数据中心注册——修改

(4) 删除

功能:删除已有的数据中心。

操作步骤:选择一条记录,单击下方的【删除】按钮,弹出确认框。确认删除,单击【确定】按钮;否则,单击【取消】按钮。

(5) 查看详细信息

功能:查看某个数据中心的详细信息。

操作步骤:选择一条记录,单击记录右侧的【详细】按钮,跳转到数据中心注册明细界面,见图 4-10。

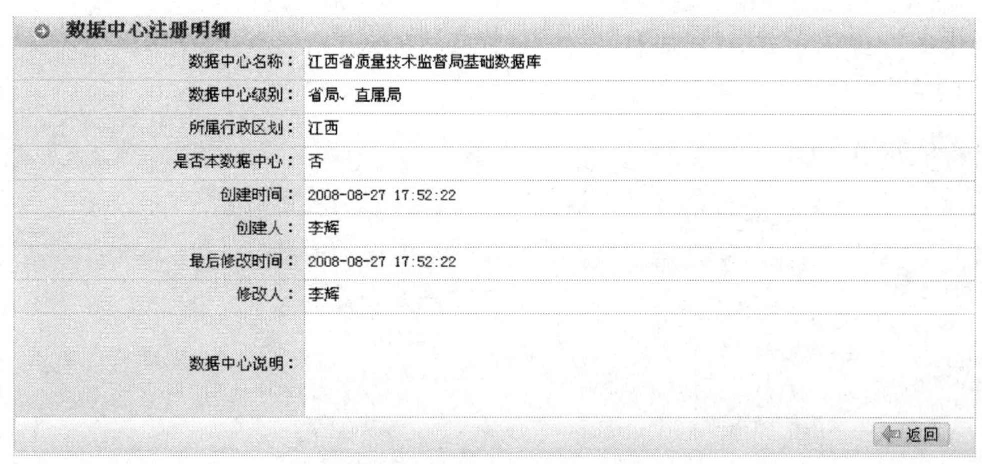

图 4-10 数据中心注册明细

4.2.2.2 应用系统注册管理

基础库数据为各应用系统正常运行所需要的公共基础数据,需要对各系统添加的数据进行区分。实现方式是,在数据中心下注册相应的应用系统。

操作步骤:单击左侧的菜单树,展开"基础配置管理"菜单,单击"应用系统注册管理"菜单,在右侧区域显示界面内容,见图 4-11。

图 4-11 应用系统注册管理

(1) 查询

功能:根据应用系统 ID、应用系统名称、应用系统种类、数据中心名称 查询应用系统信息。

操作步骤:在查询区域填写或者选择查询内容,单击【查询】按钮,见图 4-12。

图 4-12　应用系统注册管理——查询

(2) 增加

功能:建立属于本数据中心的应用系统,可以注册多个应用系统。

操作步骤:单击下方的【增加】按钮,跳转到应用系统注册界面,其中带星的各项为必填项,见图 4-13。

应用系统->注册
数据中心: 中国质检总局 *
应用系统名称: *
应用系统种类: 特种设备 *
系统许可证ID: s5stG1mcVGGfkOBargR7aYiqGOI8V7PgkATUlPA *
许可证验证码:
应用服务器IP: 10.10.6.31 * (多个IP用[逗号]分开)
应用系统说明:
确定　返回

图 4-13　应用系统注册——添加

注意:应用服务器 IP 为各应用系统所部属服务器的 IP 地址,如果应用服务器 IP 为多个,各个 IP 地址之间需要用逗号分隔。

填写完成,单击【确定】按钮,取消单击【返回】。

说明:当其他数据中心的应用系统需要调用本地数据中心的 WebService 服务时,需要在本地数据中心注册该应用系统,并在数据中心下拉列表框中选择该应用系统所属的数据中心。

(3) 修改

功能:对已有的应用系统信息进行修改。

操作步骤:选择一条记录,单击下方的【修改】按钮,跳转到应用系统修改界面,修改后,单击【确定】按钮,取消单击【返回】,见图 4-14。

注意:如果应用服务器 IP 为多个,各个 IP 地址之间需要用逗号分隔。

(4) 删除

功能:删除已有的应用系统信息。

操作步骤:选择一条记录,单击下方的【删除】按钮,弹出确认框。确认删除,单击【确

应用系统->修改	
数据中心：	国家质检总局 *
应用系统名称：	特种设备安全监管系统 *
应用系统种类：	特种设备 *
系统许可证ID：	bHZXQ8Xv2QcN6GHrrO8nTBA0cf60FkHnhFXo72 *
许可证验证码：	VTSM9151AiQkKkw4l0LvZEiXz12xKQnK4nrltTJv *
应用服务器IP：	10.10.6.33,10.10.6.34 *（多个IP用[逗号]分开）
应用系统说明：	特种设备安全监管系统
	确定 返回

图 4-14 应用系统注册——修改

定】;否则,单击【取消】。

(5) 查看详细信息

功能:查看某个应用系统的详细信息。

操作步骤:选择一条记录,单击记录右侧的【详细】按钮,跳转到应用系统明细界面,见图 4-15。

应用系统明细	
数据中心：	国家质检总局
应用系统名称：	特种设备安全监管系统
应用系统种类：	特种设备
系统许可证ID：	bHZXQ8Xv2QcN6GHrrO8nTBA0cf60FkHnhFXo72ufbUdldTMYJhU2HyPmWcxsloJT
许可证验证码：	VTSM9151AiQkKkw4l0LvZEiXz12xKQnK4nrltTJvCEW0fAi1RsXKAuHPcejLiibz
应用服务器IP：	10.10.6.33,10.10.6.34
创建时间：	2009-05-18 10:28:46
创建人：	王连印
最后修改时间：	2009-05-18 10:28:46
修改人：	王连印
应用系统说明：	特种设备安全监管系统
应用系统license：	导出license
	返回

图 4-15 应用系统明细

(6) 导出 license

功能:将应用系统注册信息导出为 xml 文件,提供给其他应用系统,调用 WebService 时使用。

操作步骤：进入应用系统注册详细信息页面，单击【导出 license】，弹出保存对话框，见图 4-16，即可将 license 导出到客户端。

图 4-16 保存对话框

此 license 记录为各应用系统的身份校验的信息，在调用 WebService 服务时需要用到。

(7) 业务数据库管理

功能：为应用系统添加业务数据库信息。

操作步骤：选择一条记录单击下方的【业务数据库管理】按钮，跳转到业务数据库管理界面，见图 4-17。

应用系统业务数据库管理明细

	序号	业务数据库用户编号	数据库用户名	数据库用户说明	详细
○	1	10000022	adminsonggy	ibmdb2数据库	详细
○	2	10000021	songgyadmin	oracle	详细
○	3	10000001	ADMIN	SDFSDFDSFDSF	详细

共3条记录 首页 上一页 下一页 末页 跳转:1 页 第1/1页

增加 修改 删除 返回

图 4-17 应用系统业务数据库管理界面

1）增加

功能：为应用系统添加业务数据库信息（可以为多条）。

操作步骤：单击下方的【增加】按钮，跳转到应用系统业务数据库→注册。其中带星的各项为必填项。见图 4-18。

注意：如果数据库服务器 IP 为多个，各个 IP 地址之间需要用逗号分隔。

填写完成，单击【确定】按钮，取消单击【返回】。

2）修改

功能：对已存在的应用系统业务数据库信息进行修改。

操作步骤：选择一条记录，单击下方的【修改】按钮，跳转到应用系统业务数据库→修改。修改后单击【确定】按钮，取消单击【返回】，见图 4-19。

注意：如果数据库服务器 IP 为多个，各个 IP 地址之间需要用逗号分隔。

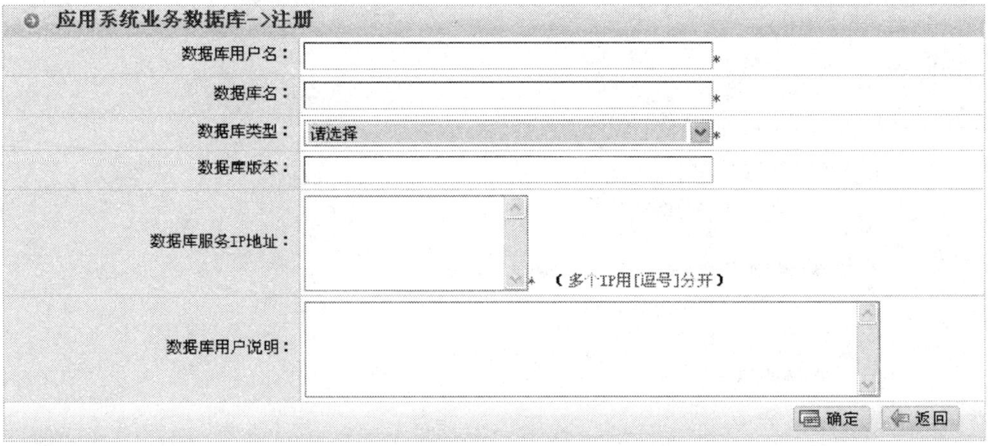

应用系统业务数据库->注册

数据库用户名： *
数据库名： *
数据库类型：请选择 *
数据库版本：
数据库服务IP地址： *（多个IP用[逗号]分开）
数据库用户说明：
确定　返回

图 4-18　应用系统业务数据库——注册

应用系统业务数据库->修改

数据库用户名：adminsonggy *
数据库名：ibm db2 *
数据库类型：IBM DB2 *
数据库版本：2.0
数据库服务IP地址：10.10.8.211 *
数据库用户说明：ibmdb2数据库
确定　返回

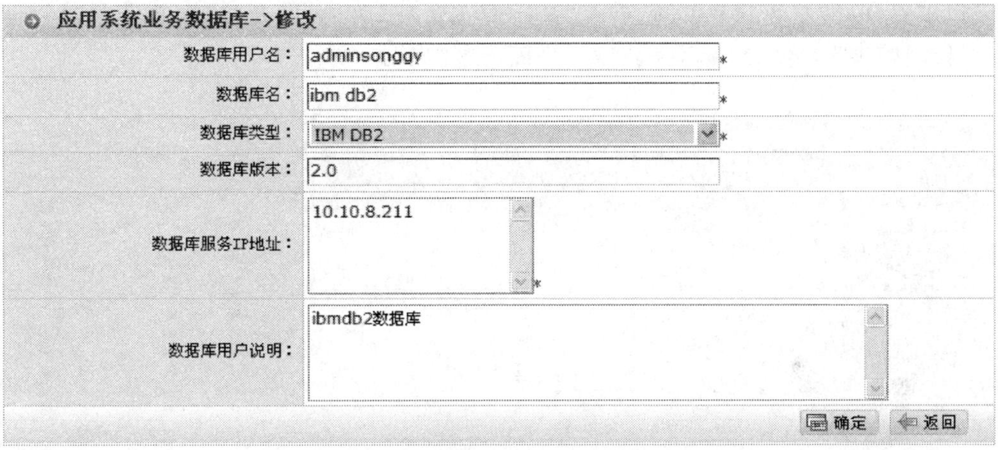

图 4-19　应用系统业务数据库——修改

3）删除

功能：删除已存在的应用系统业务数据库信息。

操作步骤：选择一条记录后单击下方的【删除】按钮，弹出确认框。确认删除，单击【确定】，否则，单击【取消】。

4）查看详细信息

功能：查看某一个应用系统业务数据库的详细信息。

操作步骤：选择一条记录，单击记录右侧的【详细】按钮，跳转到应用系统业务数据库明细界面，见图 4-20。

4.2.2.3　应用系统权限管理

（1）操作权限管理

功能：为应用系统授权，各应用系统将授权的许可文件部署在自己的应用中后，才可以调用 WebService 接口，对基础库的相关表对象进行维护。系统管理员可以对应用系统的权限进行增加、修改、删除、查询。

应用系统业务数据库明细

数据库用户名：	adminsonggy
数据库名：	ibm db2
数据库类型：	IBM DB2
数据库版本：	2.0
数据库服务IP地址 ：	10.10.8.211
创建时间 ：	2008-07-21 10:04:52
创建人 ：	mastertest
最后修改时间 ：	2008-07-21 10:04:52
修改人 ：	mastertest
数据库用户说明：	ibmdb2数据库

返回

图 4-20　应用系统业务数据库明细

操作步骤：单击左侧的菜单树，展开“基础配置管理”菜单，展开“应用系统权限管理”，单击“操作权限管理”菜单，在右侧区域显示页面内容，见图 4-21。

2009年5月18日 星期一
欢迎：赵晓天
来自：信息中心

菜单列表
基础配置管理
数据中心注册管理
应用系统注册管理
应用系统权限管理
数据权限规则定义
数据权限明细
数据管理
审批管理
监控查询

应用系统权限管理->操作权限管理

操作权限管理

应用系统：请选择　　操作类型代码：请选择
业务分类代码：　　操作对象代码：请选择

查询

选择	序号	应用系统ID	应用系统名称	业务分类代码	操作对象	操作类型	详 细
	1	121	222		公共代码信息	新增	详细
	2	121	222		公共代码信息	修改	详细
	3	121	222		产品基础信息	新增	详细
	4	121	222		公共代码信息	查询	详细
	5	121	222		公共代码信息	删除	详细
	6	121	222		企业基础信息	删除	详细
	7	121	222		企业基础信息	新增	详细
	8	121	222		企业基础信息	查询	详细
	9	121	222	行政许可	产品基础信息	查询	详细
	10	121	222		产品基础信息	删除	详细

共53条记录　首页　上一页　下一页　末页　跳转 1 页　第1/6页　增加　修改　删除

图 4-21　操作权限管理

配置应用系统对操作对象的操作权限。

操作对象包括：企业基础信息、产品基础信息、机构基础信息、公共代码信息。

操作权限包括：查询、新增、修改、删除。

1）查询

功能：根据应用系统、操作类型代码、企业分类代码、操作对象代码 查询操作权限信息。

操作步骤：在查询区域填写或者选择查询内容，单击【查询】按钮，见图 4-22。

图 4-22　操作权限管理——查询

2）增加

功能：为应用系统授权，以调用 WebService 对基础库的相关表对象进行维护操作。

操作步骤：单击下方的【增加】按钮，跳转到操作权限管理→注册，见图 4-23。

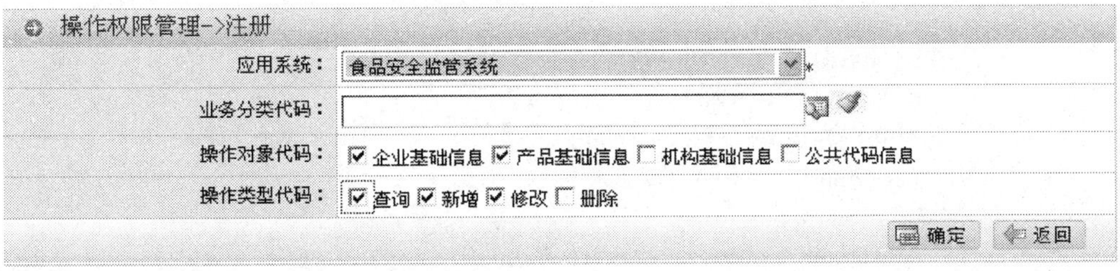

图 4-23　操作权限管理——注册

选择需要授权的对象和操作类型，如应用系统为“主数据管理系统”，操作对象代码为“企业基础信息”，操作类型代码为“新增”，即为主数据管理系统授予对企业基础信息新增数据的权利。

添加完成后，单击【确定】按钮。

操作对象代码包括：企业基础信息、产品基础信息、机构基础信息、公共代码信息。

操作类型代码包括：查询、新增、修改、删除。

3）修改

功能：对应用系统已有的权限信息进行修改。

操作步骤：选择一条记录后单击下方的【修改】按钮，跳转到操作权限管理→修改，修改后单击【确定】按钮，取消单击【返回】按钮，见图 4-24。

图 4-24　操作权限管理——修改

4）删除

功能：删除应用系统已有的权限信息。

操作步骤：选择一条记录，单击下方的【删除】按钮，弹出确认框，确认删除，单击【确定】按钮；否则，单击【取消】按钮。

5）查看详细信息

功能：查看应用系统权限信息的详细信息。

操作步骤：选择一条记录，单击记录右侧的【详细】按钮，跳转到操作权限管理明细界面，见图 4-25。

（2）数据权限规则定义

功能：各应用系统只可以对自己系统添加的数据进行修改和删除操作。对于非本系统添加的数据可以由管理员进行权限规则定义的配置，对于满足规则条件的数据，则可以进行修改和删除操作。

操作权限管理明细

应用系统：	222
业务分类代码：	
操作对象代码：	公共代码信息
操作类型代码：	查询
创建时间：	2008-06-27 00:00:00
创建人：	2
最后修改时间：	2008-06-27 00:00:00
修改人：	1

返回

图 4-25　操作权限管理明细

操作步骤：单击左侧的菜单树，展开“基础配置管理”菜单，展开“应用系统权限管理”，单击“数据权限规则定义”菜单，在右侧区域显示页面内容，见图 4-26。

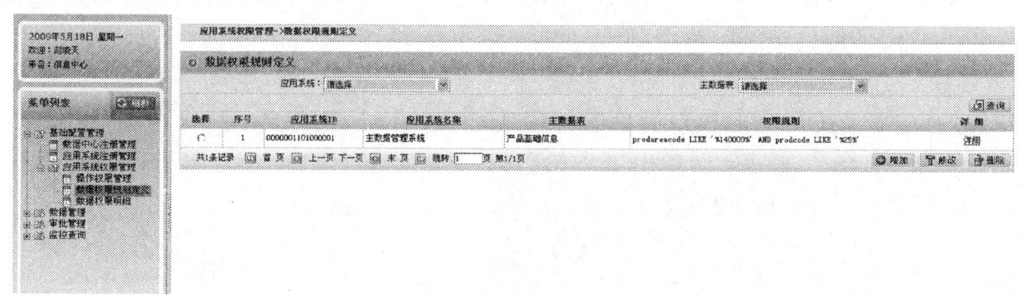

图 4-26　数据权限规则定义

数据权限规则定义配置应用系统对满足权限规则定义的某一类数据的操作权限。

1）查询

功能：根据应用系统、主数据表名 查询数据权限规则定义信息。

操作步骤：在查询区域填写或者选择查询内容后，单击【查询】按钮，见图 4-27。

图 4-27　操作权限管理——查询

2）增加

功能：增加数据权限规则，以修改非本系统添加的符合规则定义条件的数据。

操作步骤：点击下方的【增加】按钮，跳转到数据权限规则定义→注册，见图 4-28。

选择应用系统和主数据表名后，单击右下角的图标，弹出权限规则定义条件设置对话框，【增加】和【删除】按钮分别用来添加和删除行，根据需要配置完成后单击【确定】按钮，自动生成权限规则，见图 4-29。

3）修改

功能：对已添加的权限规则进行修改。

图 4-28 操作权限管理——注册

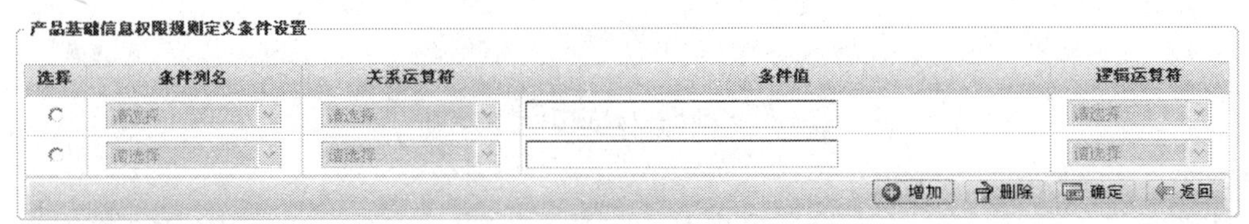

图 4-29 权限规则定义设置

操作步骤：选择一条记录后单击下方的【修改】按钮，跳转到数据权限规则定义→修改页面，见图 4-30。单击右下角的图标，弹出权限规则定义条件设置对话框，修改完成后单击【确定】，取消单击【返回】。

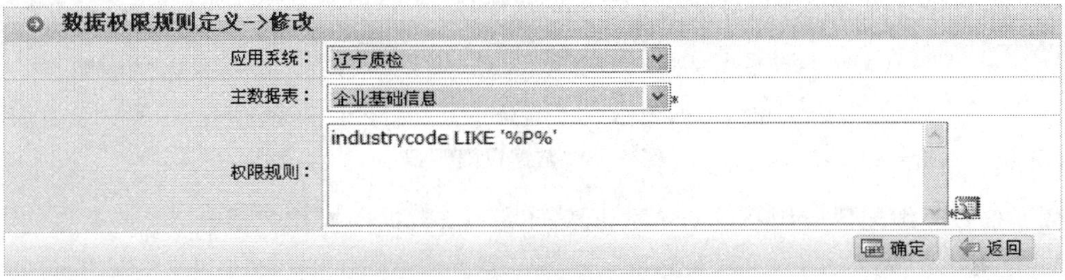

数据权限规则定义->修改
应用系统：辽宁质检
主数据表：企业基础信息
权限规则：industrycode LIKE '%P%'
确定 返回

图 4-30 权限规则定义——修改

4）删除

功能：删除已有的数据权限规则定义。

操作步骤：选择一条记录后，单击下方的【删除】按钮，弹出确认框，确认删除，单击【确定】；否则，点击【取消】。

5）查看详细信息

功能：查看已有的数据权限规则定义详细信息。

操作步骤：选择一条记录，单击记录右侧的【详细】按钮，跳转到数据权限规则定义明细页面，见图 4-31。

(3) 数据权限明细

功能：各应用系统只可以对自己系统添加的数据进行修改和删除操作。对于非本系统添加的数据可以由系统管理员进行单条记录的授权，授权之后，则可以对该条记录进行修改和删除操作。

操作步骤：单击左侧的菜单树，展开“基础配置管理”菜单，展开“应用系统权限管理”，单击“数据权限明细”菜单，在右侧区域显示页面内容，见图 4-32。

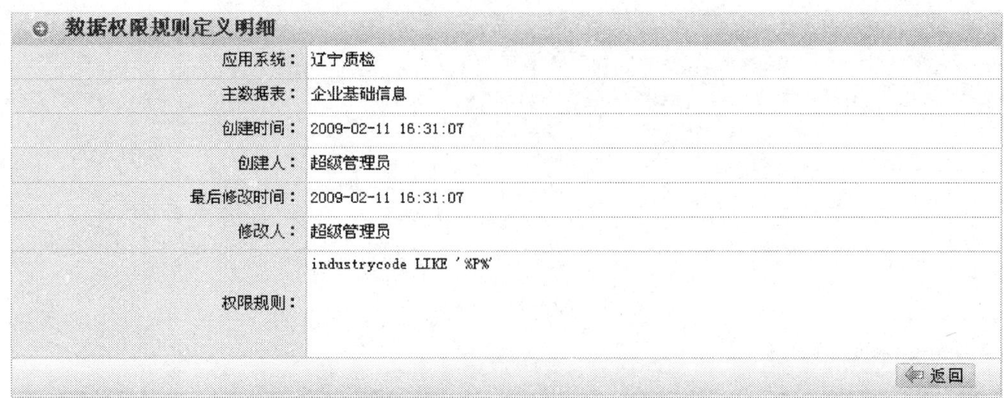

数据权限规则定义明细	
应用系统：	辽宁质检
主数据表：	企业基础信息
创建时间：	2009-02-11 16:31:07
创建人：	超级管理员
最后修改时间：	2009-02-11 16:31:07
修改人：	超级管理员
权限规则：	industrycode LIKE '%P%'

返回

图 4-31　数据权限规则定义明细

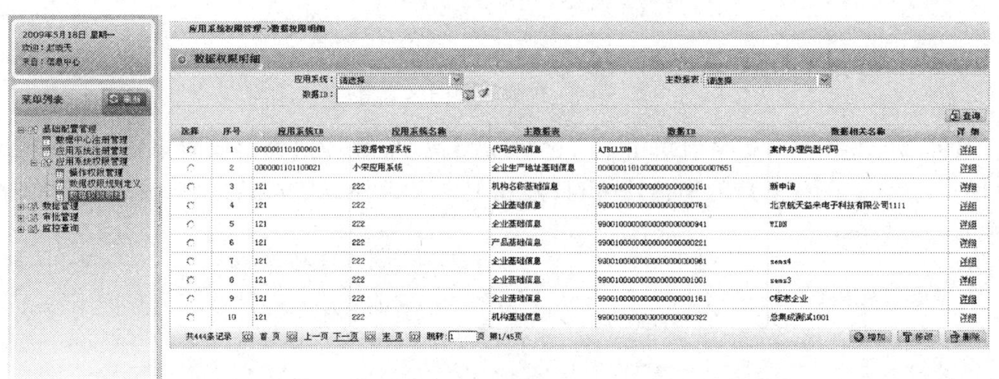

选择	序号	应用系统ID	应用系统名称	主数据表	数据ID	数据相关名称	详细
	1	0000001101000001	主数据管理系统	代码类别信息	AJBLLXDM	案件办理类型代码	详细
	2	0000001101100021	小宋应用系统	企业生产地址基础信息	0000001101000000000000000007651		详细
	3	121	222	机构名称基础信息	9300100000000000000000161	新申请	详细
	4	121	222	企业基础信息	9300100000000000000000761	北京航天益来电子科技有限公司1111	详细
	5	121	222	企业基础信息	9900100000000000000000941	WIDN	详细
	6	121	222	产品基础信息	9900100000000000000000221		详细
	7	121	222	企业基础信息	9300100000000000000000961	sems4	详细
	8	121	222	企业基础信息	9900100000000000000001001	sems3	详细
	9	121	222	企业基础信息	9900100000000000000001161	C标志企业	详细
	10	121	222	机构基础信息	9900100000000000000000322	总集成测试1001	详细

图 4-32　数据权限明细

数据权限明细配置应用系统对主数据表的某一条数据的操作权限。

1）查询

功能：按应用系统、主数据表、数据 ID 查询数据权限明细信息。

操作步骤：在查询区域填写或者选择查询内容后，单击【查询】按钮，见图 4-33。

图 4-33　数据权限明细——查询

2）增加

功能：为某系统添加修改和删除非本系统添加的单条记录的权限。

操作步骤：单击下方的【增加】按钮，跳转到数据权限明细→注册，见图 4-34。

数据权限明细->注册	
应用系统：	请选择
主数据表名：	请选择 *
数据ID：	*

确定　返回

图 4-34　数据权限明细——注册

选择应用系统和主数据表名后，点击数据 ID 右侧的图标，弹出数据管理对话框，见图 4-35，选择要授权的数据后单击【确定】，跳转到数据权限明细→注册页，见图 4-34，单击【确定】完成添加。

产品分类代码

产品分类代码：　　产品分类名称：

查询

选择	序号	产品分类代码	产品分类名称	来源	产品分类说明
○	1	01	农业产品		
○	2	0101	谷物及其他作物与种子		
○	3	010101	小麦种子		
○	4	010102	水稻种子		
○	5	01010201	常规稻种子		
○	6	01010202	杂交稻种子		
○	7	010103	棉花种子		
○	8	010104	玉米种子		
○	9	010199	其他		
○	10	0102	经济作物		

共5319条记录　首页　上一页　下一页　末页　跳转:1　页 第1/532页　确定

图 4-35　数据管理对话框

3）修改

功能：修改已存在的数据权限明细信息。

操作步骤：选择一条记录后，单击下方的【修改】按钮，跳转到数据权限明细→修改，见图 4-36。

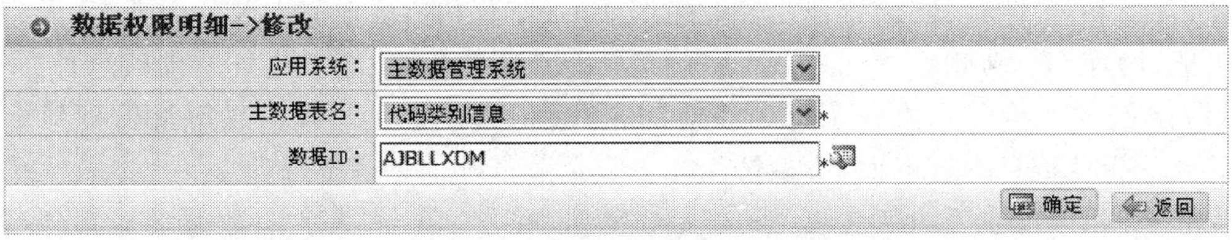

数据权限明细->修改

应用系统：主数据管理系统

主数据表名：代码类别信息 *

数据ID：AJBLLXDM *

确定　返回

图 4-36　数据权限明细——修改

单击数据 ID 右侧的图标，弹出数据管理对话框，见图 4-35，选择要授权的数据后单击【确定】，跳转到数据权限明细→修改，见图 4-34，单击【确定】完成修改。

4）删除

功能：删除已存在的数据权限明细信息。

操作步骤：选择一条记录后，单击下方的【删除】按钮，弹出确认框，确认删除单击【确定】，否则单击【取消】。

5）查看详细信息

功能：查看已存在的数据权限明细详细信息。

操作步骤：选择一条记录，单击记录右侧的【详细】按钮，跳转到数据权限明细明细页面，见图 4-37。

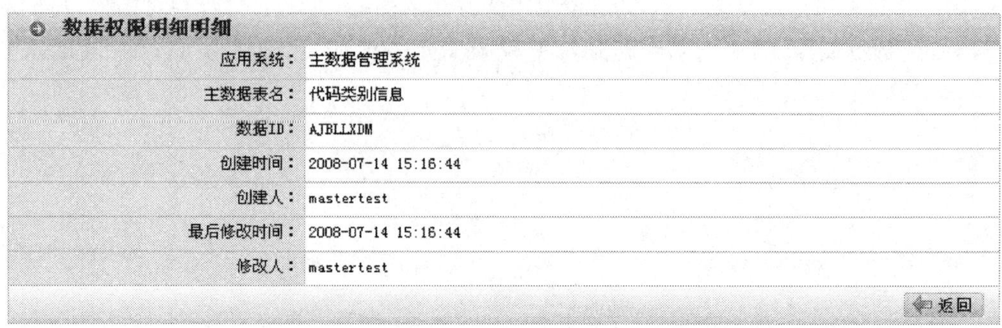

图 4-37　数据权限明细详细信息

4.2.3　数据管理

质检行业的主数据定位为多个业务系统共同管理的、可公开的数据，通常都是公共的核心业务数据，如企业、产品、机构、公共代码数据。在该模块中可以对这些数据进行查询，以及增加、修改和删除，但是增加、修改和删除的数据，需要在审批管理模块中进行审批，审批通过后才能生效。

企业、产品、机构这三类主数据，在总局和地方局均可进行维护。公共代码数据则是只能由总局来进行维护，各地方局只有查看的权限。从本节起至本章末，关于公共代码的相关操作，比如增、改、删，或是审批，或是监控，其操作功能仅对总局的主数据管理员而言。

4.2.3.1　企业主数据维护管理

企业主数据的来源主要有：行政许可系统的准入许可业务；质量信用的企业质量档案采集业务；食品和产品质量监督的企业普查建档业务；监管和执法业务涉及的企业等。

功能：增加、修改、删除、查询企业信息（包括企业基础信息、企业地址基础信息）。

导入在企业综合信息服务系统中注册的企业信息，在企业基础信息审批管理界面中可以对导入的企业信息进行审批，请参见 4.2.4.1 企业基础信息审批管理。

操作步骤：单击左侧的菜单树，展开“数据管理”菜单，单击“企业主数据维护管理”菜单，在右侧区域显示界面内容，见图 4-38。

图 4-38　企业主数据维护管理

（1）查询

功能：按照质检企业 ID、组织机构代码、企业名称、法定代表人、有效状态、信息变更警示标志查询企业基础信息。

操作步骤：在查询区域填写或者选择查询内容后单击【查询】按钮，见图 4-39。

图 4-39　企业主数据维护管理——查询

（2）增加

功能：增加企业信息。

操作步骤：单击下方的【增加】按钮，跳转到企业主数据维护管理→新增界面。其中带星的各项为必填项，见图 4-40。填写完成后，单击【确定】按钮，取消单击【返回】。

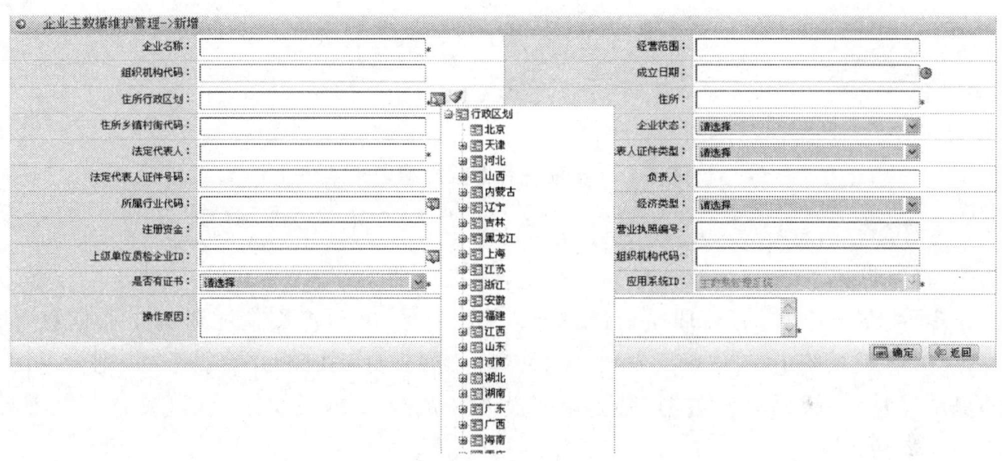

图 4-40　企业主数据维护管理——新增

（3）修改

功能：对已经存在的企业信息进行修改。

操作步骤：选择一条记录后点击下方的【修改】按钮，跳转到企业主数据维护管理→修改界面。修改后单击【确定】按钮，取消单击【返回】，见图 4-41。

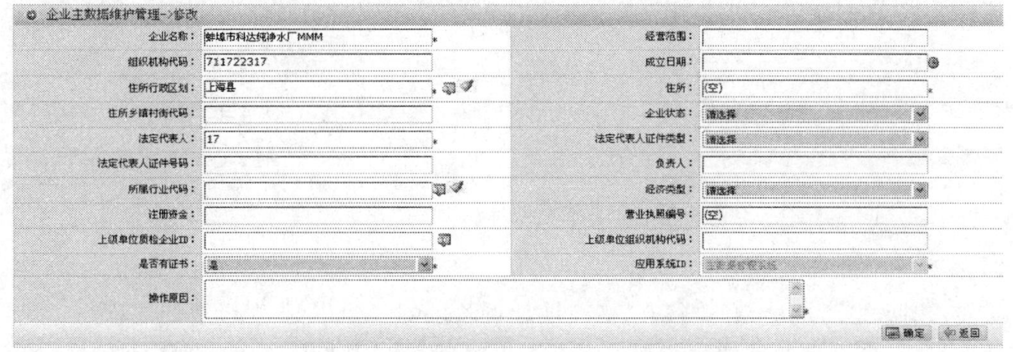

图 4-41　企业主数据维护管理——修改

（4）删除

功能：删除已存在的企业信息。

操作步骤：选择一条记录后单击下方的【删除】按钮，弹出确认框，确认删除单击【确定】，否则点击【取消】。

（5）查看详细信息

功能：查看企业信息的详细信息。

操作步骤：选择一条记录，单击记录右侧的【详细】按钮，跳转到企业主数据维护管理明细界面，见图 4-42。

企业主数据维护管理明细

企业名称：	全椒景山饮品厂	经营范围：	
组织机构代码：	740868649	成立日期：	
住所：	(空)	住所行政区划：	吉林吉林市
住所乡镇村街代码：		企业状态：	
法定代表人：	7	法定代表人证件类型：	
法定代表人证件号码：		负责人：	
经济类型：		所属行业代码：	
注册资金：		营业执照编号：	(空)
上级单位质检企业ID：		上级单位组织机构代码：	
是否有证书：	是	信息变更警示标志：	
应用系统ID：	主数据管理系统	业务分类代码：	

返回

图 4-42　企业主数据维护管理明细

（6）注册企业信息导入

功能：将互联网注册的企业信息导入系统，等待审批。

操作步骤：单击下方的【注册企业信息导入】按钮，会自动将最新注册的企业信息导入到待审批系统（审批系统的使用见 4.2.4 审批管理）。如果导入成功并有新数据，则会返回导入成功的提示信息；如果没有新数据，则会返回没有新数据可导入的提示信息；如果出现异常，则返回导入失败。

（7）企业地址基础信息

功能：维护企业的企业生产地址信息。

操作步骤：在企业主数据维护管理界面中，选择一条记录后单击下方的【企业地址基础信息】按钮，跳转到企业生产地址基础信息维护管理界面，见图 4-43。

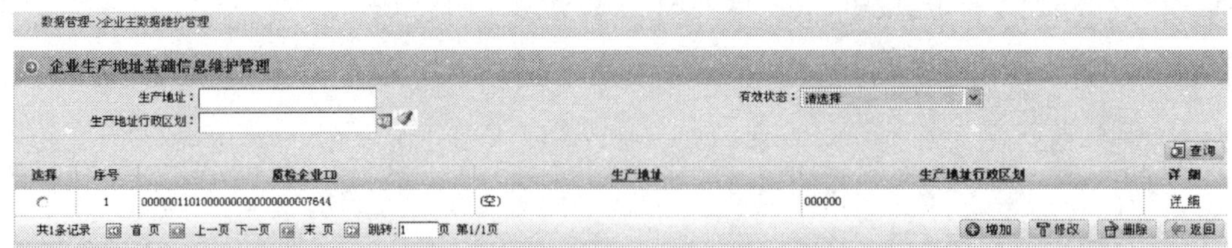

图 4-43　企业生产地址基础信息维护管理

1）查询

功能：按照 生产地址、有效状态、生产地址行政区划 查询企业生产地址信息。

操作步骤：在查询区域填写或者选择查询内容后，单击【查询】按钮，见图 4-44。

图 4-44 企业生产地址基础信息维护管理——查询

2）增加

功能：为所选企业添加企业生产地址信息。

操作步骤：单击下方的【增加】按钮，跳转到企业生产地址基础信息维护管理-新增界面，其中带星的各项为必填项，见图 4-45，填写完成后单击【确定】按钮，取消单击【返回】。

企业生产地址基础信息维护管理-新增
生产地址：
生产地址行政区划：
生产地址乡镇村街代码：
应用系统ID：
生产地址说明：
操作原因：
确定 返回

图 4-45 企业生产地址基础信息维护管理——新增

3）修改

功能：对已存在的企业生产地址信息进行修改。

操作步骤：选择一条记录后单击下方的【修改】按钮，跳转到企业生产地址基础信息维护管理→修改界面，修改后单击【确定】按钮，取消单击【返回】，见图 4-46。

图 4-46 企业生产地址基础信息维护管理——修改

4）删除

功能：删除已经存在的企业生产地址信息。

操作步骤：选择一条记录后单击下方的【删除】按钮，弹出确认框。确认删除单击【确定】，否则单击【取消】。

5）查看详细信息

功能：查看企业生产地址详细信息。

操作步骤：选择一条记录，单击记录右侧的【详细】按钮，跳转到企业生产地址基础信息维护管理明细界面，见图 4-47。

企业生产地址基础信息维护管理明细

生产地址：	(空)
生产地址行政区划：	000000
生产地址乡镇村街代码：	
应用系统ID：	
业务分类代码：	
生产地址说明：	

确定　返回

图 4-47　企业生产地址基础信息维护管理明细

4.2.3.2　产品主数据维护管理

产品主数据来源于各个应用系统。

功能：增加、修改、删除、查询产品信息。

操作步骤：单击左侧的菜单树，展开“数据管理”菜单，单击“产品主数据维护管理”菜单，在右侧区域显示界面内容，见图 4-48。

选择	序号	产品ID	产品名称	产品分类名称	产品产地	详细
	1	9900100000000000000001401	LK35聚乙烯电缆	塑料绝缘控制电缆		详细
	2	9900100000000000000001421	虾条	直接挤压型膨化食品		详细
	3	9900100000000000000001441	巨丰花岗岩	天然花岗石建筑板材		详细
	4	9900100000000000000001442	巨丰板材	天然大理石建筑板材		详细
	5	9900100000000000000001461	蛋米粉	挂面	广西柳州	详细
	6	9900100000000000000001481	拉花饼干	饼干及其它焙烤食品	广西柳州	详细
	7	9900100000000000000001482	蛋米粉	食品相关产品及化妆品	广西柳州	详细
	8	9900100000000000000001483	糕点（月饼）	月饼	广西柳州	详细
	9	9900100000000000000001484	牛奶	乳制品[液体乳]	广西柳州	详细
	10	9900100000000000000001501	月饼	月饼	广西柳州	详细

图 4-48　产品主数据维护管理

(1) 查询

功能：按照 产品 ID、产品名称、产品产地、有效状态、产品分类名称 查询产品信息。

操作步骤：在查询区域填写或者选择查询内容后，单击【查询】按钮，见图 4-49。

图 4-49　产品基础信息维护管理——查询

(2) 增加

功能：增加产品信息。

操作步骤：单击下方的【增加】按钮，跳转到产品主数据维护管理-新增界面，其中带星的各项为必填项，见图 4-50，填写完成后单击【确定】按钮，取消单击【返回】。

(3) 修改

功能：对已经存在的产品信息进行修改。

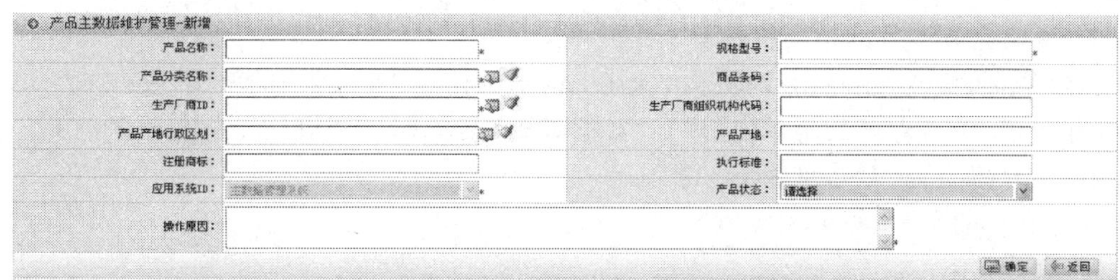

图 4-50　产品主数据维护管理——新增

操作步骤：选择一条记录后单击下方的【修改】按钮，跳转到产品主数据维护管理→修改界面，修改后，单击【确定】按钮，取消点击【返回】，见图 4-51。

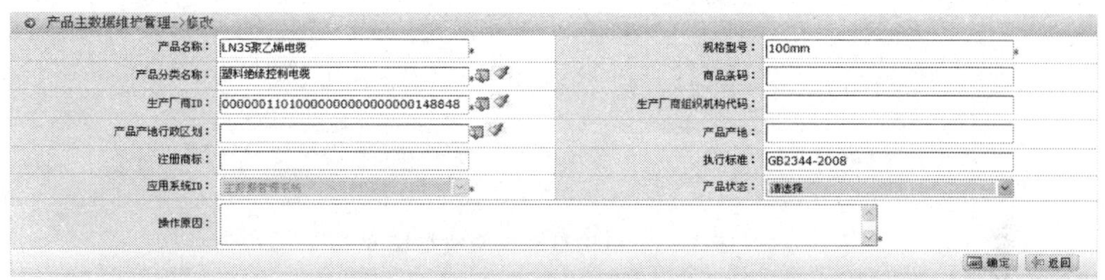

图 4-51　产品主数据维护管理——修改

（4）删除

功能：删除已经存在的产品信息。

操作步骤：选择一条记录后，单击下方的【删除】按钮，弹出确认框，确认删除单击【确定】，否则单击【取消】。

（5）查看详细信息

功能：查看产品的详细信息。

操作步骤：选择一条记录，单击记录右侧的【详细】按钮，跳转到产品主数据维护管理明细页面，见图 4-52。

产品主数据维护管理明细

产品名称：	LN35聚乙烯电缆	产品分类名称：	塑料绝缘控制电缆
规格型号：	100mm	商品条码：	
生产厂商ID：	000000110100000000000000148848	生产厂商组织机构代码：	
产品产地行政区划：		产品产地：	
注册商标：		执行标准：	GB2344-2008
产品状态：		分区ID：	
应用系统ID：	222	业务分类代码：	

返回

图 4-52　产品主数据维护管理明细

4.2.3.3　机构主数据维护管理

机构主数据指技术机构主数据，其来源主要有：

（1）食品安全监管和产品质量技术监督业务中涉及的质量技术检测机构，包括安检机构；

（2）计量业务中的计量检测机构；

（3）特种设备业务中的特种设备检测机构；

（4）标准情报检测机构；

（5）其他业务涉及的检测机构等。

功能：增加、修改、删除、查询机构数据（机构基础信息、机构名称基础信息）。

操作步骤：单击左侧的菜单树，展开“数据管理”菜单，单击“机构主数据维护管理”菜单，在右侧区域显示页面内容，见图 4-53。

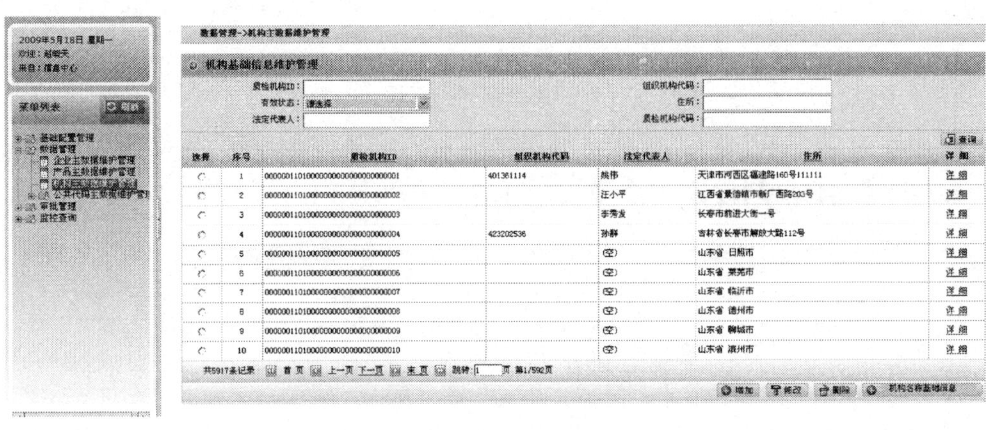

图 4-53　机构基础信息维护管理

（1）查询

功能：按照质检机构 ID、组织机构代码、有效状态、住所、法定代表人、质检机构代码查询机构基本信息。

操作步骤：在查询区域填写或者选择查询内容后，单击【查询】按钮，见图 4-54。

图 4-54　机构基础信息维护管理——查询

（2）增加

功能：增加机构基础信息。

操作步骤：单击下方的【增加】按钮，跳转到机构主数据维护管理→新增界面。其中带星的各项为必填项，见图 4-55，填写完成后，单击【确定】按钮，取消单击【返回】。

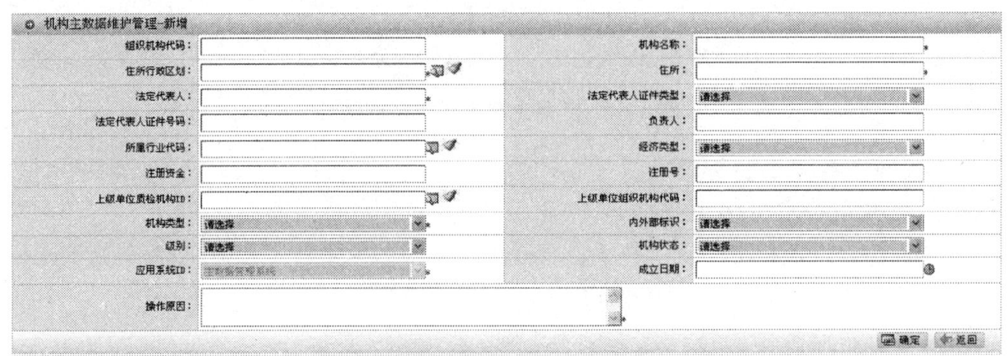

图 4-55　机构主数据维护管理——新增

(3) 修改

功能:对已经存在的机构信息进行修改。

操作步骤:选择一条记录后,单击下方的【修改】按钮,跳转到机构主数据维护管理→修改界面,修改后,单击【确定】按钮,取消单击【返回】,见图 4-56。

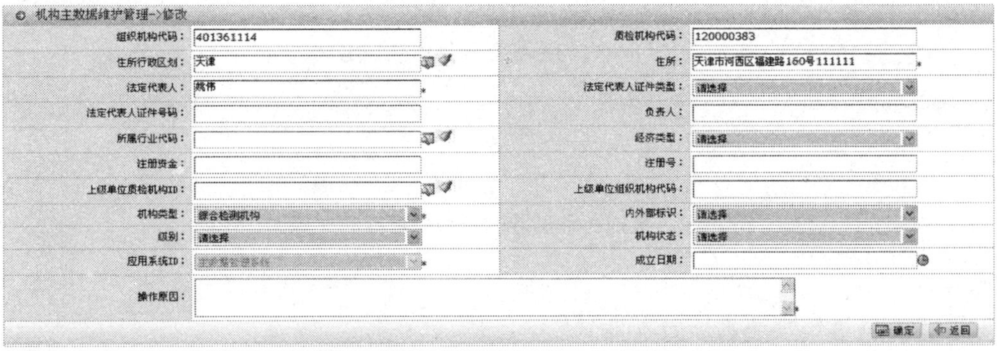

图 4-56 机构主数据维护管理——修改

(4) 删除

功能:删除已经存在的机构数据。

操作步骤:选择一条记录后,单击下方的【删除】按钮,弹出确认框。确认删除点击【确定】,否则单击【取消】。

(5) 查看详细信息

功能:查看机构主数据的详细信息。

操作步骤:选择一条记录,单击记录右侧的【详细】按钮,跳转到机构主数据维护管理明细界面,见图 4-57。

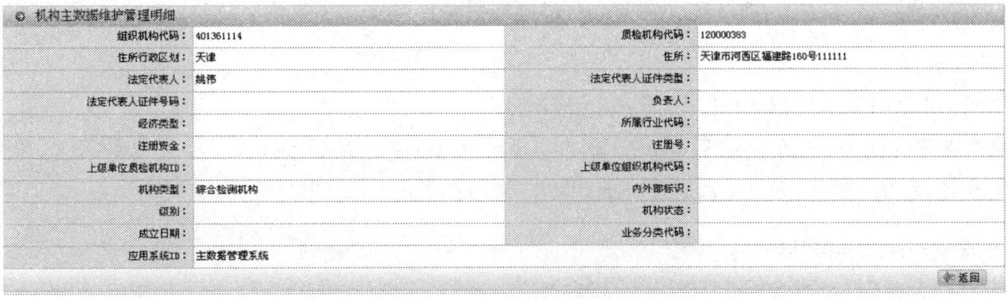

图 4-57 机构主数据维护管理明细

(6) 机构名称基础信息

功能:维护机构的机构名称信息。

操作步骤:在机构主数据维护管理页面中,选择一条记录后单击下方的【机构名称基础信息】按钮,跳转到机构名称基础信息维护管理界面,见图 4-58。

1) 查询

功能:质检机构 ID、机构名称、有效状态 查询机构名称信息。

操作步骤:在查询区域填写或者选择查询内容后,单击【查询】按钮,见图 4-59。

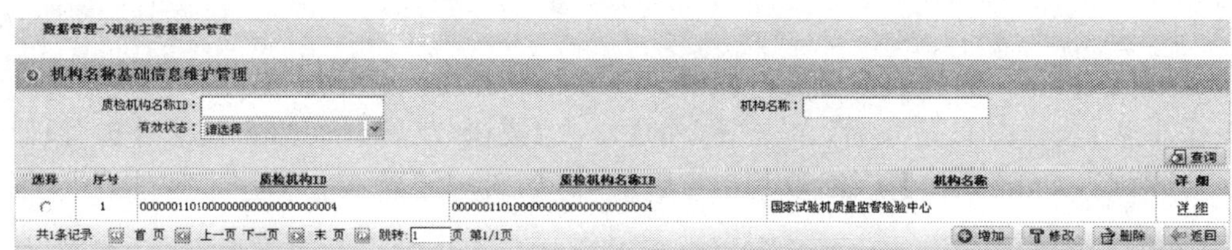

图 4-58　机构名称基础信息维护管理

图 4-59　机构名称基础信息维护管理——查询

2）增加

功能：为所选机构添加机构名称信息。

操作步骤：单击下方的【增加】按钮，跳转到机构名称基础信息维护管理→新增界面。其中带星的各项为必填项，见图 4-60，填写完成后，单击【确定】按钮，取消单击【返回】。

机构名称基础信息维护管理->新增	
机构名称：	*
应用系统ID：	主数据管理系统 *
机构名称说明：	
操作原因：	*
	确定　返回

图 4-60　机构名称基础信息维护管理——新增

3）修改

功能：对已存在的机构名称信息进行修改。

操作步骤：选择一条记录后，单击下方的【修改】按钮，跳转到机构名称基础信息维护管理→修改界面，修改后，单击【确定】按钮，取消单击【返回】，见图 4-61。

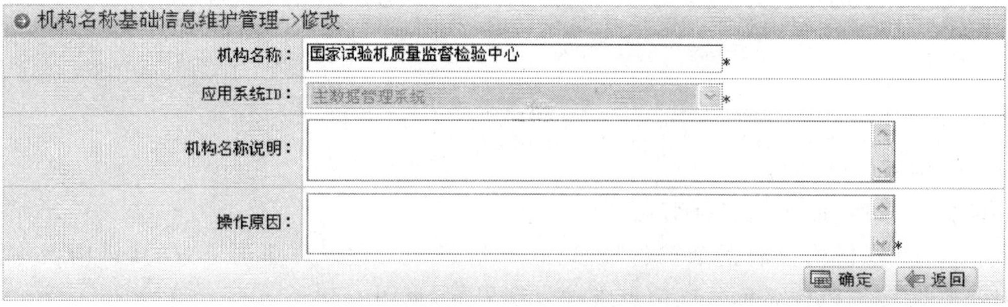

机构名称基础信息维护管理->修改	
机构名称：	国家试验机质量监督检验中心 *
应用系统ID：	主数据管理系统 *
机构名称说明：	
操作原因：	*
	确定　返回

图 4-61　机构名称地址基础信息维护管理——修改

4）删除

功能：删除已经存在的机构名称信息。

操作步骤:选择一条记录后,单击下方的【删除】按钮,弹出确认框,确认删除单击【确定】,否则单击【取消】。

5) 查看详细信息

功能:查看机构名称详细信息。

操作步骤:选择一条记录,单击记录右侧的【详细】按钮,跳转到机构名称基础信息维护管理明细界面,见图 4-62。

机构名称基础信息维护管理明细	
机构名称:	国家试验机质量监督检验中心
业务分类代码:	
应用系统ID:	
机构名称说明:	
	返回

图 4-62 机构名称基础信息维护管理明细

4.2.3.4 公共代码主数据维护管理

公共代码包括公共国标代码、公共行标代码和“金质工程”公共代码信息。需要特别说明的是,公共代码的维护管理权限只有总局的主数据管理员才有,地方局无权维护。

(1) 产品分类维护管理

功能:增加、修改、删除、查询产品分类代码。

操作步骤:单击左侧的菜单树,展开“数据管理”菜单,展开“公共代码主数据维护管理”,单击“产品分类维护管理”菜单,在右侧区域显示界面内容,见图 4-63。

选择	序号	产品分类代码	产品分类名称	产品分类说明	详细
	1	01	农业产品		详细
	2	0101	谷物及其他作物与种子		详细
	3	010101	小麦种子		详细
	4	010102	水稻种子		详细
	5	01010201	常规稻种子		详细
	6	01010202	杂交稻种子		详细
	7	010103	棉花种子		详细
	8	010104	玉米种子		详细
	9	010199	其他		详细
	10	0102	经济作物		详细

图 4-63 产品分类维护管理

1) 查询

操作步骤:在查询区域填写或者选择查询内容后,单击【查询】按钮,见图 4-64。

图 4-64 产品分类维护管理——查询

2）增加

操作步骤：单击下方的【增加】按钮，跳转到产品分类维护管理→新增界面，见图 4-65，填写完成后，单击【确定】按钮，取消单击【返回】。

产品分类维护管理->新增
产品分类代码：
产品分类名称：
别名：
来源：
上级产品分类代码：
应用系统：
产品分类说明：
操作原因：
确定
返回

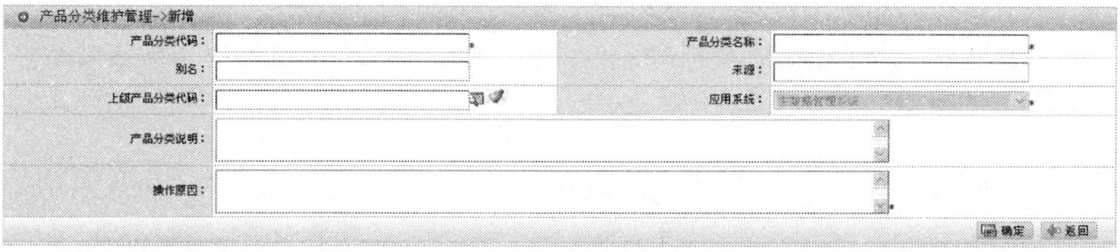

图 4-65　产品分类维护管理——新增

3）修改

操作步骤：选择一条记录后，单击下方的【修改】按钮，跳转到产品分类维护管理→修改界面。修改后，单击【确定】按钮，取消单击【返回】，见图 4-66。

产品分类维护管理->修改
产品分类名称：
小麦种子
上级产品分类代码：
谷物及其他作物与种子
别名：
来源：
应用系统：
产品分类说明：
操作原因：
确定
返回

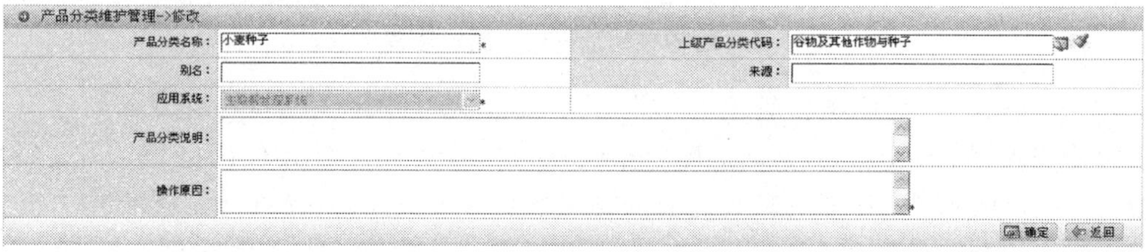

图 4-66　产品分类维护管理——修改

4）删除

操作步骤：选择一条记录后，单击下方的【删除】按钮，弹出确认框，确认删除单击【确定】，否则单击【取消】。

5）查看详细信息

操作步骤：选择一条记录，单击记录右侧的【详细】按钮，跳转到产品分类维护管理明细界面，见图 4-67。

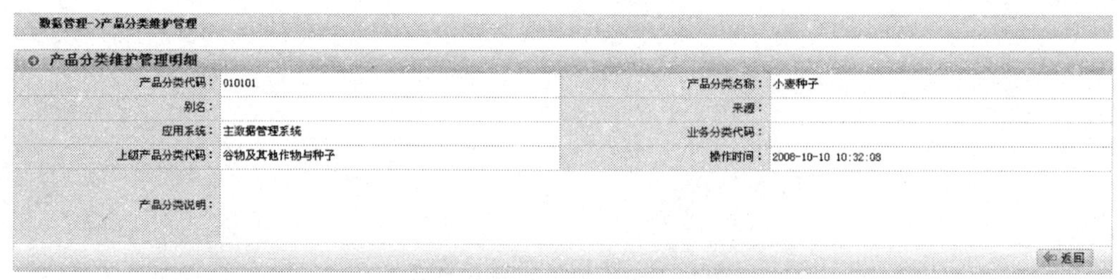

数据管理->产品分类维护管理
产品分类维护管理明细
产品分类代码：
010101
产品分类名称：
小麦种子
别名：
来源：
应用系统：
主数据管理系统
业务分类代码：
上级产品分类代码：
谷物及其他作物与种子
操作时间：
2008-10-10 10:32:08
产品分类说明：
返回

图 4-67　产品分类维护管理明细

（2）基础代码维护管理

操作步骤：单击左侧的菜单树，展开“数据管理”菜单，展开“公共代码主数据维护管理”，点击“基础代码维护管理”菜单，在右侧区域显示界面内容，见图 4-68。

1）查询。

操作步骤：在查询区域填写或者选择查询内容后，单击【查询】按钮，见图 4-69。

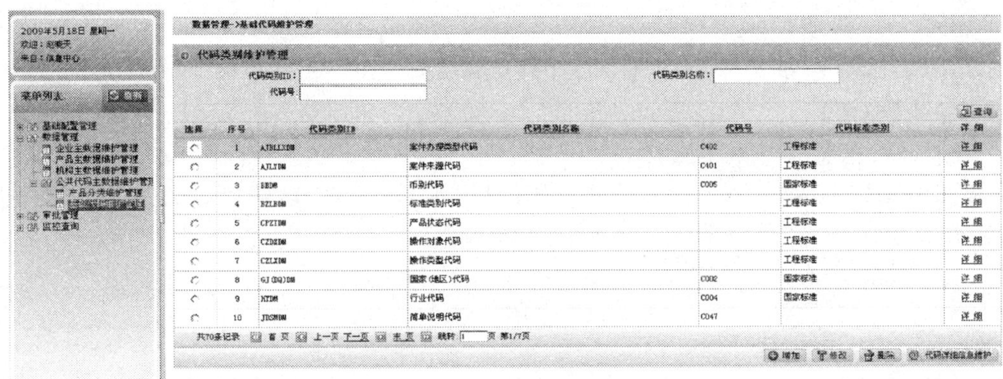

图 4-68　代码类别维护管理

代码类别维护管理
代码类别ID：
代码类别名称：
代码号：
查询

图 4-69　代码类别维护管理——查询

2）增加

操作步骤：单击下方的【增加】按钮，跳转到代码类别维护管理→新增界面，见图 4-70。填写完成后，单击【确定】按钮，取消单击【返回】。

注意：其中“代码类别 ID”项为“代码类别名称”的拼音首字母缩写。

代码类别维护管理-新增
代码类别ID：
代码类别名称：
代码号：
代码标准类别：
请选择
采用标准号：
应用系统：
编码方法：
描述：
操作原因：
确定
返回

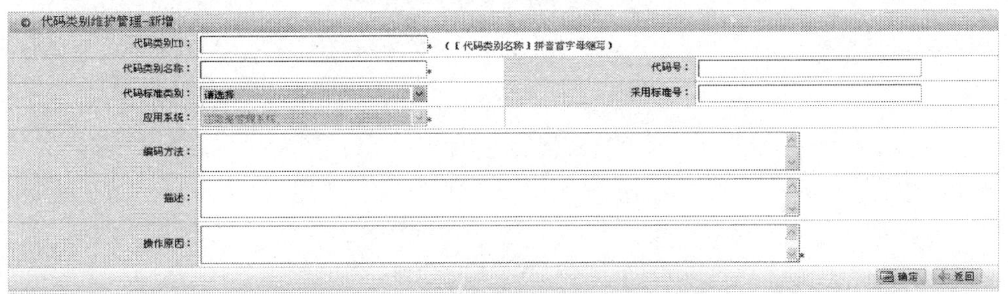

图 4-70　代码类别维护管理——新增

3）修改

操作步骤：选择一条记录后，单击下方的【修改】按钮，跳转到代码类别维护管理→修改界面。修改后，单击【确定】按钮，取消单击【返回】，见图 4-71。

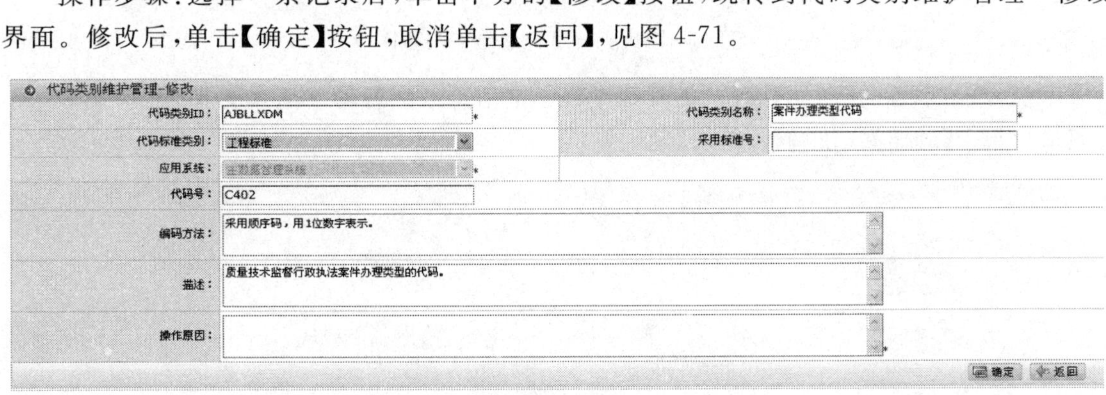

代码类别维护管理-修改
代码类别ID：
AJBLLXDM
代码类别名称：
案件办理类型代码
代码标准类别：
工程标准
采用标准号：
应用系统：
代码号：
C402
编码方法：
采用顺序码，用1位数字表示。
描述：
质量技术监督行政执法案件办理类型的代码。
操作原因：
确定
返回

图 4-71　代码类别维护管理——修改

4）删除

操作步骤：选择一条记录后单击下方的【删除】按钮，弹出确认框。确认删除单击【确定】，否则单击【取消】。

5）查看详细信息

操作步骤：选择一条记录，单击记录右侧的【详细】按钮，跳转到代码类别维护管理明细界面，见图 4-72。

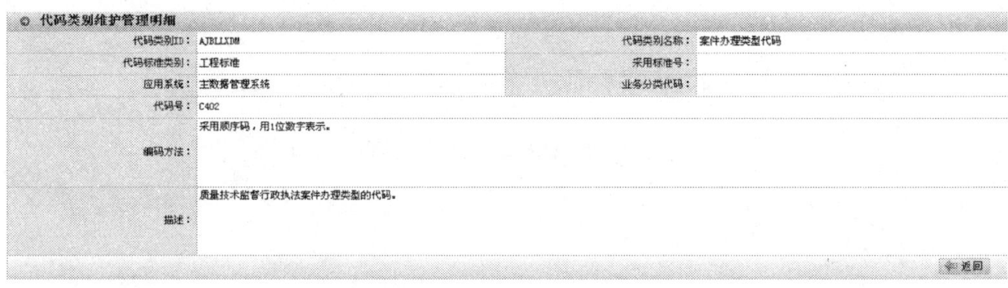

图 4-72　代码类别维护管理明细

6）代码详细信息维护

操作步骤：在基础代码维护管理界面中，选择一条记录后单击下方的【代码详细信息维护】按钮，跳转到代码详细信息维护管理界面，见图 4-73。

代码详细信息维护管理

代码ID：　　代码名称：　　查询

选择	序号	代码ID	代码值	代码名称	字母码	详细
○	1	0000000000005862	0	尚未处理		详细
○	2	0000000000005863	1	现场处罚		详细
○	3	0000000000005864	2	立案处理		详细
○	4	0000000000005865	3	案件移送		详细
○	5	0000000000005866	4	案源转出		详细
○	6	0000000000005867	8	不予受理		详细
○	7	0000000000005868	9	调查无违法行为		详细

共7条记录　首页　上一页　下一页　末页　跳转 1 页　第1/1页　增加　修改　删除　返回

图 4-73　代码详细信息维护

查询：在查询区域填写或者选择查询内容后，单击【查询】按钮，见图 4-74 和图 4-73。

图 4-74　代码详细信息维护-查询

增加：单击下方的【增加】按钮，跳转到代码详细信息维护管理→新增界面，见图 4-75，填写完成后单击【确定】按钮，取消单击【返回】。

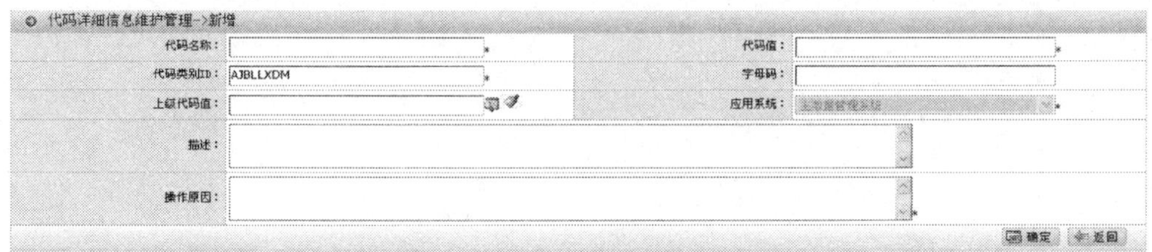

图 4-75　代码详细信息维护管理——新增

修改:选择一条记录后单击下方的【修改】按钮,跳转到代码详细信息维护管理→修改界面,修改后,单击【确定】按钮,取消单击【返回】,见图 4-76。

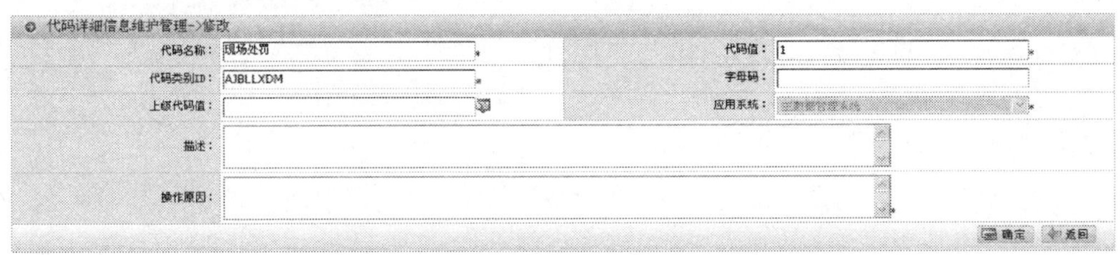

图 4-76 代码详细信息维护管理——修改

删除:选择一条记录后,单击下方的【删除】按钮,弹出确认框,确认删除单击【确定】,否则单击【取消】。

查看详细信息:选择一条记录,单击记录右侧的【详细】按钮,跳转到代码详细信息维护管理→详细界面,见图 4-77。

代码详细信息维护管理-详细
代码名称: 现场处罚
代码值: 1
代码类别ID: AJBLLXDM
字母码:
应用系统: 主数据管理系统
业务分类代码:
上级代码值:
描述:
返回

图 4-77 代码详细信息维护管理——详细

4.2.4 审批管理

该模块中显示的数据分别如下。

新增加的数据:在数据管理模块中新增加的数据,首先记录到待审批表中,在审批管理模块中对新增数据进行审批,审批通过后,则新增数据生效,在数据管理模块中可以查询到新增加的数据;如果审批不通过,则新增加的数据将不会生效。

修改的数据:在数据管理模块中修改的数据,首先记录到待审批表中,在审批管理模块中对修改的数据进行审批,审批通过后,则修改后的数据生效,在数据管理模块中可以查询到修改后的数据,并将修改前的数据记录到历史快照表中,在监控查询模块中可以查询到历史数据;如果审批不通过,则对数据的修改将不会生效。

删除的数据:在数据管理模块中删除的数据,首先记录到待审批表中,在审批管理模块中对删除的数据进行审批,审批通过后,则将该数据删除,在数据管理模块中将查询不到该数据,并将删除前的数据记录到历史快照表中,在监控查询模块中可以查询到该历史数据;如果审批不通过,则将不会删除该数据。

4.2.4.1 企业基础信息审批管理

功能:对企业基础信息待审批数据进行审批,审批通过后方可生效。

操作步骤:单击左侧的菜单树,展开"审批管理"菜单,单击"企业基础信息审批管理"菜单,在右侧区域显示界面内容,见图 4-78。

图 4-78　企业基础信息审批管理

（1）查询

在查询区域填写或者选择查询内容后单击【查询】按钮，见图 4-79。

图 4-79　企业基础信息审批管理——查询

（2）审批

选择一条记录后单击下方的【审批】按钮，跳转到企业基础信息审批管理→审批界面。

根据实际情况选择【审批通过】或【审批不通过】按钮，取消审批操作单击【返回】，见图 4-80。

说明：如果选择【审批不通过】按钮，需要在“数据质量审查情况”下拉列表中选择审批不通过的原因。

图 4-80　企业基础信息审批管理——审批

（3）查看详细信息

选择一条记录，单击记录右侧的【详细】按钮，跳转到企业基础信息审批管理明细界面，见图 4-81。

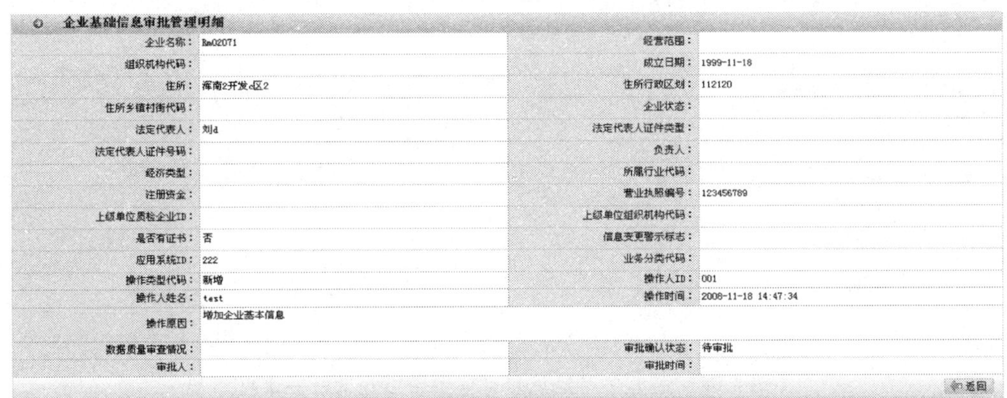

图 4-81　企业基础信息审批管理明细

4.2.4.2　企业生产地址信息审批管理

功能：对企业生产地址待审批数据进行审批，审批通过后方可生效。

操作步骤：单击左侧的菜单树，展开“审批管理”菜单，单击“企业生产地址信息审批管理”菜单，在右侧区域显示界面内容，见图 4-82。

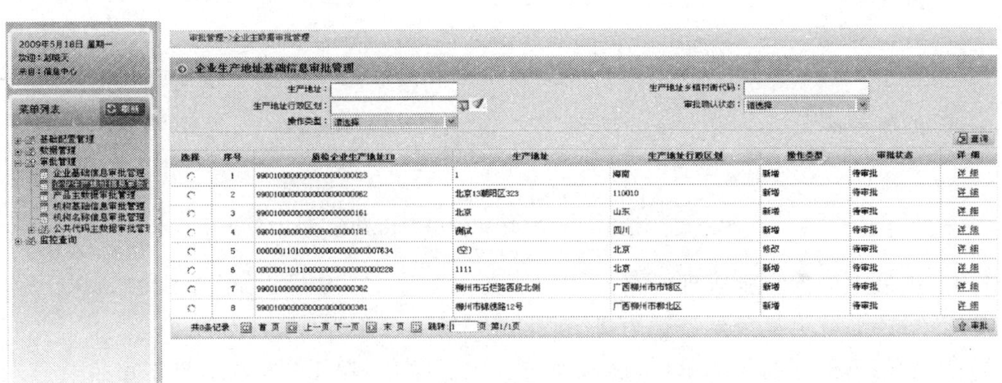

图 4-82　企业生产地址基础信息审批管理

(1) 查询

在查询区域填写或者选择查询内容后，单击【查询】按钮，见图 4-83。

图 4-83　企业生产地址基础信息审批管理——查询

(2) 审批

选择一条记录后单击下方的【审批】按钮，跳转到企业生产地址基础信息审批管理→审批界面。

根据实际情况选择【审批通过】或【审批不通过】按钮，取消审批操作单击【返回】，见图 4-84。

说明：如果选择【审批不通过】按钮，需要在“数据质量审查情况”下拉列表中选择审批不通过的原因。

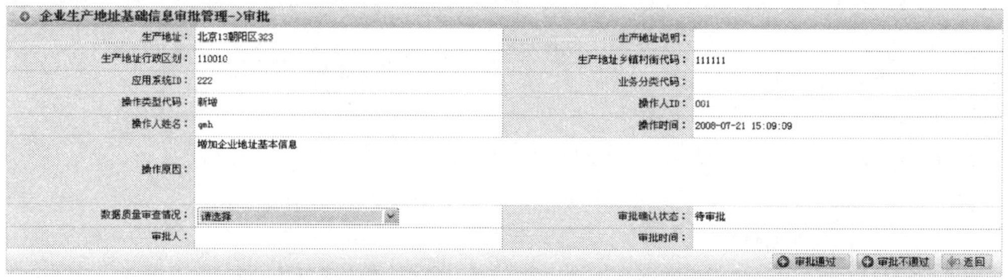

图 4-84　企业生产地址基础信息审批管理——审批

(3) 查看详细信息

选择一条记录，单击记录右侧的【详细】按钮，跳转到企业生产地址基础信息审批管理明细页面，见图 4-85。

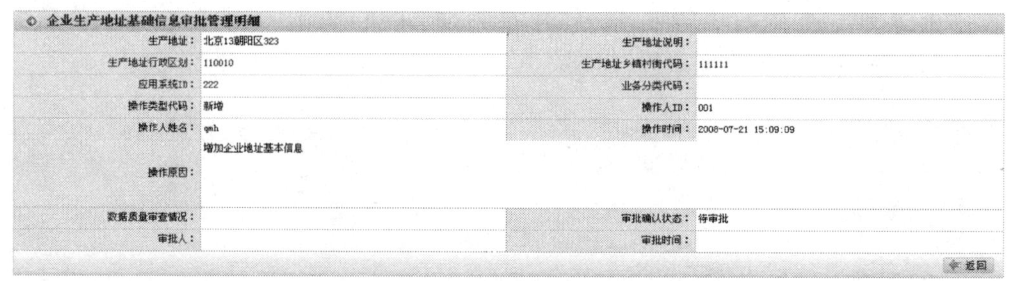

图 4-85　企业生产地址基础信息审批管理明细

4.2.4.3　产品主数据审批管理

功能：对产品待审批数据进行审批，审批通过后方可生效。

操作步骤：单击左侧的菜单树，展开“审批管理”菜单，单击“产品主数据审批管理”菜单，在右侧区域显示界面内容，见图 4-86。

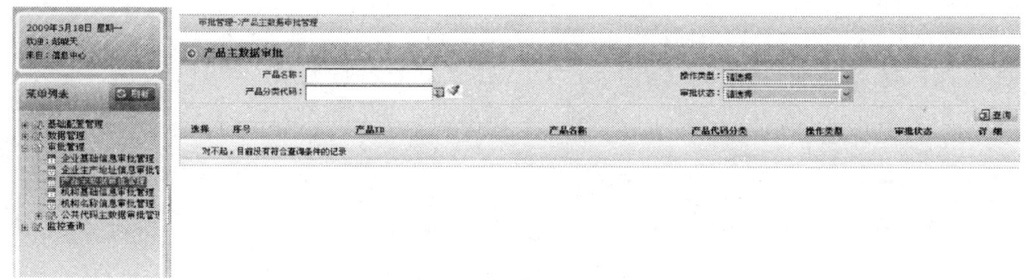

图 4-86　产品主数据审批管理

(1) 查询

在查询区域填写或者选择查询内容后，单击【查询】按钮，见图 4-87。

(2) 审批

选择一条记录后单击下方的【审批】按钮，跳转到产品主数据审批管理→审批界面。

图 4-87 产品主数据审批管理——查询

根据实际情况选择【审批通过】或【审批不通过】按钮，取消审批操作单击【返回】，见图 4-88。

说明：如果选择【审批不通过】按钮，需要在“数据质量审查情况”下拉列表中选择审批不通过的原因。

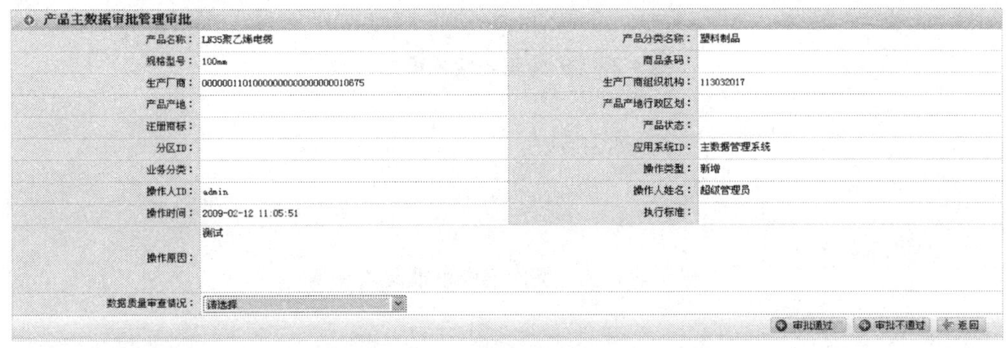

图 4-88 产品主数据审批管理——审批

(3) 查看详细信息

选择一条记录，单击记录右侧的【详细】按钮，跳转到产品主数据审批管理明细界面，见图 4-89。

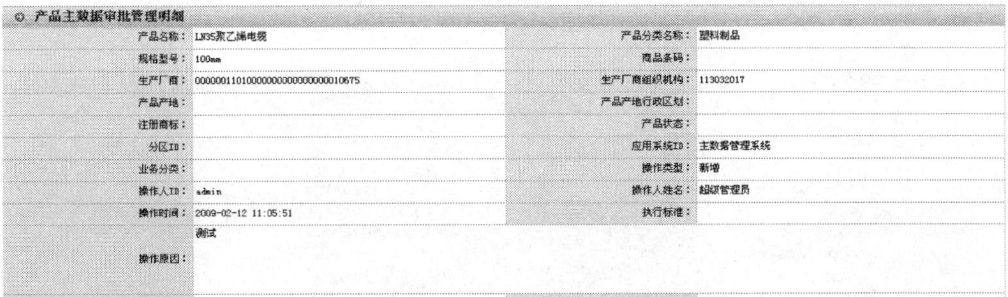

图 4-89 产品主数据审批管理明细

4.2.4.4 机构基础信息审批管理

功能：对机构基础信息待审批数据进行审批，审批通过后方可生效。

操作步骤：单击左侧的菜单树，展开“审批管理”菜单，单击“机构基础信息审批管理”菜单，在右侧区域显示页面内容，见图 4-90。

(1) 查询

在查询区域填写或者选择查询内容后，单击【查询】按钮，见图 4-91。

图 4-90　机构基础信息审批管理

图 4-91　机构基础信息审批管理-查询

（2）审批

选择一条记录后单击下方的【审批】按钮，跳转到机构基础信息审批管理→审批界面。

根据实际情况选择【审批通过】或【审批不通过】按钮，取消审批操作单击【返回】。见图 4-92。

说明：如果选择【审批不通过】按钮，需要在“数据质量审查情况”下拉列表中选择审批不通过的原因。

图 4-92　机构基础信息审批管理——审批

（3）查看详细信息

选择一条记录，单击记录右侧的【详细】按钮，跳转到机构基础信息审批管理明细界面，见图 4-93。

图 4-93　机构基础信息审批管理明细

4.2.4.5　机构名称信息审批管理

功能：对机构名称信息待审批数据进行审批，审批通过后方可生效。

操作步骤：单击左侧的菜单树，展开“审批管理”菜单，单击“机构名称信息审批管理”菜单，在右侧区域显示界面内容，见图 4-94。

图 4-94　机构名称信息审批管理

(1) 查询

在查询区域填写或者选择查询内容后，单击【查询】按钮，见图 4-95。

图 4-95　机构名称信息审批管理——查询

(2) 审批

选择一条记录后单击下方的【审批】按钮，跳转到机构名称信息审批管理→审批界面。

根据实际情况选择【审批通过】或【审批不通过】按钮，取消审批操作单击【返回】，见图 4-96。

说明：如果选择【审批不通过】按钮，需要在“数据质量审查情况”下拉列表中选择审批不通过的原因。

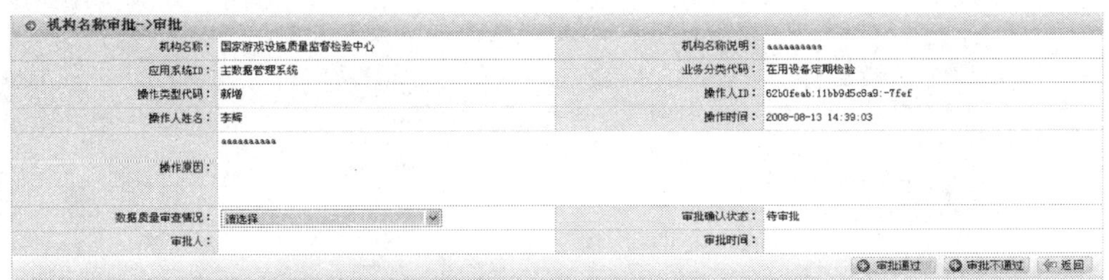

图 4-96　机构名称信息审批管理——审批

（3）查看详细信息

选择一条记录，单击记录右侧的【详细】按钮，跳转到机构名称信息审批管理明细界面，见图 4-97。

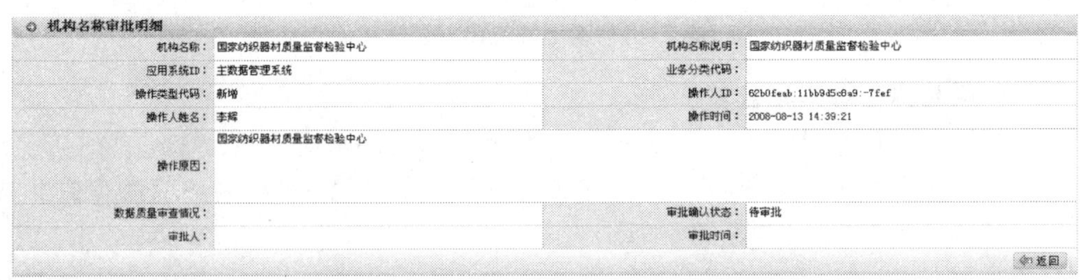

图 4-97　机构名称信息审批管理明细

4.2.4.6　公共代码主数据审批管理

（1）产品分类代码审批管理

功能：对产品分类代码待审批数据进行审批，审批通过后方可生效。

操作步骤：单击左侧的菜单树，展开“审批管理”菜单，展开“公共代码主数据审批管理”菜单，单击“产品分类代码审批管理”菜单，在右侧区域显示界面内容，见图 4-98。

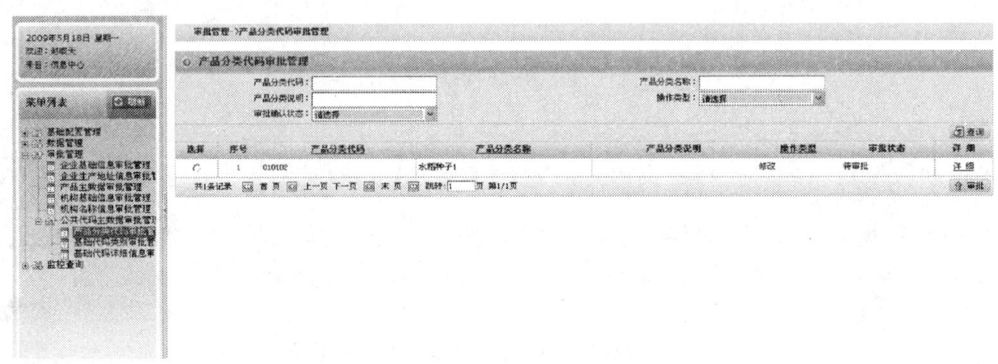

图 4-98　产品分类代码审批管理

1）查询

在查询区域填写或者选择查询内容后，单击【查询】按钮，见图 4-99。

图 4-99　产品分类代码审批管理——查询

2）审批

选择一条记录后单击下方的【审批】按钮，跳转到产品分类代码审批管理→审批界面。

根据实际情况选择【审批通过】或【审批不通过】按钮，取消审批操作单击【返回】，见图 4-100。

说明：如果选择【审批不通过】按钮，需要在“数据质量审查情况”下拉列表中选择审批不通过的原因。

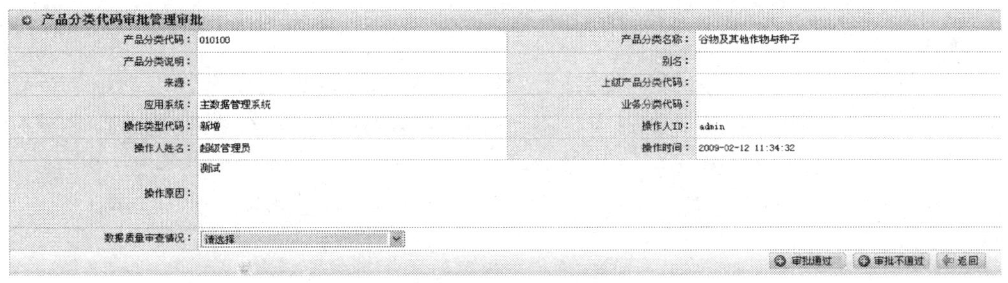

图 4-100　产品分类代码审批管理——审批

3）查看详细信息

选择一条记录，单击记录右侧的【详细】按钮，跳转到产品分类代码审批管理明细界面，见图 4-101。

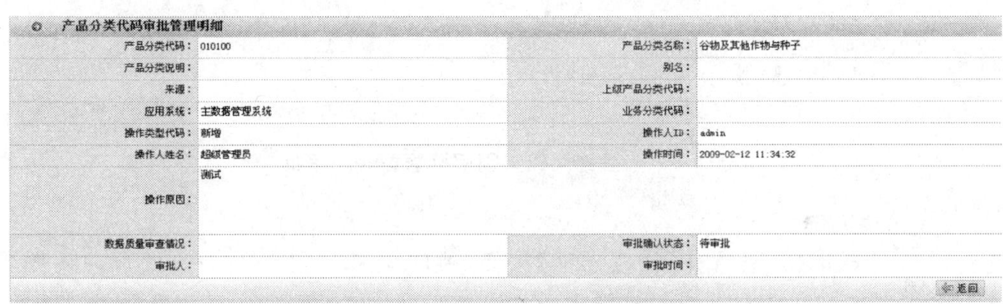

图 4-101　产品分类代码审批管理明细

（2）基础代码类别审批管理

操作步骤：单击左侧的菜单树，展开“审批管理”菜单，展开“公共代码主数据审批管理”菜单，单击“基础代码类别审批管理”菜单，在右侧区域显示界面内容，见图 4-102。

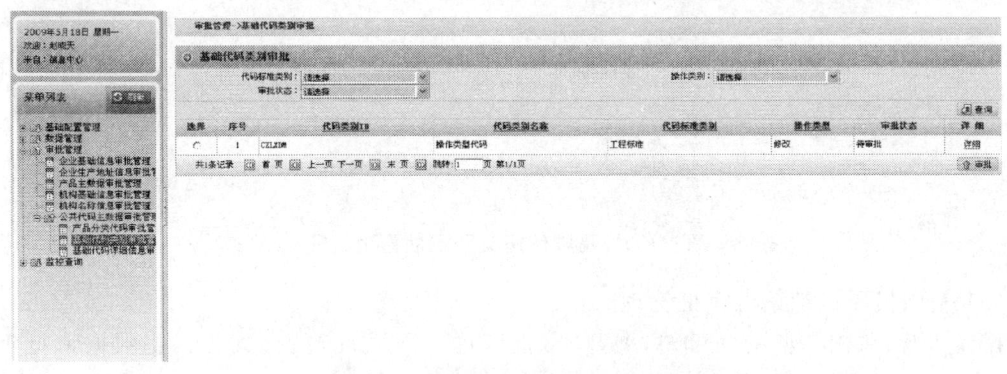

图 4-102　基础代码类别审批管理

1）查询

在查询区域填写或者选择查询内容后，单击【查询】按钮，见图 4-103。

图 4-103　基础代码类别审批管理——查询

2）审批

选择一条记录后单击下方的【审批】按钮，跳转到基础代码类别审批管理→审批界面。

根据实际情况选择【审批通过】或【审批不通过】按钮，取消审批操作单击【返回】，见图 4-104。

说明：如果选择【审批不通过】按钮，需要在"数据质量审查情况"下拉列表中选择审批不通过的原因。

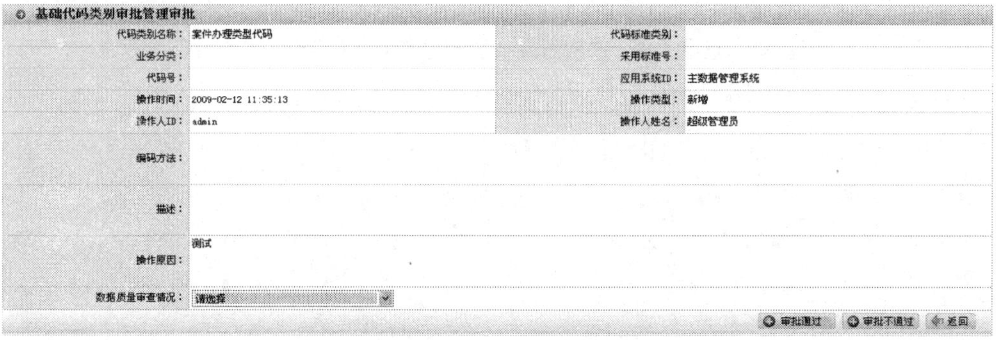

基础代码类别审批管理审批
代码类别名称：案件办理类型代码
代码标准类别：
业务分类：
采用标准号：
代码号：
应用系统ID：主数据管理系统
操作时间：2009-02-12 11:35:13
操作类型：新增
操作人ID：admin
操作人姓名：超级管理员
编码方法：
描述：
操作原因：测试
数据质量审查情况：请选择
审批通过　审批不通过　返回

图 4-104　基础代码类别审批管理——审批

3）查看详细信息

选择一条记录，单击记录右侧的【详细】按钮，跳转到基础代码类别审批管理明细界面，见图 4-105。

图 4-105　基础代码类别审批管理明细

（3）基础代码详细信息审批管理

操作步骤：单击左侧的菜单树，展开"审批管理"菜单，展开"公共代码主数据审批管理"菜单，单击"基础代码详细信息审批管理"菜单，在右侧区域显示界面内容，见图 4-106。

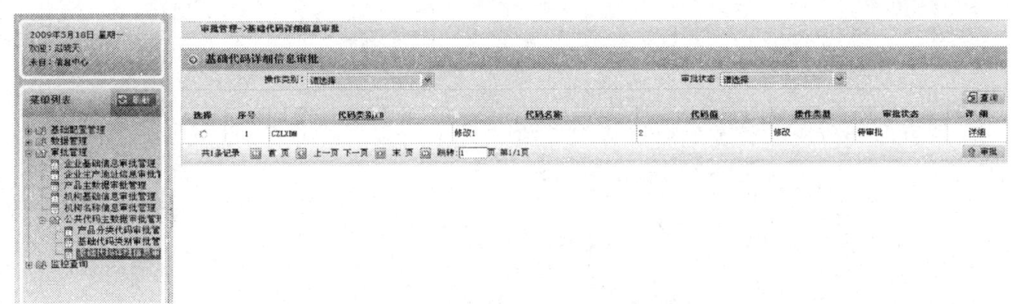

图 4-106　基础代码详细信息审批管理

1）查询

在查询区域填写或者选择查询内容后，单击【查询】按钮，见图 4-107。

图 4-107　基础代码详细信息审批管理——查询

2）审批

选择一条记录后单击下方的【审批】按钮，跳转到基础代码详细信息审批管理→审批界面。

根据实际情况选择【审批通过】或【审批不通过】按钮，取消审批操作单击【返回】，见图 4-108。

说明：如果选择【审批不通过】按钮，需要在“数据质量审查情况”下拉列表中选择审批不通过的原因。

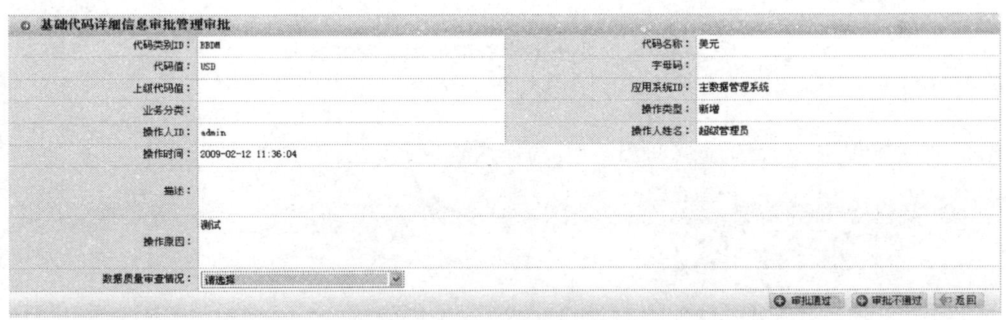

图 4-108　基础代码详细信息审批管理——审批

3）查看详细信息。

选择一条记录，单击记录右侧的【详细】按钮，跳转到基础代码详细信息审批管理明细界面，见图 4-109。

4.2.5　监控查询

该模块主要包括以下数据：

一是，在数据管理和审批管理中对数据的操作信息和操作人信息。

◎ 基础代码详细信息审批管理明细

代码类别ID：	BBDM	代码名称：	美元
代码值：	USD	字母码：	
上级代码值：		应用系统ID：	主数据管理系统
业务分类：		操作类型：	新增
操作人ID：	admin	操作人姓名：	超级管理员
操作时间：	2009-02-12 11:36:04		
描述：			
操作原因：	测试		
数据质量审查情况：		审批确认状态：	待审批
审批人：		审批时间：	

返回

图 4-109　基础代码详细信息审批管理明细

二是，在审批管理模块中审批通过的数据的历史数据（可以包含多条历史数据）。

4.2.5.1　企业基本信息维护情况监控查询

操作步骤：点击左侧的菜单树，展开"监控查询"菜单，点击"企业基本信息维护情况监控查询"菜单，在右侧区域显示界面内容，见图 4-110。

图 4-110　企业基本信息维护情况监控查询

（1）查询

在查询区域填写或者选择查询内容后，单击【查询】按钮，见图 4-111。

图 4-111　企业基本信息维护情况监控查询——查询

（2）查看历史快照

操作步骤：在企业基础信息维护监控查询界面中，选择一条记录，单击记录右侧的【详细】按钮，跳转到企业基础信息历史快照明细界面，见图 4-112。

注意：只有操作类型为修改和删除的数据才会记录历史快照信息。

（3）企业生产地址监控查询

操作步骤：在企业基础信息维护监控查询界面中，选择一条记录后点击下方的【企业生产地址监控查询】按钮，跳转到企业生产地址基础信息维护监控查询界面，见图 4-113。

企业基础信息历史快照明细

组织机构代码：	633710715	企业名称：	北京航天益来电子科技有限公司
住所：	北京市海淀区永定路51号（1区）	住所行政区划：	北京
住所乡镇村街代码：		法定代表人：	无
法定代表人证件类型：		法定代表人证件号码：	
负责人：	董贵滨	经济类型：	
所属行业代码：		经营范围：	
注册资金：		营业执照编号：	
是否有证书：	否	上级单位质检企业ID：	
上级单位组织机构代码：		信息变更警示标志：	
企业状态：		有效标志：	有效
应用系统ID：	222	业务分类代码：	
操作时间：	2008-07-23 20:49:02	上次操作时间：	2008-07-23 20:43:31

返回

图 4-112　企业基础信息历史快照明细

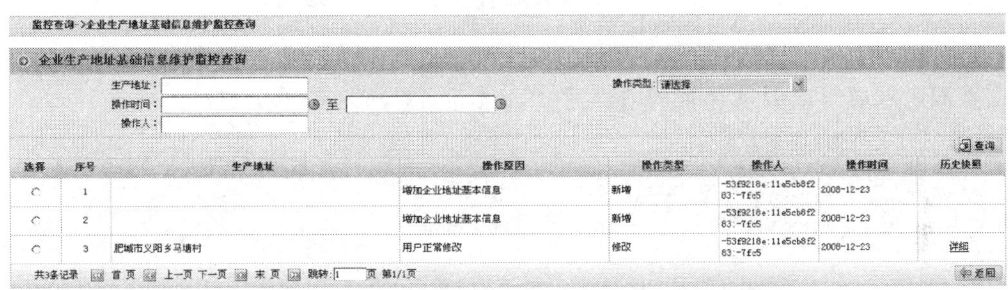
监控查询->企业生产地址基础信息维护监控查询

企业生产地址基础信息维护监控查询

生产地址：　　操作类型：请选择

操作时间：　　至

操作人：

查询

选择	序号	生产地址	操作原因	操作类型	操作人	操作时间	历史快照
○	1		增加企业地址基本信息	新增	-53f9218e:11e5cb8f283:-7fc5	2008-12-23	
○	2		增加企业地址基本信息	新增	-53f9218e:11e5cb8f283:-7fc5	2008-12-23	
○	3	肥城市义阳乡马塘村	用户正常修改	修改	-53f9218e:11e5cb8f283:-7fc5	2008-12-23	详细

共3条记录　首页　上一页　下一页　末页　跳转:1 页　第1/1页　返回

图 4-113　企业生产地址基础信息维护监控查询

1）查询

在查询区域填写或者选择查询内容后，单击【查询】按钮，见图 4-114。

企业生产地址基础信息维护监控查询

生产地址：　　操作类型：请选择

操作时间：　　至

操作人：

查询

图 4-114　企业生产地址基础信息维护监控查询——查询

2）查看历史快照

在企业生产地址监控查询界面中，选择一条记录，单击记录右侧的【详细】按钮，跳转到企业生产地址基础信息历史快照明细，见图 4-115。

注意：只有操作类型为修改和删除的数据才会记录历史快照信息。

企业生产地址基础信息历史快照明细

质检企业ID：	99001000000000000000002821	生产地址：	肥城市义阳乡马塘村
生产地址说明：		生产地址行政区划：	山东泰安市肥城市
生产地址乡镇村街代码：		有效标志：	有效
应用系统ID：	222	业务分类代码：	
操作时间：	2008-12-23 22:12:58	上次操作时间：	2008-12-23 22:12:47

返回

图 4-115　企业生产地址基础信息历史快照明细

4.2.5.2　产品基础信息维护监控查询

操作步骤：单击左侧的菜单树，展开“监控查询”菜单，点击“产品基础信息维护监控查询”菜单，在右侧区域显示界面内容，见图 4-116。

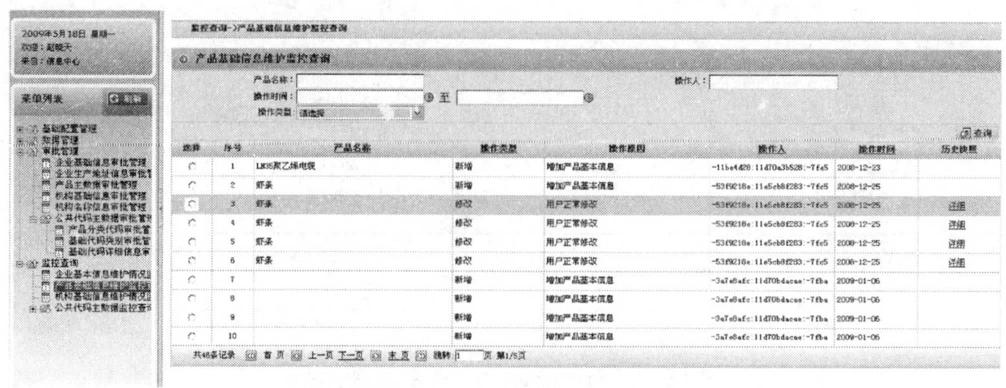

图 4-116 产品基础信息维护监控查询

(1) 查询

在查询区域填写或者选择查询内容后，单击【查询】按钮，见图 4-117。

图 4-117 产品基础信息维护监控查询——查询

(2) 查看历史快照

在产品基础信息维护监控查询界面中，选择一条记录，单击记录右侧的【详细】按钮，跳转到产品基础信息历史快照明细界面，见图 4-118。

注意：只有操作类型为修改和删除的数据才会记录历史快照信息。

图 4-118 产品基础信息历史快照明细

4.2.5.3 机构基础信息维护情况监控查询

操作步骤：单击左侧的菜单树，展开“监控查询”菜单，单击“机构基础信息维护情况监控查询”菜单，在右侧区域显示界面内容，见图 4-119。

(1) 查询

在查询区域填写或者选择查询内容后，单击【查询】按钮，见图 4-120。

(2) 查看历史快照

在机构基础信息维护监控查询界面中，选择一条记录，单击记录右侧的【详细】按钮，机构基础信息历史快照明细界面，见图 4-121。

图 4-119　机构基础信息维护情况监控查询

图 4-120　机构基础信息维护情况监控查询——查询

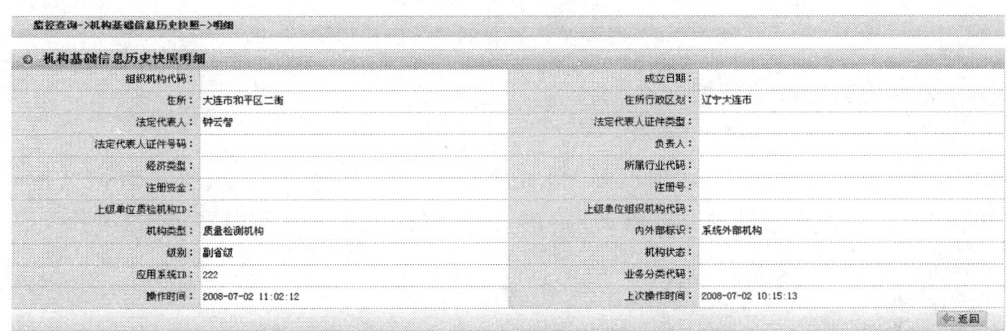

图 4-121　机构基础信息历史快照明细

注意：只有操作类型为修改和删除的数据才会记录历史快照信息。

(3) 机构名称信息监控查询

操作步骤：在机构基础信息维护情况监控查询界面中，选择一条记录后单击下方的【机构名称信息监控查询】按钮，跳转到机构名称信息监控查询界面，见图 4-122。

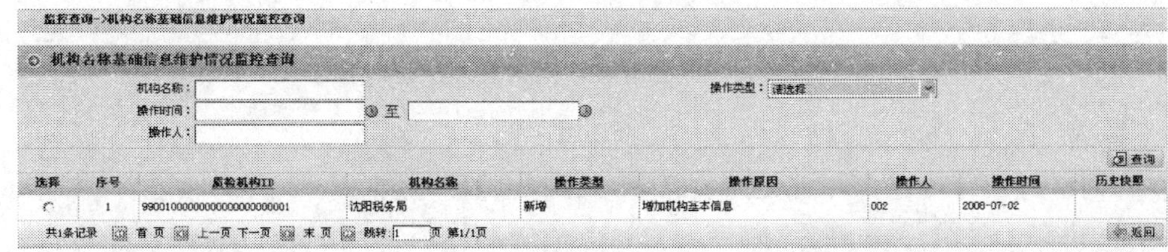

图 4-122　机构名称基础信息维护情况监控查询

1) 查询

在查询区域填写或者选择查询内容后单击【查询】按钮，见图 4-123。

图 4-123　机构名称基础信息维护情况监控查询——查询

2）查看历史快照。

在机构名称信息监控查询界面中，选择一条记录，单击记录右侧的【详细】按钮，跳转到企业生产地址基础信息历史快照明细，见图 4-124。

注意：只有操作类型为修改和删除的数据才会记录历史快照信息。

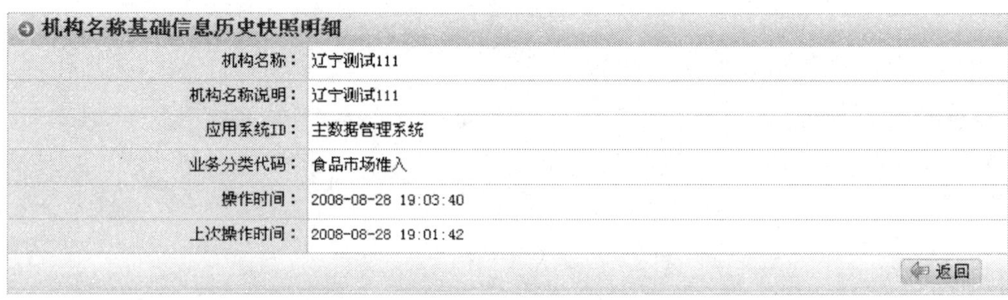

图 4-124　机构名称基础信息历史快照明细

4.2.5.4　公共代码主数据监控查询

（1）产品分类代码维护监控查询

操作步骤：单击左侧的菜单树，展开“监控查询”菜单，展开“公共代码主数据监控查询”菜单，单击“产品分类代码维护监控查询”菜单，在右侧区域显示界面内容，见图 4-125。

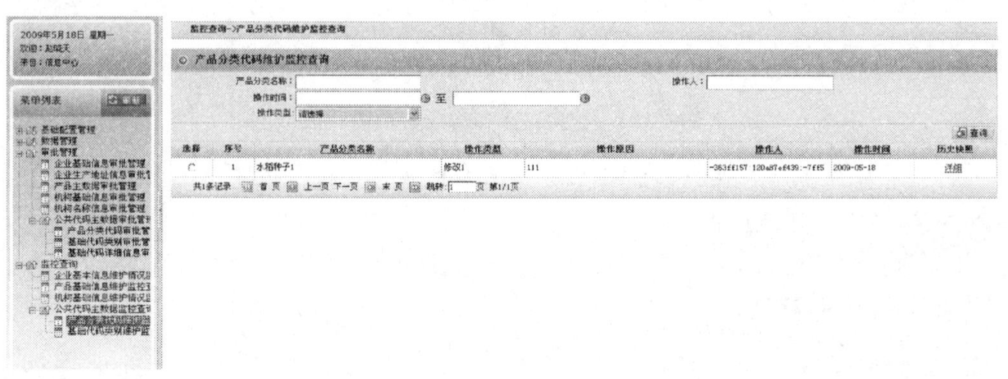

图 4-125　产品分类代码维护监控查询

1）查询

在查询区域填写或者选择查询内容后，单击【查询】按钮，见图 4-126。

图 4-126　产品分类代码维护监控查询——查询

2）查看历史快照

在产品分类代码维护监控查询界面中，选择一条记录，单击记录右侧的【详细】按钮，跳转到产品分类代码历史快照明细，见图 4-127。

注意：只有操作类型为修改和删除的数据才会记录历史快照信息。

产品分类代码历史快照明细

产品分类代码：	010100
产品分类名称：	谷物及其他作物与种子
别名：	
来源：	
上级产品分类代码：	
有效标志：	有效
应用系统ID：	主数据管理系统
业务分类代码：	
操作时间：	2009-02-12 13:33:49
上次操作时间：	
产品分类说明：	

返回

图 4-127　产品分类代码历史快照明细

（2）基础代码类别维护监控查询

操作步骤：单击左侧的菜单树，展开“监控查询”菜单，展开“公共代码主数据监控查询”菜单，单击“基础代码类别维护监控查询”菜单，在右侧区域显示界面内容，见图 4-128。

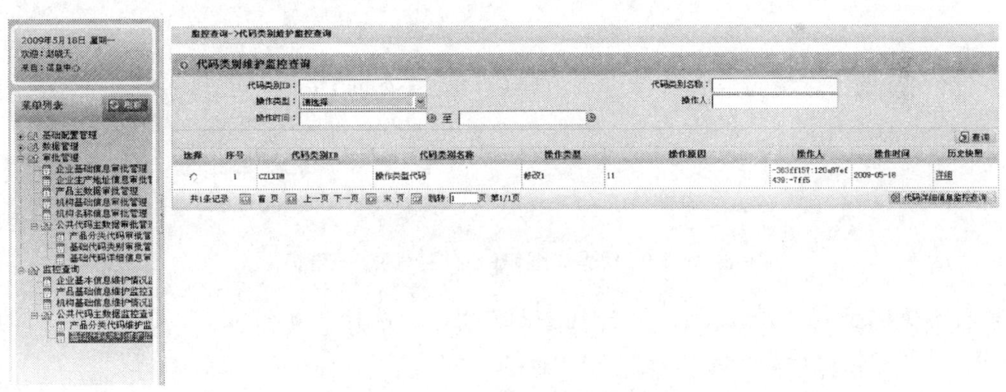

图 4-128　基础代码类别维护监控查询

1）查询

在查询区域填写或者选择查询内容后，单击【查询】按钮，见图 4-129。

图 4-129　基础代码类别维护监控查询——查询

2）查看历史快照

在基础代码类别维护监控查询界面中，选择一条记录，单击记录右侧的【详细】按钮，跳转到代码类别维护信息历史快照明细界面，见图 4-130。

注意：只有操作类型为修改和删除的数据才会记录历史快照信息。

监控查询->代码类别维护信息历史快照->明细

代码类别维护信息历史快照明细

代码类别名称：	钢笔	代码标准类别：	
采用标准号：		代码号：	
有效标志：	有效		
应用系统ID：	主数据管理系统	业务分类代码：	
操作时间：	2009-02-12 13:38:52	上次操作时间：	2009-02-12 13:31:12
编码方法：			
描述：			

返回

图 4-130　代码类别维护信息历史快照明细

3）代码详细信息监控查询

操作步骤：在基础代码类别维护监控查询界面中，选择一条记录后单击下方的【代码详细信息监控查询】按钮，跳转到代码详细信息监控查询界面，见图 4-131。

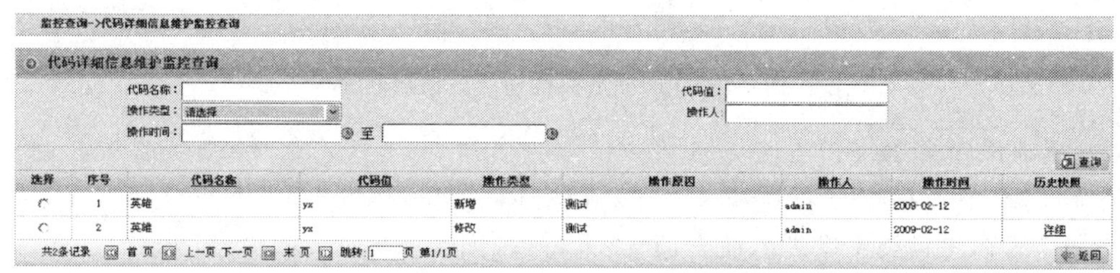

监控查询->代码详细信息维护监控查询

代码详细信息维护监控查询

代码名称：　代码值：
操作类型：请选择　操作人：
操作时间：　至

查询

选择	序号	代码名称	代码值	操作类型	操作原因	操作人	操作时间	历史快照
○	1	英雄	yx	新增	测试	admin	2009-02-12	
○	2	英雄	yx	修改	测试	admin	2009-02-12	详细

共2条记录　首页　上一页　下一页　末页　跳转 1 页　第1/1页　返回

图 4-131　代码详细信息监控查询

查询：在查询区域填写或者选择查询内容后，单击【查询】按钮，见图 4-132。

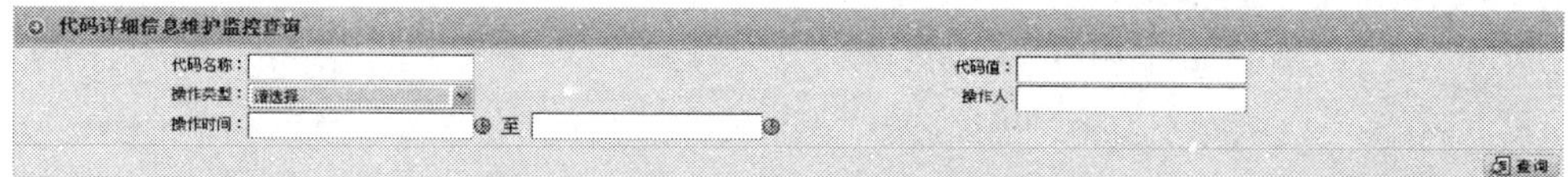

代码详细信息维护监控查询

代码名称：　代码值：
操作类型：请选择　操作人：
操作时间：　至

查询

图 4-132　代码详细信息监控查询——查询

查看历史快照：在代码详细信息监控查询界面中，选择一条记录，单击记录右侧的【详细】按钮，跳转到代码详细信息历史快照明细，见图 4-133。

注意：只有操作类型为修改和删除的数据才会记录历史快照信息。

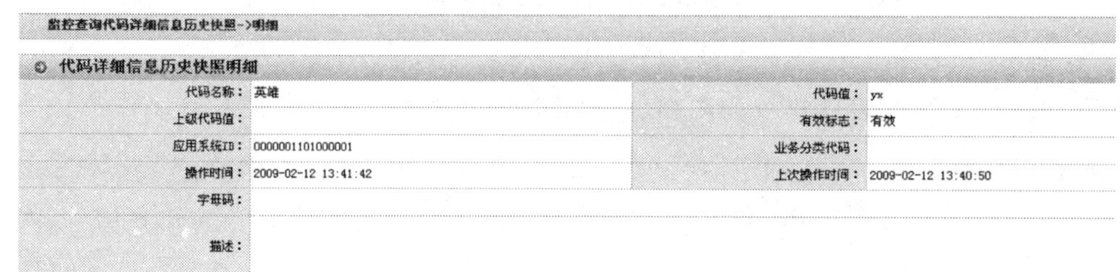

监控查询代码详细信息历史快照->明细

代码详细信息历史快照明细

代码名称：	英雄	代码值：	yx
上级代码值：		有效标志：	有效
应用系统ID：	0000001101000001	业务分类代码：	
操作时间：	2009-02-12 13:41:42	上次操作时间：	2009-02-12 13:40:50
字册码：			
描述：			

图 4-133　代码详细信息历史快照明细

5 WebService 服务部署

5.1 部署概述

本章节适用于部署“金质工程(一期)WebService 服务系统”,从数据库服务器、应用服务器两方面说明系统的部署,并总结了在部署中碰到的常见问题,具体可参考 5.5 系统部署常见问题。

5.2 部署环境说明

WebService 服务系统部署要求:应用服务器、数据库服务器的操作系统为 Windows(2000/2003)/Linux;应用服务器采用金蝶中间件 5.1 版(Apusic5.1);数据库服务器采用 Oracle10g。

访问系统的客户端环境要求为 Windows(2000/2003)/Linux 操作系统。

5.3 数据库服务器部署

5.3.1 数据库说明

WebService 部署的数据库环境,见表 5-1。

表 5-1 集成框架数据库环境说明

系统名称	所属区域	表空间描述	表空间名	用户名
WebService 服务系统	核心业务区	基础库	TS_MDB	MDB

5.3.2 数据导入

如果主数据管理系统已经部署成功,则本章节可以略过。

(1) 确认表空间 TS_MDB 已经创建完成,并且数据库用户 mdb 也已创建完成(在部署集成系统之时已经执行脚本《表空间、用户创建脚本-业务处理区_J》进行创建)。

(2) 将提供的数据库文件 mdb.dmp 导入到 mdb 数据库用户中。导入脚本格式为:

imp　数据库用户名/密码@数据库实例名　file=路径\文件名　full=y

5.4　应用服务器部署

5.4.1　建立金蝶域

5.4.1.1　集群时建立金蝶域

（1）负载均衡域

域名称：webloadbalancer（或其他类似名称）

监听端口：6990

SSL 监听端口：6991

具体配置方法：请参见《附录　金蝶中间件 Apusic 安装部署手册》。

（2）集群应用域

域名称：webservice（或 webservice_clusterdomain）

监听端口：6988

SSL 监听端口：6989

具体配置方法：请参见《附录　金蝶中间件 Apusic 安装部署手册》。

5.4.1.2　单机时建立金蝶域

域名称：webservice

监听端口：6990

SSL 监听端口：6991

具体配置方法：请参见《附录　金蝶中间件 Apusic 安装部署手册》。

5.4.2　应用程序部署和访问

5.4.2.1　应用程序部署

将应用程序部署到核心业务区应用服务器相应的金蝶域下，即将压缩后的应用程序包拷贝到对应金蝶域的 applications 目录下，假定部署时域名为 webservice（下同），则将程序文件压缩包拷到/opt/Apusic-5.1/domains/webservice/applications 目录下。

WebService 服务的应用程序名为 MDMWebService。拷贝完之后将压缩包解压，解压完成之后删掉原程序压缩包。

5.4.2.2　修改金蝶连接池配置文件

按实际情况修改/opt/Apusic-5.1/domains/webservice/config/datasources.xml 文件中的数据库连接串及用户名密码。webservice 需配一个连接池，见图 5-1 和图 5-2，需修改其中的斜体部分。

对于数据库集群环境下的数据源 url 连接串见图 5-2。

5.4.2.3　WebService 服务访问

金蝶应用服务器的启动请参见《附录　金蝶中间件 Apusic 安装部署手册》。如果金蝶应用服务器成功启动，则通过是否能查看到 WSDL 文档信息，来验证 WebService 服务是否可以被成功调用：

```
<datasource name="webservice"
    jndi-name="jdbc/webservice"
    driver-class="oracle.jdbc.driver.OracleDriver"
    driver-classpath="/opt/Apusic-5.1/lib/ext/ojdbc14.jar"
    url="jdbc:oracle:thin:@10.1.10.4:1521:orcl"
    max-spare-connections="5"
    max-connections="30"
    initial-connections="5"
  >
    <property name="user"value="mdb"/>
    <property name="test-before-reused"value="true"/>
    <property name="password"value="mdbAqsiq09#"/>
    <property name="stmt-cache-size"value="0"/>
    <property name="test-command"value="select 1 from dual"/>
    <property name="pre-fetch-size"value="0"/>
  </datasource>
```

图 5-1 金蝶连接池配置文件(一)

```
jdbc:oracle:thin:@(DESCRIPTION=(ADDRESS_LIST=(ADDRESS=(PROTOCOL=
TCP)(HOST=10.13.10.222)(PORT=1521))(ADDRESS=(PROTOCOL=TCP)(HOST=
10.13.10.221)(PORT=1521)))(LOAD_BALANCE=yes)(CONNECT_DATA=(SERV
ER=DEDICATED)(SERVICE_NAME=QS15001)))
```

图 5-2 金蝶连接池配置文件(二)

(1) 假如应用系统为集群部署,负载均衡器的 ip 和访问端口为 10.1.10.1:6990,则在浏览器中输入如下地址访问 WSDL 文档信息:

http://10.1.10.1:6990/MDMWebService/services/mdmService? wsdl

(2) 假如应用系统为单点部署,应用服务器的 ip 和访问端口为 10.1.10.103:6990,则在浏览器中输入如下地址访问 WSDL 文档信息:

http://10.1.10.103:6990/MDMWebService/services/mdmService? wsdl

如果页面中返回 WSDL 文档信息,见图 5-3,表示 WebService 服务可以正常访问。

```
<?xml version="1.0" encoding="UTF-8" ?>
- <wsdl:definitions targetNamespace="http://webservice.neusoft.com" xmlns:tns="http://webservice.neusoft.com" xmlns:wsdlsoap="http://schemas.xmlsoap.org/wsdl/soap/"
  xmlns:soap12="http://www.w3.org/2003/05/soap-envelope" xmlns:xsd="http://www.w3.org/2001/XMLSchema" xmlns:soapenc11="http://schemas.xmlsoap.org/soap/encoding/"
  xmlns:soapenc12="http://www.w3.org/2003/05/soap-encoding" xmlns:soap11="http://schemas.xmlsoap.org/soap/envelope/" xmlns:wsdl="http://schemas.xmlsoap.org/wsdl/">
- <wsdl:types>
  - <xsd:schema xmlns:xsd="http://www.w3.org/2001/XMLSchema" attributeFormDefault="qualified" elementFormDefault="qualified" targetNamespace="http://webservice.neusoft.com">
    - <xsd:complexType name="OrgNameBean">
      - <xsd:sequence>
          <xsd:element minOccurs="0" name="appsysid" nillable="true" type="xsd:string" />
          <xsd:element minOccurs="0" name="businesssortcode" nillable="true" type="xsd:string" />
          <xsd:element minOccurs="0" name="operatetime" nillable="true" type="xsd:string" />
          <xsd:element minOccurs="0" name="orgid" nillable="true" type="xsd:string" />
          <xsd:element minOccurs="0" name="orgname" nillable="true" type="xsd:string" />
          <xsd:element minOccurs="0" name="orgnamedesc" nillable="true" type="xsd:string" />
          <xsd:element minOccurs="0" name="orgnameid" nillable="true" type="xsd:string" />
        </xsd:sequence>
      </xsd:complexType>
    - <xsd:element name="updateOrgName">
      - <xsd:complexType>
        - <xsd:sequence>
            <xsd:element maxOccurs="1" minOccurs="1" name="in0" nillable="true" type="tns:OrgNameBean" />
            <xsd:element maxOccurs="1" minOccurs="1" name="in1" nillable="true" type="xsd:string" />
            <xsd:element maxOccurs="1" minOccurs="1" name="in2" nillable="true" type="xsd:string" />
            <xsd:element maxOccurs="1" minOccurs="1" name="in3" nillable="true" type="xsd:string" />
          </xsd:sequence>
        </xsd:complexType>
      </xsd:element>
    - <xsd:complexType name="OutInfoBean">
      - <xsd:sequence>
          <xsd:element minOccurs="0" name="clew" nillable="true" type="xsd:string" />
          <xsd:element minOccurs="0" name="code" nillable="true" type="xsd:string" />
          <xsd:element minOccurs="0" name="corrCode" nillable="true" type="xsd:string" />
        </xsd:sequence>
      </xsd:complexType>
      <xsd:element name="updateOrgNameResponse">
```

图 5-3 WSDL 文档信息

5.5 系统部署常见问题

5.5.1 调用 WebService 时请求被拒绝

解决方法：

(1) 检查 WebService 客户端配置的访问 ip 地址和端口号是否正确。

(2) 查看许可证书信息是否合法，具体参见 5.6 WebService 服务注册。

5.5.2 调用 WebService 时基础库用户被锁

解决方法：检查%DOMAIN_HOME%/config/datasources. xml 文件中用户名、密码是否正确。

5.6 WebService 服务注册

5.6.1 概述

本章节适于金质工程(一期)各系统的 WebService 服务注册，讲解了在主数据管理系统中为各应用系统进行 WebService 服务注册和导出许可文件，以及验证许可文件中的应用系统注册信息是否有效的操作方法。

5.6.2 验证应用系统注册信息

在各应用系统部署后，若在应用系统的程序目录中，已经存在 WebService 服务注册的许可文件，则可先验证该许可文件是否有效，即检查许可文件中存在的应用系统注册信息和 WebService 服务端存在的信息是否一致。

许可文件的内容参见图 5-4。

```
<?xml version='1.0' encoding='utf-8'?>
<mdm-license>
  <appsysid>371623140Q100321</appsysid>
  <licenseid>RBitHi2i6jRKlmVtaHKfCa7EErctK8GsGMwJSuphFXGJUdkzOFyzyO9LNksPRia9</licenseid>
  <signature>udeI1XlsAJ2AgaQiQdPYLKzbmiihZjGIkyb4299olN7P1JZi7PMtRl1hykbTL1Au</signature>
</mdm-license>
```

图 5-4 许可文件内容

参数说明：appsysid，应用系统 ID；licenseid，许可证 ID；signature，许可证验证码。

检查有两种方法：一是前台验证；二是数据库验证。

5.6.2.1 前台验证方式

登录主数据管理系统，点击左侧的菜单树，展开“基础配置管理”菜单，然后单击“应用系统注册管理”菜单，在右侧区域显示界面内容，见图 5-5。

在界面查询区域的“应用系统 ID”域中，输入许可文件中的“appsysid”值，进行查询：

(1) 如果查询到结果，则单击【详细】查看其详细信息，见图 5-6。

基础配置管理->应用系统注册管理

应用系统注册管理

应用系统ID：　　应用系统名称：

应用系统种类：请选择　　数据中心名称：请选择

查询

选择	序号	数据中心ID	数据中心名称	应用系统ID	应用系统名称	应用系统种类	应用服务器IP	详细
	1	0000001101	国家质检总局	0000001101000001	主数据管理系统	主数据管理	192.168.132.132	详细
	2	0000001101	国家质检总局	0000001101100121	和平123	产品质量监督	192.168.132.132, 192.168.133.2	详细
	3	9900	ccc	121	222	22	10.10.202.194, 10.10.89.104, 10.10.89.106, 10.10.89.105	详细
	4	2100001102	辽宁数据中心23	2100001102100241	辽宁测试	产品质量监督	10.64.112.23	详细
	5	3300001101	浙江省质量技术监督局数据中心	3300001101100164	计量管理系统	计量管理	10.1.0.111	详细
	6	371623140Q	中国质检总局	371623140Q100081	产品质量监督系统	产品质量监督	192.168.1.7, 192.168.1.234	详细
	7	371623140Q	中国质检总局	371623140Q100101	产品执法打假系统	执法打假	192.168.1.7	详细
	8	371623140Q	中国质检总局	371623140Q100221	www	产品质量监督	11.11.11.1	详细
	9	371702130P	辽宁质检监督检疫	371702130P100001	辽宁质检	产品质量监督	192.168.132.111, 11.11.11.11, 10.10.89.104, 10.10.89.106, 10.10.89.105	详细
	10	371722130Q	辽宁数据中心	371722130Q100141	测试用例	产品质量监督	192.168.1.101	详细

共11条记录 首页 上一页 下一页 末页 跳转：1 页 第1/2页

增加 修改 删除 业务数据库管理

图 5-5　应用系统注册管理

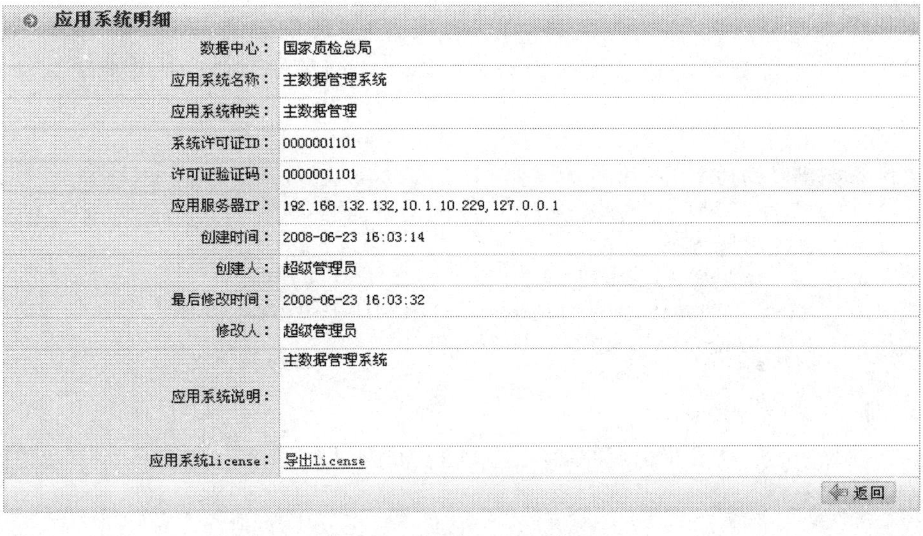

应用系统明细

数据中心：	国家质检总局
应用系统名称：	主数据管理系统
应用系统种类：	主数据管理
系统许可证ID：	0000001101
许可证验证码：	0000001101
应用服务器IP：	192.168.132.132, 10.1.10.229, 127.0.0.1
创建时间：	2008-06-23 16:03:14
创建人：	超级管理员
最后修改时间：	2008-06-23 16:03:32
修改人：	超级管理员
应用系统说明：	主数据管理系统
应用系统license：	导出license

返回

图 5-6　应用系统注册明细

对比许可文件内容与明细界面中以下项的值是否相同：

1）文件中的"licenseid"值是否与界面中的"系统许可证 ID"相同；

2）文件中的"signature"值是否与界面中的"许可证验证码"相同；

3）界面中的"应用服务器 IP"值中，是否包括该应用系统所在服务器的 IP 地址。

如果以上信息存在差异则需要修改注册信息，修改方法参照"应用系统注册管理"。

(2) 如果没有查询到结果，则需要重新注册，注册方法参照 5.6.3　应用系统注册管理。

5.6.2.2　数据库验证方式

登录到基础库数据库用户 mdb 中，假设许可文件中的"appsysid"值为"0000001101000001"，即"应用系统 ID"为"0000001101000001"，则在数据库中执行如下查询语句，进行查询。

select　t. appsysid, t. appsysname, t. syslicenseid, t. syslicensevrfcode, t. appserverip from　appsys_reg t where t. status_flg='1 'and t. appsysid='0000001101000001 '

(1) 如果查询到结果，对比结果与许可文件中以下项的值是否相同：

1）文件中的“licenseid”值是否与数据库中的 syslicenseid 字段的值相同；

2）文件中的“signature”值是否与数据库中的 syslicensevrfcode 字段的值相同；

3）数据库中 appserverip 字段的值是否包括该应用系统所在服务器的 IP 地址。

如果以上信息存在差异则需要修改注册信息。修改方法参照 5.6.3　应用系统注册管理。

(2) 如果没有查询到结果，则需要重新注册，注册方法参照 5.6.3　应用系统注册管理。

5.6.3　应用系统注册管理

WebService 本身是为各应用系统调用主数据服务的，应用系统必须先进行注册之后才能使用 WebService。详细的注册操作说明亦可参看 5.6.3　应用系统注册管理。

5.6.3.1　应用系统注册

登录主数据管理系统，点击左侧的菜单树，展开“基础配置管理”菜单，单击“应用系统注册管理”菜单，在右侧区域显示界面内容，单击【增加】按钮，弹出应用系统→注册界面，见图 5-7。

图 5-7　应用系统-注册

其中，数据中心、应用系统名称、应用系统种类、系统许可证 ID、许可证验证码、应用服务器 IP 6 个信息是必须填写的。填写时注意：

(1) 数据中心：选择数据中心的名称，如国家质检总局。

(2) 应用系统名称：填写注册应用系统的全称。

(3) 应用系统种类：选择应用系统种类，如食品安全。

(4) 系统许可证 ID：系统自动生成的，不需要填写和修改。

(5) 许可证验证码：共 64 位，可以手动填写，如果不填，则系统将随机生成一个 64 位验证码。

(6) 应用服务器 IP：多个 IP 时，用英文逗号隔开。

（7）信息填写完成后，单击【确定】按钮，进行保存。

（8）注册应用系统信息成功后，可以选择进行应用系统的业务数据库信息注册或修改。

5.6.3.2 应用系统注册信息修改

登录主数据管理系统，单击左侧的菜单树，展开“基础配置管理”菜单，单击“应用系统注册管理”菜单，在右侧区域显示界面内容，见图 5-8。

选中要修改的记录，单击【修改】按钮，弹出应用系统→修改界面，见图 5-8。

图 5-8 应用系统-修改

根据实际情况对应用系统注册信息进行修改，最后单击【确定】按钮，进行保存。

应用系统注册信息修改成功后，可以选择进行应用系统的业务数据库信息注册或修改。

5.6.3.3 业务数据库信息维护

（1）注册

登录主数据管理系统，单击左侧的菜单树，展开“基础配置管理”菜单，然后单击“应用系统注册管理”菜单，在右侧区域选择记录，单击【业务数据库管理】按钮，进入业务数据库维护界面，点击【增加】按钮，注册应用系统业务数据库信息，见图 5-9。

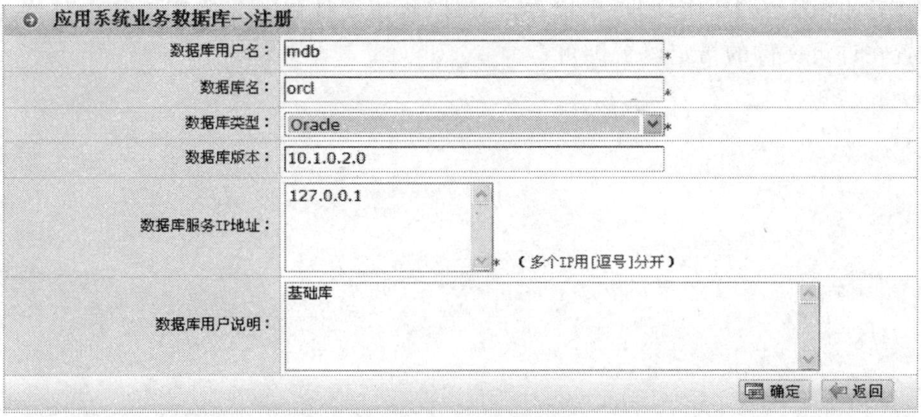

图 5-9 应用系统业务数据库-注册

其中，数据库用户名、数据库名、数据库类型、数据库服务 IP 地址等 4 个信息是必须填写的。填写时注意：

1）数据库名：填写数据库名，例如 ORCL。

2）数据库类型：选择数据库类型，例如 Oracle。

3）信息填写完成后，点击【确定】按钮，进行保存。

（2）修改

登录主数据管理系统，点击左侧的菜单树，展开“基础配置管理”菜单，然后单击“应用系统注册管理”菜单，在右侧区域选择记录，单击【业务数据库管理】按钮，进入业务数据库维护界面，单击【修改】按钮，修改应用系统业务数据库信息，见图 5-10。

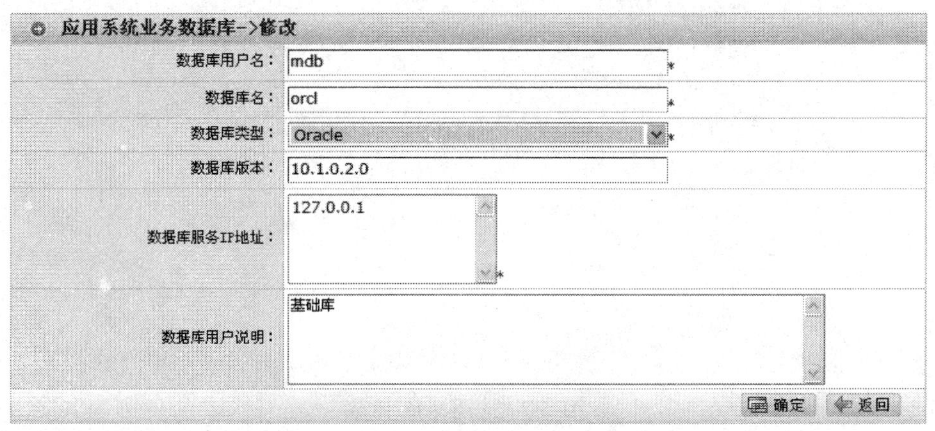

图 5-10 应用系统业务数据库-修改

信息修改完成后，单击【确定】按钮，进行保存。

5.6.4 导出许可文件

单击左侧的菜单树，展开“基础配置管理”菜单，单击“应用系统注册管理”菜单，在右侧区域显示界面内容。选择本系统对应的注册记录，单击【详细】，显示应用系统注册信息，见图 5-7。

单击【导出 license】按钮，即可生成许可文件，将该文件修改为应用系统中的许可文件名称，并放置在许可文件的指定位置即可。

6 数据交换平台的部署与配置

6.1 数据交换平台部署

6.1.1 概述

本章节适用于部署"金质工程(一期)"数据交换平台,从数据库服务器、应用服务器两方面说明系统的部署。

6.1.2 部署环境说明

系统部署要求:应用服务器、数据库服务器的操作系统为 Windows(2000/2003)/Linux;应用服务器采用金蝶中间件 5.1 版(Apusic5.1);数据库服务器采用 Oracle10g。

访问系统的客户端环境要求为 Windows 操作系统;浏览器为 IE6 sp2 版。

6.1.3 数据库服务器部署

6.1.3.1 数据库说明

交换平台部署的数据库环境,见表 6-1。

表 6-1 交换平台数据库环境说明

系统名称	所属区域	表空间描述	表空间名	用户名
交换平台	内部接入区	支撑库	TS_DXP	dxp

6.1.3.2 数据导入与清库

在内部接入区域:

(1) 确认表空间 TS_DXP 和数据库用户 dxp 已经创建完成(在部署集成系统之时已经执行脚本《表空间、用户创建脚本-内部接入_Z》进行创建)。

(2) 将提供的数据库文件 dxp.dmp 导入到 dxp 数据库用户中。导入脚本格式为

imp 数据库用户名/密码@数据库实例名 file=路径\文件名 full=y

(3) 导入完成之后,执行脚本《dxp_数据库清库脚本.txt》进行清库。

6.1.3.3 修改数据源

(1) 修改数据库用户 dxp 的 drm_sys_datasource 表中的数据源链接信息,即将字段

DBURL、USERNAME、PASSWORD、SERVERNAME 的内容按照实际情况进行修改，参见图 6-1。

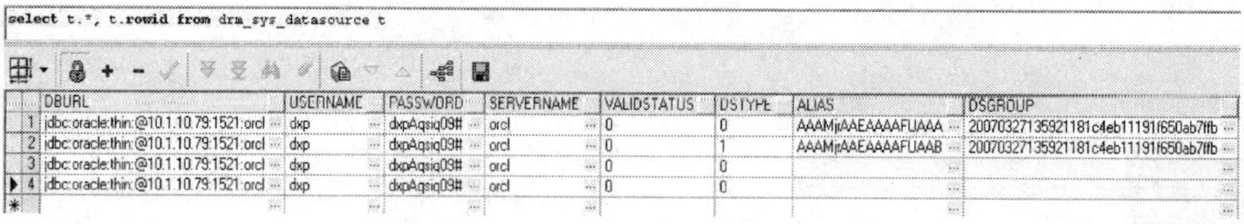

```
select t.*, t.rowid from drm_sys_datasource t
```

	DBURL	USERNAME	PASSWORD	SERVERNAME	VALIDSTATUS	DSTYPE	ALIAS	DSGROUP
1	jdbc:oracle:thin:@10.1.10.79:1521:orcl	dxp	dxpAqsiq09#	orcl	0	0	AAAMjtAAEAAAAFUAAA	20070327135921181c4eb11191f650ab7ffb
2	jdbc:oracle:thin:@10.1.10.79:1521:orcl	dxp	dxpAqsiq09#	orcl	0	1	AAAMjtAAEAAAAFUAAB	20070327135921181c4eb11191f650ab7ffb
3	jdbc:oracle:thin:@10.1.10.79:1521:orcl	dxp	dxpAqsiq09#	orcl	0	0		
4	jdbc:oracle:thin:@10.1.10.79:1521:orcl	dxp	dxpAqsiq09#	orcl	0	0		
*								

图 6-1　交换平台的数据源配置表 1

字段 DBURL 内容为 *jdbc*:*oracle*:*thin*:*@ip*:*1521*:*QSxxxxZ*（交换区的数据库服务器不采用集群方式），其中 ip 为数据库服务器的 ip 地址；QSxxxxZ 为数据库实例名（xxxx 代表部署地方局的行政区代码）。

字段 USERNAME 内容在地方局均为 dxp；字段 PASSWORD 对应 dxp 用户的密码；字段 SERVERNAME 为对应数据库实例名即 DBURL 中的 QSxxxxZ。

（2）修改 dxp 用户 drm_sys_connectionpool 表中的数据库用户信息，即将字段 DEFAULTDBSCHEMANAME 的内容按照实际情况进行修改，可参见图 6-2。

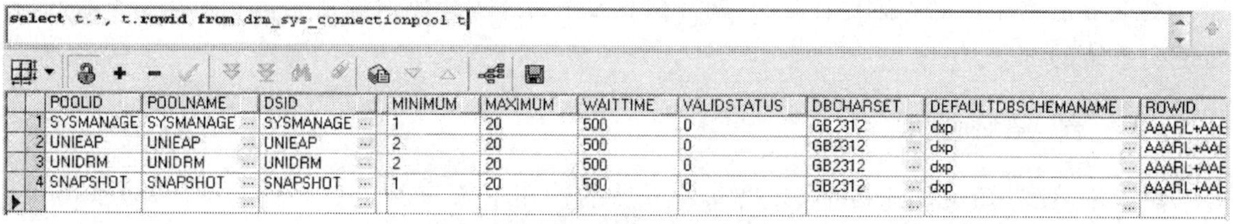

```
select t.*, t.rowid from drm_sys_connectionpool t
```

	POOLID	POOLNAME	DSID	MINIMUM	MAXIMUM	WAITTIME	VALIDSTATUS	DBCHARSET	DEFAULTDBSCHEMANAME	ROWID
1	SYSMANAGE	SYSMANAGE	SYSMANAGE	1	20	500	0	GB2312	dxp	AAARL+AAE
2	UNIEAP	UNIEAP	UNIEAP	2	20	500	0	GB2312	dxp	AAARL+AAE
3	UNIDRM	UNIDRM	UNIDRM	2	20	500	0	GB2312	dxp	AAARL+AAE
4	SNAPSHOT	SNAPSHOT	SNAPSHOT	1	20	500	0	GB2312	dxp	AAARL+AAE

图 6-2　交换平台的数据源配置表 2

地方局部署中，字段 DEFAULTDBSCHEMANAME 的内容均为“dxp”。

6.1.3.4　修改文件存储路径

在 DXP 支撑库中，运行以下查询语句：

select * from dexinit t where t. paramname like '%Folder 'or t. paramname like '%path 'or t. paramname='temp 'for update;

需要根据实际部署时交换应用服务器的操作系统类型，修改 PARAMVALUE 字段值：

（1）如果是 Windows 操作系统，则将 PARAMVALUE 字段改为如下形式：

PARAMNAME	PARAMVALUE	TYPE
datafilepath	D:/dxp/neusoft/	workspace
errorpath	D:/dxp/neusoft/	workspace
flowfilepath	D:/dxp/neusoft/	workspace
logfilepath	D:/dxp/neusoft/	workspace
packagepath	D:/dxp/neusoft/	workspace
schemafilepath	D:/dxp/neusoft/	workspace
temp	D:/dxp/neusoft/	workspace
BankFolder	D:/dxp/neusoft/Bank/	GLOBAL
TransFolder	D:/dxp/neusoft/Trans/	GLOBAL
ReceiveFolder	D:/dxp/neusoft/Receive/	GLOBAL
ReceivedFolder	D:/dxp/neusoft/Received/	GLOBAL

（2）如果是 Linux 操作系统，则将 PARAMVALUE 字段改为如下形式：

PARAMNAME	PARAMVALUE	TYPE
datafilepath	/dxp/neusoft/	workspace
errorpath	/dxp/neusoft/	workspace
flowfilepath	/dxp/neusoft/	workspace
logfilepath	/dxp/neusoft/	workspace
packagepath	/dxp/neusoft/	workspace
schemafilepath	/dxp/neusoft/	workspace
temp	/dxp/neusoft/	workspace
BankFolder	/dxp/neusoft/Bank/	GLOBAL
TransFolder	/dxp/neusoft/Trans/	GLOBAL
ReceiveFolder	/dxp/neusoft/Receive/	GLOBAL
ReceivedFolder	/dxp/neusoft/Received/	GLOBAL

6.1.4　应用程序部署及访问

6.1.4.1　应用程序部署

交换平台系统需要放置在金蝶中间件的“dxp”域下，系统访问端口为 6888，安全访问端口为 6889。域的创建方法参见《附录　金蝶中间件 Apusic 安装部署手册》。

将应用程序部署到内部接入区应用服务器的 dxp 金蝶域下，即将压缩后的应用程序包拷贝到/opt/apusic-5.1/domains/dxp/applications/目录下。

数据交换系统的应用程序名为 datacenter。拷贝完之后将压缩包解压，解压完成之后删掉原程序压缩包。

6.1.4.2　修改支撑库连接文件

按照实际情况修改/opt/apusic-5.1/domains/dxp/applications/datacenter/WEB-INF/conf/unieap/udolink/conf/supportDB.properties 文件中的 DataSourceURL 连接串及用户名密码。具体修改位置见图 6-3 斜体部分。

```
DriverName=oracle.jdbc.driver.OracleDriver
TargetDatabase=Oracle
DBServer=orcl
DataSourceURL=jdbc:oracle:thin:@localhost:1521:orcl
UserName=dxp
Password=dxpAqsiq09#
```

图 6-3　交换平台的支持库配置

6.1.4.3　修改 vm.options 文件

在 apusic-5.1/domains/dxp/config 目录下，找到 vm.options 文件，在文件中增加一行代码：

```
user.dir=/
```

6.1.4.4　修改缓存配置文件

在\WEB-INF\conf\unieap\cache 目录下找到 EAPCache.xml 文件，修改参数“eap.auxiliary. DC. attributes. DiskPath”的值为实际路径，参见图 6-4 斜体部分。

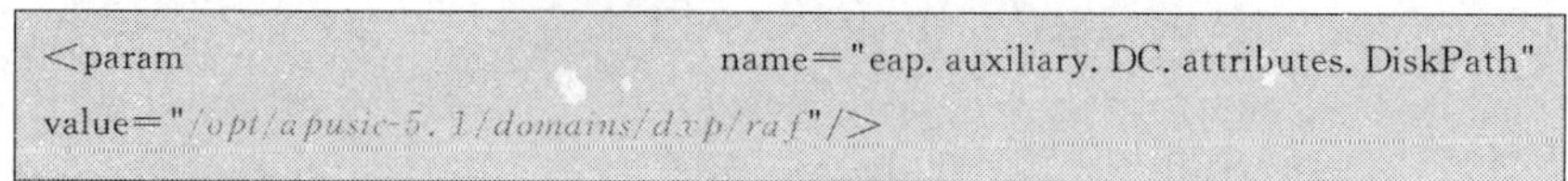

```
<param                          name="eap. auxiliary. DC. attributes. DiskPath"
value="/opt/apusic-5. 1/domains/dxp/raf"/>
```

图 6-4　交换平台的缓存配置

6.1.4.5　系统登录访问

金蝶应用服务器的启动请参见“附录　金蝶中间件 Apusic 安装部署手册”。金蝶应用服务器启动后，根据应用系统部署的服务器地址访问系统。假如应用系统部署的服务器地址为：127.0.0.1，则在浏览器中敲击系统的访问地址为

http://127.0.0.1:6888/datacenter

在系统的登录页面，使用用户名 admin、密码 1 登录系统，如果金蝶中间件启动没有错误信息，且系统登录成功，则说明系统部署成功。

6.2　数据交换平台配置

交换平台部署完成之后需进行节点的信息配置和数据交换配置，交换配置包括交换的内容与调度等。注意一个节点只能有一个 DXP，如果部署多个接收主题会出问题。配置完成之后交换平台按照配置好的内容自动进行地方局与总局之间数据交换，不再需要人为的干预。

本章节对交换内容只描述集成系统的交换（包括集成框架和基础库），不涉及各业务系统的交换内容。各业务系统的交换配置请参见其相应文档。

数据交换平台的配置步骤简单描述如下。

（1）注册自身节点信息

选择菜单“元数据管理→节点管理→自身节点”，填写自身节点信息并保存，见图 6-5。

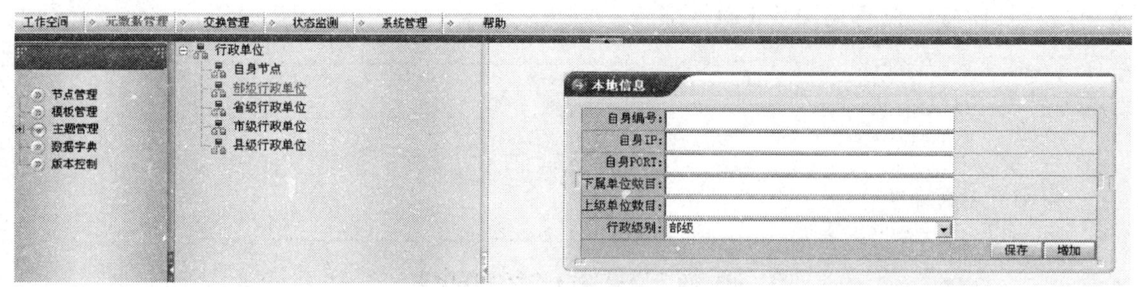

图 6-5　自身节点

（2）注册部级行政单位

选择菜单“元数据管理→节点管理”，右键单击“部级行政单位→部级单位注册”，见图 6-6。填写部级节点信息并保存，见图 6-7。

（3）配置交换库

选择菜单“元数据管理→数据字典→交换库”，见图 6-8。单击“添加”按钮之后可填写要添加的交换库配置信息，见图 6-9。

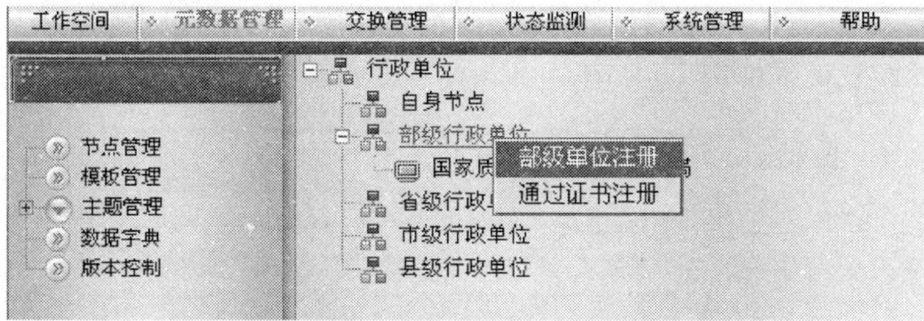

图 6-6 注册部级节点 1

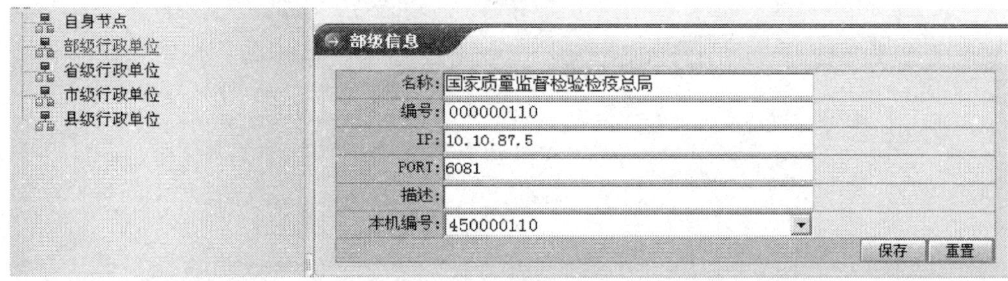

图 6-7 注册部级节点 2

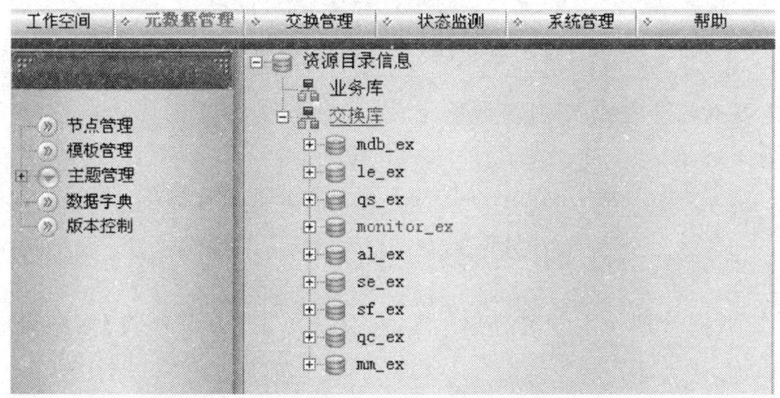

图 6-8 交换库

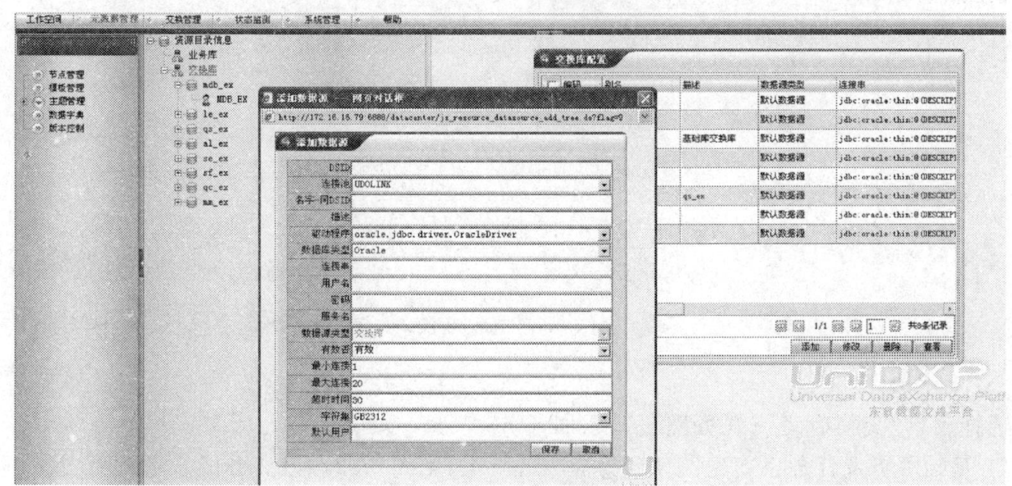

图 6-9 添加交换库

集成系统需添加 mdb_ex 和 monitor_ex 两个交换库，前者用于主数据交换，后者用于监控。一个交换库配置的详细例子，见图 6-10。

添加数据源

DSID	mdb_ex
连接池	UDOLINK
名字-同DSID	mdb_ex
描述	
驱动程序	oracle.jdbc.driver.OracleDriver
数据库类型	Oracle
连接串	jdbc:oracle:thin:@172.16.16.7:1521:QS4500Z1
用户名	mdb_ex
密码	●●●●●●●●●●●●●●●
服务名	QS4500Z1
数据源类型	交换库
有效否	有效
最小连接	1
最大连接	20
超时时间	99
字符集	GB2312
默认用户	mdb_ex

保存　取消

图 6-10　交换库配置

添加之后需要对每个交换库刷新数据字典，然后检查各交换库中的交换表数目是否正确。检查的查询语句是：

*select count(*)from dex_sys_fieldinfo;*

*select count(*)from dex_sys_tabinfo;*

(4) 主题接收

选择菜单“元数据管理→主题管理→主题查询”，单击【主题接收】按钮接收总局下发的主题，见图 6-11。

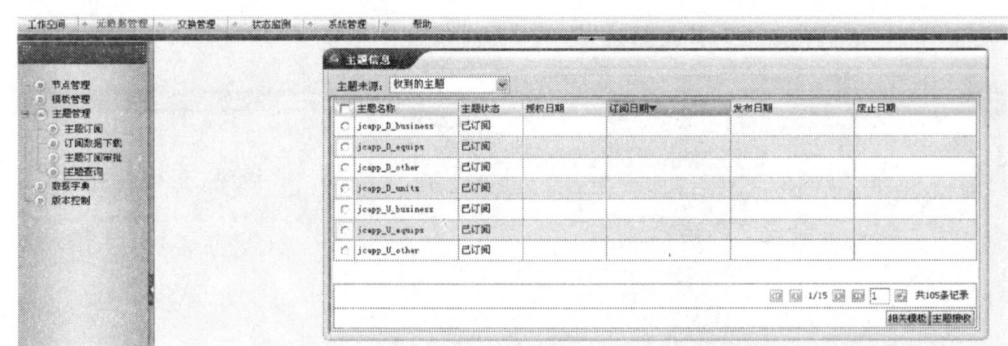

图 6-11　主题接收

(5) 任务配置

选择菜单“交换管理→任务配置”，添加任务。

1) 基础库下发任务。新建任务名为 job_mdb_D，见图 6-12。该任务的主题配置见图 6-13，执行配置见图 6-14。

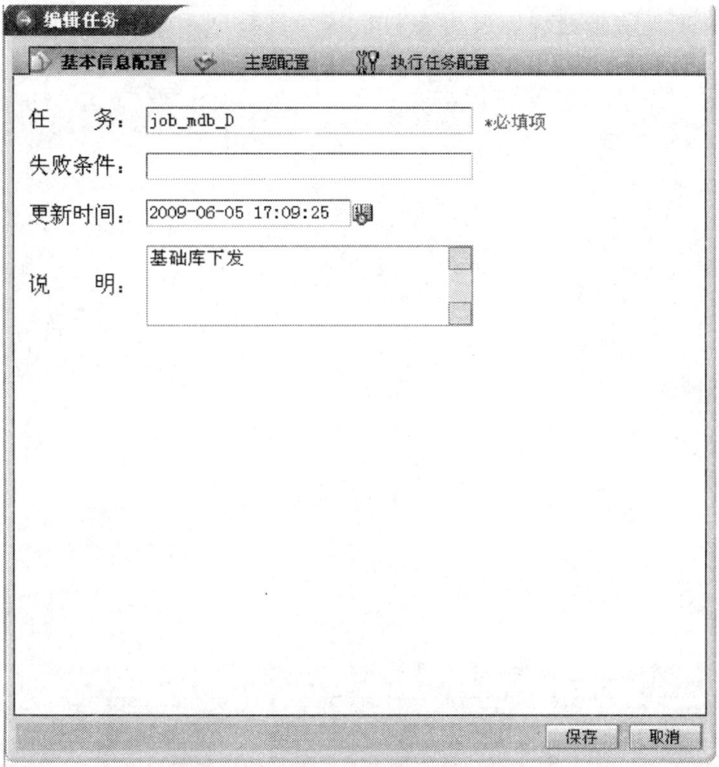

图 6-12 基础库下发任务

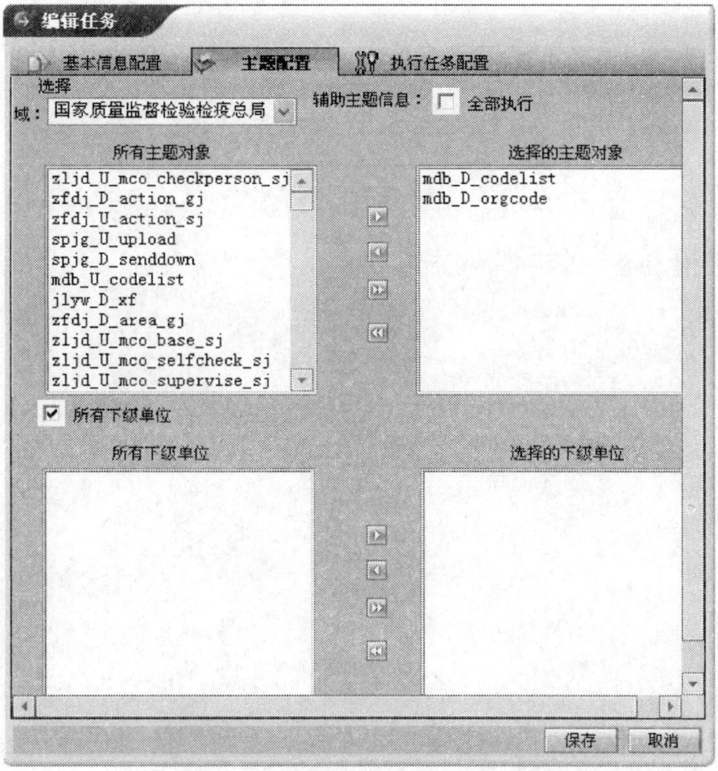

图 6-13 基础库下发任务的主题配置

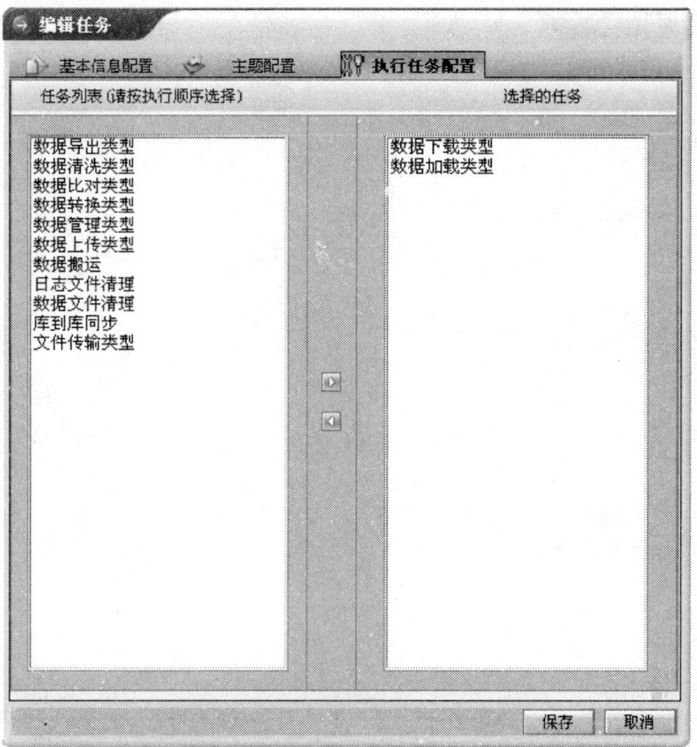

图 6-14　基础库下发任务的执行配置

2）基础库上报任务，新建任务名为 job_mdb_U，见图 6-15。该任务的主题配置见图 6-16，执行配置见图 6-17。

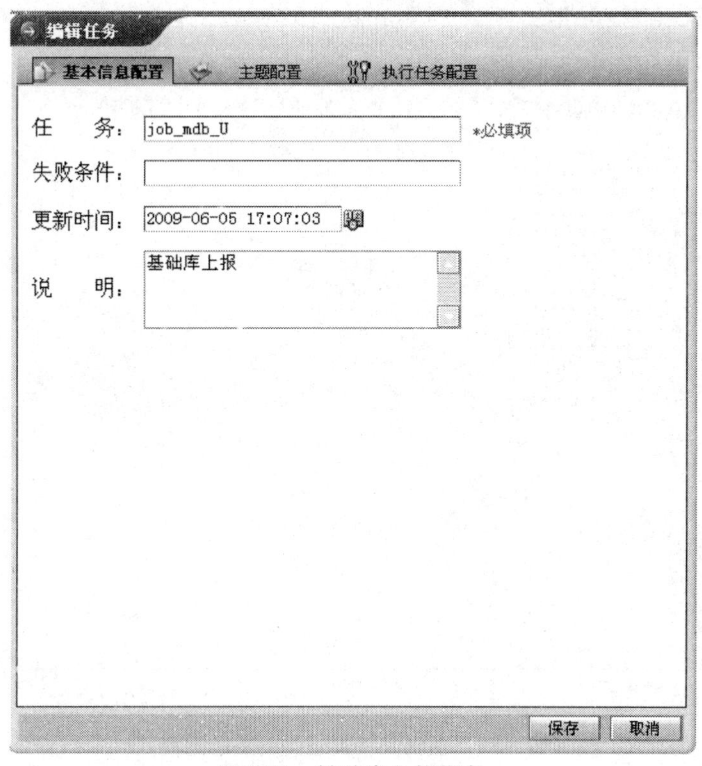

图 6-15　基础库上报任务

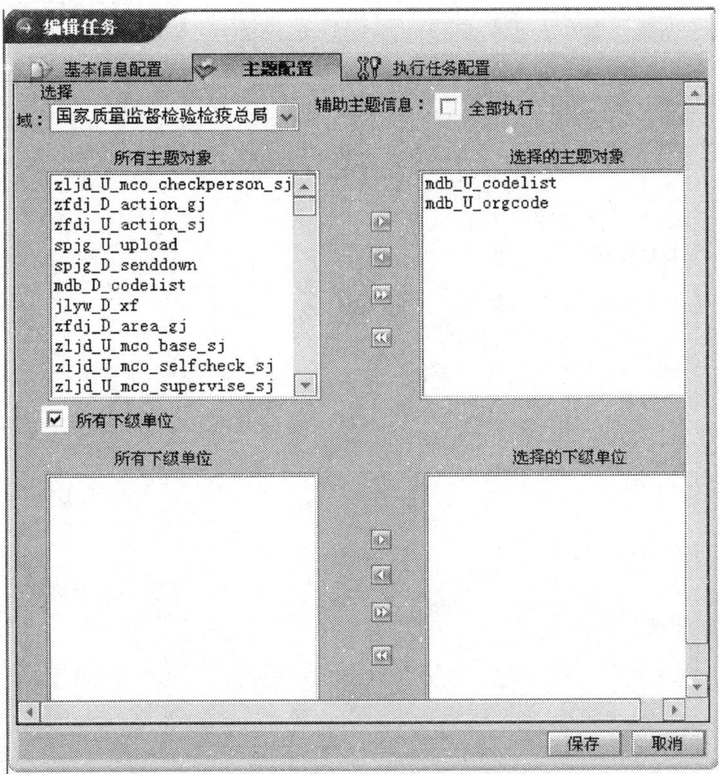

图 6-16　基础库上报任务的主题配置

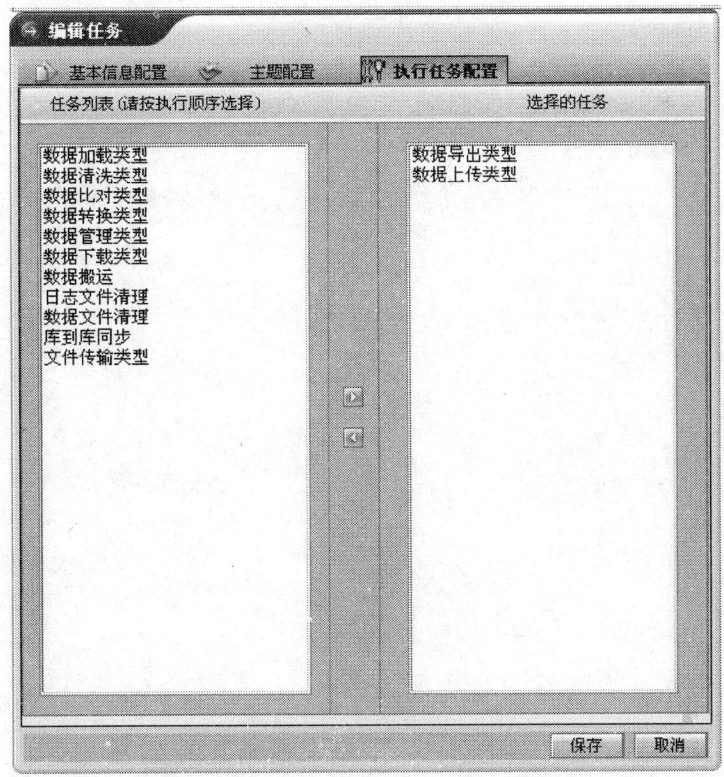

图 6-17　基础库上报任务的执行配置

3）集成框架上报任务，新建任务名为 job_zjzj_U，见图 6-18。该任务的主题配置见图 6-19，执行配置见图 6-20。

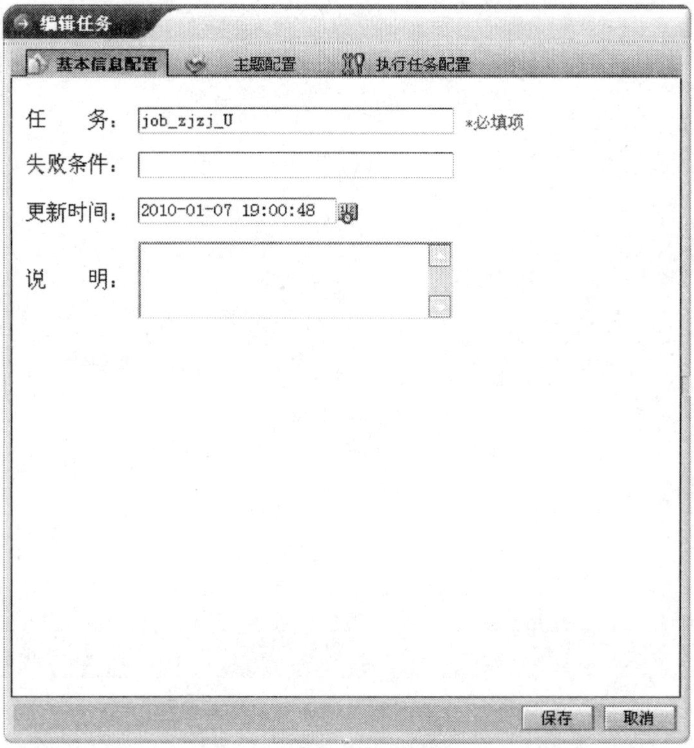

编辑任务

基本信息配置　主题配置　执行任务配置

任　　务：job_zjzj_U　*必填项

失败条件：

更新时间：2010-01-07 19:00:48

说　　明：

保存　取消

图 6-18　集成框架上报任务

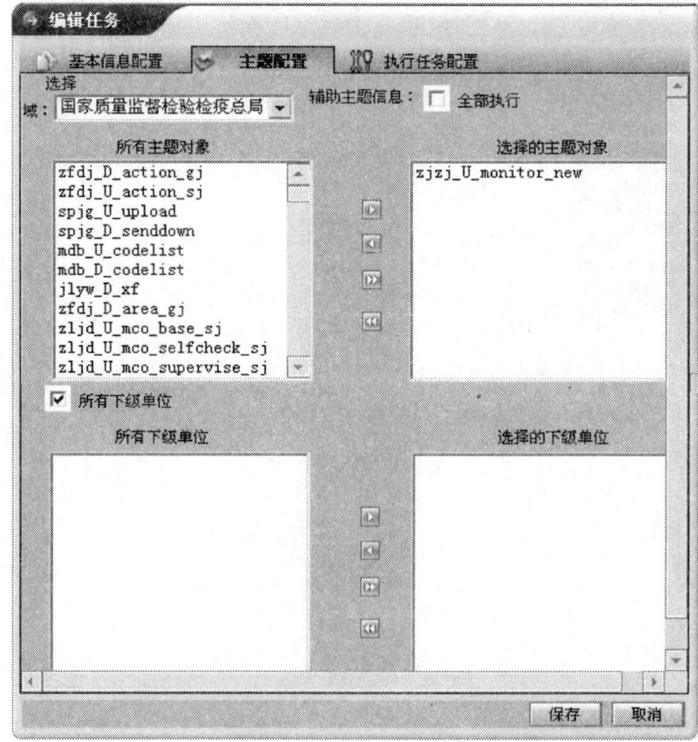

图 6-19　集成框架上报任务的主题配置

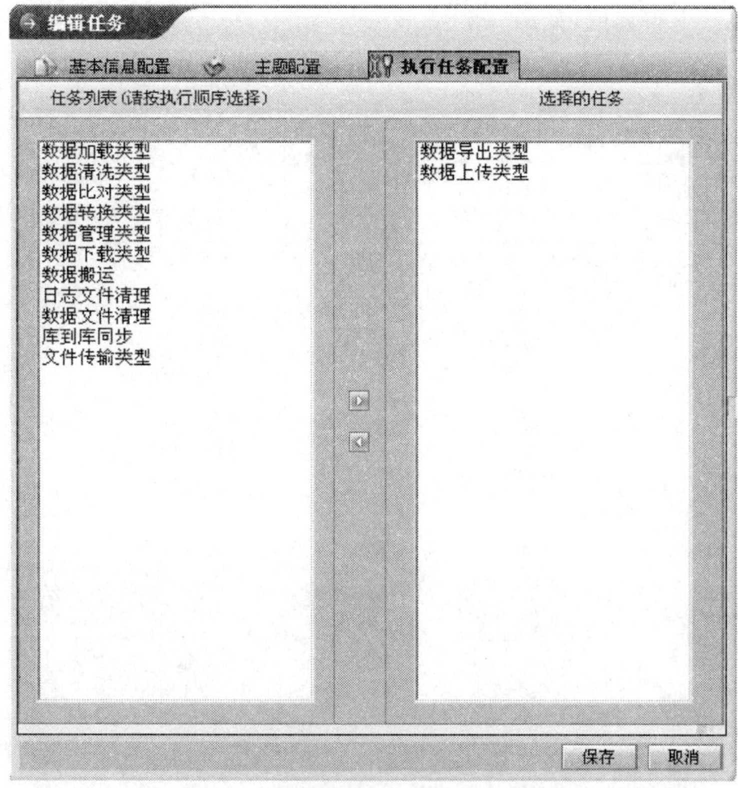

图 6-20　集成框架上报任务的执行配置

(6) 调度配置

选择菜单"交换管理→调度配置",配置调度。

1) 新建基础库下发调度,见图 6-21。

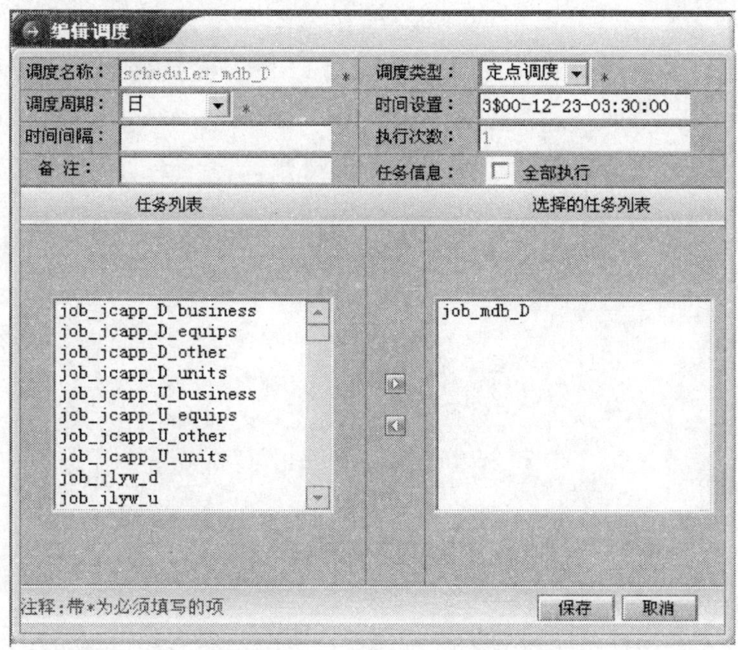

图 6-21　基础库下发调度

2）新建基础库上报调度，见图 6-22。

图 6-22　基础库上报调度

3）新建集成框架上报调度，见图 6-23。

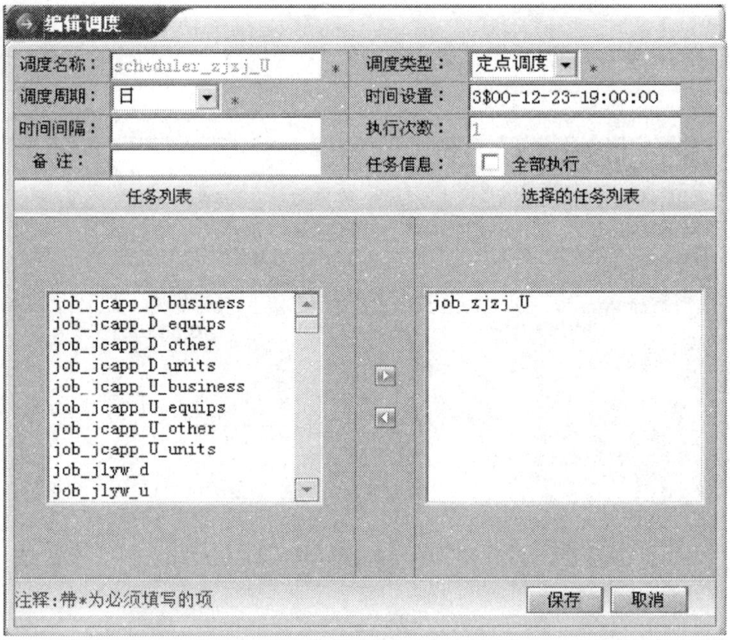

图 6-23　集成框架上报调度

调度配置说明：

间隔调度：间隔调度是指在交换系统启动后每隔固定的时间启动一次该例程。例程的启动时间周期＝“时间间隔”＊“调度周期”

定点调度：定点调度是指按照“时间设置”框中的时间配置按计划启动该例程。时间设置 n＄yy-mm-dd-hh24：mi：ss。其中 n 为[0,6]的数值，表示星期日到星期六，仅当调度周期为“周”时有效；yy 为两位年份，mm 为两位月份，dd 为两位日期，hh24 是两位二十四时制的小时，mi 为两位分，ss 为两位秒。

例如，调度周期为周，时间设置为：“3＄00-12-23-18：30：00”，表示每周四的 18：30 分启动例程；“＄00-12-23-”仅为占位符。

例如，调度周期为日，时间设置为：“3＄00-12-23-18：30：00”，表示每天的 18：30 分启动例程；“3＄00-12-23-”仅为占位符。

例如，调度周期为月，时间设置为：“3＄00-12-23-18：30：00”，表示每月 23 日的 18：30 分启动例程；“3＄00-12-”仅为占位符。

例如，调度周期为年，时间设置为：“3＄00-12-23-18：30：00”，表示每年 12 月 23 日的 18：30 分启动例程；“3＄00-”仅为占位符。

7 综合信息服务系统的部署与操作

综合信用服务系统包括 3 个子系统，分别为企业信息服务系统、领导综合查询信息服务系统和质检部门信息服务系统。本章先描述了综合信息服务系统的部署，然后再分别描述其 3 个子系统的应用操作。

7.1 综合信息服务系统部署

7.1.1 概述

本章节适用于部署“金质工程（一期）综合信息服务系统”。综合信用服务系统包括 3 个子系统，各自均需要独立部署，其中企业服务系统需要在地方局进行部署，领导查询系统和质监部门服务系统只在总局节点进行部署。

本章节仅详述企业服务系统的部署，从数据库服务器、应用服务器两方面来说明，并总结了在部署中碰到的常见问题，具体可参考 7.1.5 系统部署常见问题。另外两个子系统的部署完全类同，只做简单说明。

7.1.2 企业服务系统部署说明

7.1.2.1 部署环境说明

企业服务系统部署要求：应用服务器、数据库服务器的操作系统为 Windows（2000/2003）/Linux；应用服务器采用金蝶中间件 5.1 版（Apusic5.1）；数据库服务器采用 Oracle10g。

访问系统的客户端环境要求为 Windows 操作系统；浏览器为 IE6 sp2 版。

7.1.2.2 数据部署说明

（1）数据库说明

企业服务系统的数据库环境，见表 7-1。

表 7-1 企业服务系统的数据库环境说明

系统名称	所属区域	表空间描述	表空间名	用户名
企业综合信息服务系统	核心业务区	支撑库	TS_UNIEAPQY	UNIEAPQY
		业务库	TS_IS_SQ	IS_ENT_SQ

（2）数据导入

核心业务区：

1）确认表空间 TS_UNIEAPQY、TS_IS_SQ 已经创建完成，并且数据库用户 unieapqy 和 is_ent_sq 也已创建完成（在部署框架系统之时已经执行脚本《表空间、用户创建脚本-业务处理区_J》进行创建）。

2）将提供的数据库文件 uniepqy. dmp、is_ent_sq. dmp 分别导入到 unieapqy 和 is_ent_qr 数据库用户中。导入脚本格式为：

imp　数据库用户名/密码@数据库实例名　file=路径\文件名　full=y

（3）数据库配置

1）修改数据源连接。

修改数据库用户 unieapqy 的 drm_sys_datasource 表中的数据源链接信息，即将字段 DBURL、USERNAME、PASSWORD、SERVERNAME 的内容按照实际情况进行修改，见图 7-1。

DSID	POOLPROVIDER	DSNAME	DSDESCRIBE	DRIVERNAME	DBTYPE	DBURL	USERNAME	PASSWORD	SERVERNAME
UNIEAP	APUSIC	UNIEAP	platform datasource	oracle.jdbc.driver.OracleDriver	Oracle	jdbc/unieap	unieapqy	unieapqyAqsiq09#	QS5400J
demo	APUSIC	demo		oracle.jdbc.driver.OracleDriver	Oracle	jdbc/demo	unieapqy	unieapqyAqsiq09#	QS5400J
qyfw	APUSIC	qyfw		oracle.jdbc.driver.OracleDriver	Oracle	jdbc/qyfw	IS_ENT_SQ	is_ent_sqAqsiq09#	QS5400J
zsjk	APUSIC	zsjk		oracle.jdbc.driver.OracleDriver	Oracle	jdbc/zsjk	mdb_qr	mdb_qrAqsiq09#	QS5400J

图 7-1　企业服务系统的数据源配置

说明：字段 DBURL 对应金蝶中间件数据源配置文件 datasources. xml 中的<jndi-name>，必须完全一致，包括大小写；USERNAME、PASSWORD 对应数据库用户和密码，SERVERNAME 对应数据库实例名。

2）编译视图。

在数据库用户 is_ent_sq 中，编译视图。如果编译不通过，有可能是因为金质各业务系统尚未部署完成之故，可待各系统部署并授权完成之后再进行编译。

7.1.2.3　应用系统部署及访问

（1）应用程序部署

在互联网区域，先创建企业服务系统的金蝶域 qyfw，创建方法参见《附录　金蝶中间件 Apusic 安装部署手册》。单机部署时域的监听端口采用 8896，SSL 监听端口采用 1896；做集群时负载均衡域的端口号同单机，而集群节点域的相应端口号则为 8894 和 1894。

应用程序部署到互联网区域（外部区）应用服务器的 qyfw 金蝶域，即将压缩后的应用程序包拷贝到 apusic-5. 1/domains/qyfw/applications 目录下。

企业服务系统应用程序名为 qyfw。拷贝完之后将压缩包解压，解压完成之后删掉原程序压缩包。

（2）修改支撑库连接文件

按照实际情况修改/opt/apusic-5. 1/domains/qyfw/applications/qyfw/WEB-INF/conf/unieap/udolink/conf/supportDB. properties 文件中的数据库实例名、DataSourceURL 连接串及用户名密码。具体修改见图 7-2 斜体字部分。

假设支撑库 unieapqy 所在数据库服务器 ip 地址为 10. 1. 10. 4，数据库实例名为 orcl 且是单节点（非集群），则修改例子见图 7-2。

```
DriverName=oracle.jdbc.driver.OracleDriver
TargetDatabase=Oracle
DBServer=orcl
DataSourceURL=jdbc:oracle:thin:@10.1.10.4:1521:orcl
UserName=unieapqy
Password=unieapqyAqsiq09#
```

图 7-2　支撑库配置文件

对于数据库集群环境下的 DataSourceURL 连接串例子见图 7-3。

```
jdbc:oracle:thin:@(DESCRIPTION=(ADDRESS_LIST=(ADDRESS=(PROTOCOL=
TCP)(HOST=10.13.10.222)(PORT=1521))(ADDRESS=(PROTOCOL=TCP)(HOST=
10.13.10.221)(PORT=1521)))(LOAD_BALANCE=yes)(CONNECT_DATA=(SERV
ER=DEDICATED)(SERVICE_NAME=ORCL)))
```

注：其中斜体部分需要根据实际情况修改替换。

图 7-3　集群数据库连接串

（3）修改金蝶连接池配置文件

按实际情况修改/opt/apusic-5.1/domains/qyfw/config/datasources.xml 文件中的数据库连接串及用户名密码。企业服务系统一共需配四个连接池，连接串修改方法同(2)方法。

（4）修改企业综合信息服务系统外网挂接

按照实际情况修改本系统 qyfw/qyfw/pages/index.jsp 文件，具体修改位置见下文斜体部分。

```
<table width="100%"border="0"cellspacing="0"cellpadding="0">
  <tr>
    <tdwidth="14%"align="center"><imgsrc="<%=webpath%>/pages/images/left_san.gif"
width="10"height="11"></td><td width="86%">
<atarget="_blank"href="http://172.16.16.43:9090/wsproto/login.do?method=login"class="
BLink">行政许可在线申报</a></td></tr>
</table></td></tr><tr><tr><td>
<table width="100%"border="0"cellspacing="0"cellpadding="0">
  <tr><tdwidth="14%"align="center"><imgsrc="<%=webpath%>/pages/images/left_san.
gif"width="10"height="11"></td><tdwidth="86%"><atarget="_blank"href="http://172.
16.16.43:9090/wsproto/login.do?method=login"class="BLink">
特种设备安全监管</a></td></tr></table></td></tr><tr><tr><td>
<table width="100%"border="0"cellspacing="0"cellpadding="0">
  <tr><tdwidth="14%"align="center"><imgsrc="<%=webpath%>/pages/images/left_san.
gif"width="10"height="11"></td><td width="86%"><a target="_blank"href="http://172.
16.16.43:8051/webmeassuper"class="BLink">计量在线申报</a>
</td></tr></table></td></tr><tr><tr><td>
<table width="100%"border="0"cellspacing="0"cellpadding="0">
  <tr><tdwidth="14%"align="center"><imgsrc="<%=webpath%>/pages/images/left_san.
gif"width="10"height="11"></td><td width="86%"><a target="_blank"href="http://172.
16.16.43:9896/ent/entBase.do?method=entMainAdd&entid=<%=entid_encode%>&orgcode=
<%=orgcode_encode%>"class="BLink">
```

```
企业质量信用信息报送</a></td></tr></table></td></tr><tr><tr><td>
<table width="100%"border="0"cellspacing="0"cellpadding="0">
  <tr><tdwidth="14%"align="center"><imgsrc="<%=webpath%>/pages/images/left_san.
gif"width="10"height="11"></td>
    <tdwidth="86%"><atarget="_blank"href="http://172.16.16.43:9896/ent/jlEntLogin.
do?method=toIndex entid=<%=entid_encode%>"class="BLink">设备监理</a></td></tr>
</table></td></tr>
```

（5）系统登录访问

金蝶应用服务器的启动请参见《附录　金蝶中间件 Apusic 安装部署手册》。金蝶应用服务器启动后，根据应用系统部署的服务器地址访问系统。假如应用系统部署的服务器地址为：127.0.0.1，则在浏览器中敲击系统的访问地址为 http://127.0.0.1:8896/qyfw

在系统的登录页面注册用户成功，如果金蝶中间件启动没有错误信息，且用注册的用户系统登录成功，则说明系统部署成功。

7.1.3　领导综合查询系统部署说明

领导综合查询系统采用大集中方式部署在总局节点，地方局不需要部署此系统，其部署环境、过程类同完全类同于“企业服务系统”。数据库说明见表 7-2。

表 7-2　领导综合查询系统的数据库环境说明

系统名称	所属区域	表空间描述	表空间名	用户名
领导综合查询系统	局域网	支撑库	TS_UNIEAPZH	UNIEAPZH
		业务库	TS_IS_SQ	IS_LDR_SQ
		业务库	TS_IS_SQ	ZH_SR
		交换库	TS_IS_SQ	ZH_EX
		业务库	TS_IS_SQ	ZH_SR_R

7.1.4　质监部门服务系统部署说明

质监部门信息服务系统采用大集中方式部署在总局节点，地方局不需要部署此系统，其部署环境、过程类同完全类同于 7.1.2 企业服务系统，数据库说明见表 7-3。

表 7-3　质监部门服务系统的数据库环境说明

系统名称	所属区域	表空间描述	表空间名	用户名
质监部门信息服务系统	局域网区	支撑库	TS_UNIEAPBM	UNIEAPBM
		业务库	TS_IS_SQ	IS_ORG_SQ

7.1.5 系统部署常见问题

7.1.5.1 乱码问题

登录企业系统，发现代码集或者其他页面出现乱码，解决办法如下：

修改配置文件 apusic-5.1\domains\mydomain\config\apusic.conf 中如下代码位置，增加斜体部分：

```
<SERVICECLASS="com.apusic.web.WebService">
 <ATTRIBUTE NAME="MaxWaitingClients" VALUE="500"/>
 <ATTRIBUTE NAME="WaitingClientTimeout" VALUE="5"/>
 <ATTRIBUTE NAME="KeepAlive" VALUE="true"/>
 <ATTRIBUTE NAME="KeepAliveTimeout" VALUE="15"/>
 <ATTRIBUTE NAME="MaxKeepAliveRequests" VALUE="100"/>
 <ATTRIBUTE NAME="MaxKeepAliveConnections" VALUE="300"/>
 <ATTRIBUTE NAME="NumberSelectors" VALUE="1"/>
 <ATTRIBUTE NAME="ServletReloadCheckInterval" VALUE="3"/>
 <ATTRIBUTE NAME="EnableLog" VALUE="False"/>
 <ATTRIBUTE NAME="LogFileName" VALUE="logs/access.log"/>
 <ATTRIBUTE NAME="LogFileLimit" VALUE="1000000"/>
 <ATTRIBUTE NAME="LogFileCount" VALUE="10"/>
<ATTRIBUTE NAME="URIEncoding" VALUE="GBK"/>
</SERVICE>
```

7.1.5.2 缓存问题

集成过程中缓存问题的解决办法：

1）在本系统的部署文件 WEB-INF\conf\unieap\EAPConfig.xml 中将 cacheSynchronize 的 isEnabled 设置为 ture。

2）在本系统的部署文件 WEB-INF\conf\unieap\cache\ehcache.xml 中将 UniSecurity 属性中的设置修改如下：

```
maxElementsInMemory="20000"
eternal="true"
overflowToDisk="true"
```

3）在本系统的部署文件 WEB-INF\conf\unieap\udolink\conf\OP.properties 中将 RESULTSET_LIMITATION 设置为-1。

7.2 领导综合查询信息服务系统

7.2.1 系统概述

领导综合信息服务系统属于质检信息服务系统中的一部分，为领导决策提供支持，为企业和公众提供服务。领导综合信息查询系统是综合信息服务系统中的一部分，主要是以网站为界面，以数据库为依托，以应用系统产生的信息和多重渠道采集的信息为源泉，为领导决策提供支持和信息参考。

金质工程为了使各个业务系统成为统一对整体，方便业务人员使用，实现了统一登录、统一组织机构和统一的权限管理。维护方式在第 3 章中有详细介绍。

领导综合信息服务系统也采用单点登录方式，登录系统。登录界面见图 7-4。

图 7-4 登录界面

使用被授予访问权限的用户登录后，首先登录集成框架首页，在左侧菜单中即可以看到领导综合信息服务系统菜单，见图 7-5。

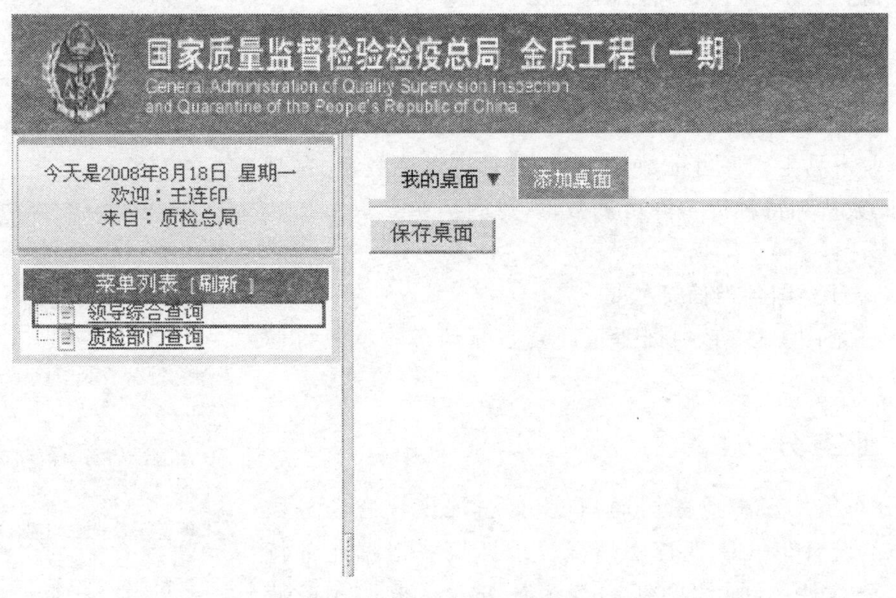

图 7-5 集成框架首界面

点击菜单中的领导综合信息服务系统菜单，即可进入领导综合系统首界面，见图 7-6。

图 7-6　系统首界面

7.2.2　最新数据

登录系统后,可看到系统首界面,见图 7-6。系统首界面包括最新业务数据、地理分布和业务分布部分。

界面左侧显示重点关注的数据,数据根据各个业务系统的情况动态更新,显示实时的最新信息,见图 7-7。

点击数据链接,可进入具体统计业务,见图 7-8。

图 7-7　最新数据

7.2.3　地理分布

地理分布模块是以地图形式展现各个省企业数量、检测机构数量、工业产品生产许可证数量、计量器具许可证数量、食品生产许可证数量和特种设备许可证数量,见图 7-9。

地区统计:

- 默认统计全国各类信息数量
- 鼠标在地图上移动,根据所指向省右侧动态显示各省的相关数据

7.2.4　业务分布

业务分布是从每个业务司局角度出发,展现核心业务数据,以动态的统计形式展现真实情况。统计模式根据业务特点的不同,分为柱图、饼图和线图等多种方式。根据业务特点,统计维度分为按地区统计、按分类统计和按时间统计多种方式。

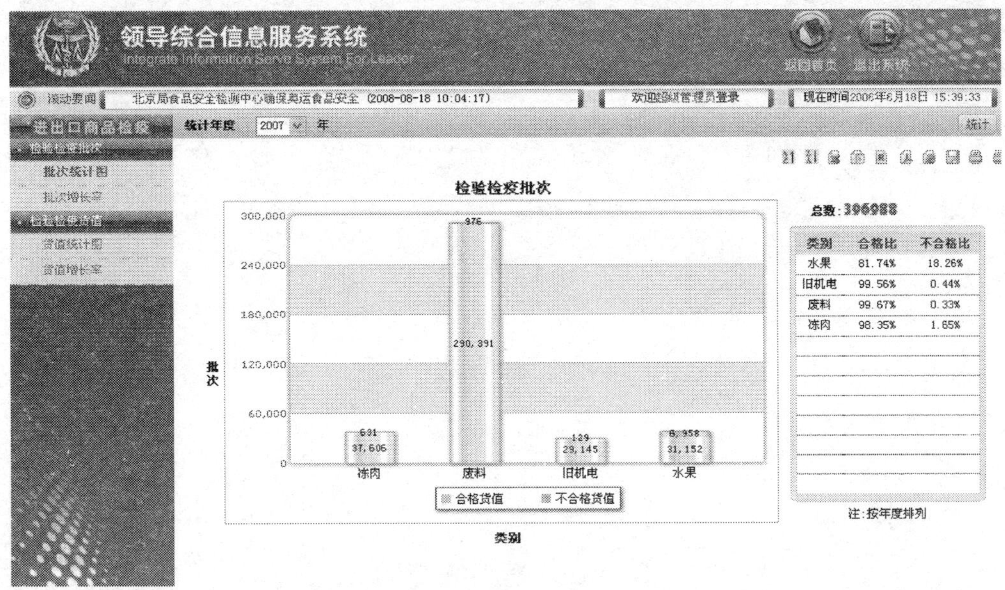

图 7-8　统计图

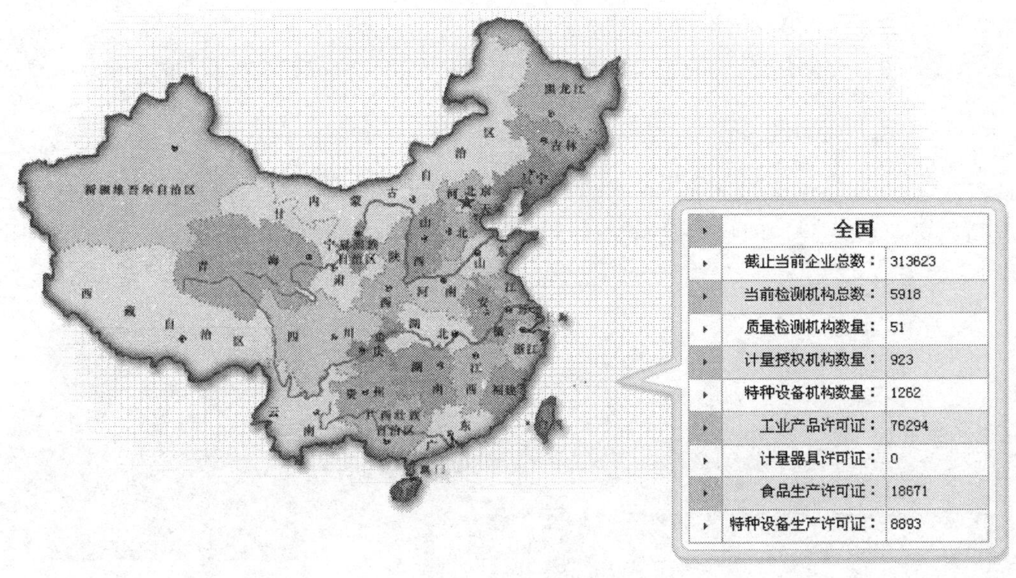

图 7-9　地理分布图

在业务分布部分，首先在首页中按业务系统对数据的整体情况进行展现，列出业务情况概况，见图 7-10。

单击业务模块链接，可进入该业务模块的详细统计页面，下面按模块分布介绍。

7.2.5　我的桌面

“我的桌面”是系统首页桌面的设置功能，领导可根据自己所关注内容的不同，个性的设置桌面显示内容，见图 7-11。

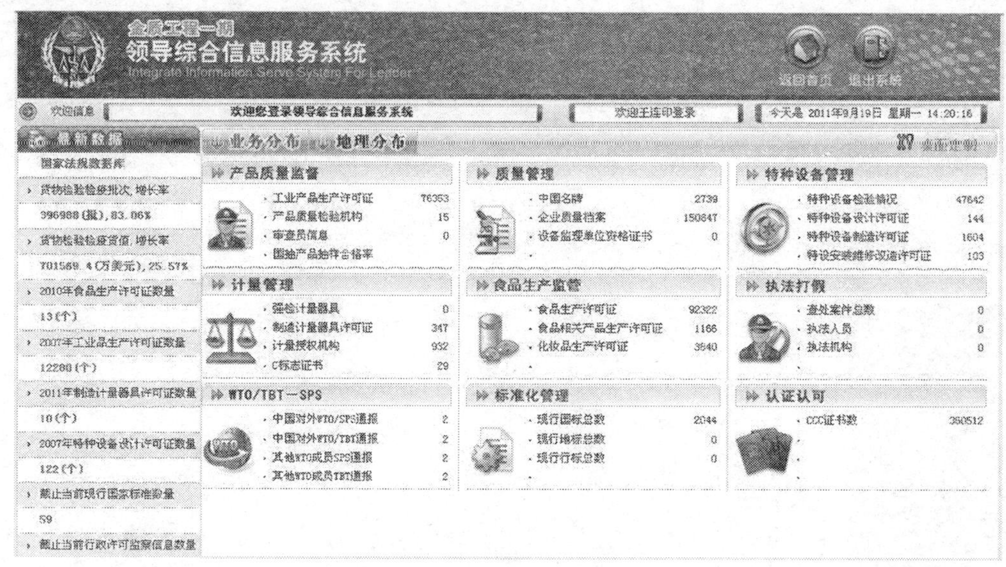

图 7-10　业务分布首界面

“我的桌面”模块包括以下主要功能：

1）桌面元素指标选取：桌面元素包含 12 个模块，用户可根据选取，决定需要显示的内容。

2）桌面元素排序：用户可根据关注级别的不同，对已选取的桌面元素进行显示顺序的排列。

3）桌面元素恢复默认设置：桌面元素提供默认显示方式，将全部信息按一定顺序来排列显示。

7.2.6　产品质量监督

单击图 7-10 业务分布首页的“产品质量监督”链接，可进入产品质量监督的详细统计界面。产品质量监督共分为国抽产品合格率、工业产品许可证、质量检测机构和审查员 4 个主题，见图 7-12。

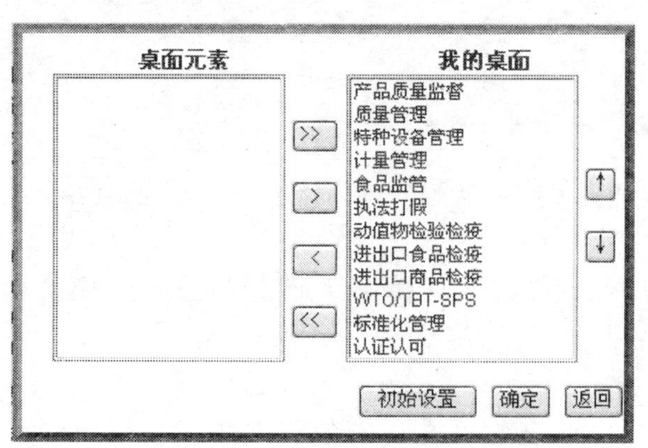

图 7-11　我的桌面设置

图 7-12　产品质量监督

7.2.6.1　国抽产品合格率

（1）地区统计图

单击图 7-12 左侧菜单中国抽产品合格率下面的“地区统计图”，进入国抽产品合格率的地区分布统计界面，见图 7-13。

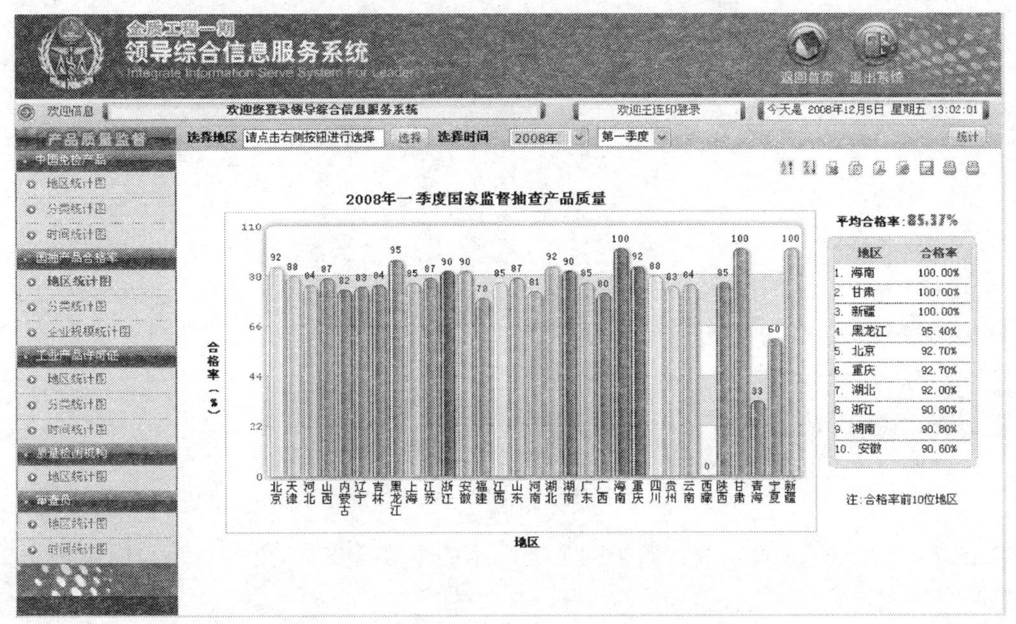

图 7-13　国抽产品合格率——地区统计图

1）界面中间部分为统计结果展现部分。进入界面时默认显示统计全部地区数据。鼠标移动到某个省的显示柱时可以显示当前省的国抽产品合格率。

2）在界面上方的条件区域，可以设置查询条件，包括地区与年度季度。设置完成后，单击【统计】按钮，可根据条件重新展现统计结果。

3）单击和可对展现结果进行升序和降序的排列。单击、、、和可分别将统计结果导出成 excel、pdf 和 html 格式。单击可进行当前报表的保存。点击可进行打印。

4）图 7-13 右侧区域显示统计结果的各个省的平均合格率，上方显示当前查询结果的国抽产品平均合格率。

（2）分类统计图

单击图 7-13 左侧菜单中国抽产品合格率下面的“分类统计图”，进入国抽产品合格率的分类统计界面，见图 7-14。

1）界面中间部分为统计结果展现部分。进入界面时默认显示统计全部类型数据。鼠标移动到显示柱时可以显示当前类型产品国抽产品合格率。

2）在界面上方的条件区域，可以设置查询条件，包括年度季度。设置完成后，单击【统计】按钮，可根据条件重新展现统计结果。

3）单击和可对展现结果进行升序和降序的排列。单击、、、和可分别将统计结果导出成 excel、pdf 和 html 格式。单击可进行当前报表的保存。单击可进行打印。

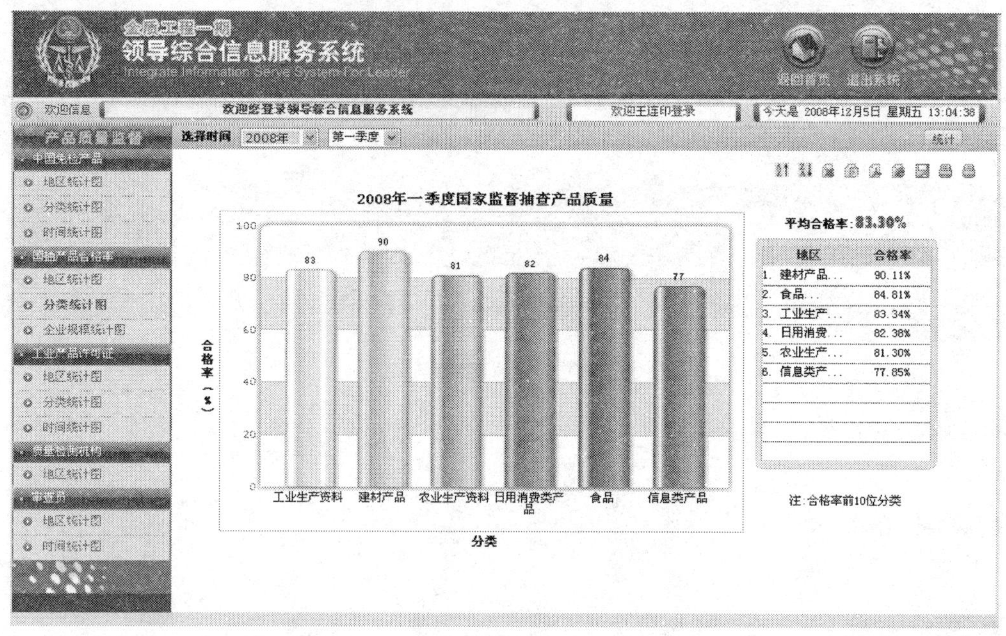

图 7-14　国抽产品合格率——分类统计图

4）图 7-14 右侧区域显示统计结果的各类产品的平均合格率，上方显示当前查询结果的国抽产品平均合格率。

（3）企业规模统计图

单击图 7-14 左侧菜单中国抽产品合格率下面的“企业规模统计图”，进入国抽产品合格率的企业规模统计界面，见图 7-15。

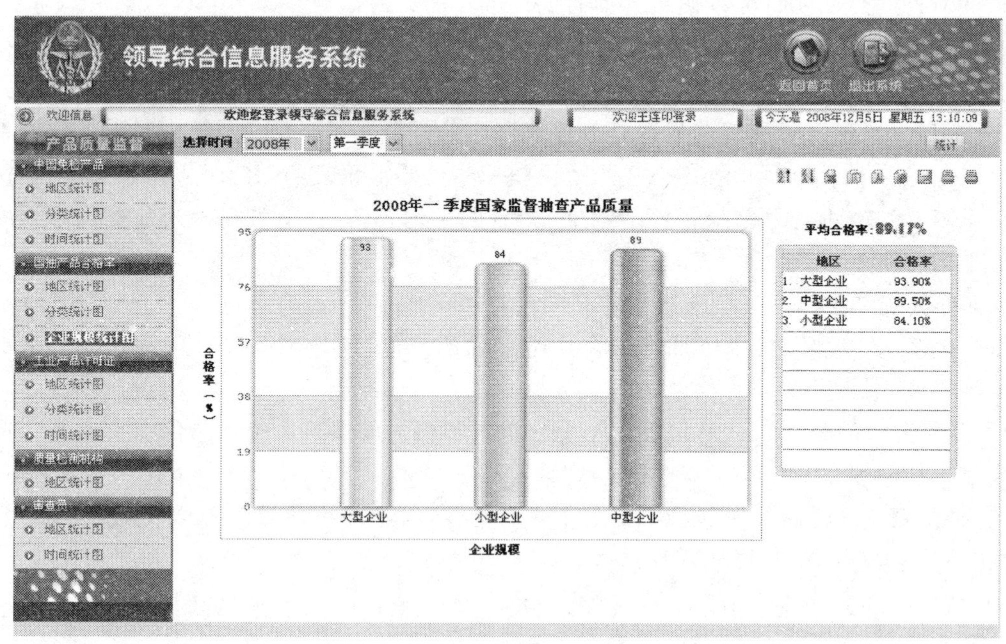

图 7-15　国抽产品合格率-企业规模统计图

1）界面中间部分为统计结果展现部分。进入界面时默认显示统计全部企业类型数据。鼠标移动到显示柱时可以显示当前类型企业国抽产品合格率。

2）在界面上方的条件区域，可以设置查询条件，包括年度季度。设置完成后，点击【统计】按钮，可根据条件重新展现统计结果。

3）单击升序图标和降序图标可对展现结果进行升序和降序的排列。单击各导出图标可分别将统计结果导出成 excel、pdf 和 html 格式。单击保存图标可进行当前报表的保存。单击打印图标可进行打印。

4）图 7-15 右侧区域显示统计结果的各类型企业的平均合格率，上方显示当前查询结果的国抽产品平均合格率。

7.2.6.2 工业产品生产许可证

（1）地区统计图

单击图 7-15 左侧菜单中工业产品许可证下面的“地区统计图”，进入工业产品许可证的地区分布统计界面，见图 7-16。

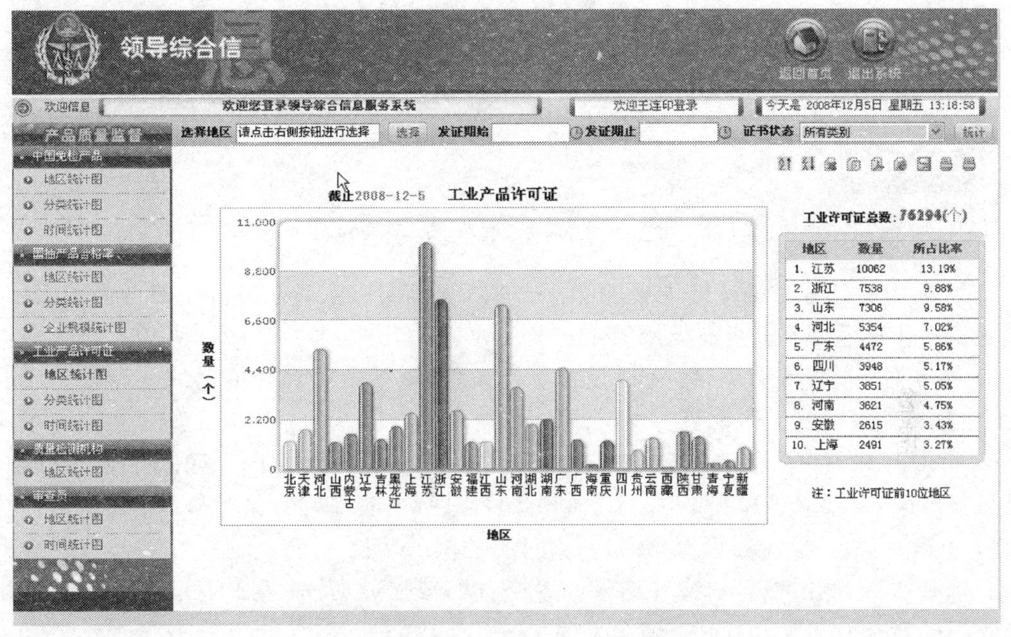

图 7-16 中国工业产品——地区统计图

1）界面中间部分为统计结果展现部分。进入界面时默认显示统计全部地区数据。鼠标移动到某个省的显示柱时可以显示当前省的工业产品数量。

2）在界面上方的条件区域，可以设置查询条件，包括地区、证书状态和发证时间。设置完成后，单击【统计】按钮，可根据条件重新展现统计结果。

3）单击升序图标和降序图标可对展现结果进行升序和降序的排列。单击各导出图标可分别将统计结果导出成 excel、pdf 和 html 格式。单击保存图标可进行当前报表的保存。单击打印图标可进行打印。

4）图 7-16 右侧区域显示统计结果的各个省的数据，以及各省工业产品数量所占比率，并按降序排列。上方显示当前查询结果的工业产品总数。

(2) 分类统计图

单击图 7-16 左侧菜单中工业产品下面的“分类统计图”，进入工业产品的分类分布统计界面，见图 7-17。

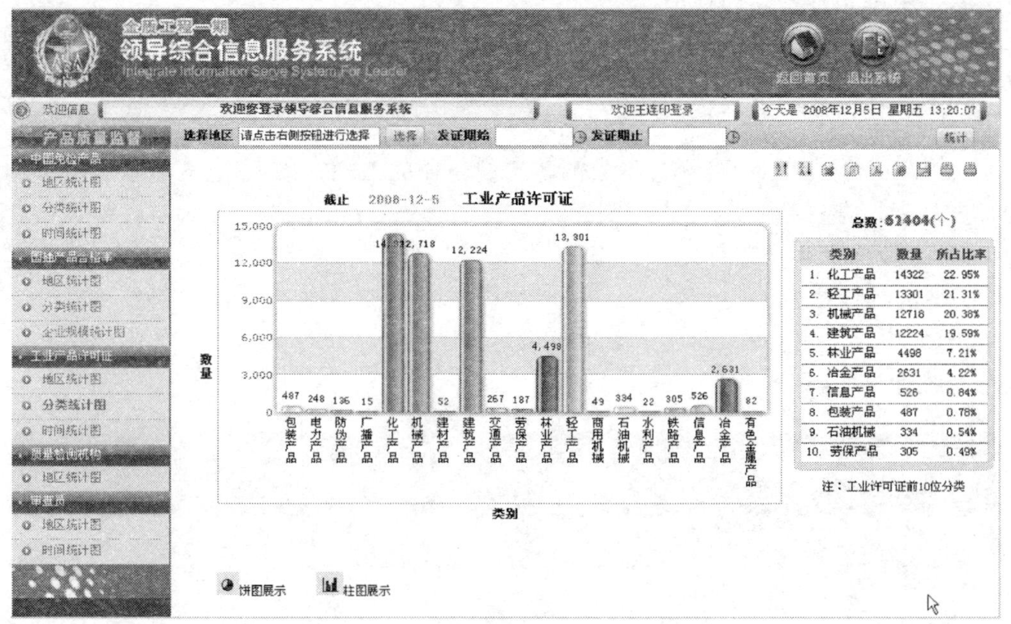

类别	数量	所占比率
1. 化工产品	14322	22.95%
2. 轻工产品	13301	21.31%
3. 机械产品	12718	20.38%
4. 建筑产品	12224	19.59%
5. 林业产品	4498	7.21%
6. 冶金产品	2631	4.22%
7. 信息产品	526	0.84%
8. 包装产品	487	0.78%
9. 石油机械	334	0.54%
10. 劳保产品	305	0.49%

图 7-17 工业产品许可证——分类统计图

1) 界面中间部分为统计结果展现部分。进入界面时默认显示统计全部分类数据。鼠标移动到显示柱时可以显示当前类型的工业产品数量。

2) 在界面上方的条件区域，可以设置查询条件，包括地区和发证时间。设置完成后，单击【统计】按钮，可根据条件重新展现统计结果。

3) 单击 和 可对展现结果进行升序和降序的排列。单击 、 、 、 和 可分别将统计结果导出成 excel、pdf 和 html 格式。单击 可进行当前报表的保存。单击 可进行打印。

4) 单击 饼图展示 柱图展示 可对结果进行饼图，柱图的转换。

5) 图 7-17 右侧区域显示统计结果的各个省的数据，以及各省工业产品数量所占比率，并按降序排列。上方显示当前查询结果的工业产品总数。

(3) 时间统计

单击图 7-17 左侧菜单中工业产品许可证下面的“时间统计图”，进入工业产品许可证的时间统计界面，见图 7-18。

1) 界面中间部分为统计结果展现部分。进入界面时默认显示统计全部年度数据。鼠标移动到某区域上时可以显示当年的工业产品许可证数量。

2) 在界面上方的条件区域，可以设置查询条件，包括地区，查看月份和证书状态。设置完成后，单击【统计】按钮或下方 数量，可根据条件重新展现统计结果。

3) 单击 和 可对展现结果进行升序和降序的排列。单击 、 、 、 和 可分别将统计结果导出成 excel、pdf 和 html 格式。单击 可进行当前报表的保存。单击 可进行打印。

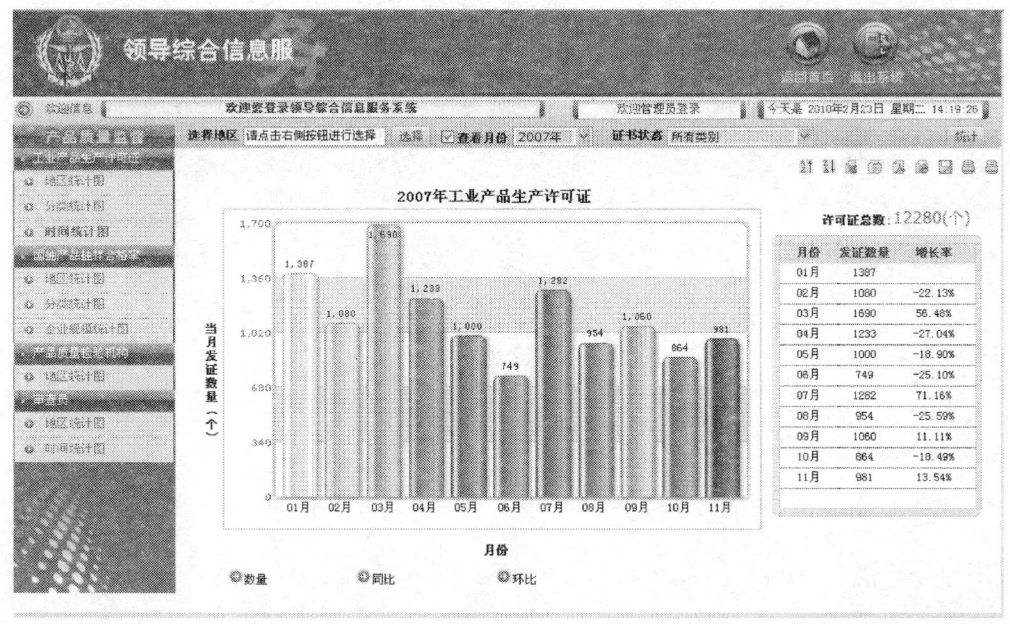

图 7-18　工业产品许可证-时间统计图

4）当把查看月份前面的“选中”改为“未选中”状态时，查询统计结果以年度为单位，显示工业产品许可证数据，见图 7-19。

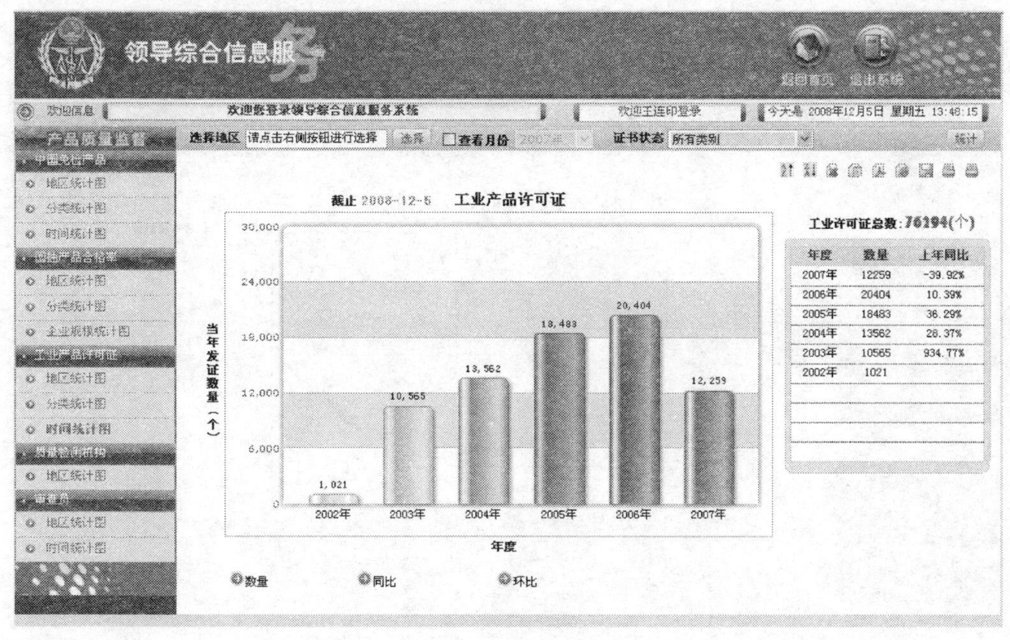

图 7-19　工业产品许可证-年度统计图

5）单击统计图（见图 7-19）下方的◎同比可以对工业产品许可证按月份进行同比，见图 7-20。

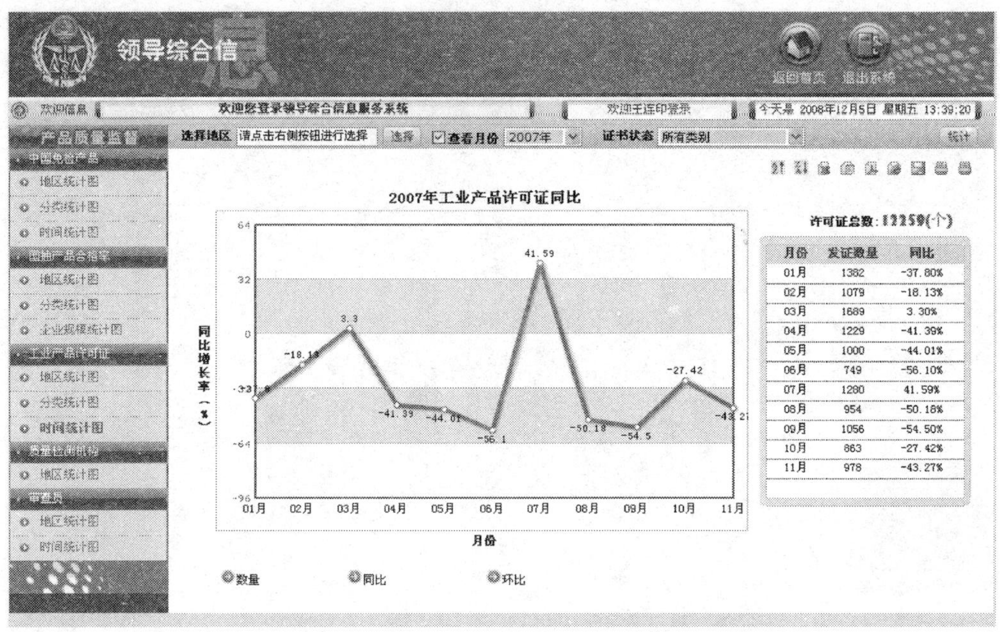

图 7-20　工业产品许可证——同比统计图

6）单击统计图（见图 7-19）下方的◎环比可以对工业产品许可证按月份进行环比，见图 7-21。

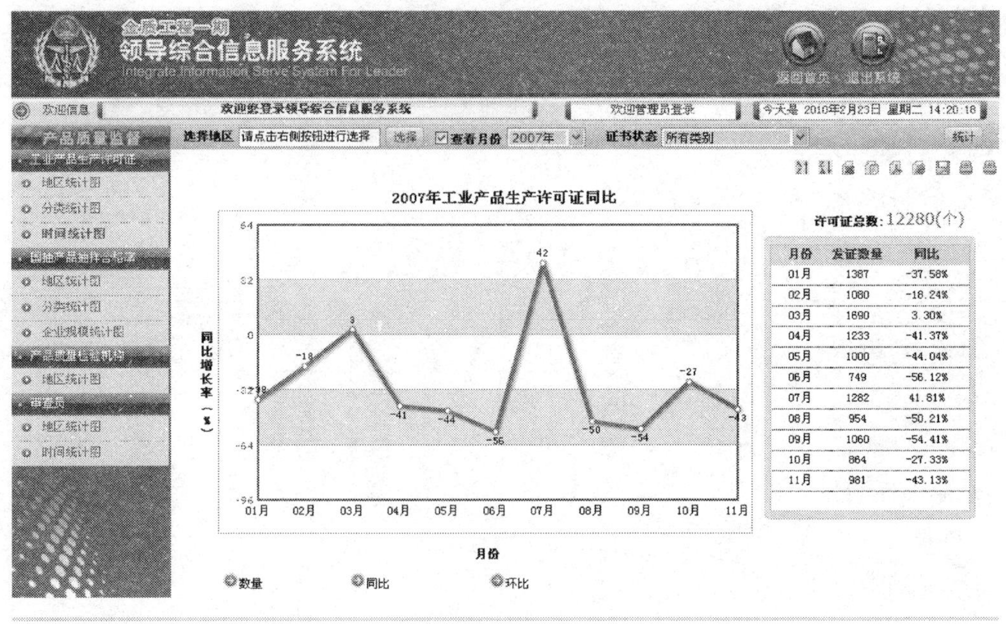

图 7-21　工业产品许可证——环比统计图

7）图 7-21 右侧区域显示统计结果的各年的数据，以及月份增长率。上方显示当前查询结果的工业产品许可证总数。

7.2.6.3　质量检测机构

地区统计图:单击左侧菜单中质量检测机构下面的地区统计图,进入质量检测机构的地区分布统计界面,见图7-22。

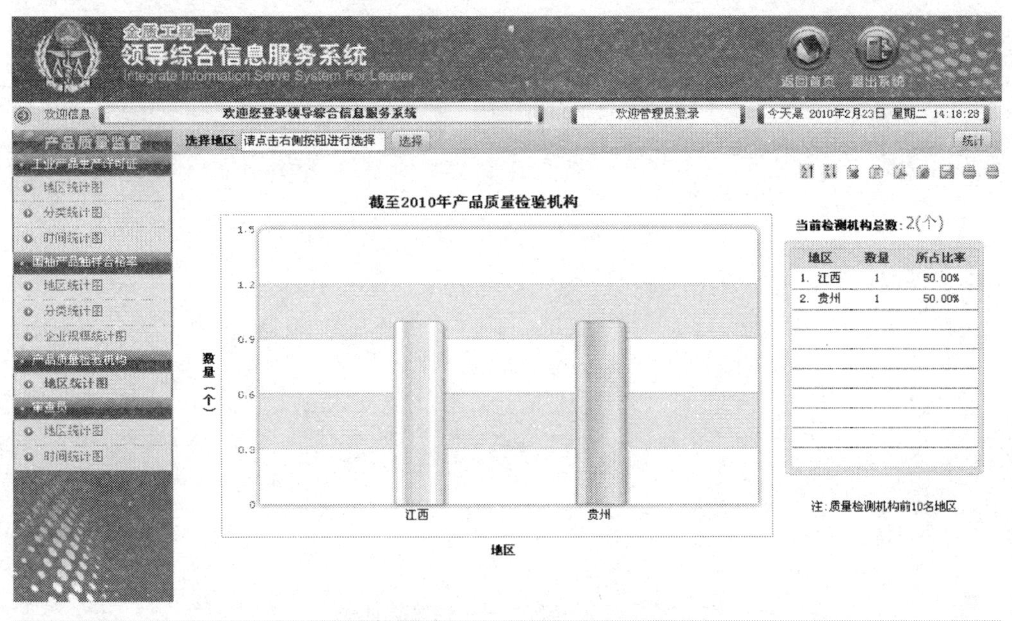

图7-22　质量检测机构——地区统计图

(1) 界面中间部分为统计结果展现部分。进入界面时默认显示统计全部地区数据。鼠标移动到某个省的显示柱时可以显示当前省的质量检测机构数量。

(2) 在界面上方的条件区域,可以设置查询条件,包括地区。设置完成后,界击【统计】按钮,可根据条件重新展现统计结果。

(3) 单击和可对展现结果进行升序和降序的排列。单击、、、和可分别将统计结果导出成excel、pdf和html格式。单击可进行当前报表的保存。单击可进行打印。

(4) 图7-22右侧区域显示统计结果的各个省的数据,以及各省质量检测机构数量所占比率,并按降序排列。上方显示当前查询结果的质量检测机构总数。

7.2.6.4　审查员

(1) 地区统计图

单击图7-22左侧菜单中审查员下面的“地区统计图”,进入审查员的地区分布统计界面,见图7-23。

1) 界面中间部分为统计结果展现部分。进入界面时默认显示统计全部地区数据。鼠标移动到某个省的显示柱时可以显示当前省的审查员数量。

2) 在界面上方的条件区域,可以设置查询条件,包括地区和发证时间。设置完成后,单击【统计】按钮,可根据条件重新展现统计结果。

3) 单击和可对展现结果进行升序和降序的排列。单击、、、和可分别将统计结果导出成excel、pdf和html格式。单击可进行当前报表的保存。单击可进行打印。

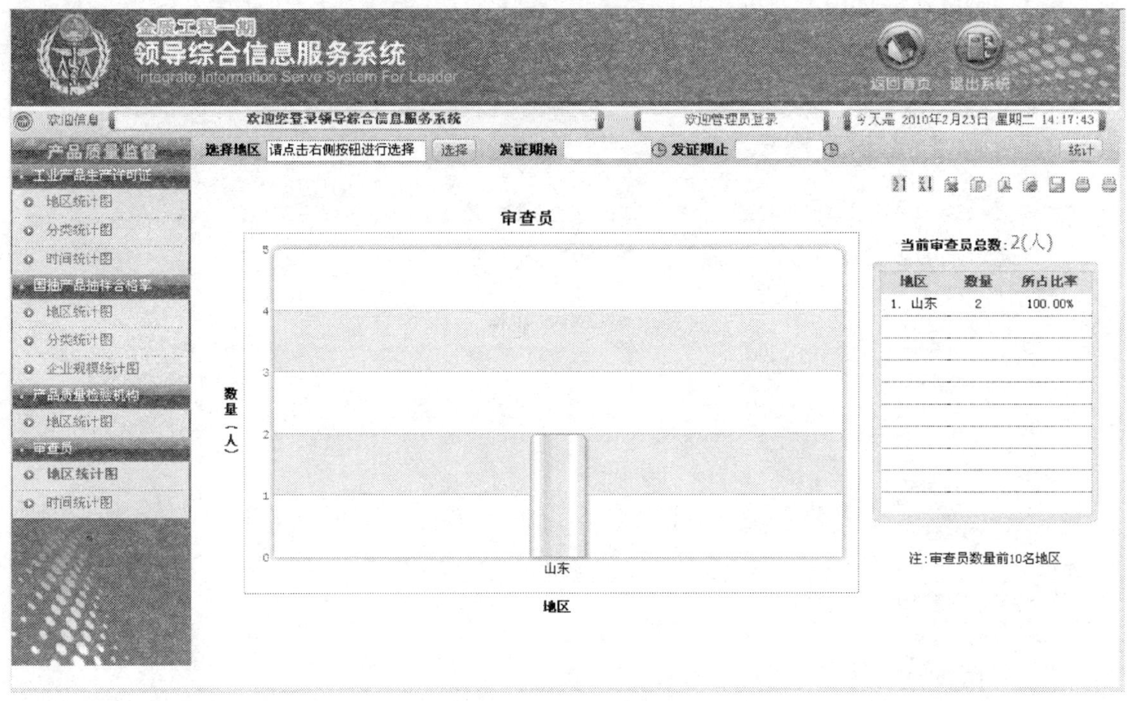

图 7-23　审查员——地区统计图

4）图 7-23 右侧区域显示统计结果的各个省的数据，以及各省审查员数量所占比率，并按降序排列。上方显示当前查询结果的审查员总数。

（2）时间统计图

单击图 7-23 左侧菜单中审查员下面的“地区统计图”，进入审查员的时间统计界面，见图 7-24。

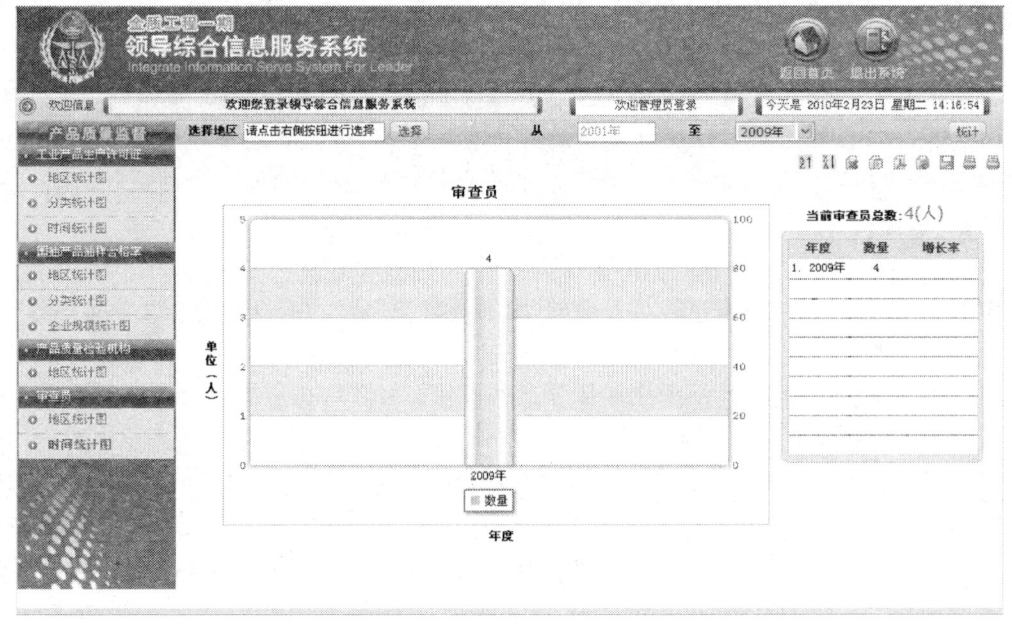

图 7-24　审查员——时间统计图

1）界面中间部分为统计结果展现部分。进入界面时默认显示统计最近10年数据。鼠标移动到某个年度的显示柱时可以显示当年的审查员数量。

2）在界面上方的条件区域，可以设置查询条件，包括地区和年度。设置完成后，单击【统计】按钮，可根据条件重新展现统计结果。

3）单击和可对展现结果进行升序和降序的排列。单击、、、和可分别将统计结果导出成excel、pdf和html格式。单击可进行当前报表的保存。单击可进行打印。

4）图7-24右侧区域显示统计结果的各年的数据，以及各省审查员数量所占比率，并按降序排列。上方显示当前查询结果的审查员总数。

7.2.7 质量管理

单击图7-10业务分布首界面的“质量管理”链接，可进入质量管理的详细统计界面质量管理共分为中国名牌产品、质量信用等级、设备监理许可证、企业质量当案和兴市5个主题，见图7-25。

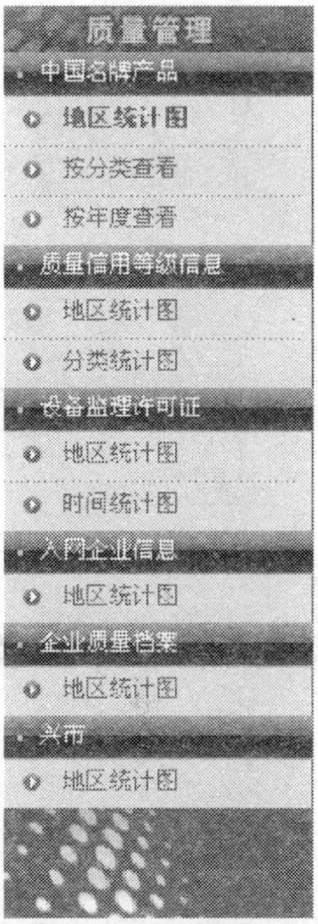

图7-25 质量管理监督

7.2.7.1 中国名牌产品

（1）地区统计图

单击图7-25左侧菜单中中国名牌产品下面“地区统计图”，进入名牌产品的地区分布统计界面，见图7-26。

1）界面中间部分为统计结果展现部分。进入界面时默认显示统计全部地区数据。鼠标移动到某个省的显示柱时可以显示当前省的名牌产品数量。

2）在界面上方的条件区域，可以设置查询条件，包括地区和发证时间。设置完成后，单击【统计】按钮，可根据条件重新展现统计结果。

3）单击和可对展现结果进行升序和降序的排列。单击、、、和可分别将统计结果导出成excel、pdf和html格式。单击可进行当前报表的保存。单击可进行打印。

4）图7-26右侧区域显示统计结果的各个省的数据，以及各省名牌产品数量所占比率，并按降序排列。上方显示当前查询结果的名牌产品总数。

（2）年度统计图

单击图7-26左侧菜单中中国名牌产品下面“按年度查看”，进入名牌产品的年度统计界面，见图7-27。

1）界面中间部分为统计结果展现部分。进入界面时默认显示统计全部地区数据。鼠标移动到某年的显示柱时可以显示当年的名牌产品数量。

2）在界面上方的条件区域，可以设置查询条件，包括地区。设置完成后，单击【统计】按钮，可根据条件重新展现统计结果。

3）单击和可对展现结果进行升序和降序的排列。单击、、、和可分别将统计结果导出成excel、pdf和html格式。单击可进行当前报表的保存。单击可进行打印。

4）图7-27右侧区域显示统计结果的各年的数据，以及年度增长率。上方显示当前查询结果的名牌产品总数。

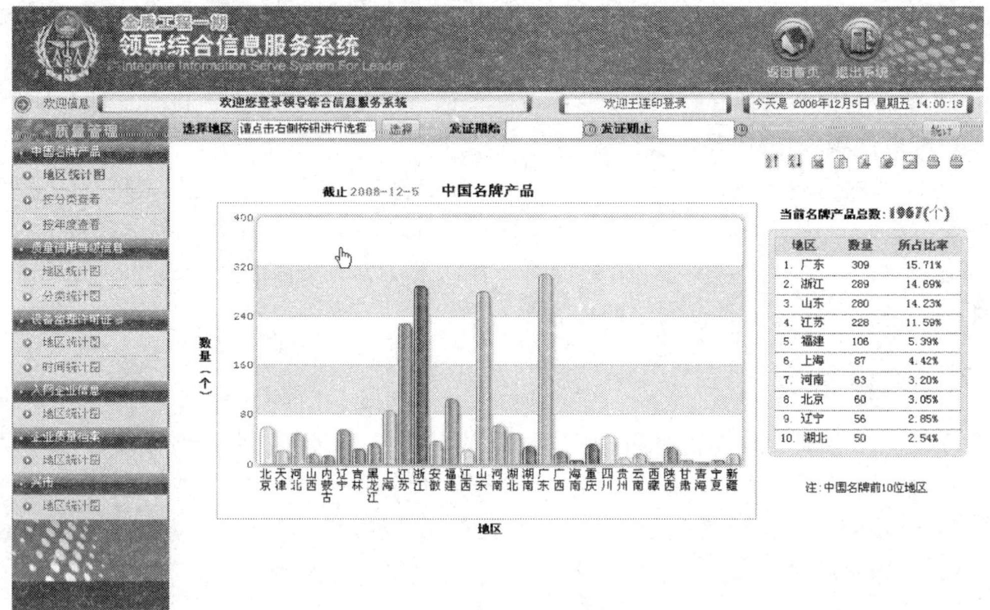

图 7-26　中国名牌产品——地区统计图

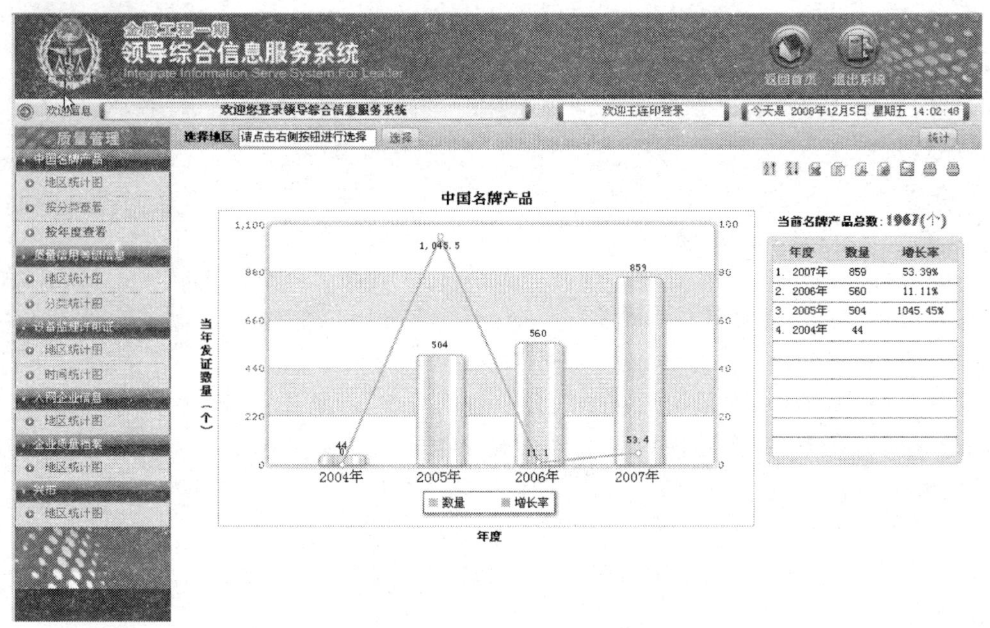

图 7-27　中国名牌产品——年度统计图

（3）分类统计图

单击图 7-27 左侧菜单中中国名牌产品下面“按分类查看”，进入名牌产品的分类统计界面，见图 7-28。

1）界面中间部分为统计结果展现部分。进入界面时默认当前年度数据。鼠标移动到某类产品分类时可以显示当前类别产品的名牌产品数量。

2）在界面上方的条件区域，可以设置查询条件，包括年度。设置完成后，单击【统计】按钮，可根据条件重新展现统计结果。

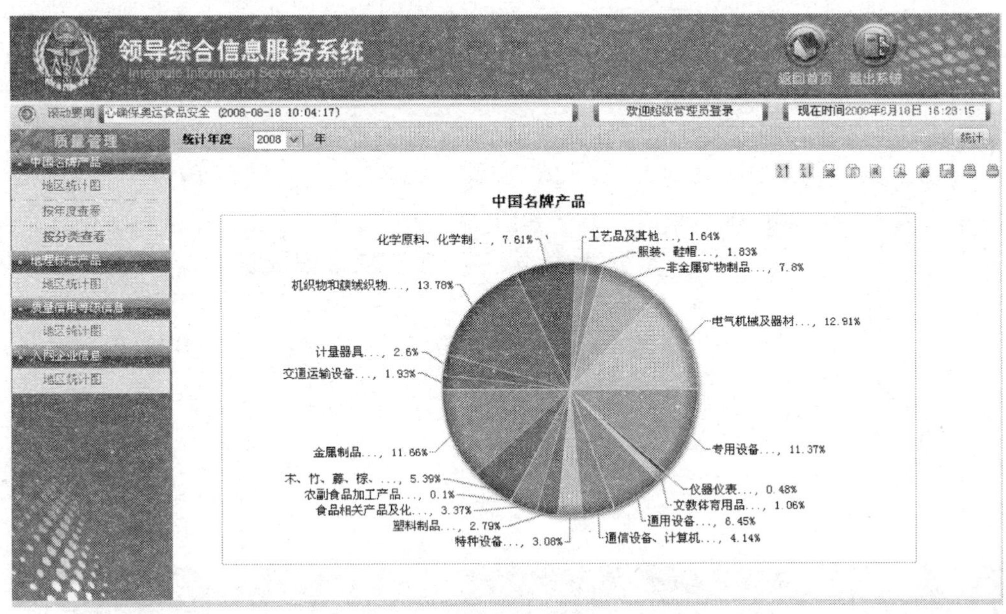

图 7-28 中国名牌产品——分类统计图

3）单击▲和▼可对展现结果进行升序和降序的排列。单击▣、▣、▣、▣和▣可分别将统计结果导出成 excel、pdf 和 html 格式。单击▣可进行当前报表的保存。单击▣可进行打印。

7.2.7.2 质量信用等级信息

（1）地区统计图

单击图 7-28 左侧菜单中质量信用等级下面“地区统计图”，进入质量信用等级的地区分布统计界面，见图 7-29。

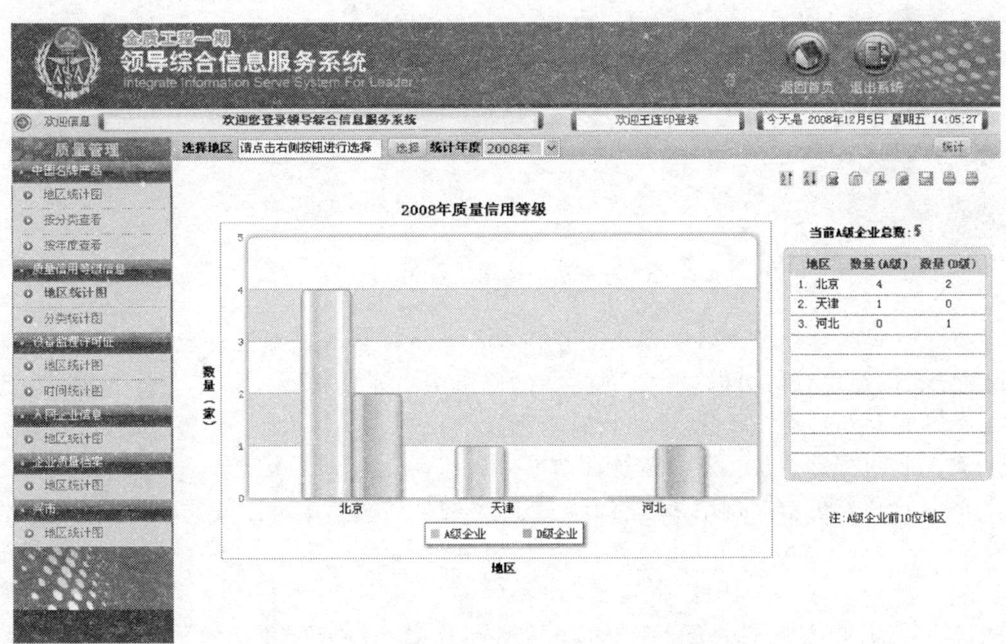

图 7-29 质量信用等级——地区统计图

1）界面中间部分为统计结果展现部分。进入界面时默认显示统计全部地区数据，每一个地区分为A级企业与D级企业两柱。鼠标移动到某个省的显示柱时可以显示当前省的质量信用等级数量(A.D级)。

2）在界面上方的条件区域，可以设置查询条件，包括地区。设置完成后，单击【统计】按钮，可根据条件重新展现统计结果。

3）单击和可对展现结果进行升序和降序的排列。单击、、、和可分别将统计结果导出成excel、pdf和html格式。单击可进行当前报表的保存。单击可进行打印。

4）图7-29右侧区域显示统计结果的各个省的数据，以及各省质量信用等级数量所占比率，并按降序排列。上方显示当前查询结果的质量信用等级A级企业总数。

（2）分类统计图

单击图7-29左侧菜单中质量信用等级下面的分类统计图，进入质量信用等级的分类统计界面，见图7-30。

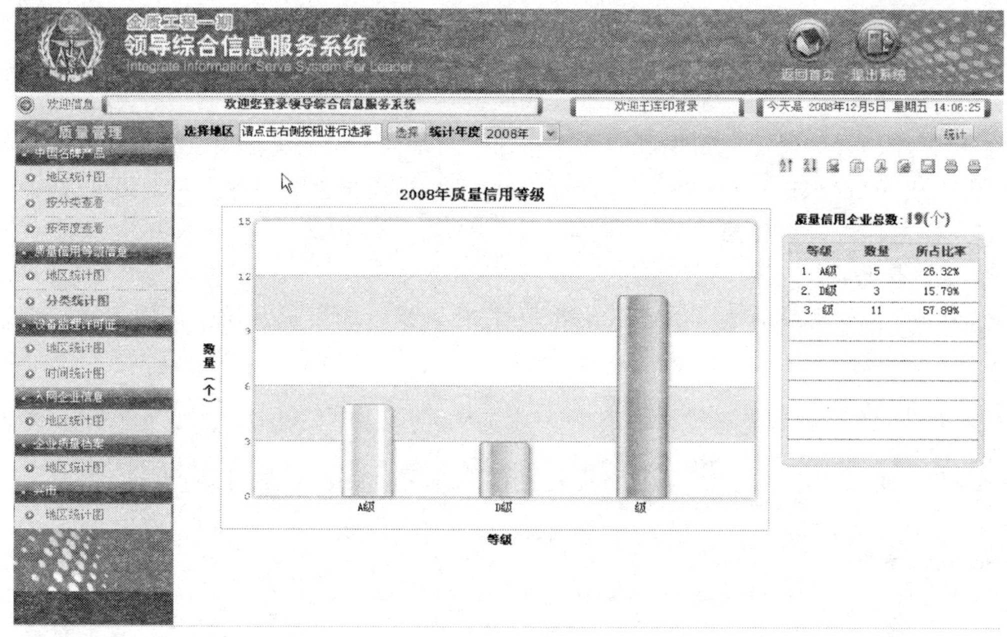

图7-30 质量信用等级——分类统计图

1）界面中间部分为统计结果展现部分。进入界面时默认显示统计全部分类数据，鼠标移动到某个省的显示柱时可以显示当前等级的质量信用等级数量。

2）在界面上方的条件区域，可以设置查询条件，包括地区和统计年度。设置完成后，单击【统计】按钮，可根据条件重新展现统计结果。

3）单击和可对展现结果进行升序和降序的排列。单击、、、和可分别将统计结果导出成excel、pdf和html格式。单击可进行当前报表的保存。单击可进行打印。

4）图7-30右侧区域显示统计结果的各个省的数据，以及各省质量信用等级数量所占比率，并按降序排列。上方显示当前查询结果的质量信用等级A级企业总数。

7.2.7.3 设备监理许可证

（1）地区统计图

单击图 7-30 左侧菜单中设备监理许可证下面“地区统计图”，进入设备监理许可证的地区分布统计界面，见图 7-31。

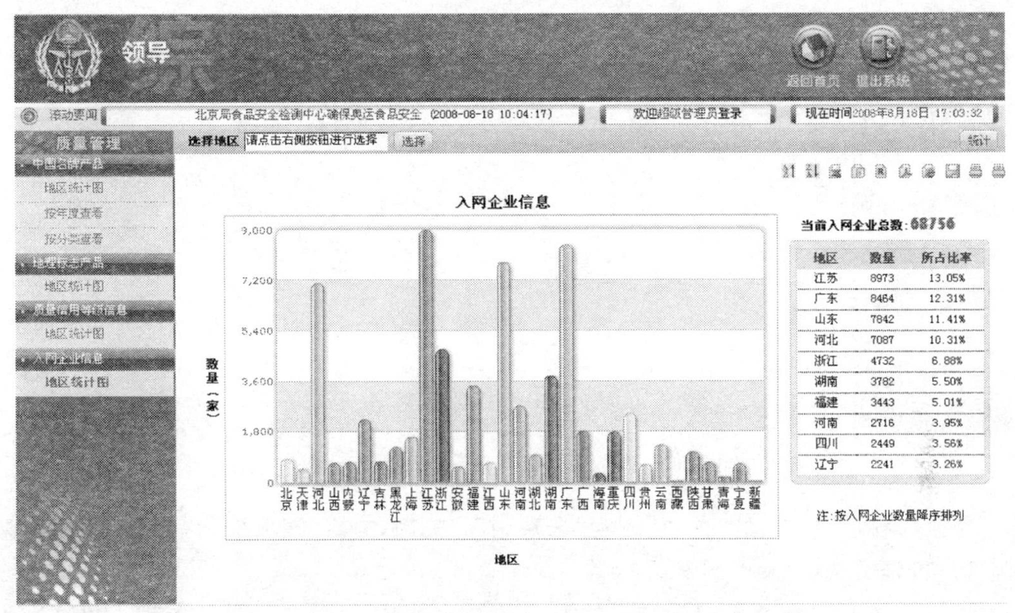

地区	数量	所占比率
江苏	8973	13.05%
广东	8464	12.31%
山东	7842	11.41%
河北	7087	10.31%
浙江	4732	6.88%
湖南	3782	5.50%
福建	3443	5.01%
河南	2716	3.95%
四川	2449	3.56%
辽宁	2241	3.26%

图 7-31 设备监理许可证——地区统计图

1）界面中间部分为统计结果展现部分。进入界面时默认显示统计全部地区数据。鼠标移动到某个省的显示柱时可以显示当前省的设备监理许可证数量。

2）在界面上方的条件区域，可以设置查询条件，包括地区。设置完成后，单击【统计】按钮，可根据条件重新展现统计结果。

3）单击和可对展现结果进行升序和降序的排列。单击、、、和可分别将统计结果导出成 excel、pdf 和 html 格式。单击可进行当前报表的保存。单击可进行打印。

4）图 7-31 右侧区域显示统计结果的各个省的数据，以及各省设备监理许可证数量所占比率，并按降序排列。上方显示当前查询结果的设备监理许可证总数。

（2）时间统计图

单击图 7-30 左侧菜单中设备监理许可证下面“时间统计图”，进入设备监理许可证的时间统计界面，见图 7-32。

1）界面中间部分为统计结果展现部分。进入界面时默认显示统计当年月份数据。鼠标移动到某个月份的显示柱时可以显示当前月份的设备监理许可证数量。

2）在界面上方的条件区域，可以设置查询条件，包括地区和查看月份。设置完成后，单击【统计】按钮，可根据条件重新展现统计结果。

3）单击和可对展现结果进行升序和降序的排列。单击、、、和可分别将统计结果导出成 excel、pdf 和 html 格式。单击可进行当前报表的保存。单击可进行打印。

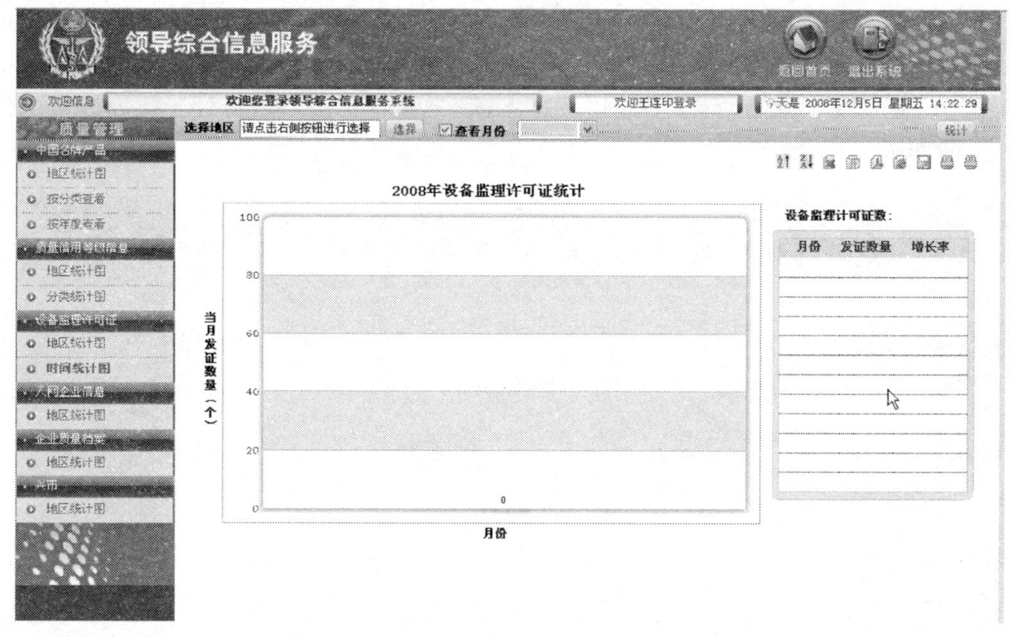

图 7-32　设备监理许可证——时间统计图

4）当把查看月份前面的“选中”改为“未选中”状态时，查询统计结果以年度为单位，显示设备监理许可证数据。

5）图 7-32 右侧区域显示统计结果的各个月份的数据，以及各月设备监理许可证数量的增长率，并按降序排列。上方显示当前查询结果的设备监理许可证总数。

7.2.7.4　企业质量档案

地区统计图：单击图 7-32 左侧菜单中企业质量档案下面的“地区统计图”，进入企业质量档案的地区分布统计界面，见图 7-33。

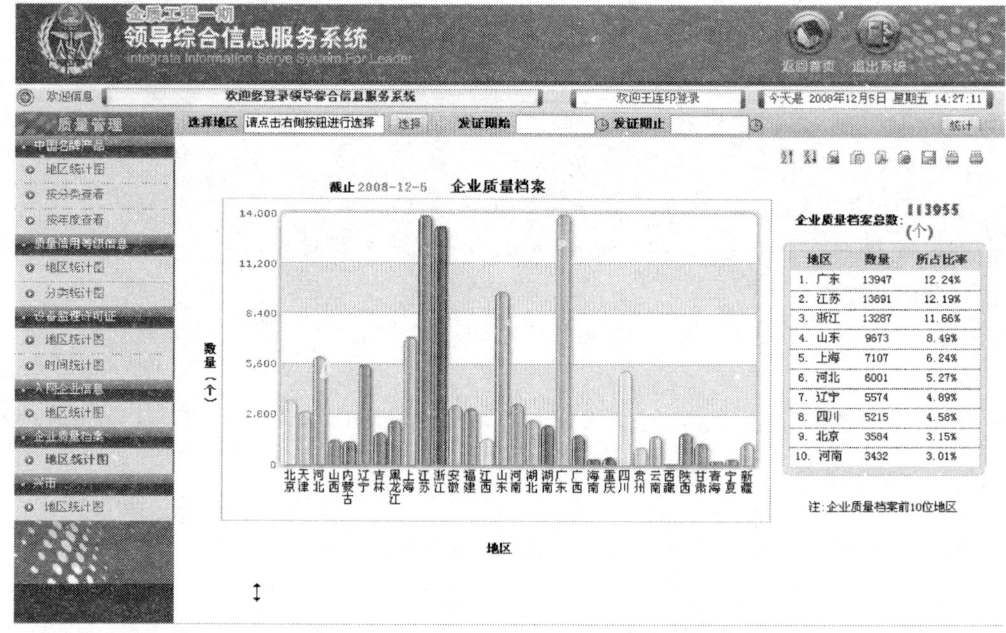

地区	数量	所占比率
1. 广东	13947	12.24%
2. 江苏	13691	12.19%
3. 浙江	13287	11.66%
4. 山东	9673	8.49%
5. 上海	7107	6.24%
6. 河北	6001	5.27%
7. 辽宁	5574	4.89%
8. 四川	5215	4.58%
9. 北京	3584	3.15%
10. 河南	3432	3.01%

图 7-33　企业质量档案——地区统计图

(1) 界面中间部分为统计结果展现部分。进入界面时默认显示统计全部地区数据。鼠标移动到某个省的显示柱时可以显示当前省的企业质量档案数量。

(2) 在界面上方的条件区域,可以设置查询条件,包括地区和发证时间。设置完成后,单击【统计】按钮,可根据条件重新展现统计结果。

(3) 单击 和 可对展现结果进行升序和降序的排列。单击 、 、 、 和 可分别将统计结果导出成 excel、pdf 和 html 格式。单击 可进行当前报表的保存。单击 可进行打印。

(4) 图 7-33 右侧区域显示统计结果的各个省的数据,以及各省企业质量档案数量所占比率,并按降序排列。上方显示当前查询结果的企业质量档案总数。

7.2.7.5　兴市

地区统计图:单击图 7-33 左侧菜单中兴市下面"地区统计图",进入兴市的地区分布统计界面,见图 7-34。

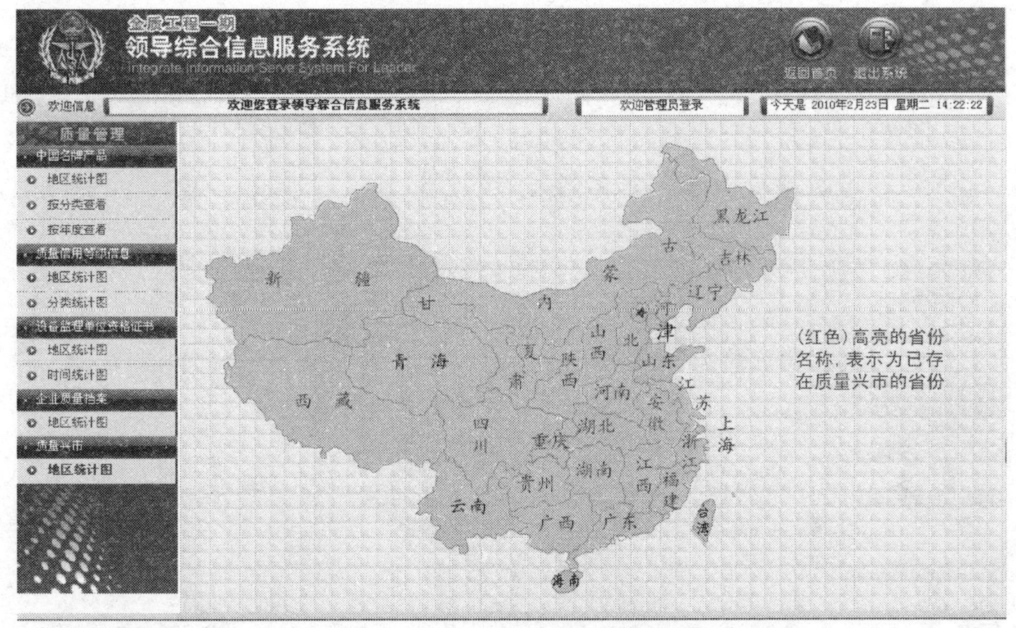

图 7-34　兴市——地区统计图

(1) 界面中间部分为中国兴市地区图,已有兴市的省份为(红色)高亮字体。

(2) 鼠标单击地区后,出现省份地图,并以(红色)高亮圆点表示兴市,见图 7-35。

7.2.8　特种设备管理

单击图 7-10 业务分布首界面的"特种设备管理"链接,可进入特种设备管理的详细统计界面。特种设备管理共分为特种设备总体情况、特种设备检验情况、特种设备设计许可证、特种设备制造许可证、特种设备安装修理许可证和特种设备机构情况 6 个主题,见图 7-36。

7.2.8.1　特种设备总体情况

单击图 7-36 左侧菜单中特种设备总体情况下面"总体情况",进入特种设备总体情况的统计界面,见图 7-37。

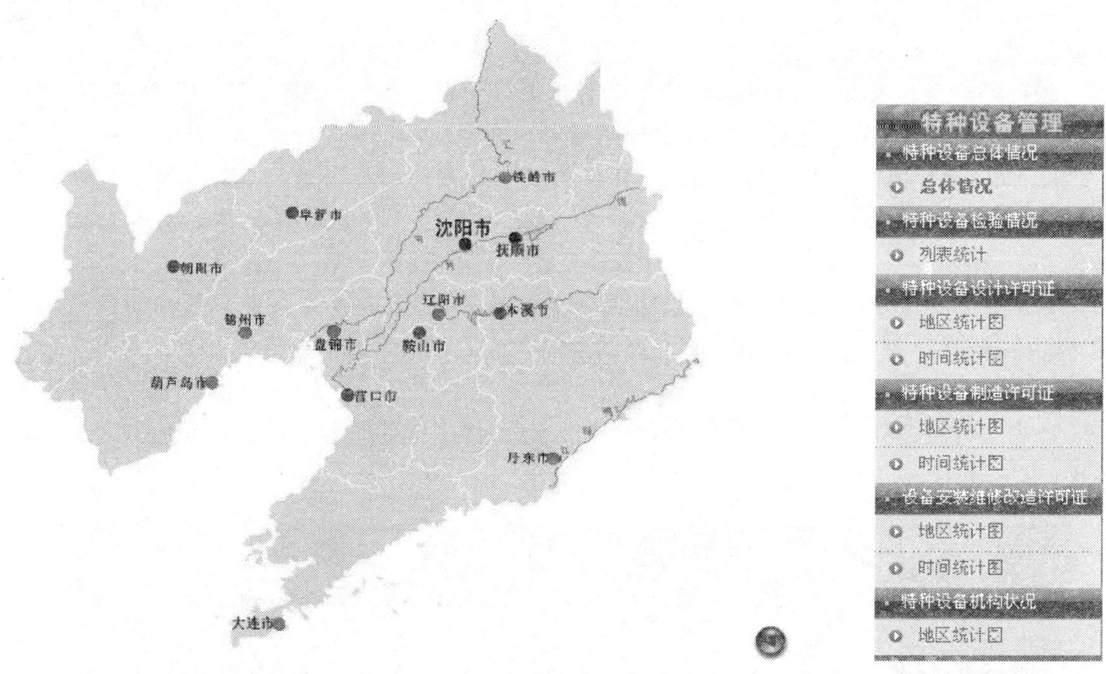

图 7-35　兴市——地区统计图　　图7-36　特种设备管理

图 7-37　特种设备管理总体情况图

界面中间部分为统计结果地图展现部分。鼠示移动到某个省，会显示此省的特种设备数据、特种设备检定数量等。

7.2.8.2　特种设备检验情况

单击图 7-37 左侧菜单中特种设备检验情况下面“地区统计图”，进入特种设备检验情况的地区分布统计界面，见图 7-38。

图 7-38　特种设备管理——地区统计图

界面中间部分为统计结果地图展现部分。鼠标移动到某个省，会显示此省的特种设备数据。

7.2.8.3　特种设备设计许可证

单击图 7-38 左侧菜单中特种设备设计许可证下面“地区统计图”，进入设备设计许可证的地区分布统计界面，见图 7-39。

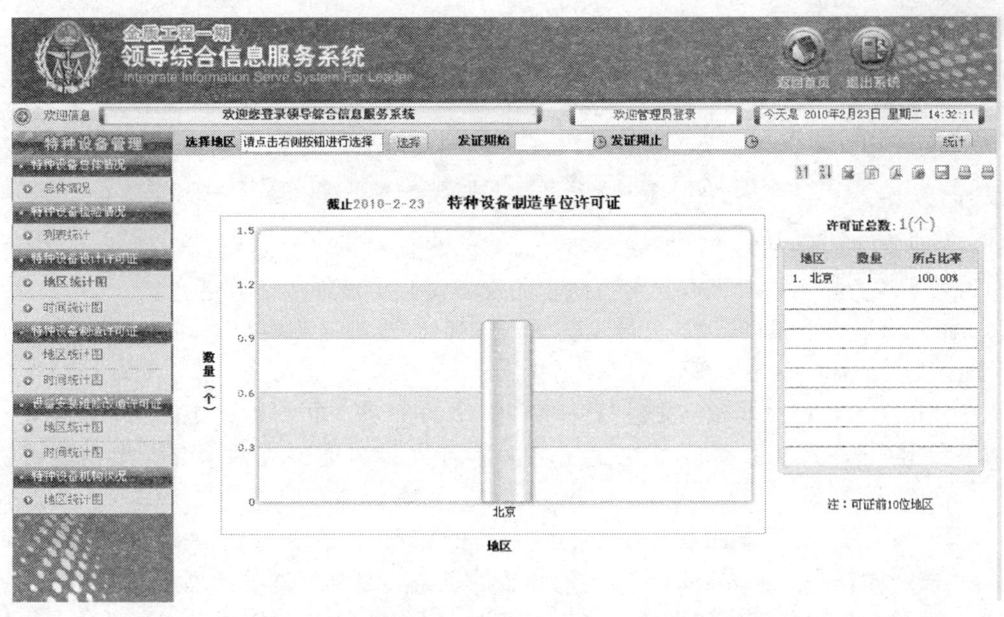

图 7-39　特种设备设计许可证——地区统计图

(1) 界面中间部分为统计结果展现部分。进入界面时默认显示统计全部地区数据。鼠标移动到某个省的显示柱时可以显示当前省的设备安装维修许可证数量。

(2) 在界面上方的条件区域,可以设置查询条件,包括地区和发证时间。设置完成后,单击【统计】按钮,可根据条件重新展现统计结果。

(3) 单击 和 可对展现结果进行升序和降序的排列。单击 、 、 、 和 可分别将统计结果导出成 excel、pdf 和 html 格式。单击 可进行当前报表的保存。单击 可进行打印。

(4) 图 7-39 右侧区域显示统计结果的各个省的数据,以及各省设备安装维修许可证所占比率,并按降序排列。上方显示当前查询结果的设备安装维修许可证总数。

7.2.8.4 特种设备制造许可证

单击图 7-39 左侧菜单中特种设备制造许可证下面的“地区统计图”,进入设备制造许可证的地区分布统计界面,见图 7-40。

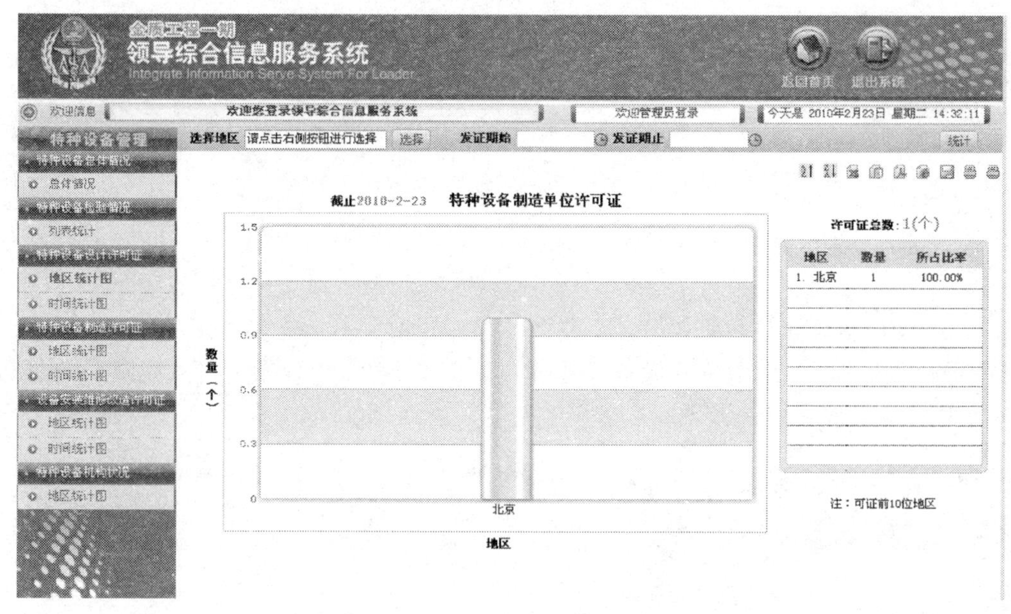

图 7-40　特种设备制造许可证——地区统计图

(1) 界面中间部分为统计结果展现部分。进入界面时默认显示统计全部地区数据。鼠标移动到某个省的显示柱时可以显示当前省的设备安装维修许可证数量。

(2) 在界面上方的条件区域,可以设置查询条件,包括地区和发证时间。设置完成后,单击【统计】按钮,可根据条件重新展现统计结果。

(3) 单击 和 可对展现结果进行升序和降序的排列。单击 、 、 、 和 可分别将统计结果导出成 excel、pdf 和 html 格式。单击 可进行当前报表的保存。单击 可进行打印。

(4) 图 7-40 右侧区域显示统计结果的各个省的数据,以及各省设备安装维修许可证所占比率,并按降序排列。上方显示当前查询结果的设备安装维修许可证总数。

7.2.8.5 特种设备安装维修许可证

单击图 7-40 左侧菜单中特种设备安装维修许可证下面的“地区统计图”,进入设备安装维修许可证的地区分布统计界面，见图 7-41。

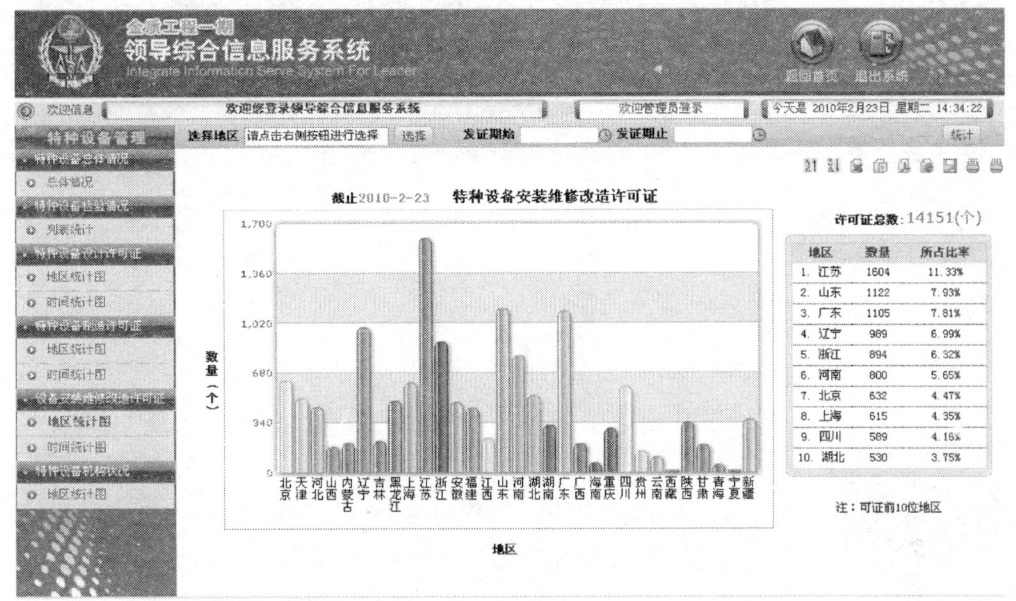

图 7-41　特种设备安装维修许可证——地区统计图

(1) 界面中间部分为统计结果展现部分。进入界面时默认显示统计全部地区数据。鼠标移动到某个省的显示柱时可以显示当前省的设备安装维修许可证数量。

(2) 在界面上方的条件区域，可以设置查询条件，包括地区和发证时间。设置完成后，单击【统计】按钮，可根据条件重新展现统计结果。

(3) 单击和可对展现结果进行升序和降序的排列。单击、、、和可分别将统计结果导出成 excel、pdf 和 html 格式。单击可进行当前报表的保存。单击可进行打印。

(4) 图 7-41 右侧区域显示统计结果的各个省的数据，以及各省设备安装维修许可证所占比率，并按降序排列。上方显示当前查询结果的设备安装维修许可证总数。

7.2.8.6　特种设备机构状况

单击图 7-41 左侧菜单中特种设备机构状况下面“地区统计图”，进入特种设备机构的地区分布统计界面，见图 7-42。

(1) 界面中间部分为统计结果展现部分。进入界面时默认显示统计全部地区数据。鼠标移动到某个省的显示柱时可以显示当前省的特种设备机构数量。

(2) 在界面上方的条件区域，可以设置查询条件，包括地区。设置完成后，单击【统计】按钮，可根据条件重新展现统计结果。

(3) 单击和可对展现结果进行升序和降序的排列。单击、、、和可分别将统计结果导出成 excel、pdf 和 html 格式。单击可进行当前报表的保存。单击可进行打印。

(4) 图 7-42 右侧区域显示统计结果的各个省的数据，以及各省特种设备机构数量所占比率，并按降序排列。上方显示当前查询结果的特种设备机构总数。

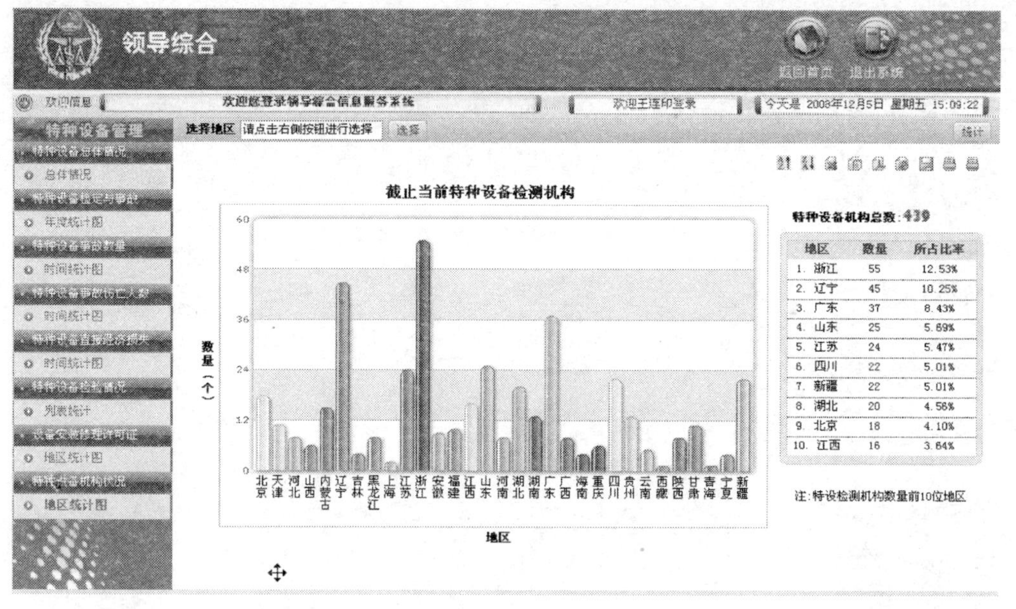

图 7-42　特种设备机构状况——地区统计图

7.2.9　计量管理

单击图 7-10 业务分布首界面的“计量管理”链接，可进入计量管理的详细统计界面，计量管理共分为已强检的工作计量器具、制造计量器具许可证、C 标志数、计量标准、社会公正计量行和计量授权机构数 6 个主题，见图 7-43。

7.2.9.1　已强检的工作计量器具

（1）地区统计图

单击图 7-43 左侧菜单中已强检的工作计量器具下面“地区统计图”，进入已强检的工作计量器具的地区分布统计界面，见图 7-44。

1）界面中间部分为统计结果展现部分。进入界面时默认显示统计全部地区数据。鼠标移动到某个省的显示柱时可以显示当前省的已强检的工作计量器具数量。

2）在界面上方的条件区域，可以设置查询条件，包括地区、类型和检定时间。设置完成后，单击【统计】按钮，可根据条件重新展现统计结果。

3）单击 和 可对展现结果进行升序和降序的排列。单击 、 、 、 和 可分别将统计结果导出成 excel、pdf 和 html 格式。单击 可进行当前报表的保存。单击 可进行打印。

4）图 7-44 右侧区域显示统计结果的各个省的数据，以及各省已强检的工作计量器具所占比率，并按降序排列。上方显示当前查询结果的已强检的工作计量器具总数。

图 7-43　质量管理监督

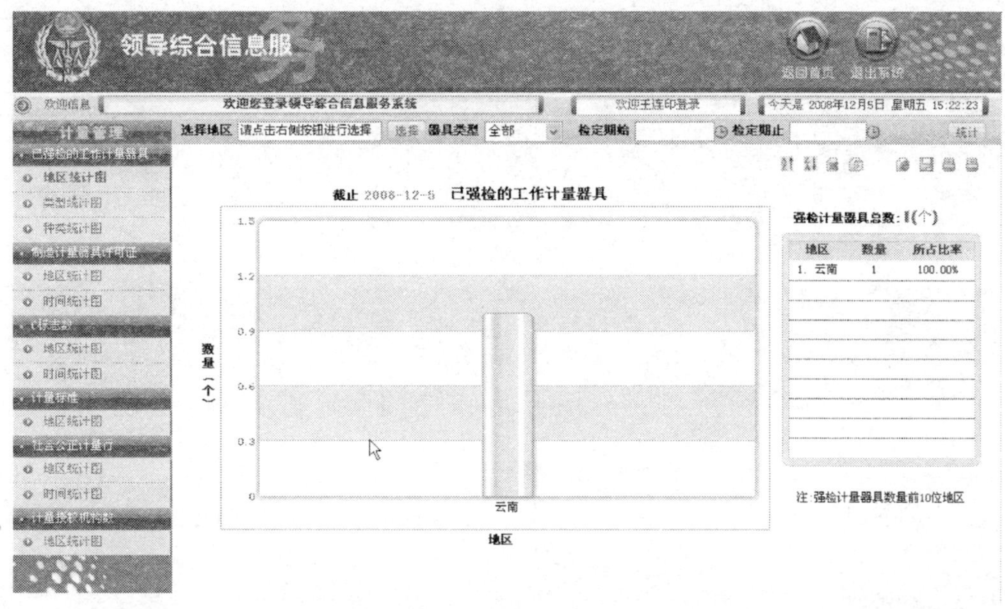

图 7-44　已强检的工作计量器具——地区统计图

(2) 类型统计图

单击图 7-44 左侧菜单中已强检的工作计量器具下面“类型统计图”，进入已强检的工作计量器具的类型统计界面，见图 7-45。

图 7-45　已强检的工作计量器具——类型统计图

1）界面中间部分为统计结果展现部分。进入界面时默认显示统计全部类型数据。鼠标移动到某型类上可显示已强检的工作计量器具此类型数量。

2）在界面上方的条件区域，可以设置查询条件，包括地区、器具类型和检定时间。设置完成后，单击【统计】按钮，可根据条件重新展现统计结果。

3）单击和可对展现结果进行升序和降序的排列。单击、、、和可分别将统计结果导出成 excel、pdf 和 html 格式。单击可进行当前报表的保存。单击可进行打印。

4）图 7-45 右侧区域显示统计结果的各类型的数据，以及所占比率。上方显示当前查询结果总数。

（3）分类统计图

单击图 7-45 左侧菜单中已强检的工作计量器具下面“种类统计图”，进入已强检的工作计量器具的种类统计界面，见图 7-46。

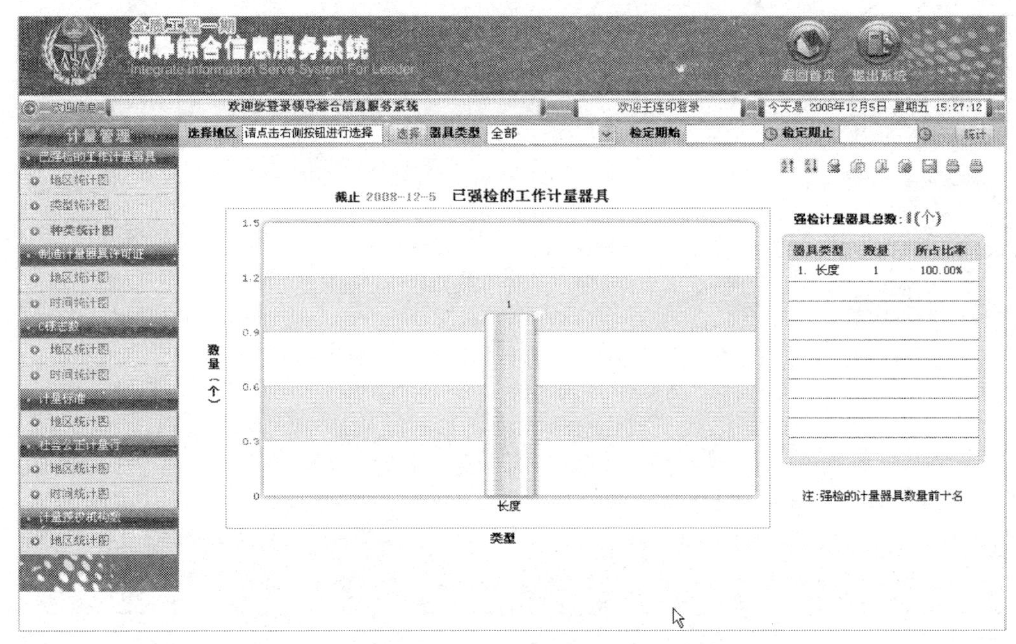

图 7-46 已强检的工作计量器具——分类统计图

1）界面中间部分为统计结果展现部分。进入界面时默认显示统计全部类型数据。鼠标移动到某种类上可显示已强检的工作计量器具此种类数量。

2）在界面上方的条件区域，可以设置查询条件，包括地区、器具类型和检定时间。设置完成后，单击【统计】按钮，可根据条件重新展现统计结果。

3）单击和可对展现结果进行升序和降序的排列。单击、、、和可分别将统计结果导出成 excel、pdf 和 html 格式。单击可进行当前报表的保存。单击可进行打印。

4）图 7-46 右侧区域显示统计结果的各种类的数据，以及所占比率。上方显示当前查询结果总数。

7.2.9.2 制造计量器具许可证

（1）地区统计图

单击图 7-46 左侧菜单中制造计量器具许可证下面“地区统计图”，进入制造计量器具许可证的地区分布统计界面，见图 7-47。

1）界面中间部分为统计结果展现部分。进入界面时默认显示统计全部地区数据。鼠标移动到某个省的显示柱时可以显示当前省的制造计量器具许可证数量。

2）在界面上方的条件区域，可以设置查询条件，包括地区、类型和检定时间。设置完成后，单击【统计】按钮，可根据条件重新展现统计结果。

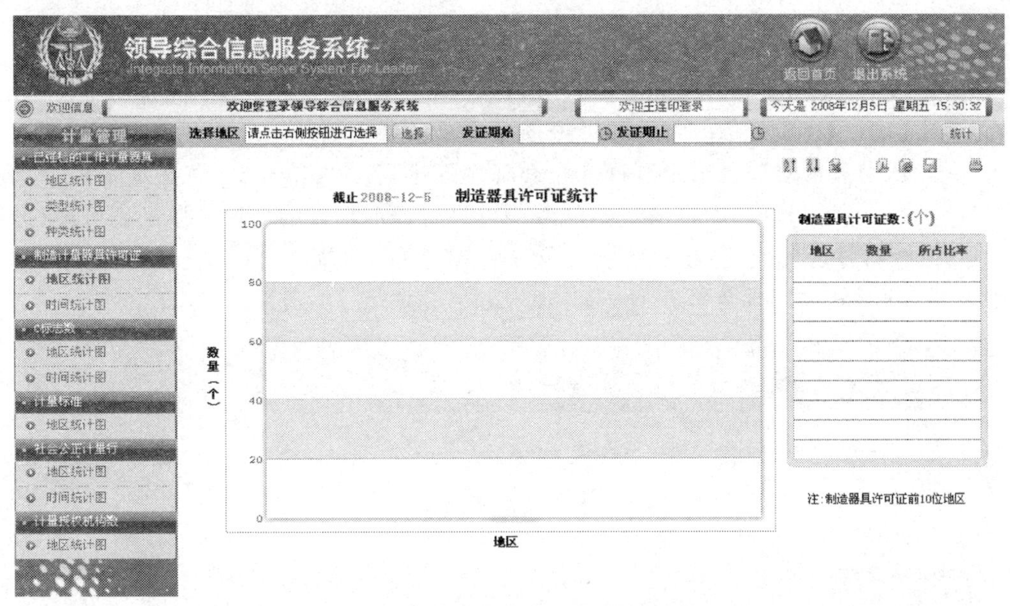

图 7-47 制造计量器具许可证——地区统计图

3）单击和可对展现结果进行升序和降序的排列。单击、、、和可分别将统计结果导出成 excel、pdf 和 html 格式。单击可进行当前报表的保存。单击可进行打印。

4）图 7-47 右侧区域显示统计结果的各个省的数据，以及各省制造计量器具许可证所占比率，并按降序排列。上方显示当前查询结果的总数。

（2）时间统计

单击图 7-47 左侧菜单中制造计量器具许可证下面“年度统计图”，进入制造计量器具许可证的时间统计界面，见图 7-48。

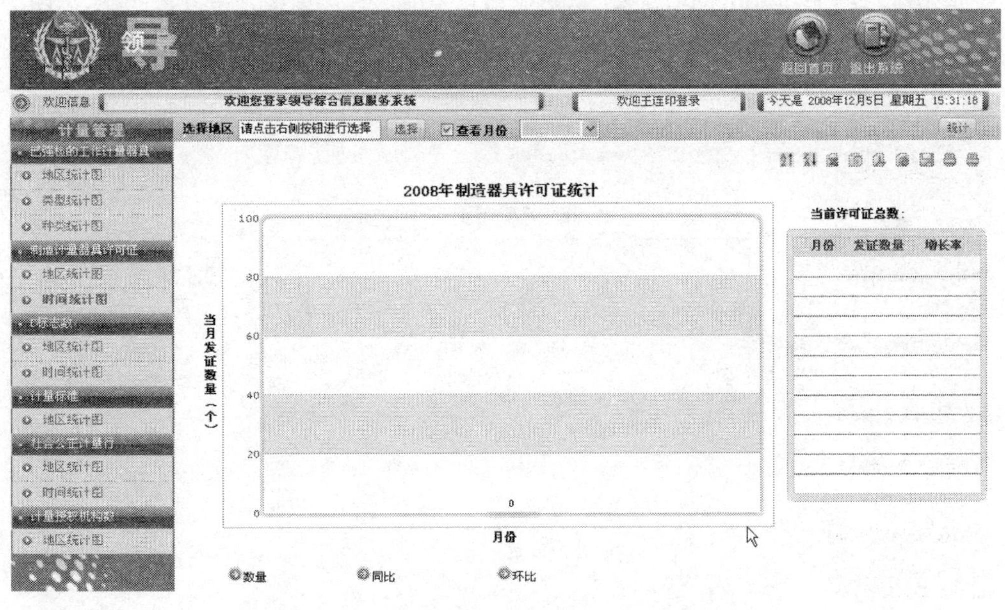

图 7-48 制造计量器具许可证——时间统计图

1）界面中间部分为统计结果展现部分。进入界面时默认显示统计全部年度数据。鼠标移动到某区域上时可以显示当年的制造计量器具许可证数量。

2）在界面上方的条件区域，可以设置查询条件，包括地区，查看月份和证书状态。设置完成后，单击【统计】按钮或下方数量，可根据条件重新展现统计结果。

3）单击和可对展现结果进行升序和降序的排列。单击、、、和可分别将统计结果导出成 excel、pdf 和 html 格式。单击可进行当前报表的保存。单击可进行打印。

4）当把查看月份前面的“选中”改为“未选中”状态时，查询统计结果以年度为单位，显示制造计量器具许可证数据，见图 7-49。

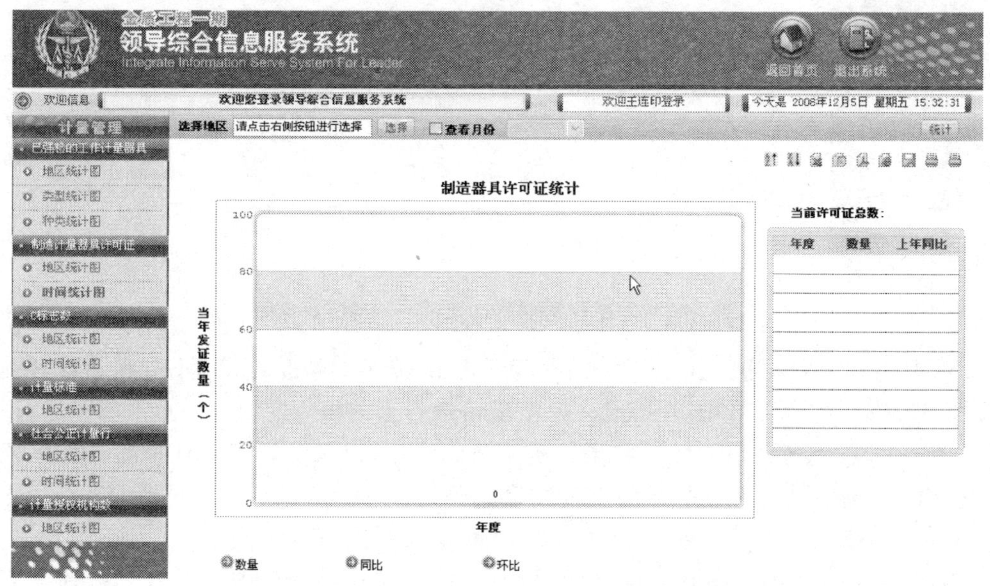

图 7-49　制造计量器具许可证——时间统计图

5）单击统计图 7-49 下方的同比可以对制造计量器具许可证按月份进行同比，见图 7-50。

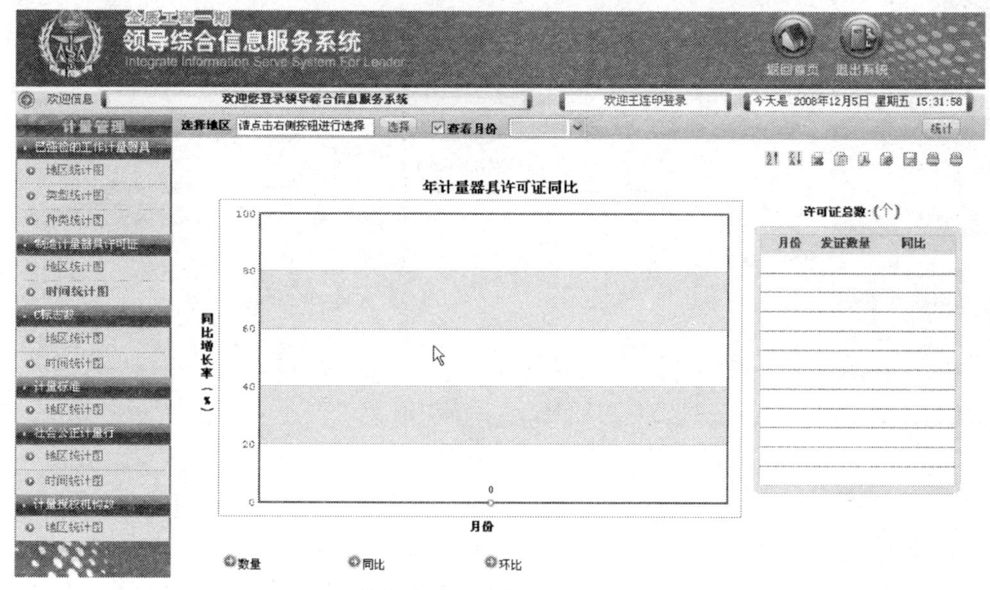

图 7-50　制造计量器具许可证——同比统计图

6）单击统计图 7-50 下方的◎环比可以对制造计量器具许可证按月份进行环比，见图 7-51。

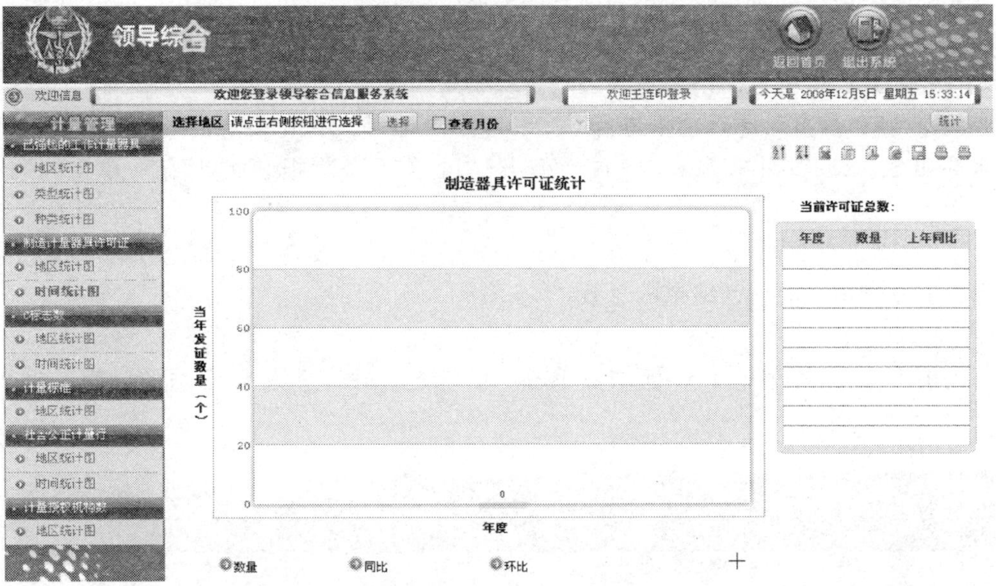

图 7-51 制造计量器具许可证——环比统计图

7）图 7-51 右侧区域显示统计结果的各年的数据，以及月份增长率。上方显示当前查询结果的制造计量器具许可证总数。

7.2.9.3 C 标志

（1）地区统计图

单击图 7-51 左侧菜单中 C 标志数下面“地区统计图”，进入 C 标志的地区分布统计界面，见图 7-52。

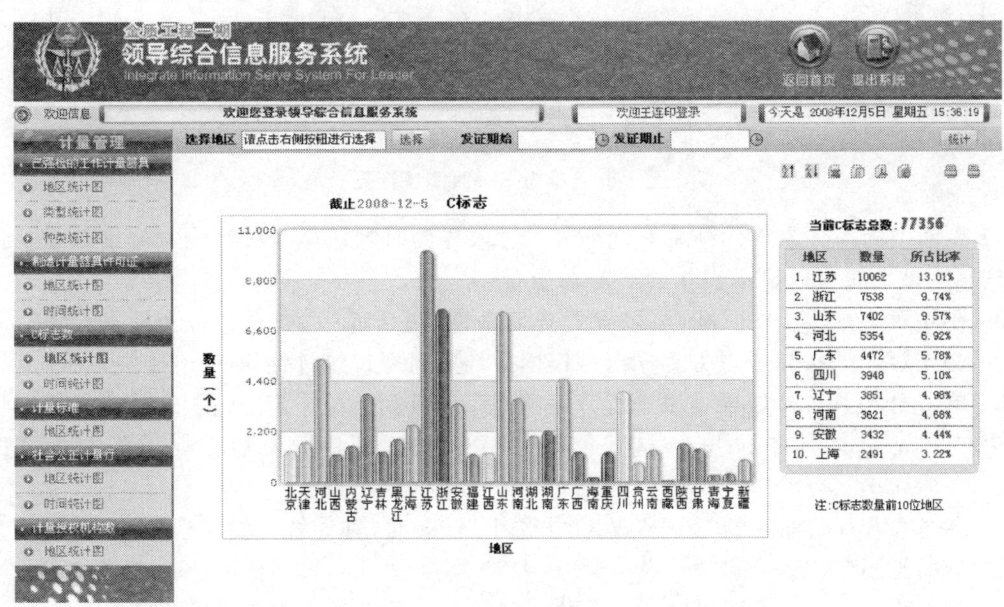

图 7-52 标志——地区统计图

1）界面中间部分为统计结果展现部分。进入界面时默认显示统计全部地区数据。鼠标移动到某个省的显示柱时可以显示当前省的C标志数量。

2）在界面上方的条件区域，可以设置查询条件，包括地区、类型和检定时间。设置完成后，单击【统计】按钮，可根据条件重新展现统计结果。

3）单击和可对展现结果进行升序和降序的排列。单击、、、和可分别将统计结果导出成 excel、pdf 和 html 格式。单击可进行当前报表的保存。单击可进行打印。

4）图 7-52 右侧区域显示统计结果的各个省的数据，以及各省C标志所占比率，并按降序排列。上方显示当前查询结果的总数。

（2）时间统计

单击图 7-52 左侧菜单中C标志数下面“时间统计图”，进入C标志的时间统计界面，见图 7-53。

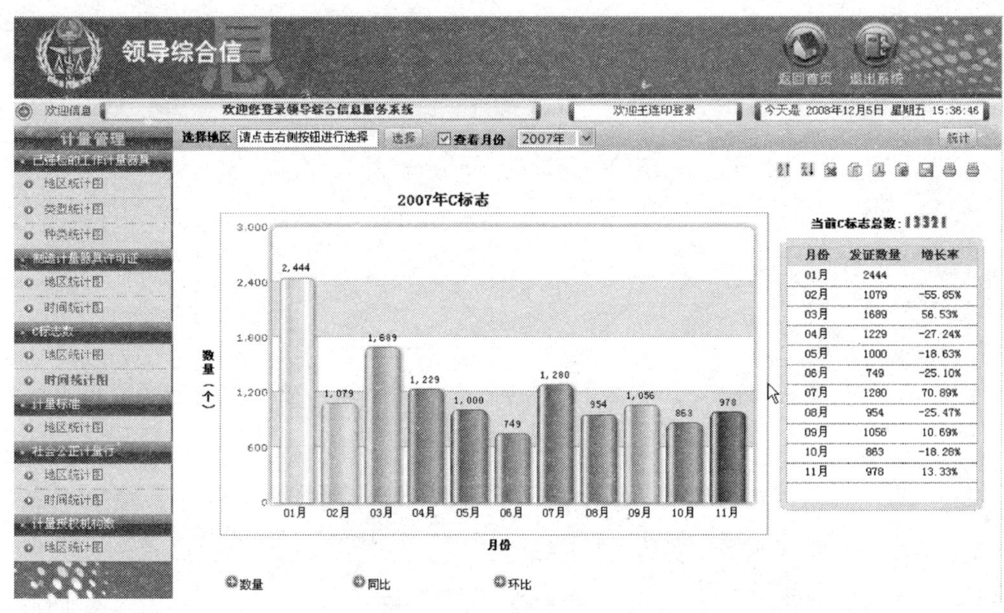

月份	发证数量	增长率
01月	2444	
02月	1079	-55.85%
03月	1689	56.53%
04月	1229	-27.24%
05月	1000	-18.63%
06月	749	-25.10%
07月	1280	70.89%
08月	954	-25.47%
09月	1056	10.69%
10月	863	-18.28%
11月	978	13.33%

图 7-53　标志——时间统计图

1）界面中间部分为统计结果展现部分。进入界面时默认显示统计全部年度数据。鼠标移动到某区域上时可以显示当年的C标志数量。

2）在界面上方的条件区域，可以设置查询条件，包括地区，查看月份和证书状态。设置完成后，单击【统计】按钮或下方数量，可根据条件重新展现统计结果。

3）单击和可对展现结果进行升序和降序的排列。单击、、、和可分别将统计结果导出成 excel、pdf 和 html 格式。单击可进行当前报表的保存。单击可进行打印。

4）当把查看月份前面的“选中”改为“未选中”状态时，查询统计结果以年度为单位，显示C标志数据，见图 7-54。

5）单击统计图 7-54 下方的同比可以对C标志按月份进行同比，见图 7-55。

6）单击统计图 7-55 下方的环比可以对C标志按月份进行环比，见图 7-56。

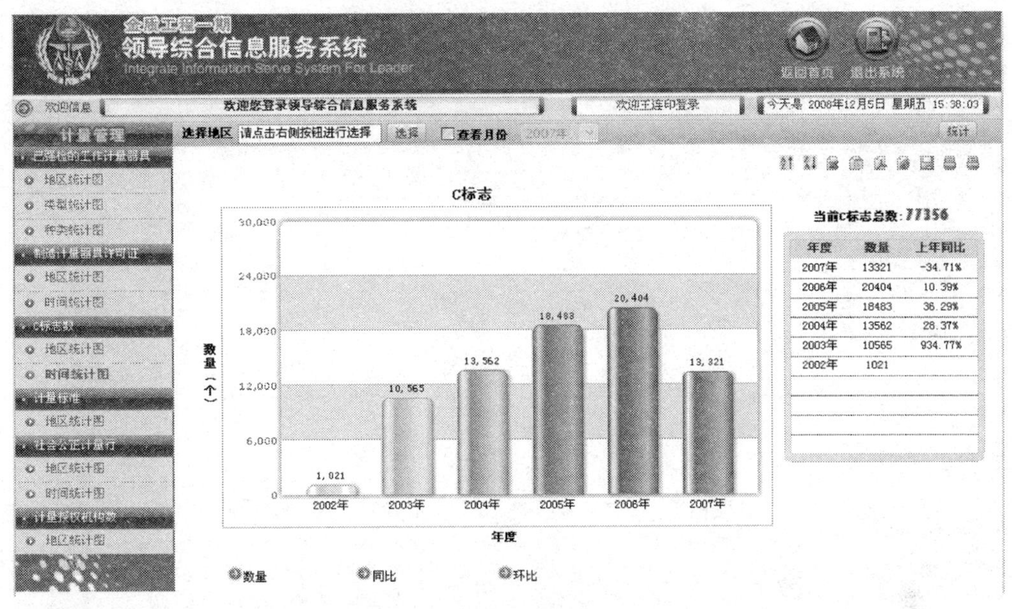

图 7-54　C 标志——时间统计图

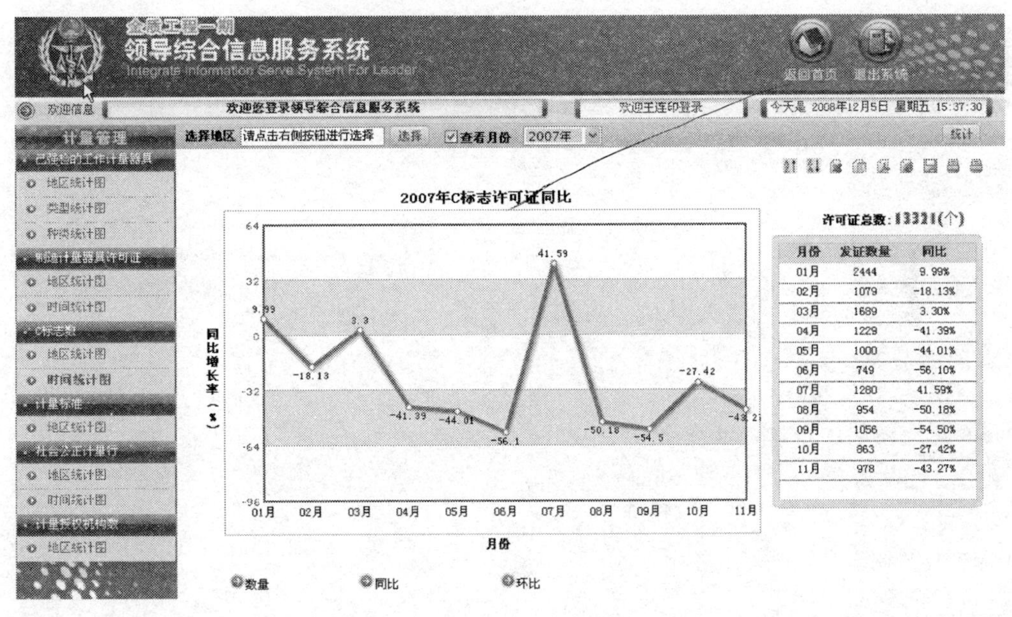

图 7-55　C 标志——同比统计图

7）图 7-56 右侧区域显示统计结果的各年的数据，以及月份增长率。上方显示当前查询结果的 C 标志总数。

7.2.9.4　计量标准

地区统计图：单击图 7-56 左侧菜单中计量标准下面“地区统计图”，进入计量标准的地区分布统计界面，见图 7-57。

（1）界面中间部分为统计结果展现部分。进入界面时默认显示统计全部地区数据。鼠标移动到某个省的显示柱时可以显示当前省的计量标准数量。

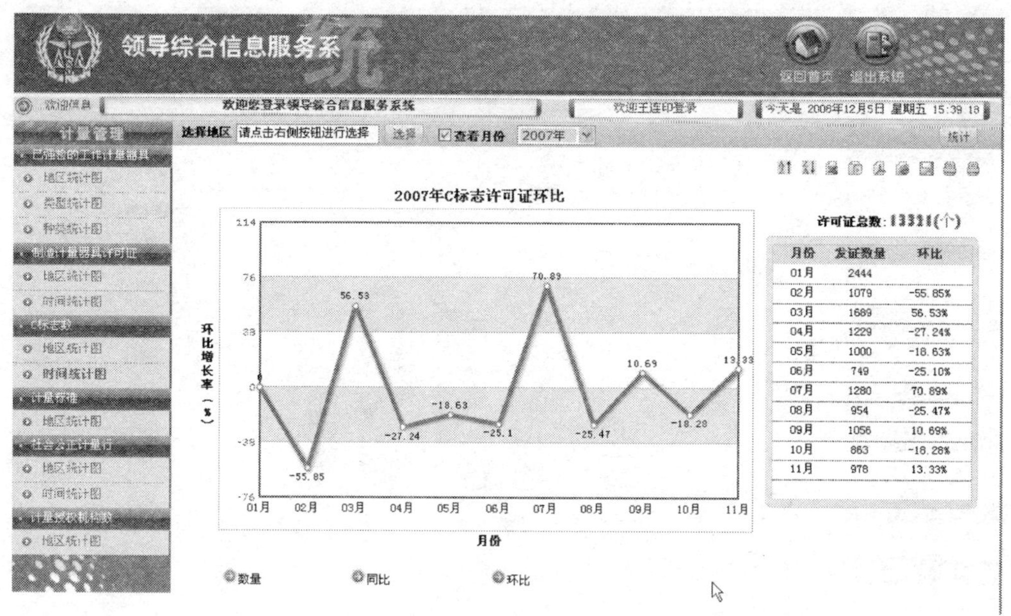

图 7-56　C 标志——环比统计图

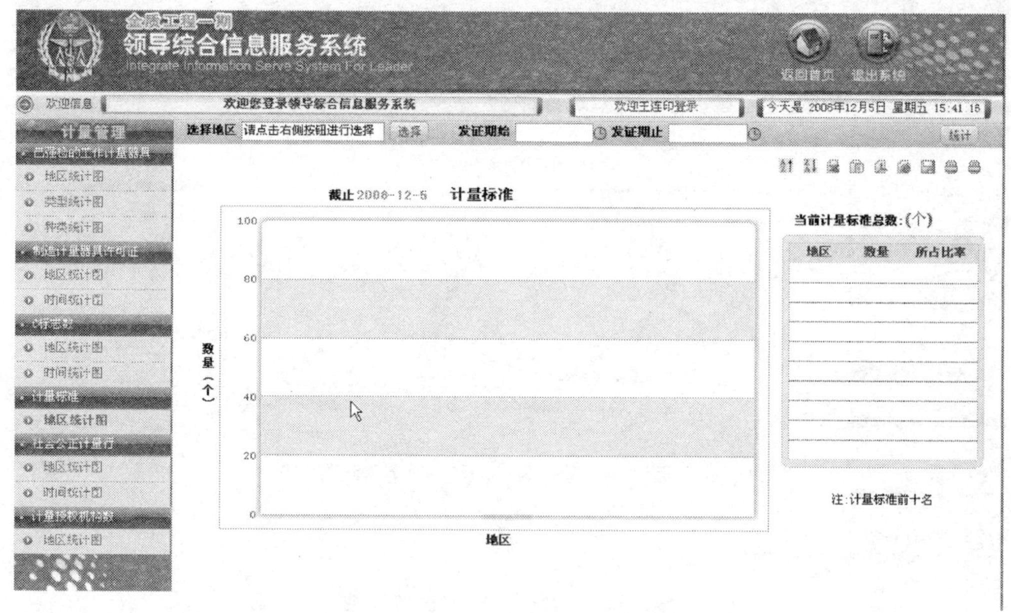

图 7-57　计量标准——地区统计图

(2) 在界面上方的条件区域，可以设置查询条件，包括地区、类型和检定时间。设置完成后，单击【统计】按钮，可根据条件重新展现统计结果。

(3) 单击和可对展现结果进行升序和降序的排列。单击、、、和可分别将统计结果导出成 excel、pdf 和 html 格式。单击可进行当前报表的保存。单击可进行打印。

(4) 图 7-57 右侧区域显示统计结果的各个省的数据，以及各省计量标准所占比率，并按降序排列。上方显示当前查询结果的总数。

7.2.9.5　社会公正计量行

（1）地区统计图

单击图 7-57 左侧菜单中社会公正计量行下面“地区统计图”，进入社会公正计量行的地区分布统计界面，见图 7-58。

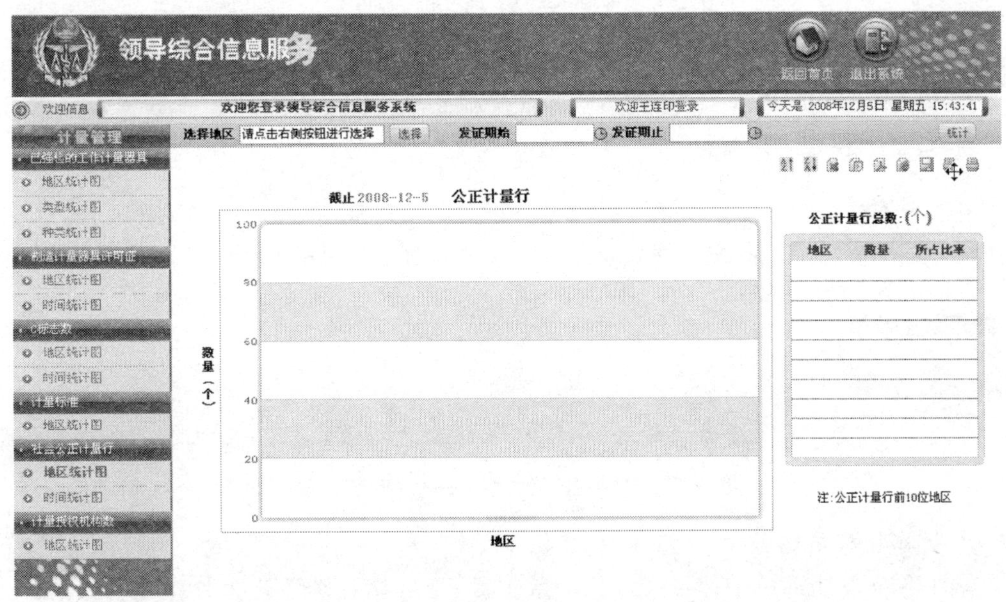

图 7-58　社会公正计量行——地区统计图

1）界面中间部分为统计结果展现部分。进入界面时默认显示统计全部地区数据。鼠标移动到某个省的显示柱时可以显示当前省的社会公正计量行数量。

2）在界面上方的条件区域，可以设置查询条件，包括地区、类型和检定时间。设置完成后，单击【统计】按钮，可根据条件重新展现统计结果。

3）单击和可对展现结果进行升序和降序的排列。单击、、、和可分别将统计结果导出成 excel、pdf 和 html 格式。单击可进行当前报表的保存。单击可进行打印。

4）图 7-58 右侧区域显示统计结果的各个省的数据，以及各省社会公正计量行所占比率，并按降序排列。上方显示当前查询结果的总数。

（2）时间统计

单击图 7-58 左侧菜单中社会公正计量行下面“时间统计图”，进入社会公正计量行的时间统计界面，见图 7-59。

1）界面中间部分为统计结果展现部分。进入界面时默认显示统计全部年度数据。鼠标移动到某区域上时可以显示当年的社会公正计量行数量。

2）在界面上方的条件区域，可以设置查询条件，包括地区，查看月份和证书状态。设置完成后，单击【统计】按钮或下方数量，可根据条件重新展现统计结果。

3）单击和可对展现结果进行升序和降序的排列。单击、、、和可分别将统计结果导出成 excel、pdf 和 html 格式。单击可进行当前报表的保存。单击可进行打印。

4）图 7-59 右侧区域显示统计结果的各年的数据，以及年度增长率。上方显示当前查询结果的社会公正计量行总数。

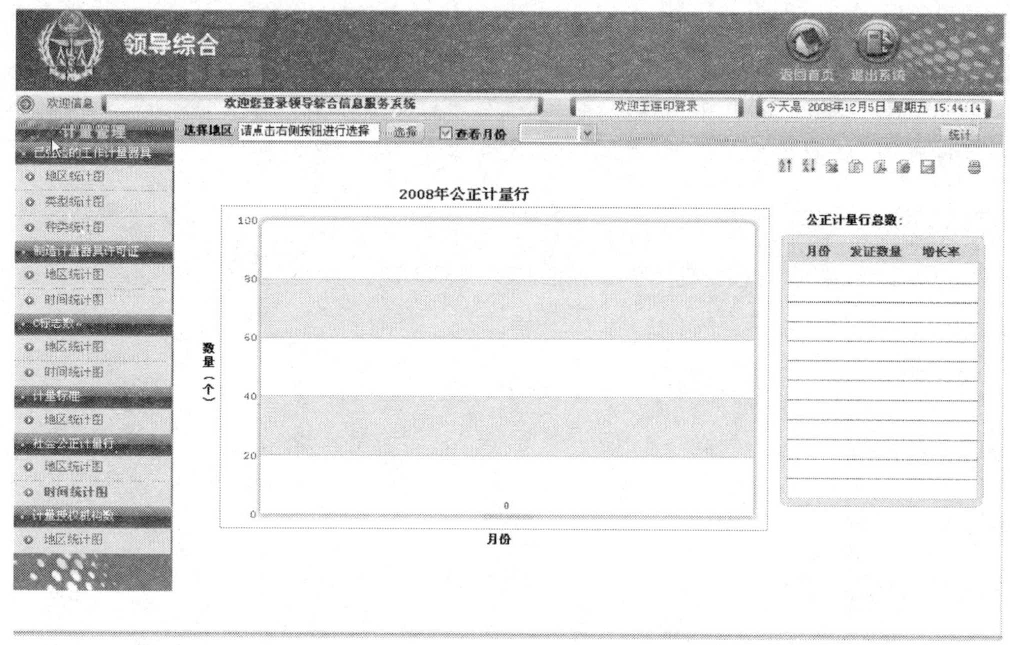

图 7-59　社会公正计量行——时间统计图

7.2.9.6　计量授权机构数

单击图 7-59 左侧菜单中计量授权机构数下面“地区统计图”，进入计量授权机构的地区分布统计界面，见图 7-60。

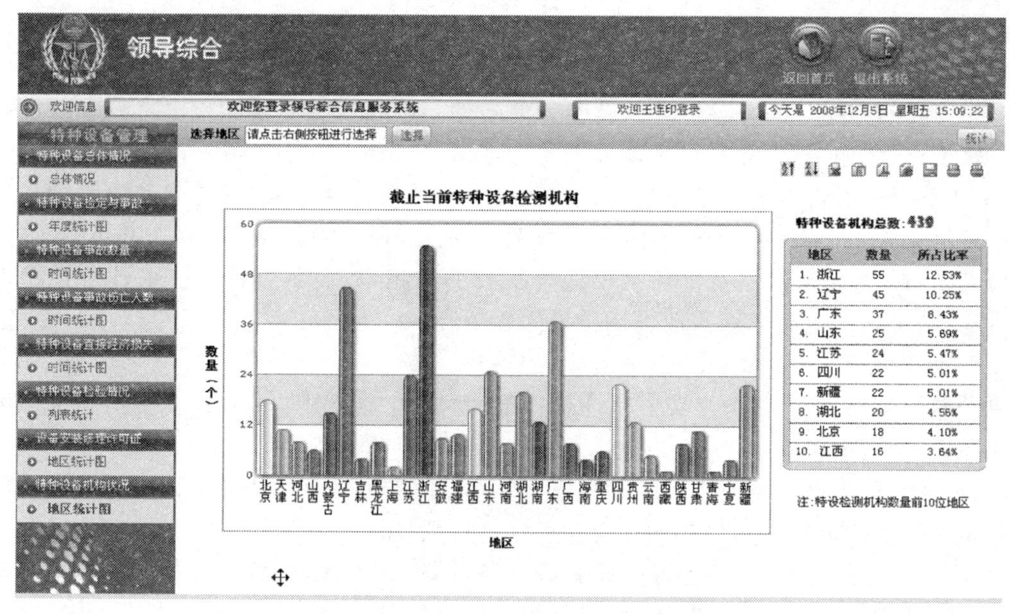

图 7-60　计量授权机构数——地区统计图

(1) 界面中间部分为统计结果展现部分。进入界面时默认显示统计全部地区数据。鼠标移动到某个省的显示柱时可以显示当前省的计量授权机构数量。

(2) 在界面上方的条件区域，可以设置查询条件，包括地区。设置完成后，单击【统计】按钮，可根据条件重新展现统计结果。

(3) 单击和可对展现结果进行升序和降序的排列。单击、、、和可分别将统计结果导出成 excel、pdf 和 html 格式。单击可进行当前报表的保存。单击可进行打印。

(4) 图 7-60 右侧区域显示统计结果的各个省的数据，以及各省计量授权机构数量所占比率，并按降序排列。上方显示当前查询结果的计量授权机构总数。

7.2.10 食品监管

单击图 7-10 业务分布首页的“食品生产监管”链接，可进入食品监管的详细统计界面，食品监管共分食品生产许可证、食品生产企业、食品国抽合格率、食品相关产品许可证和化妆品许可证 5 个主题，见图 7-61。

图 7-61 食品监管

7.2.10.1 食品生产许可证

(1) 地区统计图

单击图 7-61 左侧菜单中食品生产许可证下面“地区统计图”，进入食品生产许可证的地区分布统计界面，见图 7-62。

1) 界面中间部分为统计结果展现部分。进入页面时默认显示统计全部地区数据。鼠标移动到某个省的显示柱时可以显示当前省的食品生产许可证数量。

2) 在界面上方的条件区域，可以设置查询条件，包括地区和发证时间。设置完成后，单击【统计】按钮，可根据条件重新展现统计结果。

3) 单击和可对展现结果进行升序和降序的排列。单击、、、和可分别将统计结果导出成 excel、pdf 和 html 格式。单击可进行当前报表的保存。单击可进行打印。

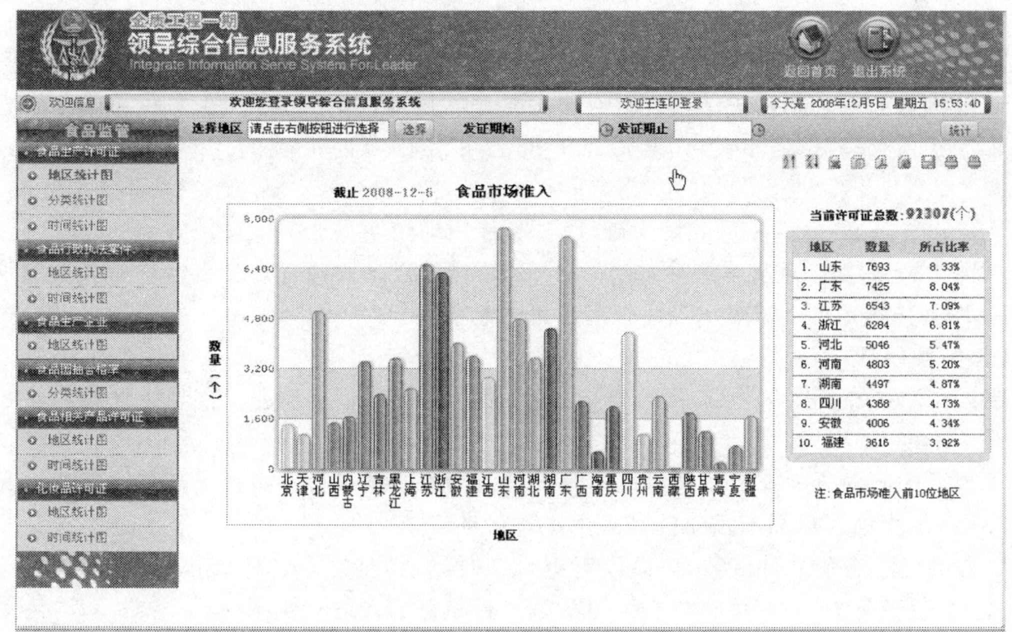

图 7-62 食品生产许可证——地区统计图

4）图 7-62 右侧区域显示统计结果的各个省的数据，以及各省食品生产许可证数量所占比率，并按降序排列。上方显示当前查询结果的总数。

（2）分类统计图

单击图 7-62 左侧菜单中食品生产许可证下面“分类统计图”，进入食品生产许可证的分类分布统计界面，见图 7-63。

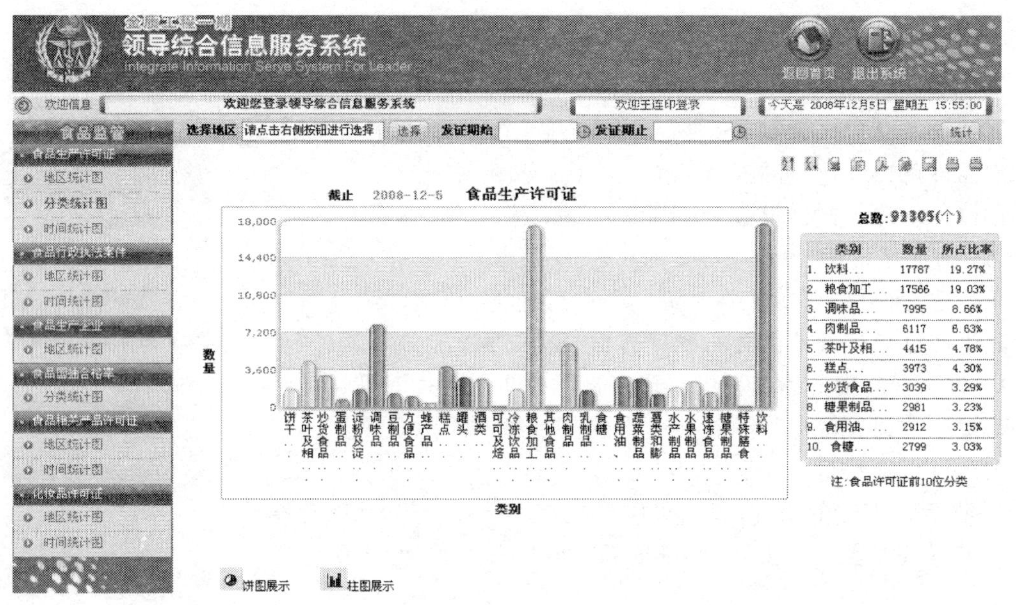

图 7-63　食品生产许可证——分类统计图

1）界面中间部分为统计结果展现部分。进入界面时默认显示统计全部分类数据。鼠标移动到某个省的显示柱时可以显示当前类型的食品数量。

2）在界面上方的条件区域，可以设置查询条件，包括地区和发证时间。设置完成后，单击【统计】按钮，可根据条件重新展现统计结果。

3）单击升序图标和降序图标可对展现结果进行升序和降序的排列。单击各导出图标、、、和可分别将统计结果导出成 excel、pdf 和 html 格式。单击保存图标可进行当前报表的保存。单击打印图标可进行打印。

4）单击 饼图展示 柱图展示 可对结果进行饼图，柱图的转换。

5）图 7-63 右侧区域显示统计结果的各个省的数据，以及各省食品生产许可证数量所占比率，并按降序排列。上方显示当前查询结果的总数。

（3）时间统计

单击图 7-63 左侧菜单中食品生产许可证下面“时间统计图”，进入食品生产许可证的时间统计界面，见图 7-64。

1）界面中间部分为统计结果展现部分。进入界面时默认显示统计全部年度数据。鼠标移动到某区域上时可以显示当年的食品生产许可证数量。

2）在界面上方的条件区域，可以设置查询条件，包括地区，查看月份和证书状态。设置完成后，单击【统计】按钮或下方 数量，可根据条件重新展现统计结果。

3）单击升序图标和降序图标可对展现结果进行升序和降序的排列。单击各导出图标、、、和可分别将统

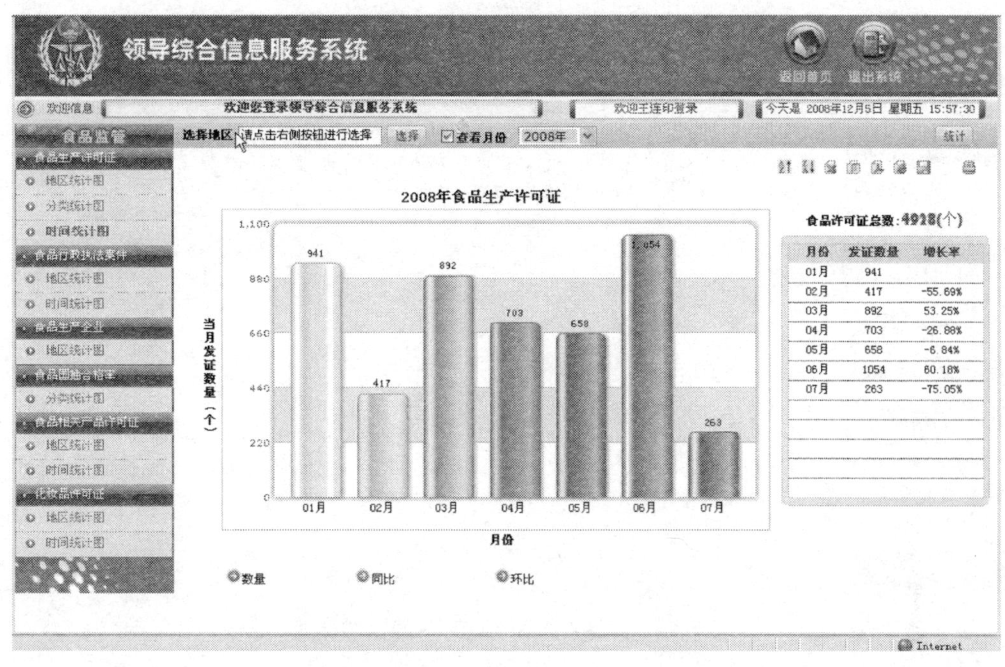

图 7-64　食品生产许可证——年度统计图

计结果导出成 excel、pdf 和 html 格式。单击可进行当前报表的保存。单击可进行打印。

4）当把查看月份前面的“选中”改为“未选中”状态时，查询统计结果以年度为单位，显示食品生产许可证数据，见图 7-65。

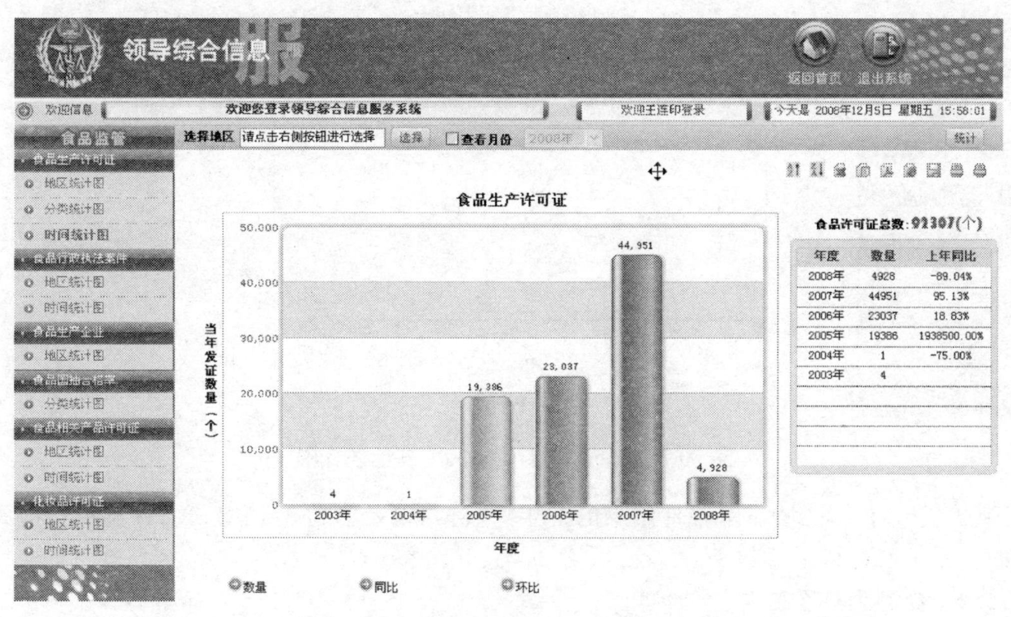

图 7-65　食品生产许可证——年度统计图

5）单击统计图 7-65 下方的同比可以对食品生产许可证按月份进行同比，见图 7-66。

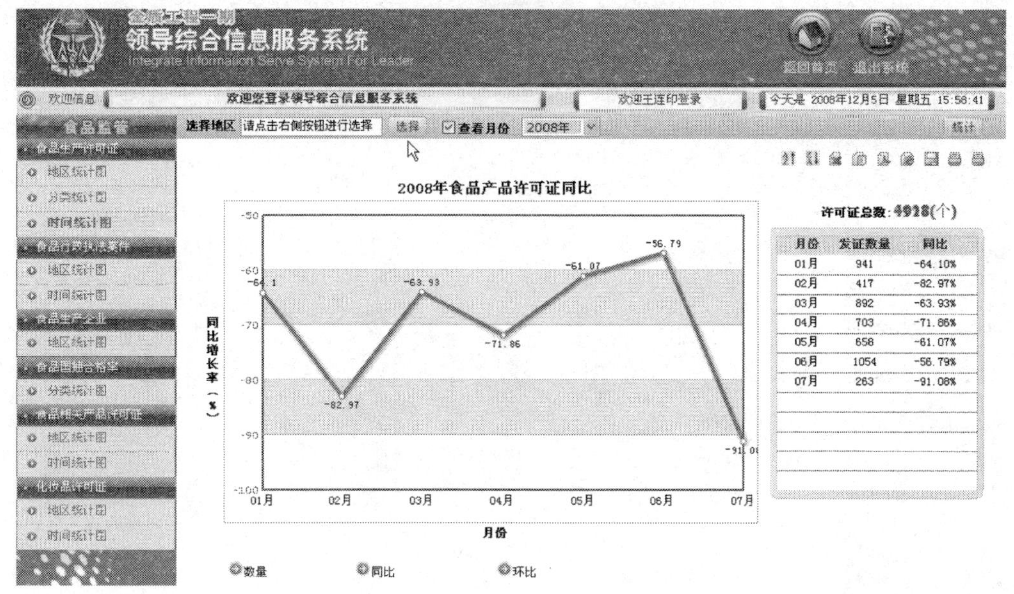

图 7-66　食品生产许可证——同比统计图

6）单击统计图 7-66 下方的◎环比可以对食品生产许可证按月份进行环比，见图 7-67。

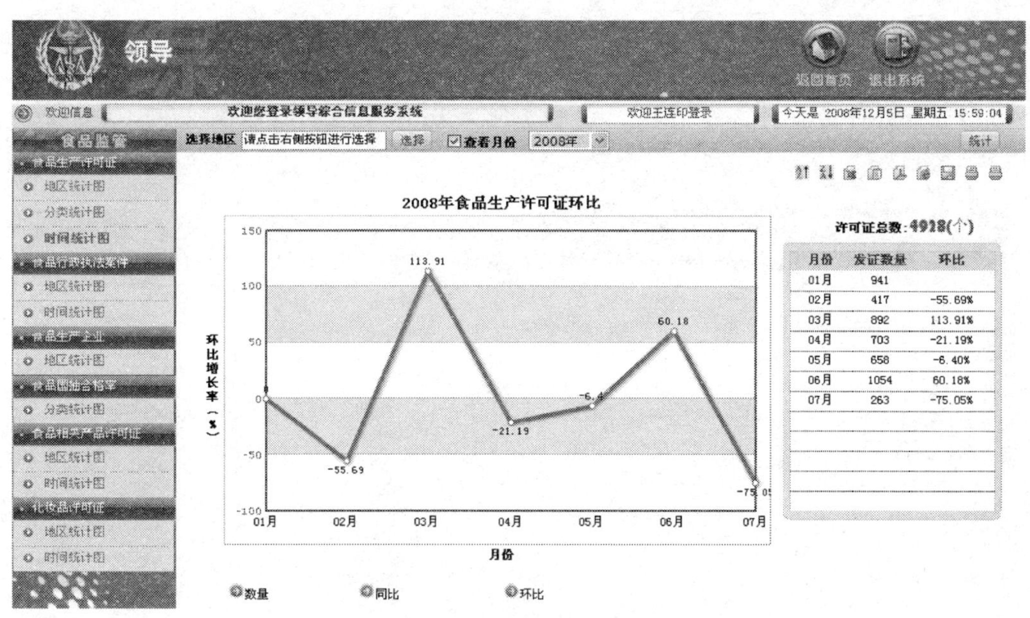

图 7-67　食品生产许可证——环比统计图

7）图 7-67 右侧区域显示统计结果的各年的数据，以及月份增长率。上方显示当前查询结果的食品生产许可证总数。

7.2.10.2　食品生产企业

单击图 7-67 左侧菜单中食品生产企业下面“地区统计图”，进入食品生产企业的地区分布统计界面，见图 7-68。

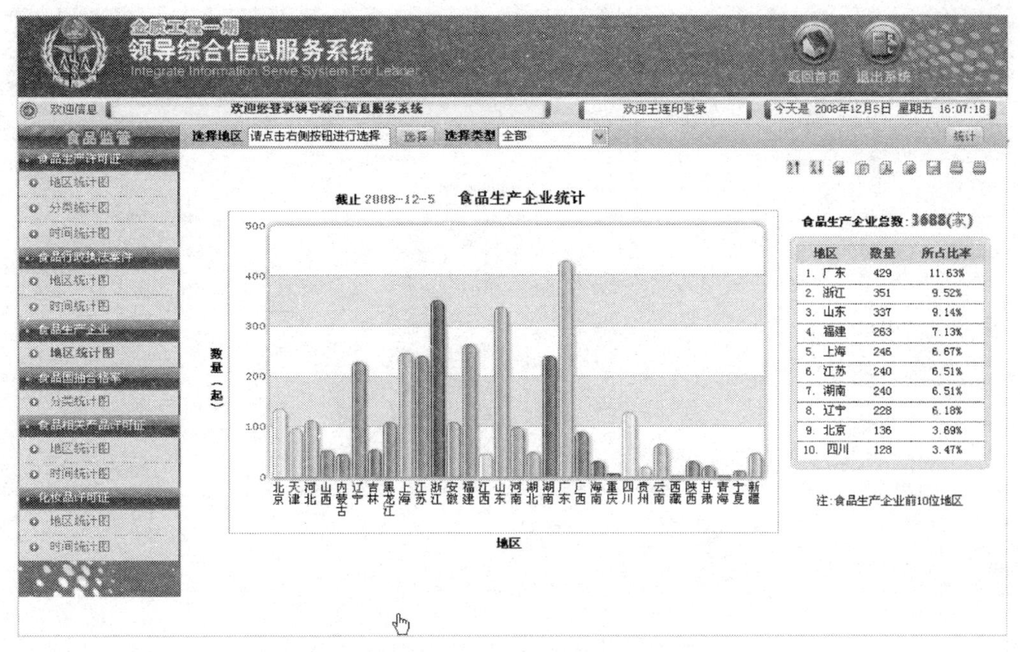

图 7-68　食品生产企业——地区统计图

（1）界面中间部分为统计结果展现部分。进入界面时默认显示统计全部地区数据。鼠标移动到某个省的显示柱时可以显示当前省的食品生产企业数量。

（2）在界面上方的条件区域，可以设置查询条件，包括地区和发证时间。设置完成后，单击【统计】按钮，可根据条件重新展现统计结果。

（3）单击和可对展现结果进行升序和降序的排列。单击、、、和可分别将统计结果导出成 excel、pdf 和 html 格式。单击可进行当前报表的保存。单击可进行打印。

（4）图 7-68 右侧区域显示统计结果的各个省的数据，以及各省食品生产企业数量所占比率，并按降序排列。上方显示当前查询结果的食品生产企业总数。

7.2.10.3　食品国抽合格率

单击图 7-68 左侧菜单中食品国抽合格率下面“分类统计图”，进入食品国抽合格率的分类统计界面，见图 7-69。

（1）界面中间部分为统计结果展现部分。进入界面时默认显示统计全部类型数据。鼠标移动到某个省的显示柱时可以显示当前类型产品食品国抽合格率。

（2）在界面上方的条件区域，可以设置查询条件，包括年度季度。设置完成后，单击【统计】按钮，可根据条件重新展现统计结果。

（3）单击和可对展现结果进行升序和降序的排列。单击、、、和可分别将统计结果导出成 excel、pdf 和 html 格式。单击可进行当前报表的保存。单击可进行打印。

（4）图 7-69 右侧区域显示统计结果的各类产品的平均合格率，上方显示当前查询结果的食品国抽平均合格率。

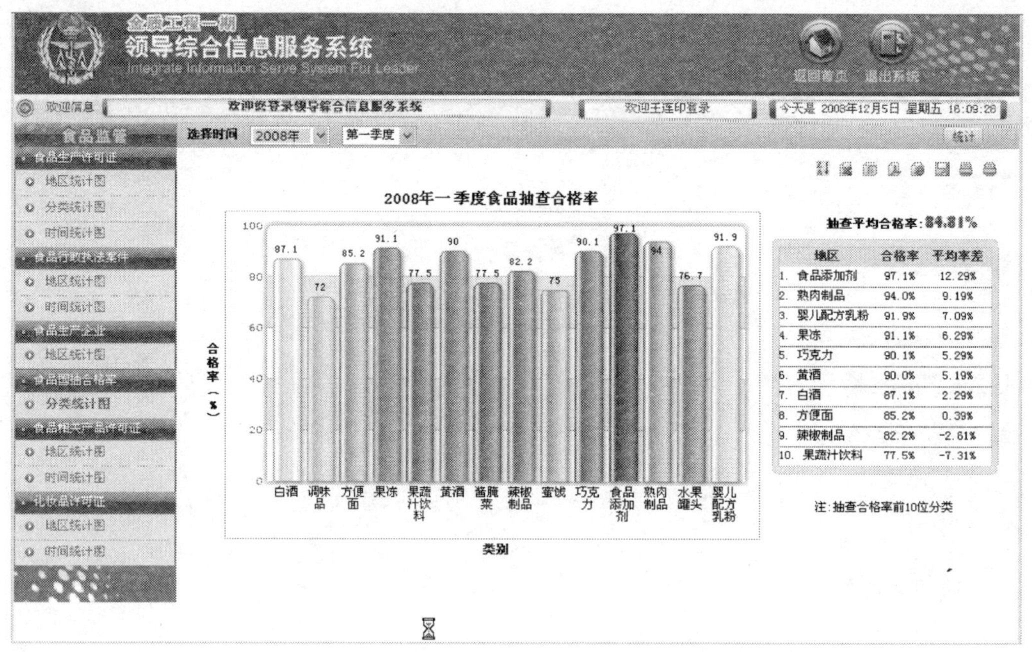

图 7-69　食品国抽合格率——分类统计图

7.2.10.4　食品相关产品许可证

（1）地区统计图

单击图 7-69 左侧菜单中食品相关产品许可证下面“地区统计图”，进入食品相关产品许可证的地区分布统计界面，见图 7-70。

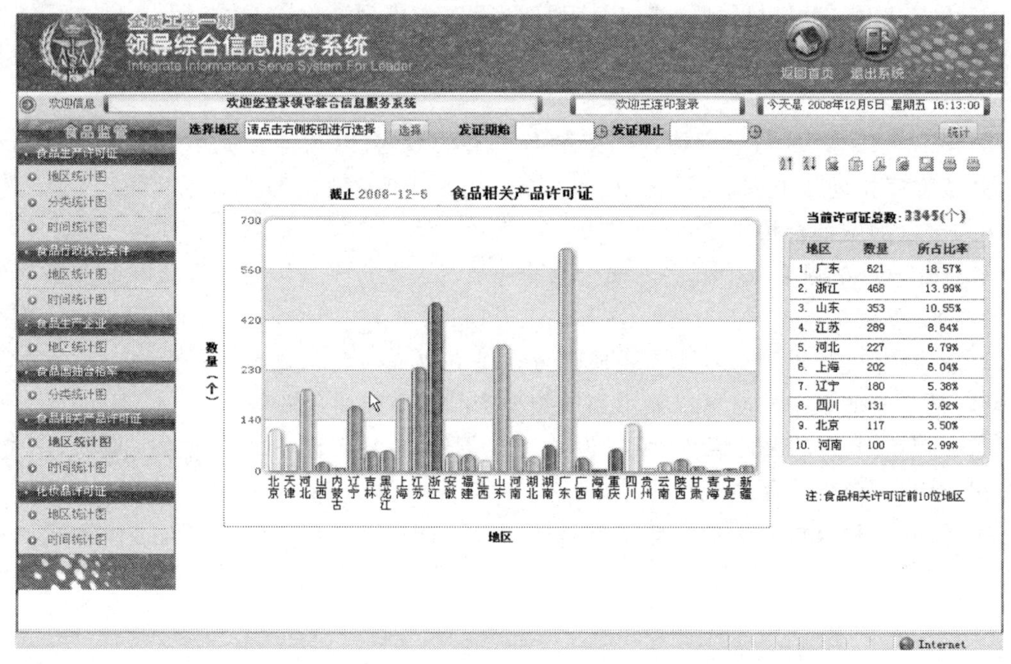

图 7-70　食品相关产品许可证——地区统计图

1）界面中间部分为统计结果展现部分。进入界面时默认显示统计全部地区数据。鼠标移动到某个省的显示柱时可以显示当前省的食品相关产品许可证数量。

2）在界面上方的条件区域，可以设置查询条件，包括地区、类型和检定时间。设置完成后，单击【统计】按钮，可根据条件重新展现统计结果。

3）单击和可对展现结果进行升序和降序的排列。单击、、、和可分别将统计结果导出成 excel、pdf 和 html 格式。单击可进行当前报表的保存。单击可进行打印。

4）图 7-70 右侧区域显示统计结果的各个省的数据，以及各省食品相关产品许可证所占比率，并按降序排列。上方显示当前查询结果的总数。

（2）时间统计

单击图 7-70 左侧菜单中食品相关产品许可证下面“时间统计图”，进入食品相关产品许可证的时间统计界面，见图 7-71。

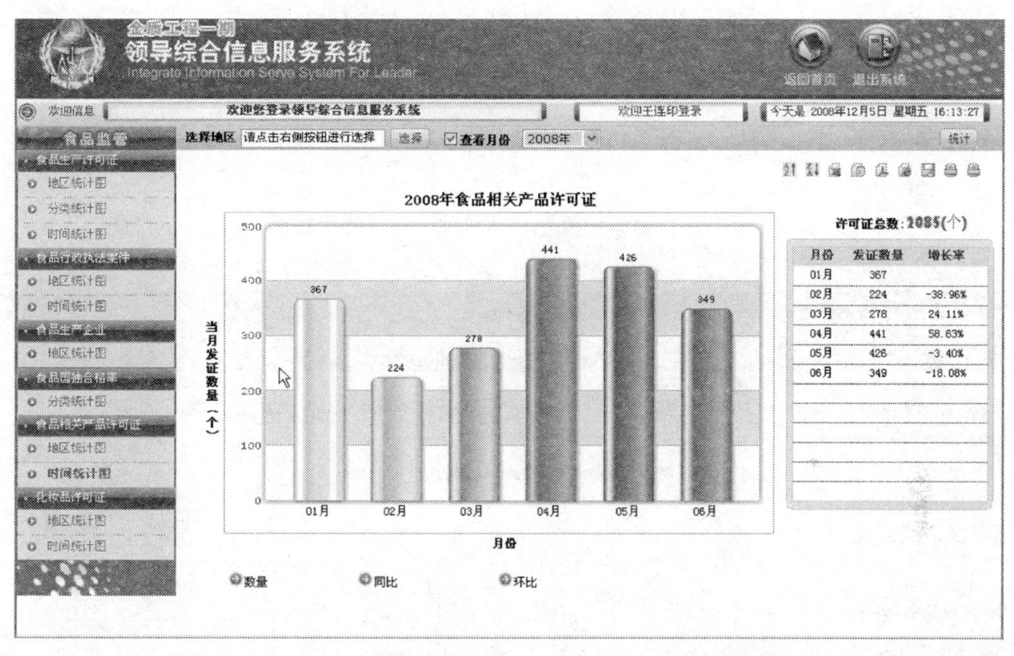

图 7-71 食品相关产品许可证——时间统计图

1）界面中间部分为统计结果展现部分。进入界面时默认显示统计全部年度数据。鼠标移动到某区域上时可以显示当年的食品相关产品许可证数量。

2）在界面上方的条件区域，可以设置查询条件，包括地区，查看月份和证书状态。设置完成后，单击【统计】按钮或下方数量，可根据条件重新展现统计结果。

3）单击和可对展现结果进行升序和降序的排列。单击、、、和可分别将统计结果导出成 excel、pdf 和 html 格式。单击可进行当前报表的保存。单击可进行打印。

4）当把查看月份前面的“选中”改为“未选中”状态时，查询统计结果以年度为单位，显示食品相关产品许可证数据，见图 7-72。

5）单击图 7-72 统计图下方的同比可以对食品相关产品许可证按月份进行同比，见图 7-73。

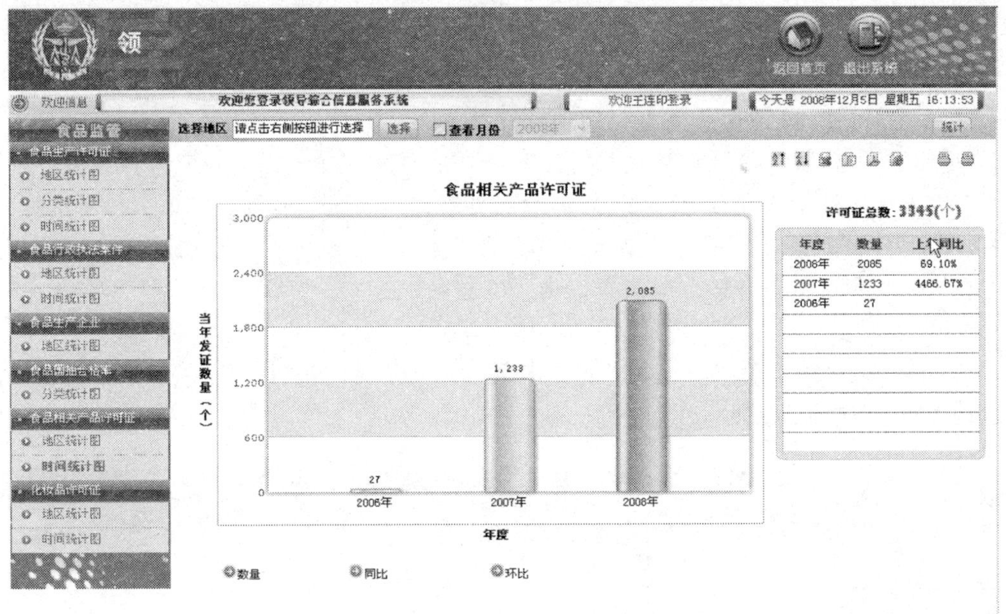

图 7-72　食品相关产品许可证——时间统计图

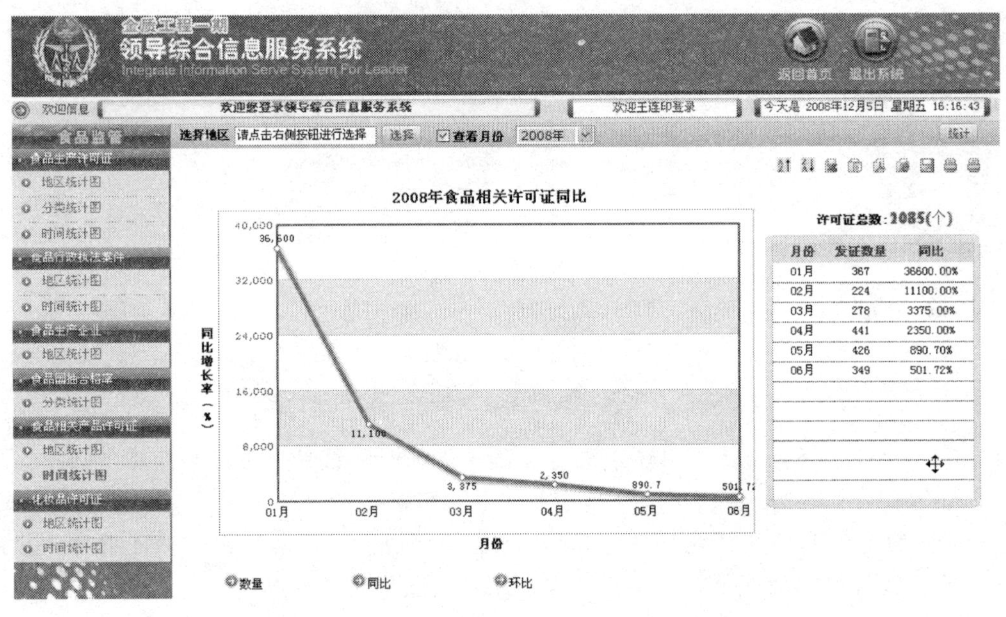

图 7-73　食品相关产品许可证——同比统计图

6）单击图 7-73 统计图下方的环比可以对食品相关产品许可证按月份进行环比，见图 7-74。

7）图 7-74 右侧区域显示统计结果的各年的数据，以及月份增长率。上方显示当前查询结果的食品相关产品许可证总数。

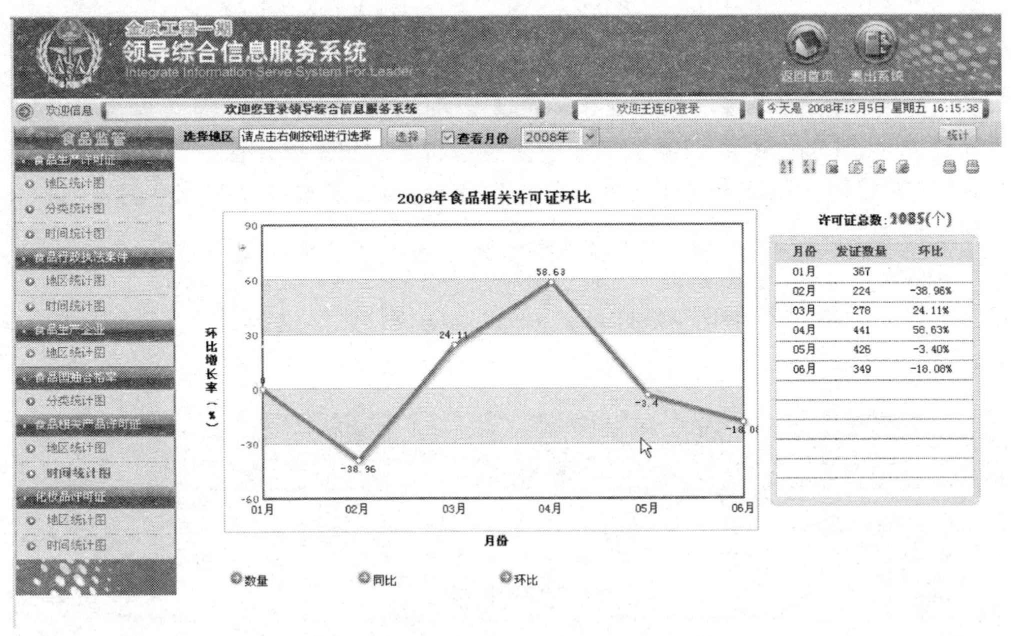

图 7-74 食品相关产品许可证——环比统计图

7.2.10.5 化妆品许可证

（1）地区统计图

单击图 7-74 左侧菜单中化妆品许可证下面“地区统计图”，进入化妆品许可证的地区分布统计界面，见图 7-75。

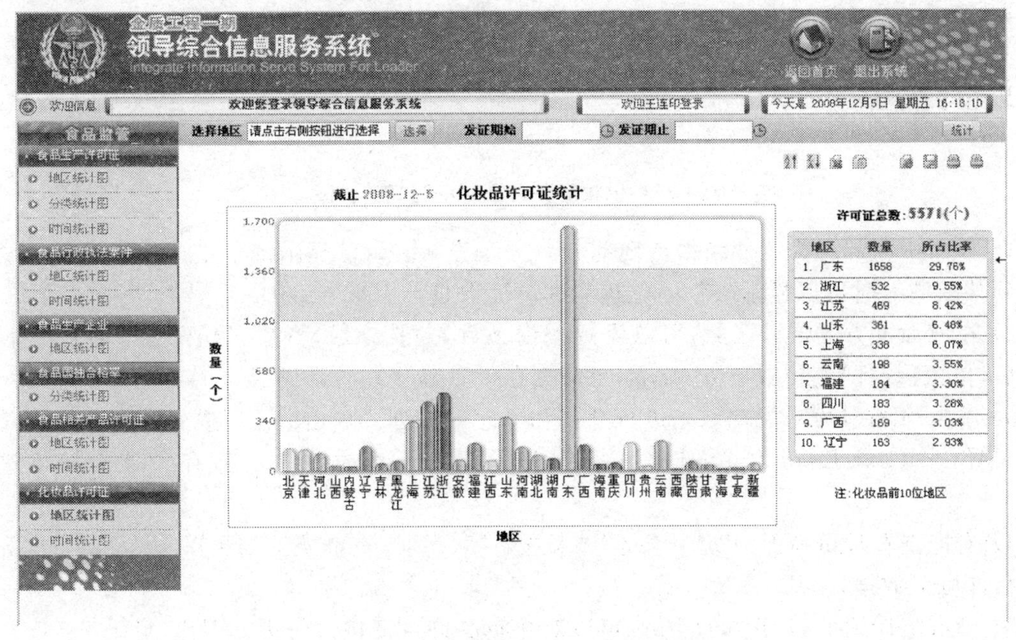

图 7-75 化妆品许可证——地区统计图

1）界面中间部分为统计结果展现部分。进入界面时默认显示统计全部地区数据。移动鼠标到某个省的显示柱时可以显示当前省的化妆品许可证数量。

2）在界面上方的条件区域，可以设置查询条件，包括地区、类型和检定时间。设置完成后，单击【统计】按钮，可根据条件重新展现统计结果。

3）单击和可对展现结果进行升序和降序的排列。单击、、、和可分别将统计结果导出成 excel、pdf 和 html 格式。单击可进行当前报表的保存。单击可进行打印。

4）图 7-75 右侧区域显示统计结果的各个省的数据，以及各省化妆品许可证所占比率，并按降序排列。上方显示当前查询结果的总数。

（2）时间统计

单击图 7-75 左侧菜单中化妆品许可证下面“时间统计图”，进入化妆品许可证的时间统计界面，见图 7-76。

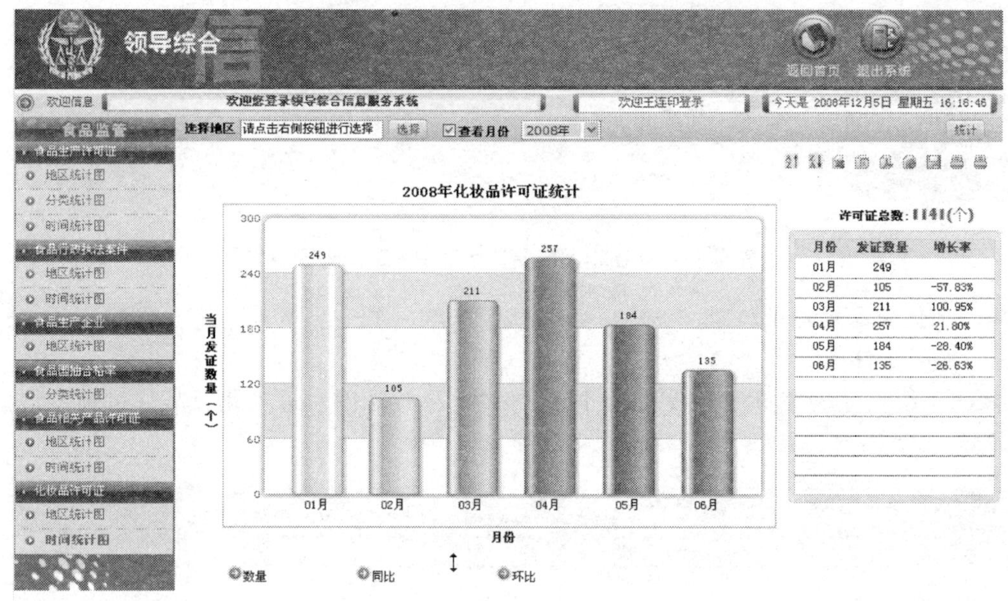

图 7-76 化妆品许可证——时间统计图

1）界面中间部分为统计结果展现部分。进入界面时默认显示统计全部年度数据。移动鼠标到某区域上时可以显示当年的化妆品许可证数量。

2）在界面上方的条件区域，可以设置查询条件，包括地区，查看月份和证书状态。设置完成后，单击【统计】按钮或下方数量，可根据条件重新展现统计结果。

3）单击和可对展现结果进行升序和降序的排列。单击、、、和可分别将统计结果导出成 excel、pdf 和 html 格式。单击可进行当前报表的保存。单击可进行打印。

4）当把查看月份前面的“选中”改为“未选中”状态时，查询统计结果以年度为单位，显示化妆品许可证数据，见图 7-77。

5）单击统计图 7-77 下方的同比可以对化妆品许可证按月份进行同比，见图 7-78。

6）单击统计图 7-78 下方的环比可以对化妆品许可证按月份进行环比，见图 7-79。

7）图 7-79 右侧区域显示统计结果的各年的数据，以及月份增长率。上方显示当前查询结果的化妆品许可证总数。

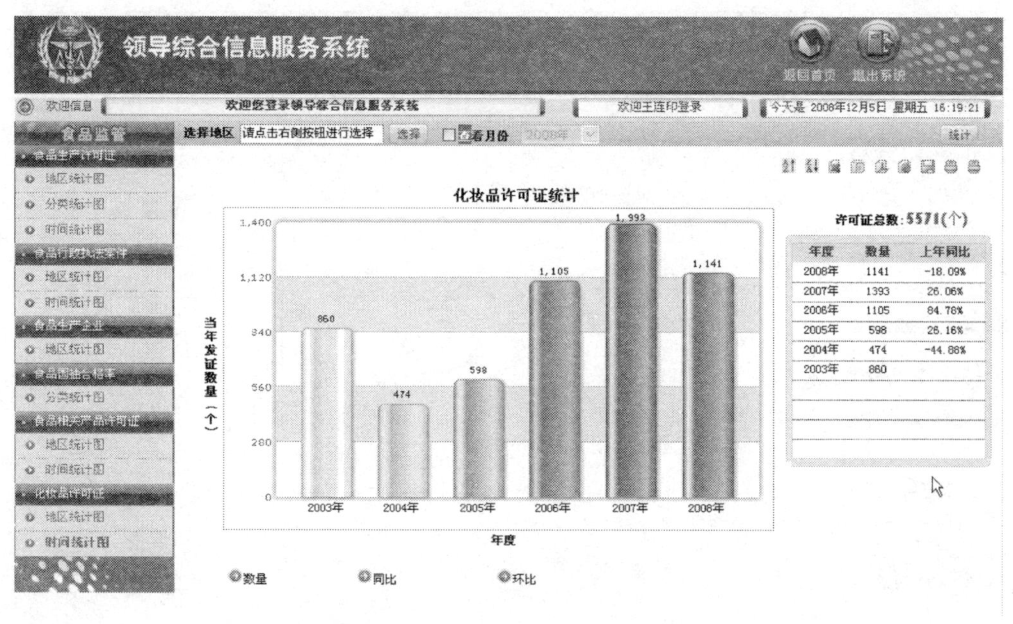

年度	数量	上年同比
2008年	1141	-18.09%
2007年	1393	26.06%
2006年	1105	84.78%
2005年	598	26.16%
2004年	474	-44.88%
2003年	860	

图 7-77　化妆品许可证——时间统计图

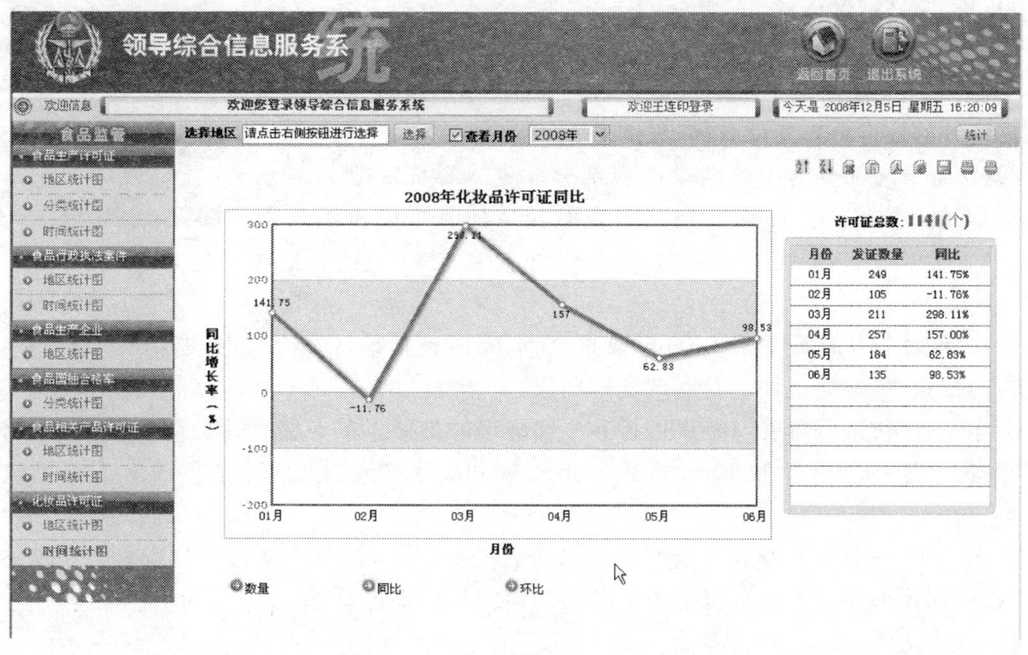

月份	发证数量	同比
01月	249	141.75%
02月	105	-11.76%
03月	211	298.11%
04月	257	157.00%
05月	184	62.83%
06月	135	98.53%

图 7-78　化妆品许可证——同比统计图

7.2.11　执法打假

单击图 7-10 业务分布首页的“执法打假”链接，可进入执法打假的详细统计界面，执法打假共分案件数据统计、执法人员、执法机构 3 个主题，见图 7-80。

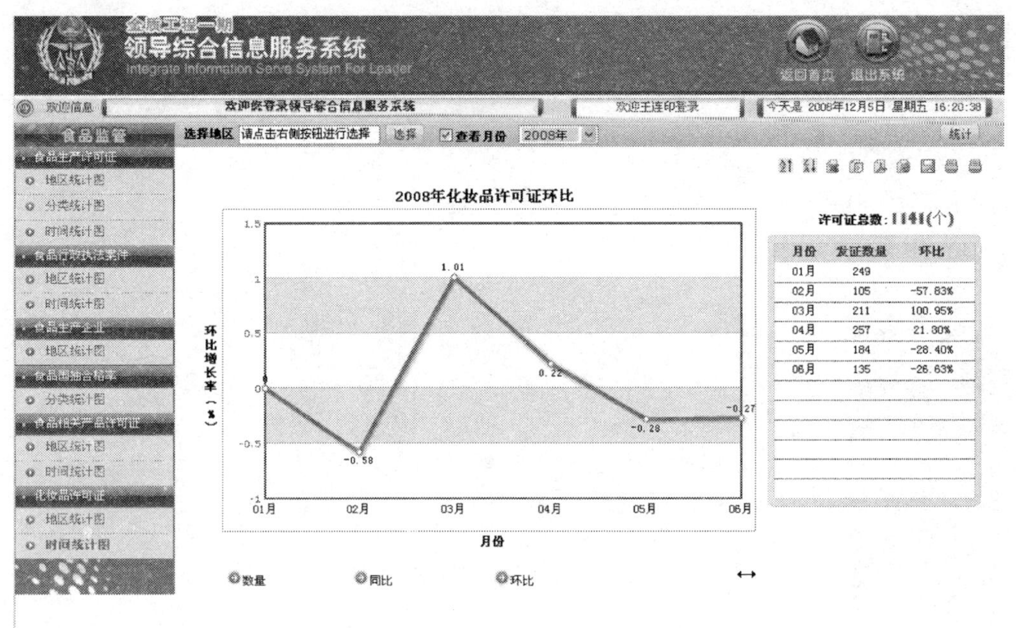

图 7-79　化妆品许可证——环比统计图

7.2.11.1　案件数据统计

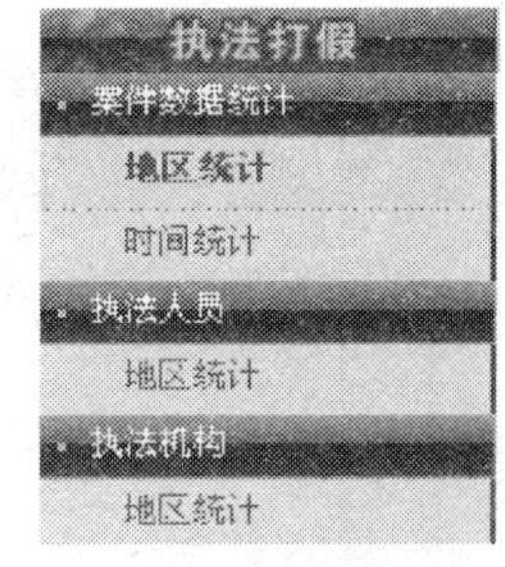

图 7-80　执法打假

（1）地区统计图

单击图 7-80 左侧菜单中案件数据统计下面“地区统计”，进入案件数据统计的地区分布统计界面，见图 7-81。

1）界面中间部分为统计结果展现部分。进入界面时默认显示统计全部地区数据。鼠标移动到某个省的显示柱时可以显示当前省的案件数据统计数量。黄色柱为当场处罚数据，蓝色为立案数据。

2）在界面上方的条件区域，可以设置查询条件，包括地区和查处时间。设置完成后，单击【统计】按钮，可根据条件重新展现统计结果。

3）单击 和 可对展现结果进行升序和降序的排列。单击 、 、 、 和 可分别将统计结果导出成 excel、pdf 和 html 格式。单击 可进行当前报表的保存。单击 可进行打印。

4）图 7-81 右侧区域显示统计结果的各个省的数据，以及各省案件数据统计数量所占比率，并按降序排列。上方显示当前查询结果的案件数据统计总数。

（2）时间统计图

单击图 7-81 左侧菜单中案件数据统计下面“时间统计图”，进入案件数据统计的时间统计界面，见图 7-82。

1）界面中间部分为统计结果展现部分。进入界面时默认显示统计全部地区数据。鼠标移动到某年的显示柱时可以显示当年的案件数据统计数量。

2）在界面上方的条件区域，可以设置查询条件，包括地区。设置完成后，单击【统计】按钮，可根据条件重新展现统计结果。

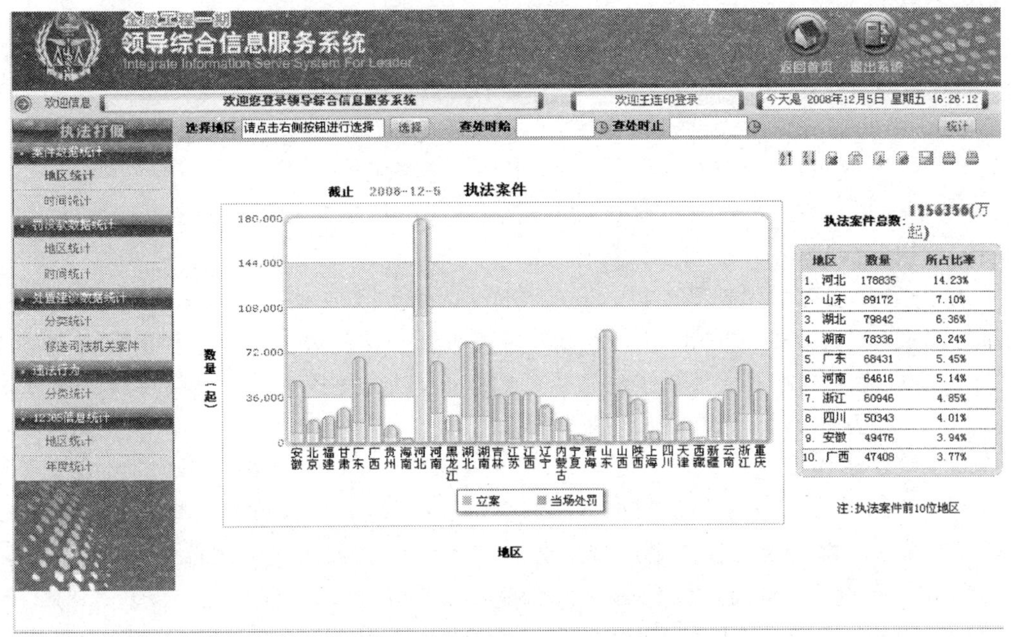

地区	数量	所占比率
1. 河北	178835	14.23%
2. 山东	89172	7.10%
3. 湖北	79842	6.36%
4. 湖南	78336	6.24%
5. 广东	68431	5.45%
6. 河南	64616	5.14%
7. 浙江	60946	4.85%
8. 四川	50343	4.01%
9. 安徽	49476	3.94%
10. 广西	47408	3.77%

图 7-81　案件数据统计——地区统计图

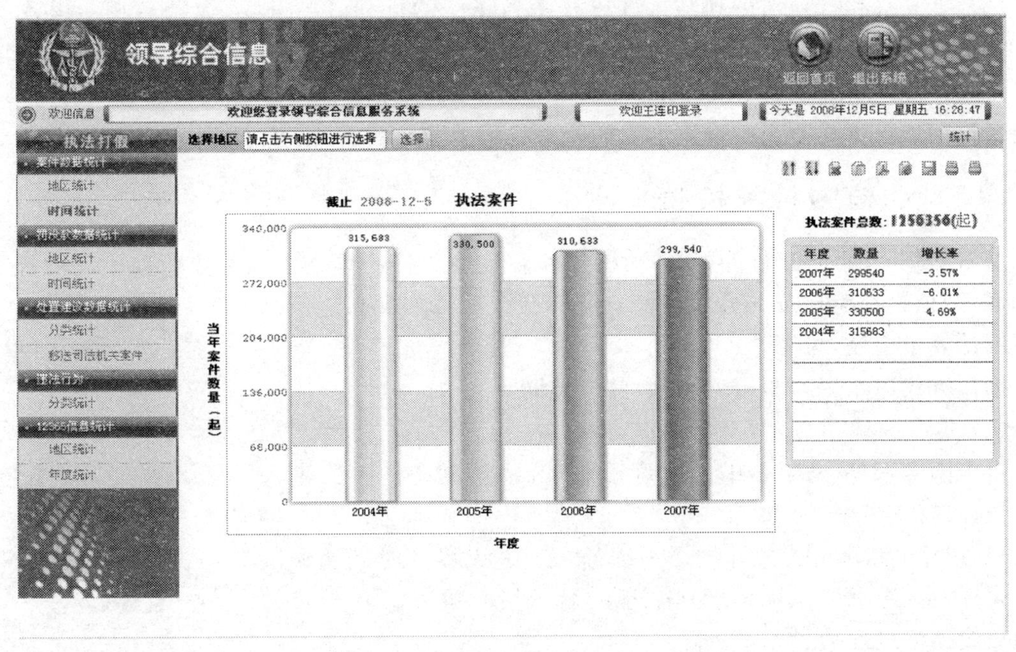

年度	数量	增长率
2007年	299540	-3.57%
2006年	310633	-6.01%
2005年	330500	4.69%
2004年	315683	

图 7-82　案件数据统计——时间统计图

3）单击和可对展现结果进行升序和降序的排列。单击、、、和可分别将统计结果导出成 excel、pdf 和 html 格式。单击可进行当前报表的保存。单击可进行打印。

4）图 7-82 右侧区域显示统计结果的各年的数据，以及年度增长率。上方显示当前查询结果的案件数据统计总数。

7.2.11.2　执法人员

单击图 7-80 左侧菜单中执法人员下面的“地区统计”，进入执法人员的地区分布统计界面。

1）界面中间部分为统计结果展现部分。进入界面时默认显示统计全部地区数据。鼠标移动到某个省的显示柱时可以显示当前省的执法人员数量。

2）在界面上方的条件区域，可以设置查询条件，包括地区和查处时间。设置完成后，单击【统计】按钮，可根据条件重新展现统计结果。

3）单击和可对展现结果进行升序和降序的排列。单击、、、和可分别将统计结果导出成 excel、pdf 和 html 格式。单击可进行当前报表的保存。单击可进行打印。

4）界面右侧区域显示统计结果的各个省的数据，以及各省执法人员数量所占比率，并按降序排列。上方显示当前查询结果的执法人员总数。

7.2.11.3　执法机构

单击图 7-80 左侧菜单中执法机构下面“地区统计”，进入执法机构的地区分布统计界面。

(1) 界面中间部分为统计结果展现部分。进入界面时默认显示统计全部地区数据。鼠标移动到某个省的显示柱时可以显示当前省的执法机构数量。

(2) 在界面上方的条件区域，可以设置查询条件，包括地区和查处时间。设置完成后，单击【统计】按钮，可根据条件重新展现统计结果。

(3) 单击和可对展现结果进行升序和降序的排列。单击、、、和可分别将统计结果导出成 excel、pdf 和 html 格式。单击可进行当前报表的保存。单击可进行打印。

(4) 界面右侧区域显示统计结果的各个省的数据，以及各省执法机构数量所占比率，并按降序排列。上方显示当前查询结果的执法机构总数。

7.2.12　动植物检验检疫

单击图 7-10 业务分布首页的“动植物检验检疫”链接，可进入动植物检验检疫的详细统计界面，动植物检验检疫共分水果检验检疫、原产地国家统计、产品类型统计 3 个主题，见图 7-83。

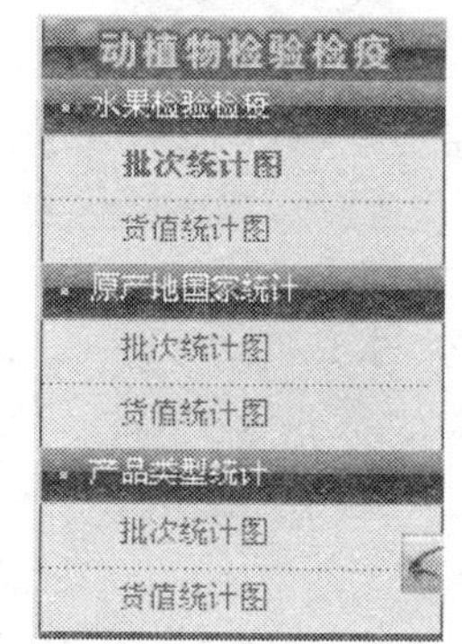

图 7-83　动植物检验检疫

操作方式以水果检验检疫为例，其他类同。

(1) 批次统计图

单击图 7-83 左侧菜单中批次统计图下面“年度统计图”，进入批次统计界面，见图 7-84。

1）界面中间部分为统计结果展现部分。进入界面时默认显示统计全部地区数据。鼠标移动到某年的显示柱时可以显示当年的货物检验检疫批次数量。

2）在界面上方的条件区域，可以设置查询条件，包括地区。设置完成后，单击【统计】按钮，可根据条件重新展现统计结果。

3）单击和可对展现结果进行升序和降序的排列。单击、、、和可分别将统计结果导出成 excel、pdf 和 html 格式。单击可进行当前报表的保存。单击可进行打印。

4）图 7-84 右侧区域显示统计结果的各年的数据，以及年度增长率。上方显示当前查询结果的货物检验检疫批次总数。

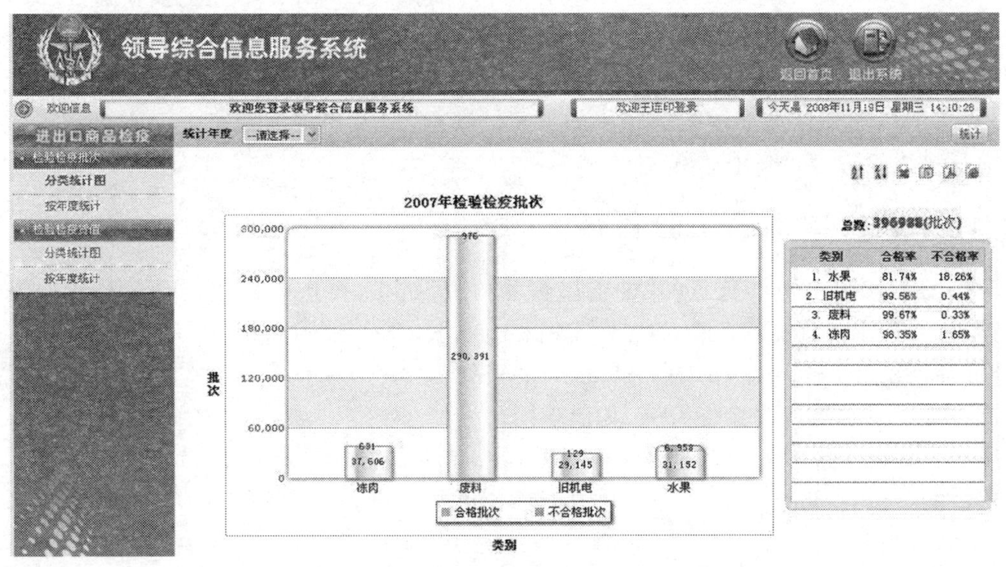

图 7-84　水果检验检疫批次——年度统计图

(2) 货值统计图

单击图 7-83 左侧菜单中货值统计图下面“年度统计图”,进入货值统计界面,见图 7-85。

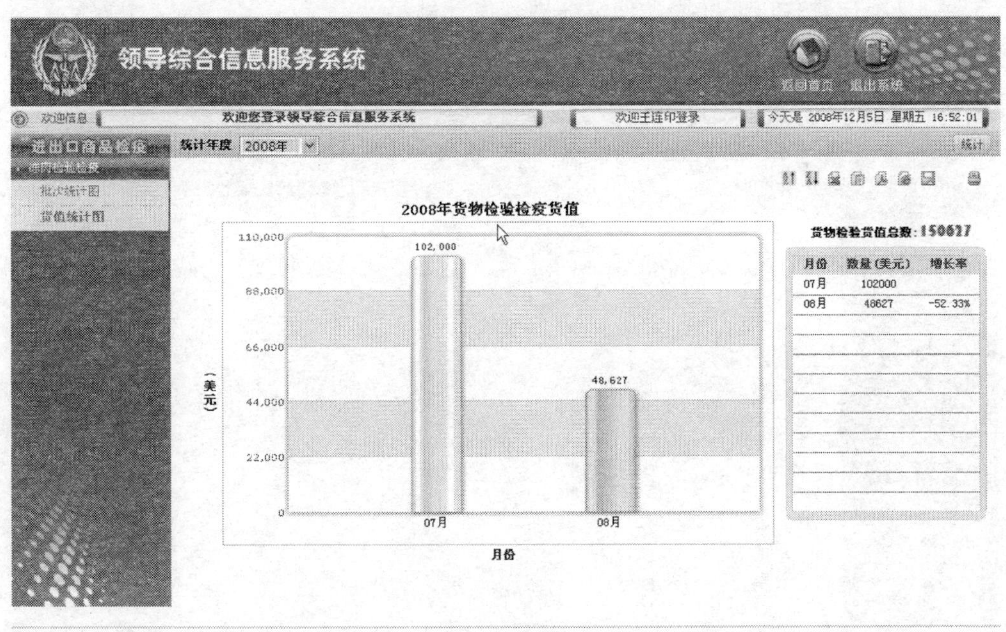

图 7-85　水果检验检疫货值——年度统计图

1) 界面中间部分为统计结果展现部分。进入界面时默认显示统计全部地区数据。鼠标移动到某年的显示柱时可以显示当年的货物检验检疫货值数量。

2) 在界面上方的条件区域,可以设置查询条件,包括地区。设置完成后,单击【统计】按钮,可根据条件重新展现统计结果。

3）单击和可对展现结果进行升序和降序的排列。单击、、、和可分别将统计结果导出成 excel、pdf 和 html 格式。单击可进行当前报表的保存。单击可进行打印。

4）图 7-85 右侧区域显示统计结果的各年的数据，以及年度增长率。上方显示当前查询结果的货物检验检疫批货值总数。

7.2.13 进出口食品检验检疫

单击图 7-10 业务分布首页的"进出口食品检疫"链接，可进入进出口食品检验检疫的详细统计界面，进出口食品检验检疫共分冻肉检验检疫、原产地国家统计、产品类型统计 3 个主题，见图 7-86。

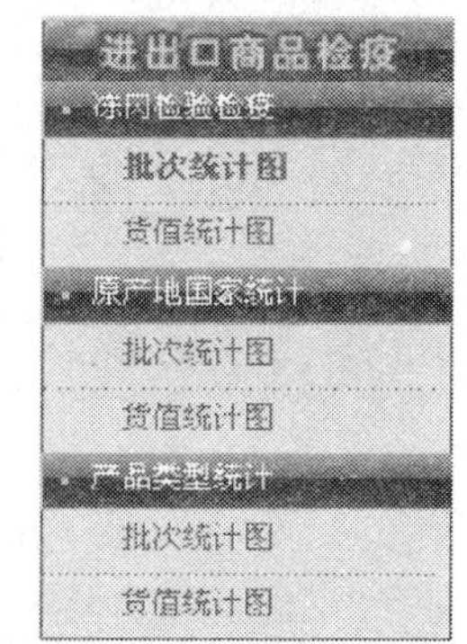

图 7-86 进出口食品检验检疫

操作方式以水果检验检疫为例，其他类同。

（1）批次统计图

单击图 7-86 左侧菜单中批次统计图下面年度统计图，进入批次统计界面，见图 7-87。

1）界面中间部分为统计结果展现部分。进入界面时默认显示统计全部地区数据。鼠标移动到某年的显示柱时可以显示当年的货物检验检疫批次数量。

2）在界面上方的条件区域，可以设置查询条件，包括地区。设置完成后，单击【统计】按钮，可根据条件重新展现统计结果。

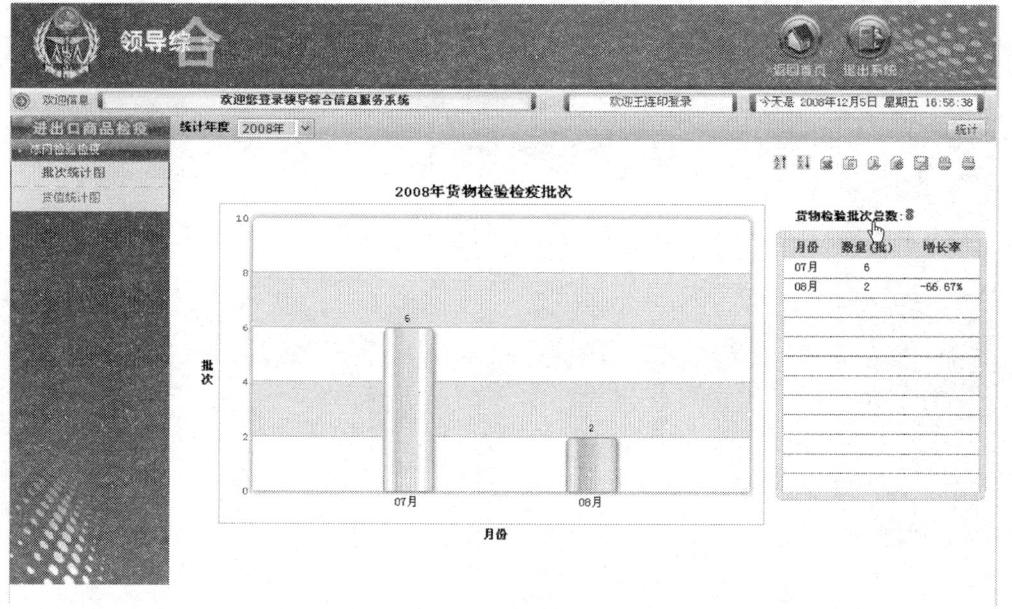

图 7-87 冻肉检验检疫批次——年度统计图

3）单击和可对展现结果进行升序和降序的排列。单击、、、和可分别将统计结果导出成 excel、pdf 和 html 格式。单击可进行当前报表的保存。单击可进行打印。

4）图 7-87 右侧区域显示统计结果的各年的数据，以及年度增长率。上方显示当前查询结果的货物检验检疫批次总数。

(2) 货值统计图

单击图 7-87 左侧菜单中货值统计下面“年度统计图”，进入货值统计界面，见图 7-88。

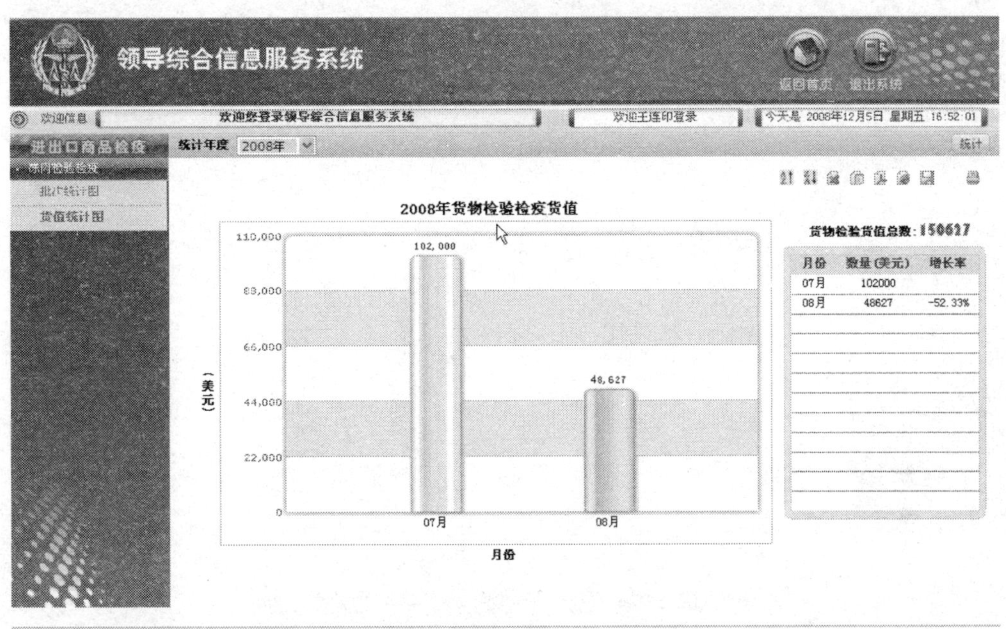

图 7-88　冻肉检验检疫货值——年度统计图

1) 界面中间部分为统计结果展现部分。进入界面时默认显示统计全部地区数据。鼠标移动到某年的显示柱时可以显示当年的货物检验检疫货值数量。

2) 在界面上方的条件区域，可以设置查询条件，包括地区。设置完成后，单击【统计】按钮，可根据条件重新展现统计结果。

3) 单击和可对展现结果进行升序和降序的排列。单击、、、和可分别将统计结果导出成 excel、pdf 和 html 格式。单击可进行当前报表的保存。单击可进行打印。

4) 图 7-88 右侧区域显示统计结果的各年的数据，以及年度增长率。上方显示当前查询结果的货物检验检疫批货值总数。

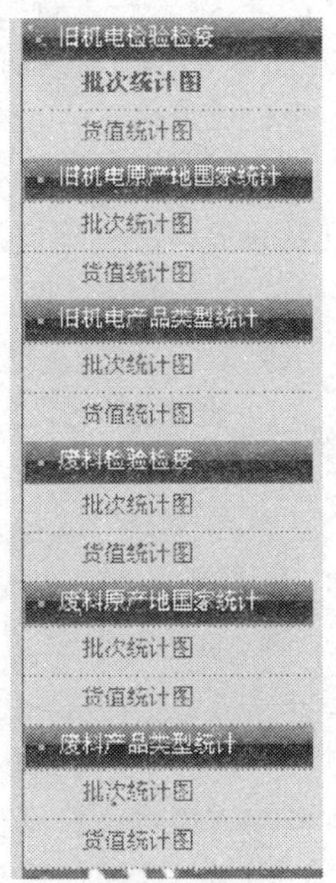

图 7-89　进出口商品检疫

7.2.14　进出口商品检验检疫

单击图 7-10 业务分布首界面的“进出口商品检疫”链接，可进入进出口商品检验检疫的详细统计界面，进出口商品检验检疫共分旧机电检验检疫、旧机电原产地国家统计、旧机电产品类型统计、废料检验检疫、废料原产地国家统计和废料类型统计 6 个主题，见图 7-89。

7.2.14.1　旧机电检验检疫

(1) 批次统计图

单击图 7-89 左侧菜单中批次统计下面“年度统计图”，进入批次统计界面，见图 7-90。

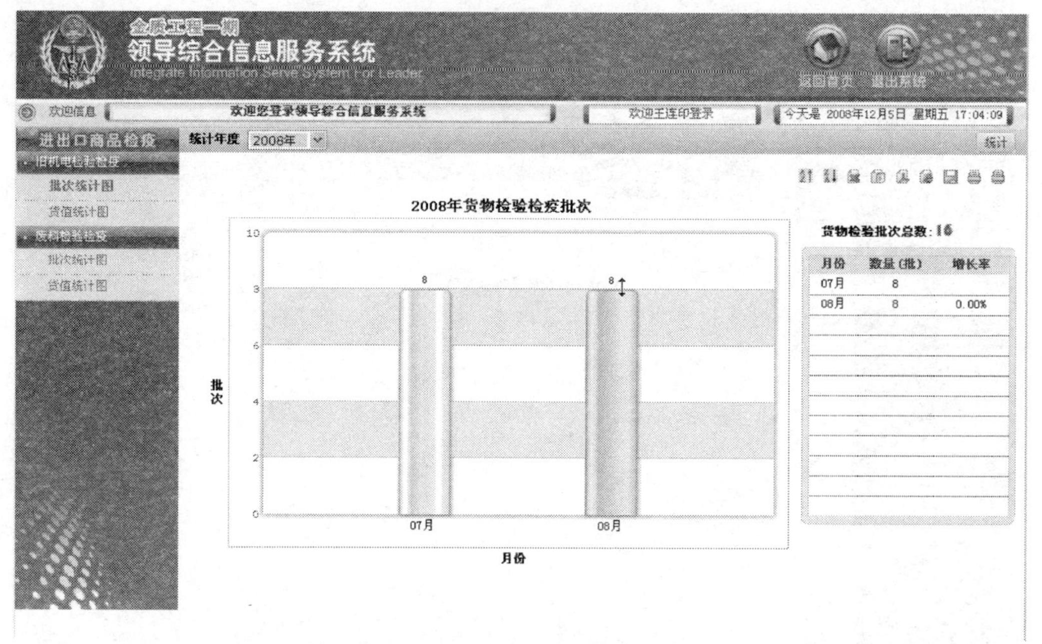

图 7-90　旧机电检验检疫批次——年度统计图

1）界面中间部分为统计结果展现部分。进入界面时默认显示统计全部地区数据。鼠标移动到某年的显示柱时可以显示当年的货物检验检疫批次数量。

2）在界面上方的条件区域，可以设置查询条件，包括地区。设置完成后，单击【统计】按钮，可根据条件重新展现统计结果。

3）单击和可对展现结果进行升序和降序的排列。单击、、、和可分别将统计结果导出成 excel、pdf 和 html 格式。单击可进行当前报表的保存。单击可进行打印。

4）图 7-90 右侧区域显示统计结果的各年的数据，以及年度增长率。上方显示当前查询结果的货物检验检疫批次总数。

（2）货值统计图

单击图 7-90 左侧菜单中货值统计下面年度统计图，进入货值统计界面，见图 7-91。

1）页面中间部分为统计结果展现部分。进入界面时默认显示统计全部地区数据。鼠标移动到某年的显示柱时可以显示当年的货物检验检疫货值数量。

2）在界面上方的条件区域，可以设置查询条件，包括地区。设置完成后，单击【统计】按钮，可根据条件重新展现统计结果。

3）单击和可对展现结果进行升序和降序的排列。单击、、、和可分别将统计结果导出成 excel、pdf 和 html 格式。单击可进行当前报表的保存。单击可进行打印。

4）图 7-91 右侧区域显示统计结果的各年的数据，以及年度增长率。上方显示当前查询结果的货物检验检疫批货值总数。

7.2.14.2　废料检验检疫

（1）批次统计图

单击图 7-91 左侧菜单中批次统计下面“年度统计图”，进入批次统计界面，见图 7-92。

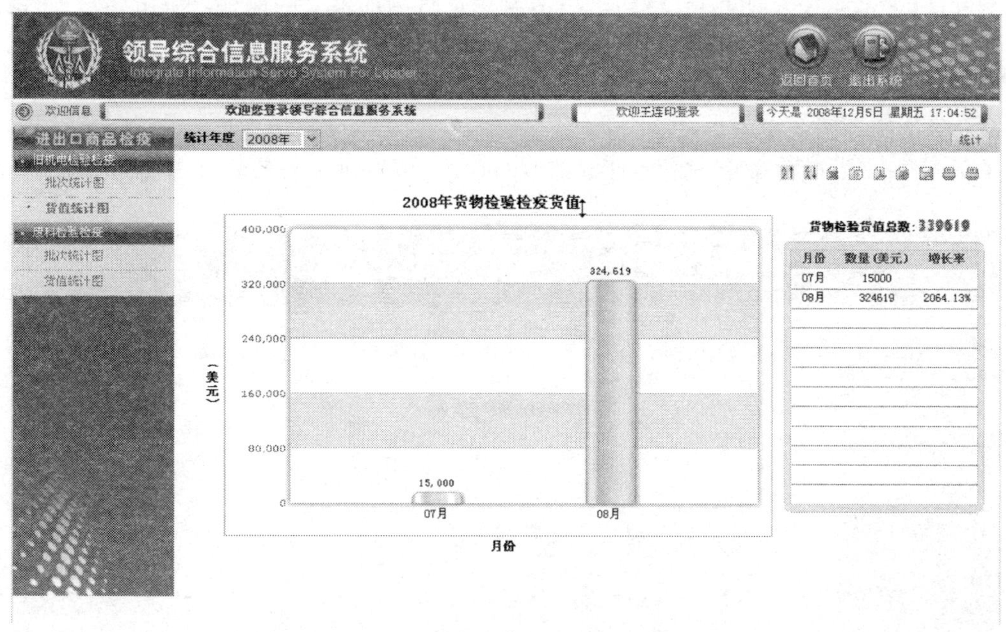

图 7-91　旧机电检验检疫货值——年度统计图

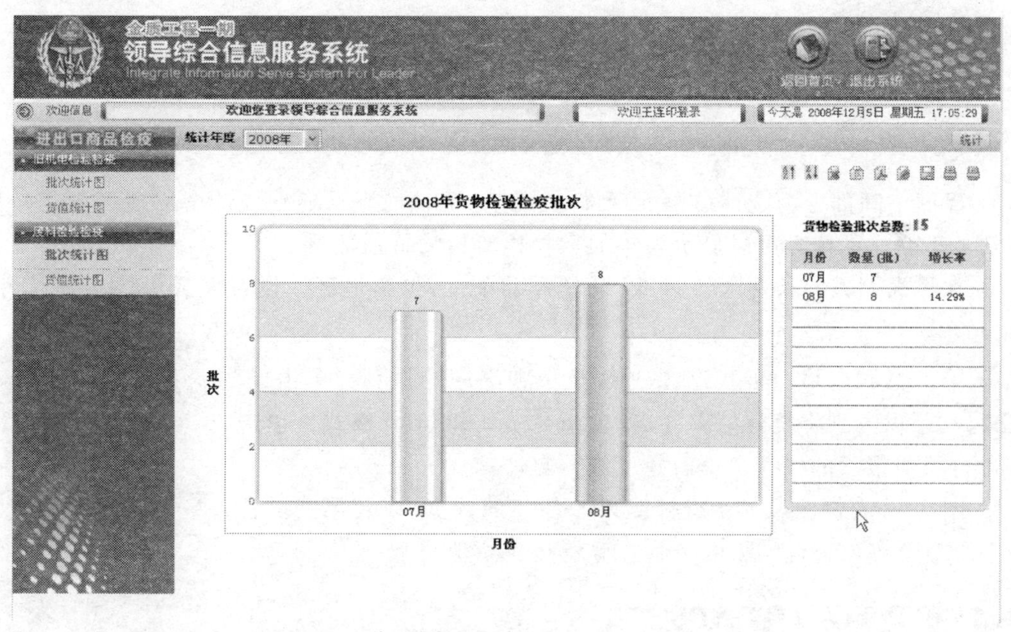

图 7-92　废料检验检疫批次——年度统计图

1）界面中间部分为统计结果展现部分。进入界面时默认显示统计全部地区数据。鼠标移动到某年的显示柱时可以显示当年的货物检验检疫批次数量。

2）在界面上方的条件区域，可以设置查询条件，包括地区。设置完成后，单击【统计】按钮，可根据条件重新展现统计结果。

3）单击和可对展现结果进行升序和降序的排列。单击、、、和可分别将统计结果导出成excel、pdf和html格式。单击可进行当前报表的保存。单击可进行打印。

4）图7-92右侧区域显示统计结果的各年的数据，以及年度增长率。上方显示当前查询结果的货物检验检疫批次总数。

（2）货值统计图

单击图7-92左侧菜单中货值统计下面“年度统计图”，进入货值统计界面，见图7-93。

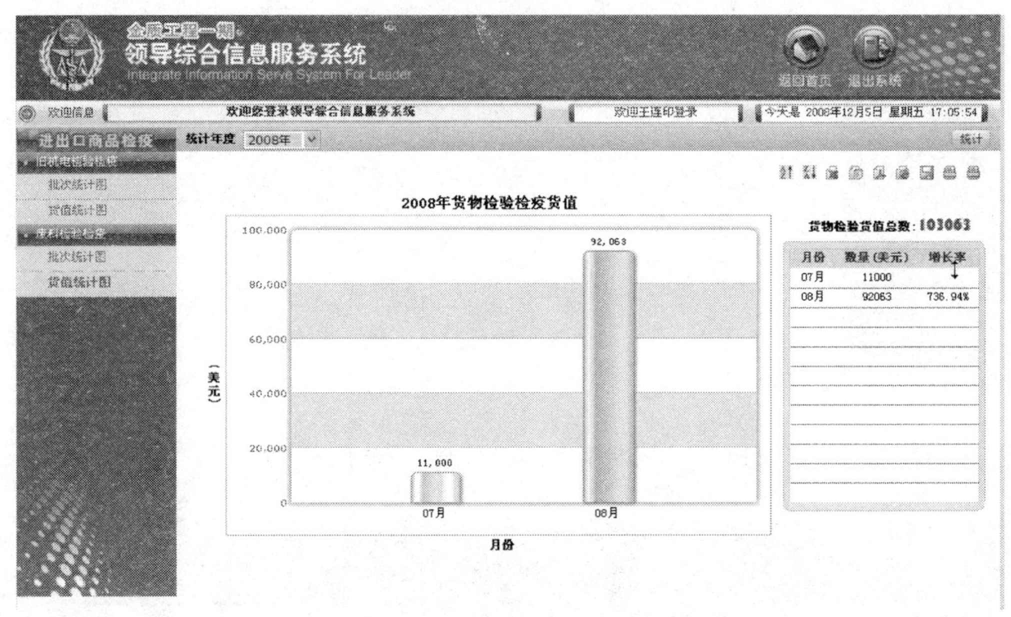

图7-93　废料检验检疫货值——年度统计图

1）界面中间部分为统计结果展现部分。进入界面时默认显示统计全部地区数据。鼠标移动到某年的显示柱时可以显示当年的货物检验检疫货值数量。

2）在界面上方的条件区域，可以设置查询条件，包括地区。设置完成后，单击【统计】按钮，可根据条件重新展现统计结果。

3）单击和可对展现结果进行升序和降序的排列。单击、、、和可分别将统计结果导出成excel、pdf和html格式。单击可进行当前报表的保存。单击可进行打印。

4）图7-93右侧区域显示统计结果的各年的数据，以及年度增长率。上方显示当前查询结果的货物检验检疫批货值总数。

7.2.15　WTO/TBT-SPS

单击图7-10业务分布首页的“WTO/TBT-SPS”链接，可进入WTO/TBT-SPS的详细统计页面，WTO/TBT-SPS共分中国对外WTO/SPS通报、中国对外WTO/TBT通报、其他WTO成员SPS通报和其他WTO成员TBT通报4个主题，见图7-94。

图7-94　WTO/TBT-SPS

7.2.15.1　中国对外WTO/SPS通报

（1）通报分类统计图

单击图 7-94 左侧菜单中中国对外 WTO/SPS 通报下面“通报分类统计图”，进入中国对外 WTO/SPS 通报分布统计界面，见图 7-95。

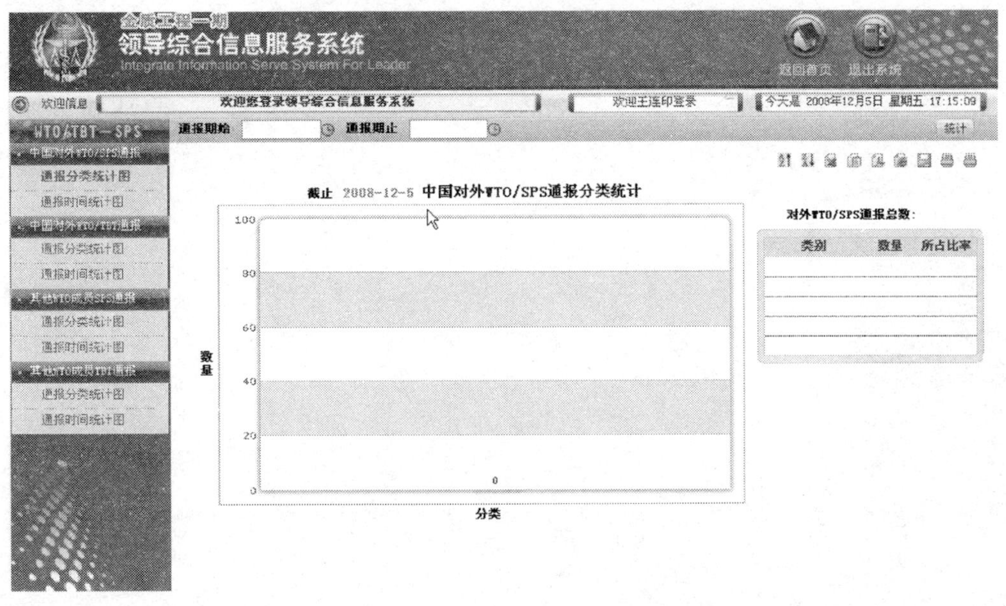

图 7-95 WTO/SPS 分类统计图

1）界面中间部分为统计结果展现部分。进入界面时默认显示统计全部类别数据。鼠标移动到某个类别的显示柱时可以显示当前类别的中国对外 WTO/SPS 通报量。

2）在界面上方的条件区域，可以设置查询条件，包括种类和发证时间。设置完成后，单击【统计】按钮，可根据条件重新展现统计结果。

3）单击和可对展现结果进行升序和降序的排列。单击、、、和可分别将统计结果导出成 excel、pdf 和 html 格式。单击可进行当前报表的保存。单击可进行打印。

4）图 7-95 右侧区域显示统计结果的各个类别的数据，以及各类中国对外 WTO/SPS 通报数据量所占比率，并按降序排列。上方显示当前查询结果的中国对外 WTO/SPS 通报总数。

（2）通报时间统计图

单击图 7-94 左侧菜单中中国对外 WTO/SPS 通报下面“通报时间统计图”，进入中国对外 WTO/SPS 通报的时间统计界面，见图 7-96。

1）界面中间部分为统计结果展现部分。进入界面时默认显示统计全部月份数据。鼠标移动到某年的显示柱时可以显示当年的中国对外 WTO/SPS 通报数量。

2）在界面上方的条件区域，可以设置查询条件，包括地区。设置完成后，单击【统计】按钮，可根据条件重新展现统计结果。

3）单击和可对展现结果进行升序和降序的排列。单击、、、和可分别将统计结果导出成 excel、pdf 和 html 格式。单击可进行当前报表的保存。单击可进行打印。

4）图 7-96 右侧区域显示统计结果的各年的数据，以及年度增长率。上方显示当前查询结果的中国对外 WTO/SPS 通报总数。

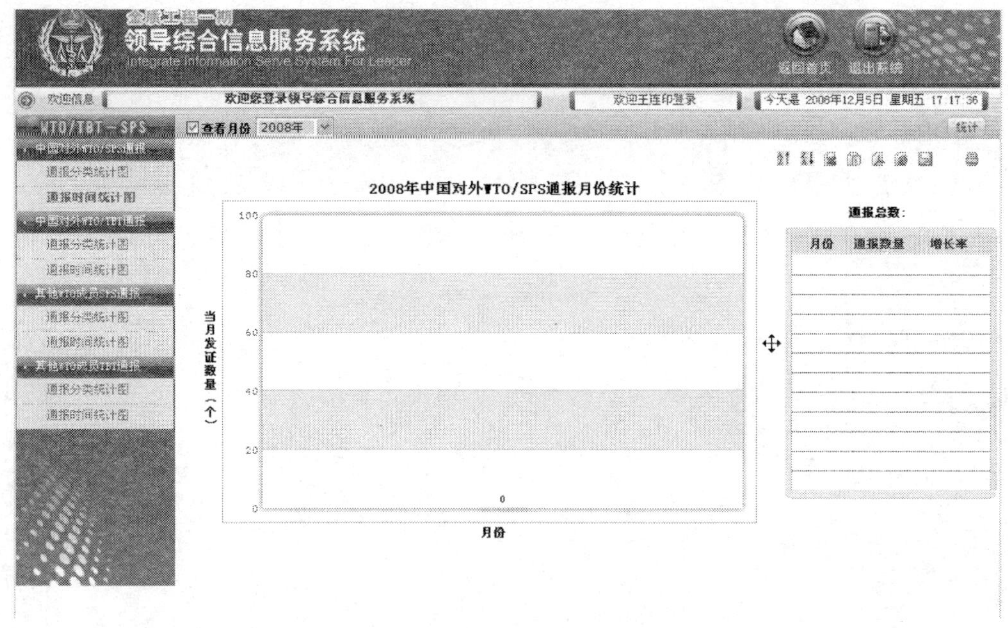

图 7-96　WTO/SPS 年度统计图

7.2.15.2　中国对外 WTO/TBT 通报

（1）通报分类统计图

单击图 7-96 左侧菜单中中国对外 WTO/TBT 通报下面“通报分类统计图”，进入中国对外 WTO/TBT 通报分布统计界面，见图 7-97。

图 7-97　WTO/TBT 分类统计图

1）界面中间部分为统计结果展现部分。进入界面时默认显示统计全部类别数据。鼠标移动到某个类别的显示柱时可以显示当前类别的中国对外 WTO/TBT 通报量。

2）在界面上方的条件区域，可以设置查询条件，包括种类和发证时间。设置完成后，单击【统计】按钮，可根据条件重新展现统计结果。

3）单击和可对展现结果进行升序和降序的排列。单击、、、和可分别将统计结果导出成 excel、pdf 和 html 格式。单击可进行当前报表的保存。单击可进行打印。

4）图 7-97 右侧区域显示统计结果的各个类别的数据，以及各类中国对外 WTO/TBT 通报数据量所占比率，并按降序排列。上方显示当前查询结果的中国对外 WTO/TBT 通报总数。

（2）通报时间统计图

单击图 7-97 左侧菜单中中国对外 WTO/TBT 通报下面“通报时间统计图”，进入中国对外 WTO/TBT 通报的时间统计界面，见图 7-98。

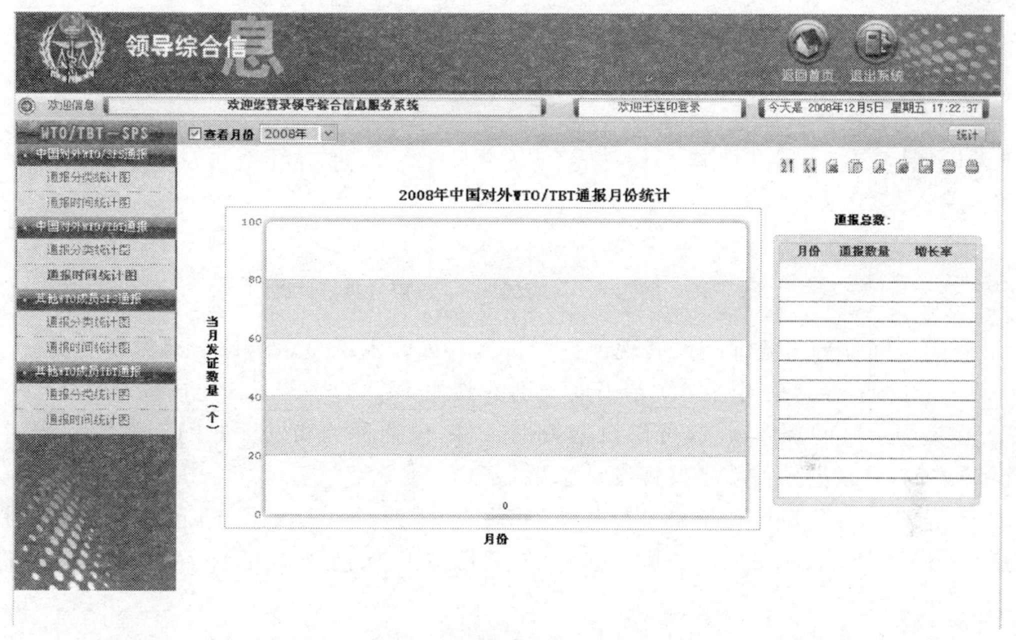

图 7-98 WTO/TBT 年度统计图

1）界面中间部分为统计结果展现部分。进入界面时默认显示统计全部月份数据。鼠标移动到某年的显示柱时可以显示当年的中国对外 WTO/SPS 通报数量。

2）在界面上方的条件区域，可以设置查询条件，包括地区。设置完成后，单击【统计】按钮，可根据条件重新展现统计结果。

3）单击和可对展现结果进行升序和降序的排列。单击、、、和可分别将统计结果导出成 excel、pdf 和 html 格式。单击可进行当前报表的保存。单击可进行打印。

4）图 7-98 右侧区域显示统计结果的各年的数据，以及年度增长率。上方显示当前查询结果的中国对外 WTO/SPS 通报总数。

7.2.15.3 其他 WTO 成员 SPS 通报

（1）通报分类统计图

单击图 7-98 左侧菜单中其他 WTO 成员 SPS 通报下面“通报分类统计图”，进入其他 WTO 成员 SPS 通报分布统计界面，见图 7-99。

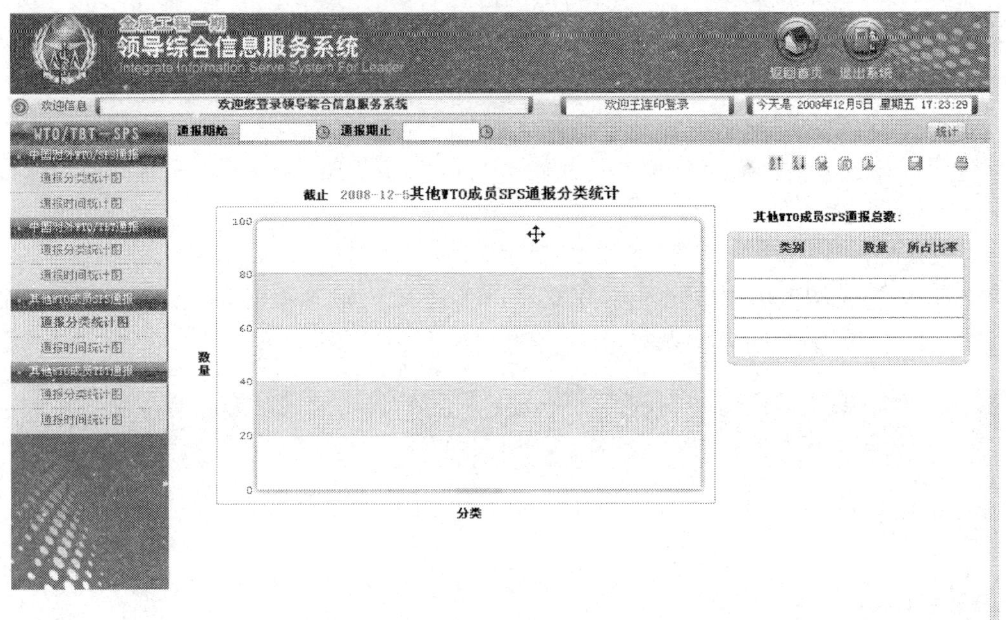

图 7-99　其他 WTO 成员 SPS 通报分类统计图

1）界面中间部分为统计结果展现部分。进入界面时默认显示统计全部类别数据。鼠标移动到某个类别的显示柱时可以显示当前类别的其他 WTO 成员 SPS 通报量。

2）在界面上方的条件区域，可以设置查询条件，包括种类和发证时间。设置完成后，单击【统计】按钮，可根据条件重新展现统计结果。

3）单击和可对展现结果进行升序和降序的排列。单击、、、和可分别将统计结果导出成 excel、pdf 和 html 格式。单击可进行当前报表的保存。单击可进行打印。

4）图 7-99 右侧区域显示统计结果的各个类别的数据，以及各类其他 WTO 成员 SPS 通报数据量所占比率，并按降序排列。上方显示当前查询结果的其他 WTO 成员 SPS 通报总数。

（2）通报时间统计图

单击图 7-99 左侧菜单中其他 WTO 成员 SPS 通报下面“通报时间统计图”，进入其他 WTO 成员 SPS 通报的时间统计界面，见图 7-100。

1）界面中间部分为统计结果展现部分。进入界面时默认显示统计全部月份数据。鼠标移动到某年的显示柱时可以显示当年的其他 WTO 成员 SPS 通报数量。

2）在界面上方的条件区域，可以设置查询条件，包括地区。设置完成后，单击【统计】按钮，可根据条件重新展现统计结果。

3）单击和可对展现结果进行升序和降序的排列。单击、、、和可分别将统计结果导出成 excel、pdf 和 html 格式。单击可进行当前报表的保存。单击可进行打印。

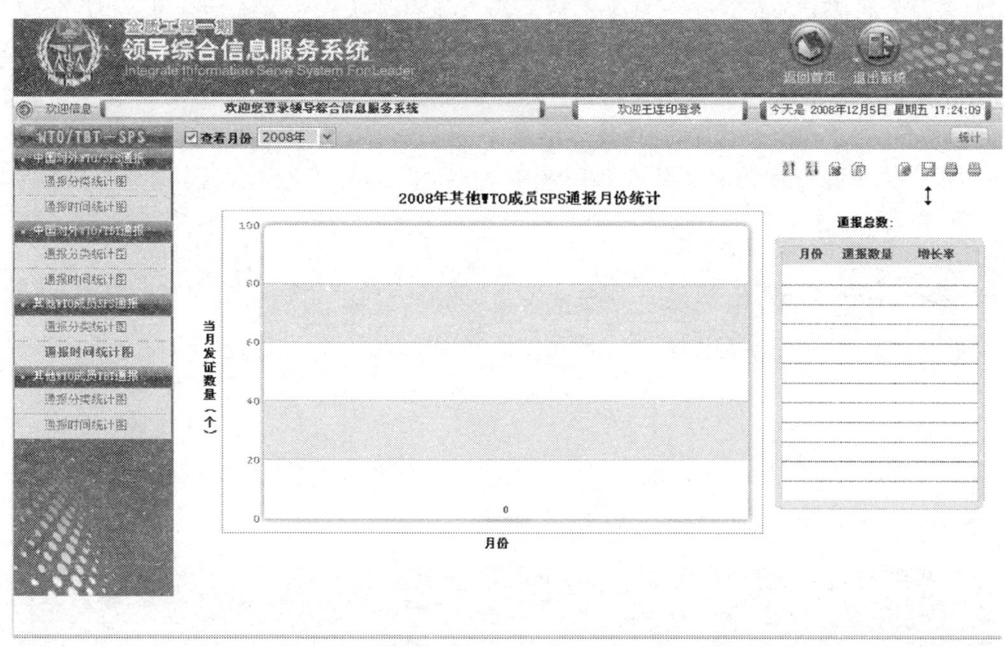

图 7-100　其他 WTO 成员 SPS 通报时间统计图

4）图 7-100 右侧区域显示统计结果的各年的数据，以及年度增长率。上方显示当前查询结果的其他 WTO 成员 SPS 通报总数。

7.2.15.4　其他 WTO 成员 TBT 通报

（1）通报分类统计图

单击图 7-100 左侧菜单中其他 WTO 成员 TBT 通报下面“通报分类统计图”，进入其他 WTO 成员 TBT 通报分布统计界面，见图 7-101。

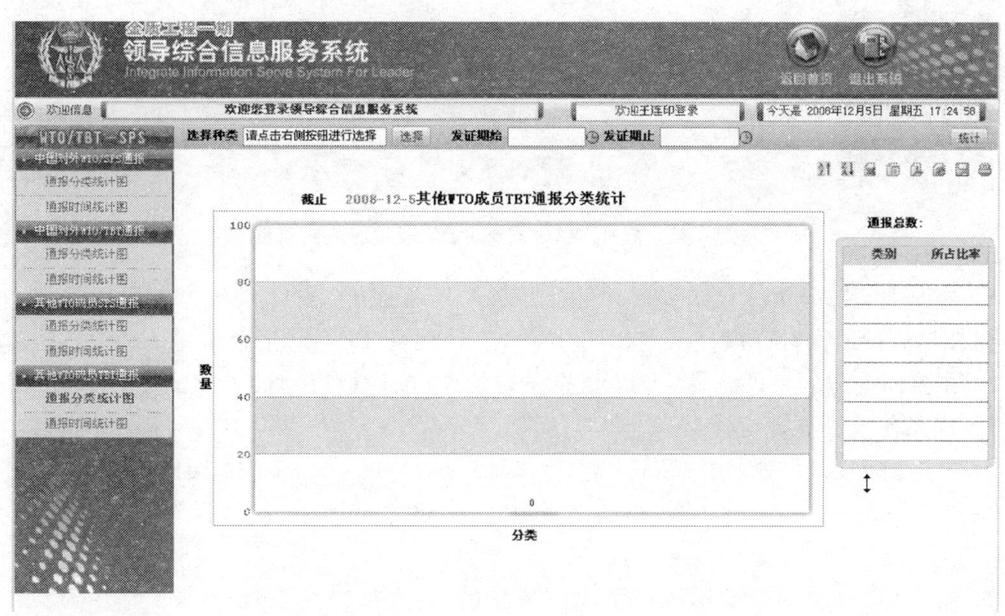

图 7-101　其他 WTO 成员 TBT 通报分类统计图

1）界面中间部分为统计结果展现部分。进入界面时默认显示统计全部类别数据。鼠标移动到某个类别的显示柱时可以显示当前类别的其他 WTO 成员 TBT 通报量。

2）在界面上方的条件区域，可以设置查询条件，包括种类和发证时间。设置完成后，单击【统计】按钮，可根据条件重新展现统计结果。

3）单击和可对展现结果进行升序和降序的排列。单击、、、和可分别将统计结果导出成 excel、pdf 和 html 格式。单击可进行当前报表的保存。单击可进行打印。

4）图 7-101 右侧区域显示统计结果的各个类别的数据，以及各类其他 WTO 成员 TBT 通报数量所占比率，并按降序排列。上方显示当前查询结果的其他 WTO 成员 TBT 通报总数。

（2）通报时间统计图

单击图 7-101 左侧菜单中其他 WTO 成员 TBT 通报下面“通报时间统计图”，进入其他 WTO 成员 TBT 通报的时间统计界面，见图 7-102。

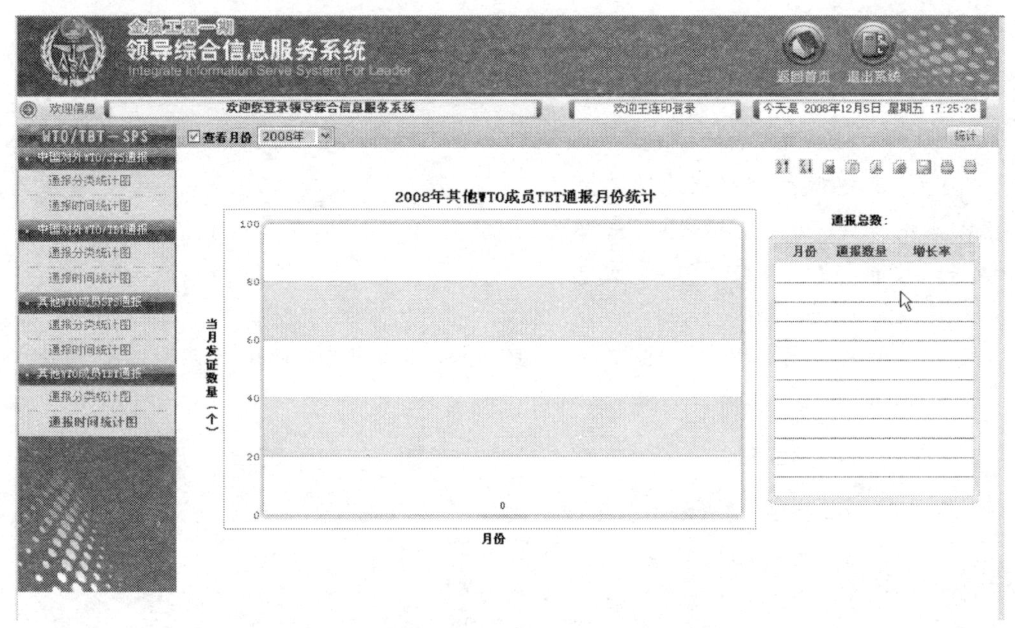

图 7-102　其他 WTO 成员 TBT 通报时间统计图

1）界面中间部分为统计结果展现部分。进入界面时默认显示统计全部月份数据。鼠标移动到某年的显示柱时可以显示当年的其他 WTO 成员 TBT 通报数量。

2）在界面上方的条件区域，可以设置查询条件，包括地区。设置完成后，单击【统计】按钮，可根据条件重新展现统计结果。

3）单击和可对展现结果进行升序和降序的排列。单击、、、和可分别将统计结果导出成 excel、pdf 和 html 格式。单击可进行当前报表的保存。单击可进行打印。

4）图 7-102 右侧区域显示统计结果的各年的数据，以及年度增长率。上方显示当前查询结果的其他 WTO 成员 TBT 通报总数。

7.2.16　标准化管理

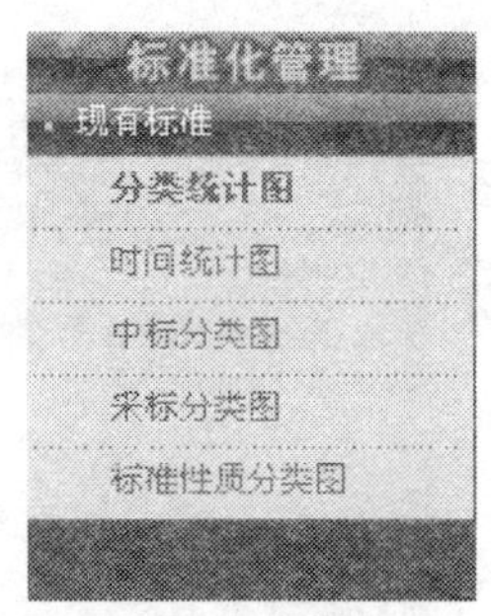

图 7-103　标准化管理

单击图 7-10 业务分布首页的“标准化管理”链接，可进入标准化管理的详细统计界面，标准化管理共分现有标准 1 个主题，见图 7-103。

7.2.16.1　分类统计图

单击图 7-103 左侧菜单中标准化管理下面的“分类统计图”，进入标准化的分类统计界面，见图 7-104。

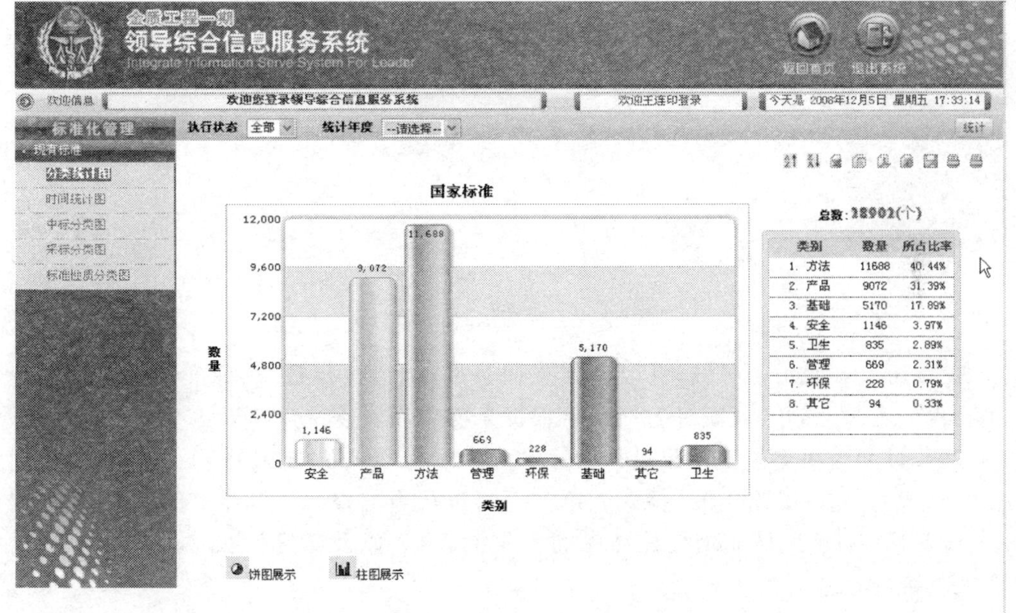

图 7-104　标准化分类统计图

1）界面中间部分为统计结果展现部分。进入界面时默认显示统计全部类型数据。鼠标移动到某个省的显示柱时可以显示当前类型产品标准化数量。

2）在界面上方的条件区域，可以设置查询条件，包括执行状态和统计年度。设置完成后，单击【统计】按钮，可根据条件重新展现统计结果。

3）单击和可对展现结果进行升序和降序的排列。单击、、、和可分别将统计结果导出成 excel、pdf 和 html 格式。单击可进行当前报表的保存。单击可进行打印。

4）单击 饼图展示 柱图展示 可对结果进行饼图，柱图的转换。

5）图 7-104 右侧区域显示统计结果的类型数量，上方显示当前标准化数量总数。

7.2.16.2　时间统计图

单击图 7-104 左侧菜单中标准化管理下面“时间统计图”，进入标准化的时间统计界面，见图 7-105。

1）界面中间部分为统计结果展现部分。进入界面时默认显示统计全部地区数据。移动鼠标到某年的显示柱时可以显示当年的标准化数量。

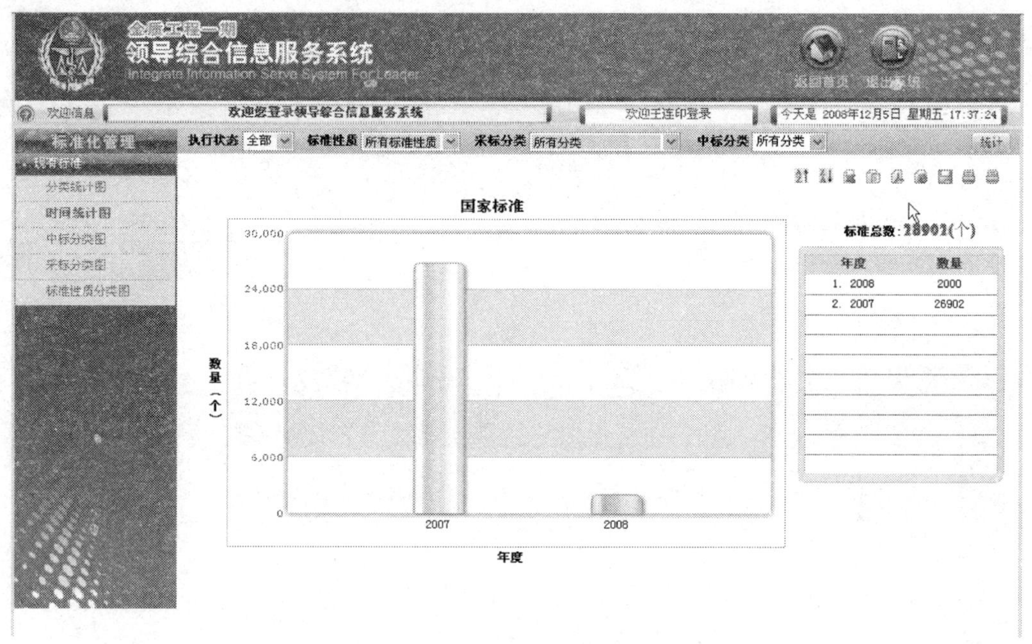

图 7-105　标准化时间统计图

2）在界面上方的条件区域，可以设置查询条件，包括执行状态、标准性质、采标分类、中标分类。设置完成后，单击【统计】按钮，可根据条件重新展现统计结果。

3）单击和可对展现结果进行升序和降序的排列。单击、、、和可分别将统计结果导出成 excel、pdf 和 html 格式。单击可进行当前报表的保存。单击可进行打印。

4）图 7-105 右侧区域显示统计结果的各年的数据，以及年度增长率。上方显示当前查询结果的标准化总数。

7.2.16.3　中标分类统计图

单击图 7-105 左侧菜单中中标分类图下面“分类统计图”，进入中标分类的分类统计界面，见图 7-106。

(1) 界面中间部分为统计结果展现部分。进入界面时默认显示统计全部类型数据。鼠标移动到某个省的显示柱时可以显示当前中标分类类型数量。

(2) 在界面上方的条件区域，可以设置查询条件，包括执行状态和统计年度。设置完成后，单击【统计】按钮，可根据条件重新展现统计结果。

(3) 单击和可对展现结果进行升序和降序的排列。单击、、、和可分别将统计结果导出成 excel、pdf 和 html 格式。单击可进行当前报表的保存。单击可进行打印。

(4) 图 7-106 右侧区域显示统计结果的类型数量，上方显示当前中标分类总数。

7.2.16.4　采标分类统计图

单击图 7-106 左侧菜单中采标分类图下面“分类统计图”，进入采标分类的分类统计界面，见图 7-107。

(1) 界面中间部分为统计结果展现部分。进入界面时默认显示统计全部类型数据。鼠标移动到某个省的显示柱时可以显示当前采标分类类型数量。

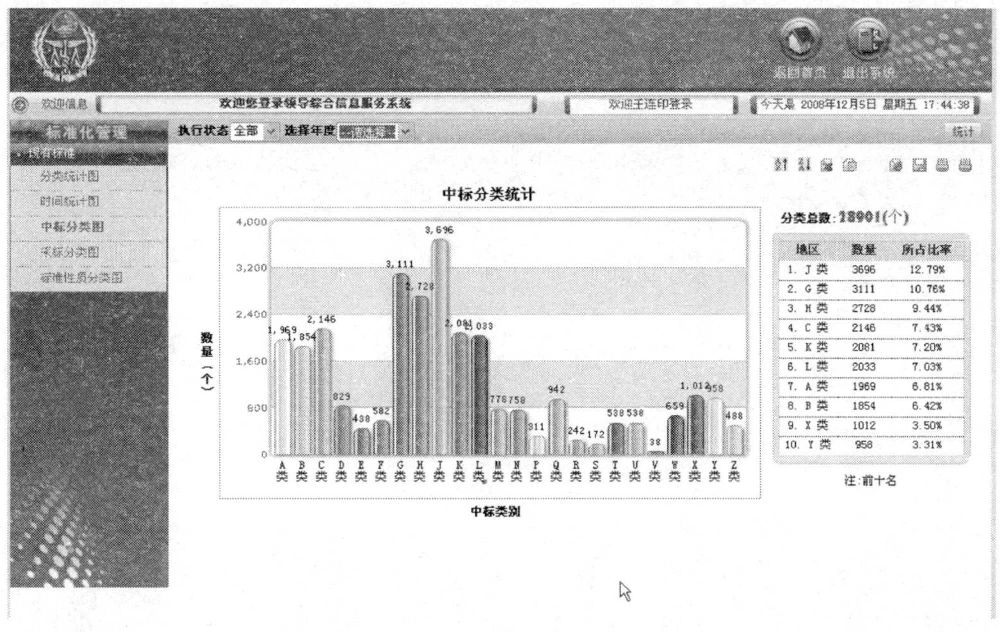

图 7-106　中标分类统计分类统计图

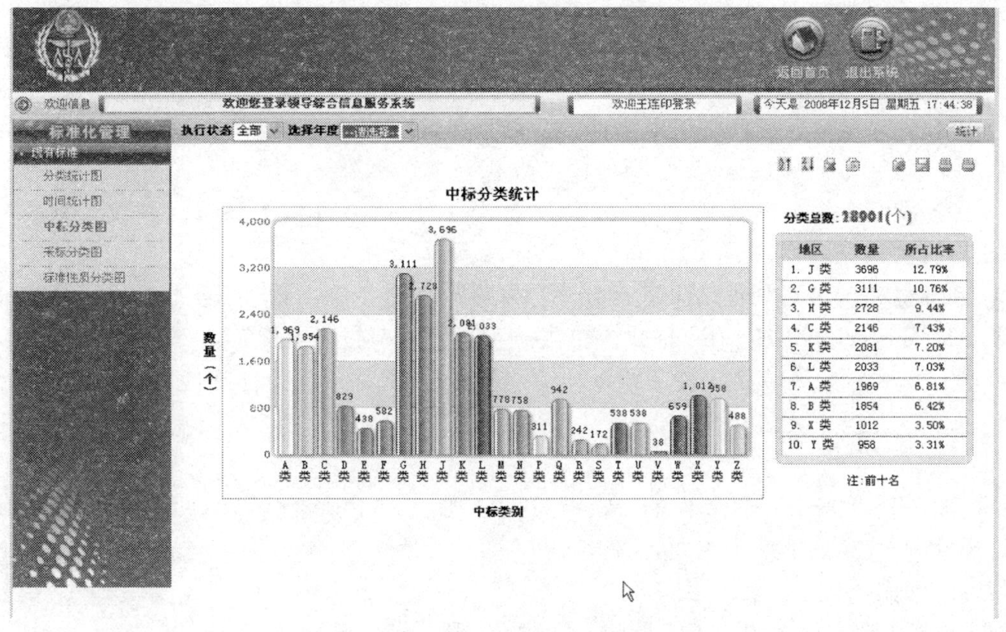

图 7-107　采标分类统计分类统计图

(2) 在界面上方的条件区域,可以设置查询条件,包括执行状态和统计年度。设置完成后,单击【统计】按钮,可根据条件重新展现统计结果。

(3) 单击和可对展现结果进行升序和降序的排列。单击、、、和可分别将统计结果导出成 excel、pdf 和 html 格式。单击可进行当前报表的保存。单击可进行打印。

(4) 图 7-107 右侧区域显示统计结果的类型数量,上方显示当前采标分类总数。

7.2.16.5 标准性质分类统计图

单击图 7-107 左侧菜单中标准性质分类图下面的“分类统计图”，进入标准性质分类的分类统计界面，见图 7-108。

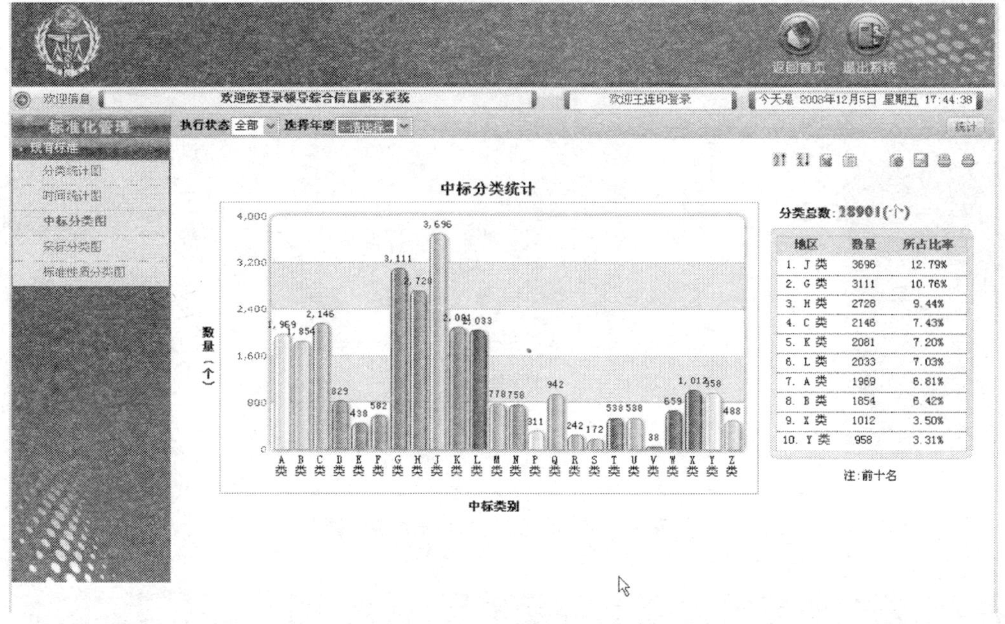

图 7-108 标准分类统计分类统计图

1）界面中间部分为统计结果展现部分。进入界面时默认显示统计全部类型数据。鼠标移动到某个省的显示柱时可以显示当前标准性质分类类型数量。

2）在界面上方的条件区域，可以设置查询条件，包括执行状态和统计年度。设置完成后，单击【统计】按钮，可根据条件重新展现统计结果。

3）单击和可对展现结果进行升序和降序的排列。单击、、、和可分别将统计结果导出成 excel、pdf 和 html 格式。单击可进行当前报表的保存。单击可进行打印。

4）图 7-108 右侧区域显示统计结果的类型数量，上方显示当前标准性质分类总数。

7.2.17 认证认可

单击图 7-10 业务分布首界面的“认证认可”链接，可进入认证认可的详细统计界面，认证认可管理共分 CCC 认证 1 个主题，见图 7-109。

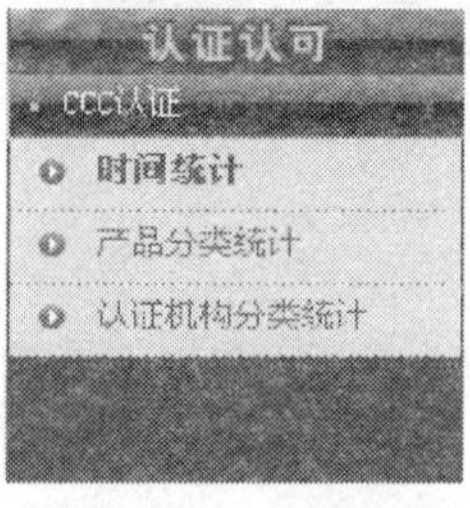

7.2.17.1 时间统计

单击图 7-109 左侧菜单中 CCC 认证下面“时间统计”，进入 CCC 认证的时间统计界面，见图 7-110。

（1）界面中间部分为统计结果展现部分。进入界面时默认显示统计全部年度数据。鼠标移动到某区域上时可以显示当年的 CCC 认证数量。

认证认可
CCC认证
时间统计
产品分类统计
认证机构分类统计

图 7-109 认证认可

（2）在界面上方的条件区域，可以设置查询条件，包括认证机构，查看月份和产品分类。设置完成后，单击【统计】按钮或下方数量，可根据条件重新展现统计结果。

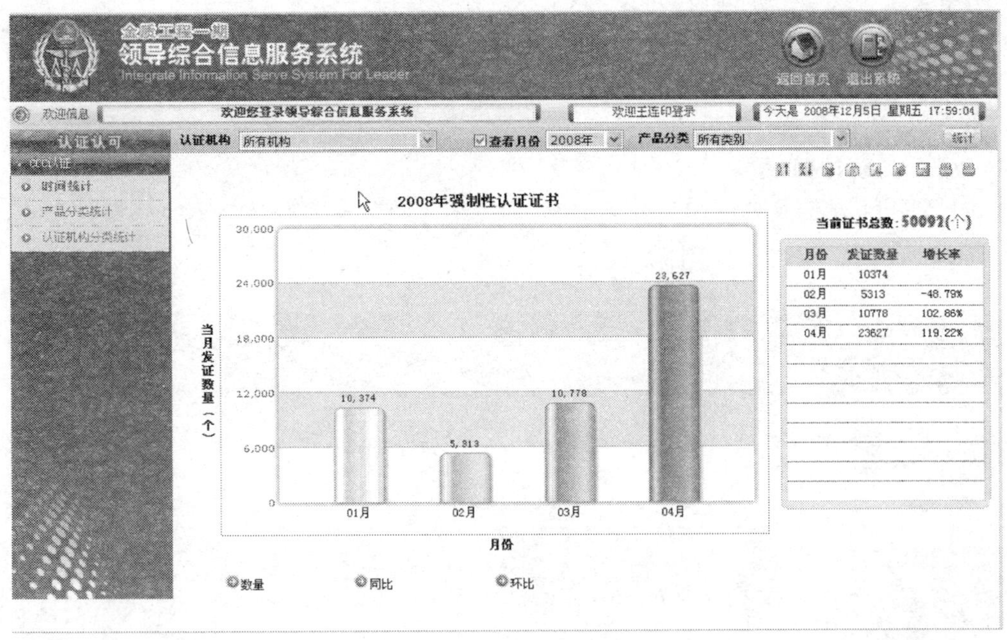

图 7-110　CCC 认证时间统计图

(3) 单击和可对展现结果进行升序和降序的排列。单击、、、和可分别将统计结果导出成 excel、pdf 和 html 格式。单击可进行当前报表的保存。单击可进行打印。

(4) 当把查看月份前面的"选中"改为"未选中"状态时,查询统计结果以年度为单位,显示 CCC 认证数据,见图 7-111。

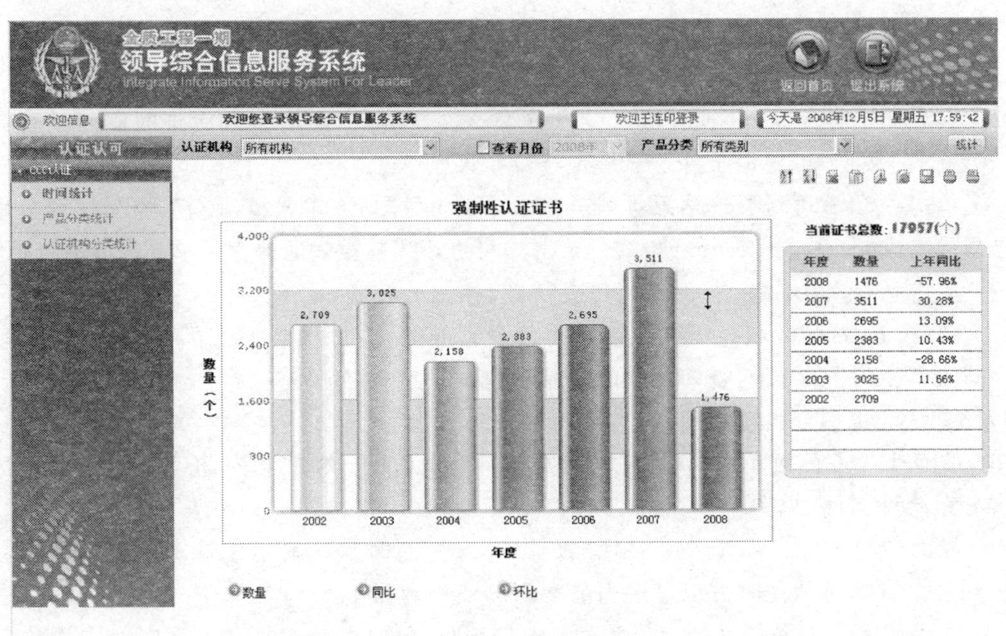

图 7-111　CCC 认证时间统计图

(5) 单击统计图下方的同比可以对 CCC 认证按月份进行同比。

(6) 单击统计图下方的环比可以对 CCC 认证按月份进行环比。

(7) 图 7-111 右侧区域显示统计结果的各年的数据,以及月份增长率。上方显示当前查询结果的 CCC 认证总数。

7.2.17.2　分类统计图

单击图 7-111 左侧菜单中产品分类下面"分类统计图",进入产品分类的分类分布统计界面,见图 7-112。

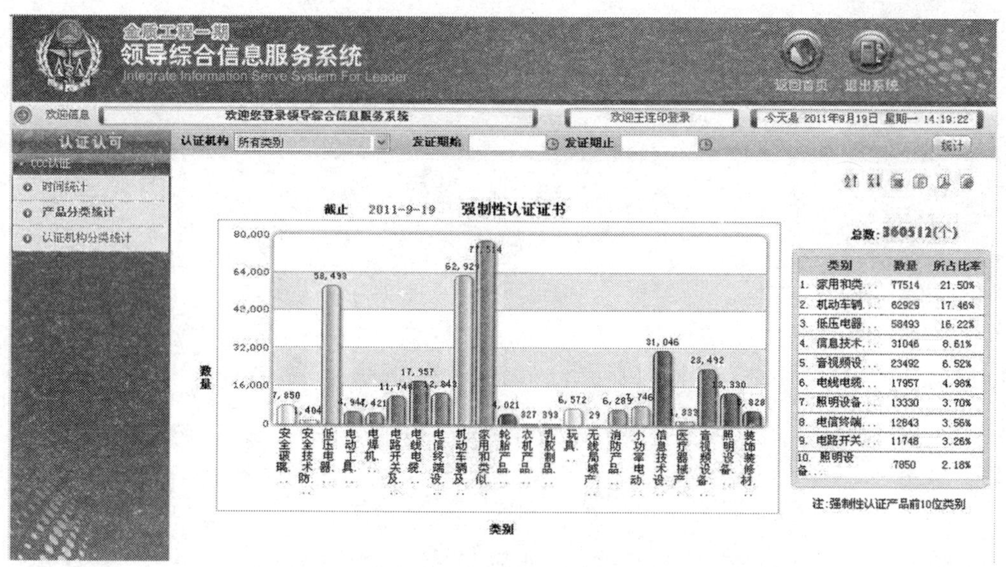

图 7-112　CCC 认证分类统计图

(1) 界面中间部分为统计结果展现部分。进入界面时默认显示统计全部分类数据。鼠标移动到某个省的显示柱时可以显示当前类型的产品数量。

(2) 在界面上方的条件区域,可以设置查询条件,包括产品类别和发证时间。设置完成后,单击【统计】按钮,可根据条件重新展现统计结果。

(3) 单击和可对展现结果进行升序和降序的排列。单击、、、和可分别将统计结果导出成 excel、pdf 和 html 格式。单击可进行当前报表的保存。单击可进行打印。

(4) 单击饼图展示 柱图展示可对结果进行饼图,柱图的转换。

(5) 图 7-112 右侧区域显示统计结果的各个省的数据,以及各省产品数量所占比率,并按降序排列。上方显示当前查询结果的产品总数。

7.2.17.3　认证机构分类统计图

单击图 7-111 左侧菜单中"认证机构分类统计"下面的分类统计图,进入强制性认证证书的分类分布统计界面,见图 7-113。

(1) 界面中间部分为统计结果展现部分。进入界面时默认显示统计全部分类数据。鼠标移动到某个省的显示柱时可以显示当前类型的证书数量。

(2) 在界面上方的条件区域,可以设置查询条件,包括产品类别和发证时间。设置完成后,单击【统计】按钮,可根据条件重新展现统计结果。

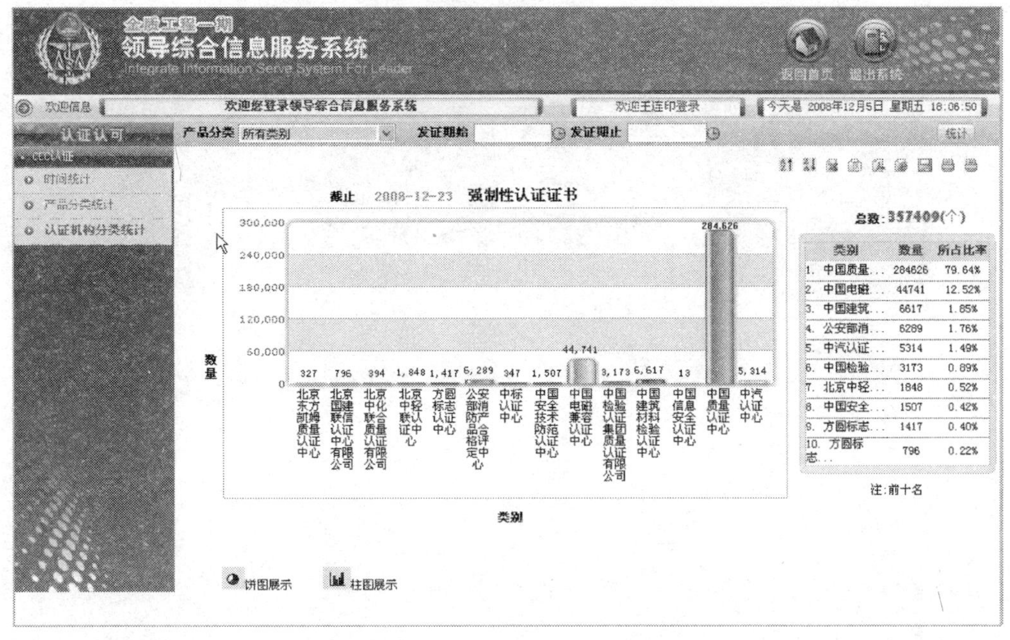

图 7-113 CCC 认证认证机构分类统计图

(3) 单击和可对展现结果进行升序和降序的排列。单击、、、和可分别将统计结果导出成 excel、pdf 和 html 格式。单击可进行当前报表的保存。单击可进行打印。

(4) 单击饼图展示 柱图展示可对结果进行饼图,柱图的转换。

(5) 图 7-113 右侧区域显示统计结果的各个省的数据,以及各省产品数量所占比率,并按降序排列。上方显示当前查询结果的证书总数。

7.3 质检部门信息服务系统

7.3.1 系统概述

“金质工程”的建设内容可以用“一网一库三系统”的建设来概括,即建设质检业务监督管理系统、质检业务行政许可管理系统、质检信息服务系统,建设质检业务数据库群,建设软硬件及网络平台。

综合信息服务系统属于质检信息服务系统中的一部分,为领导决策提供支持,为企业和公众提供服务。质检部门系统是为质检部门业务人员提供了一个统一查询信息的平台,业务人员可以从企业、许可证、产品和机构等多个角度进行信息的查询,实现跨业务、跨省市的查询。

金质工程为了使各个业务系统成为统一的整体,方便业务人员使用,实现了统一登录、统一组织机构和统一的权限管理。其维护方式在第 3 章中有详细介绍。

质检部门信息服务系统也采用单点登录方式,登录系统。登录界面见图 7-114。

图 7-114　登录界面

使用被授予访问权限的用户登录后，首先登录集成框架首界面，在左侧菜单中即可以看到质检部门信息服务系统菜单，见图 7-115。

图 7-115　集成框架首界面

单击菜单中的质检部门信息服务系统菜单，即可进入质检部门信息系统首界面，见图 7-116。

7.3.2　我的桌面

质监部门综合信息服务为质监部门的业务人员提供跨省跨业务的信息查询。为方便用户操作方便快捷，系统提供对桌面展现内容的个性化定制功能。质监部门系统首界面共包括快速查询 13 项，9 项信息图片内容，用户在“我的桌面”模块下可以定制桌面显示内容。

图 7-116　系统首界面

点击首界面的“我的桌面”，见图 7-117。

图 7-117　桌面定制

在打开的定制界面中进行桌面元素的选择；

1）单击【全选】，则选中全部选项，单击【确定】后，界面中显示所有内容。

2）单击【全不选】，则全部选项均不选中，但为保证界面完整，系统要求至少有一项被选中，单击【确定】后，界面中显示所有内容。

3）单击【返回】，保持原有设定。

选中部分选项【确定】后界面样式见图 7-118。

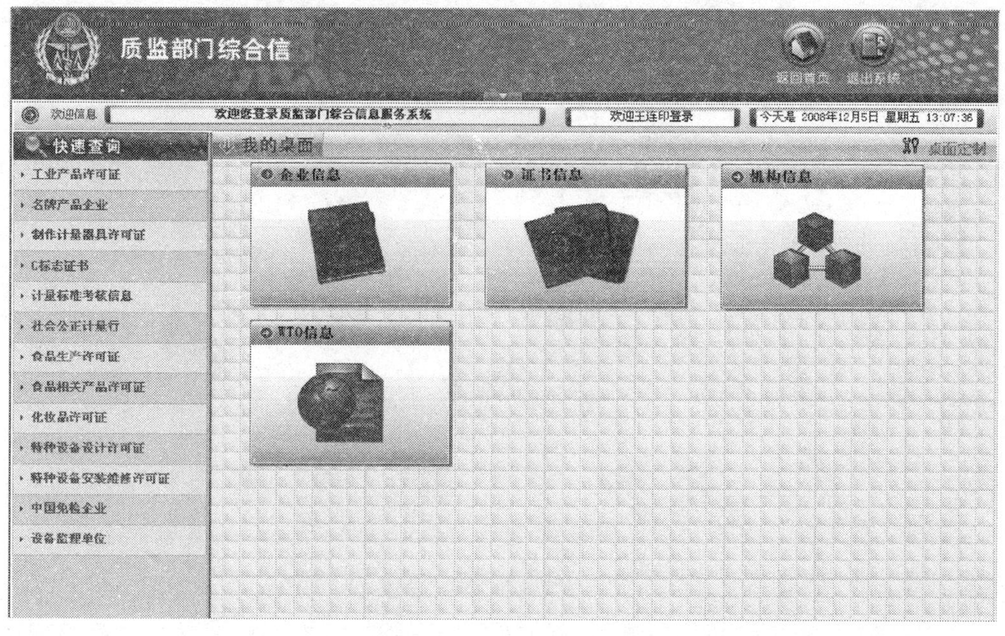

图 7-118　桌面定制

7.3.3　快速查询

7.3.3.1　工业产品许可证快速查询

单击快速查询中的“工业产品许可证”，即可进入工业产品许可证快速查询界面，见图 7-119。

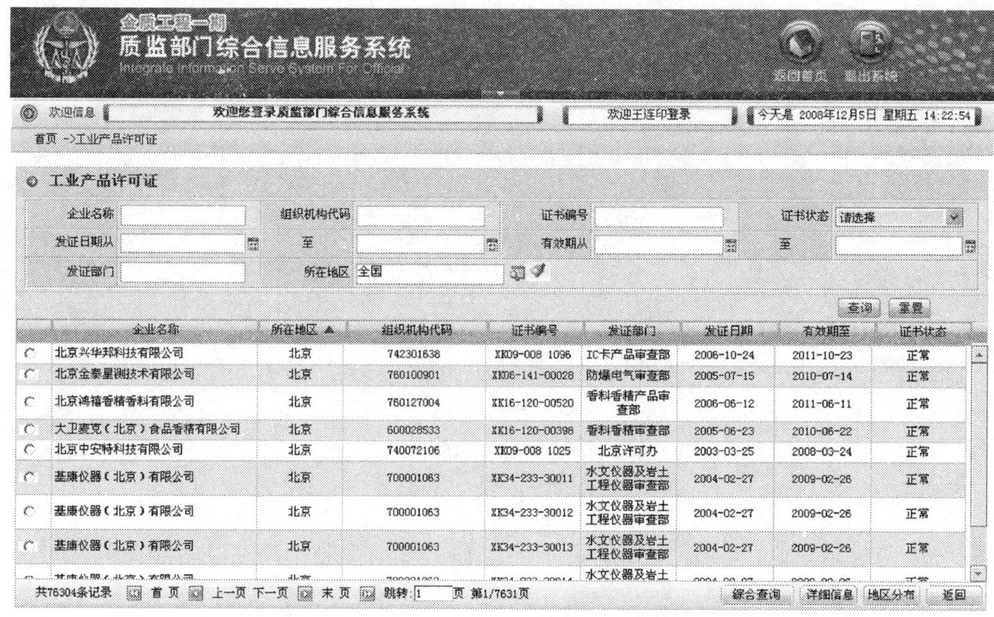

图 7-119　工业产品许可证查询

7.3.3.2 名牌产品企业快速查询

单击快速查询中的“名牌产品企业”，即可进入名牌信息快速查询界面，见图 7-120。

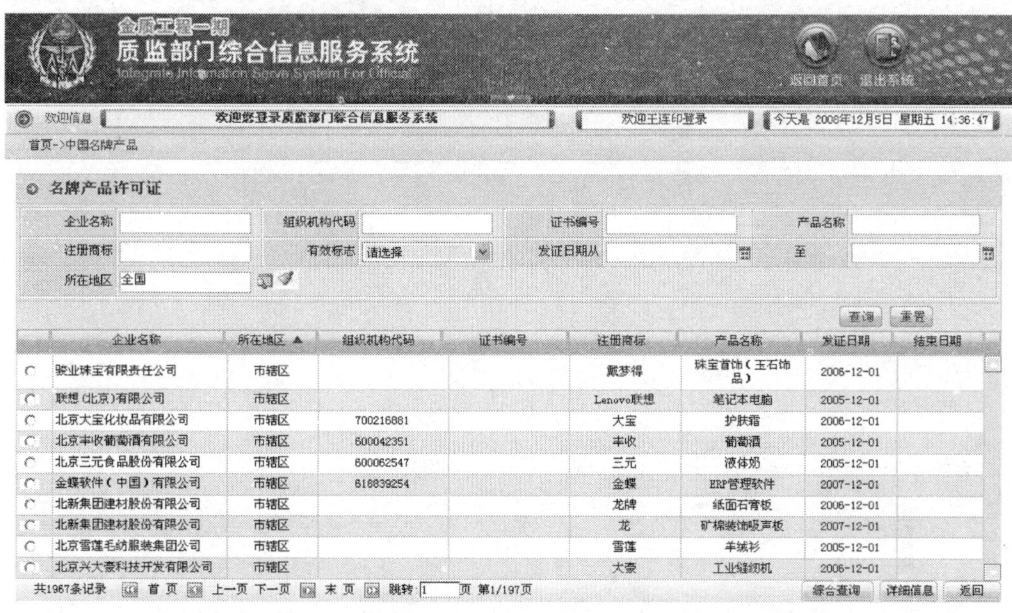

图 7-120 名牌产品企业查询

7.3.3.3 制作计量器具许可证快速查询

单击快速查询中的“制作计量器具许可证”，即可进入制作计量器具许可证快速查询界面，见图 7-121。

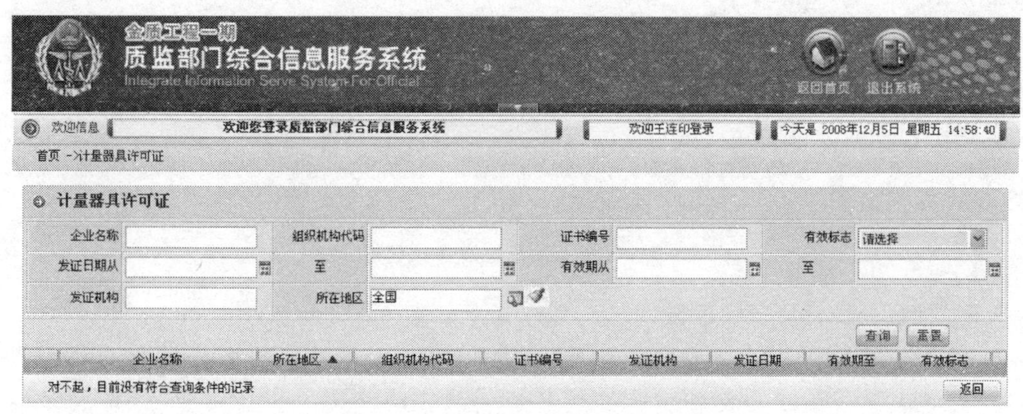

图 7-121 制作计量器具许可证查询

7.3.3.4 C 标志证书快速查询

单击快速查询中的“C 标志证书”，即可进入 C 标志证书快速查询界面，见图 7-122。

7.3.3.5 计量标准考核信息快速查询

单击快速查询中的“计量标准考核信息”，即可进入计量标准考核信息快速查询界面，见图 7-123。

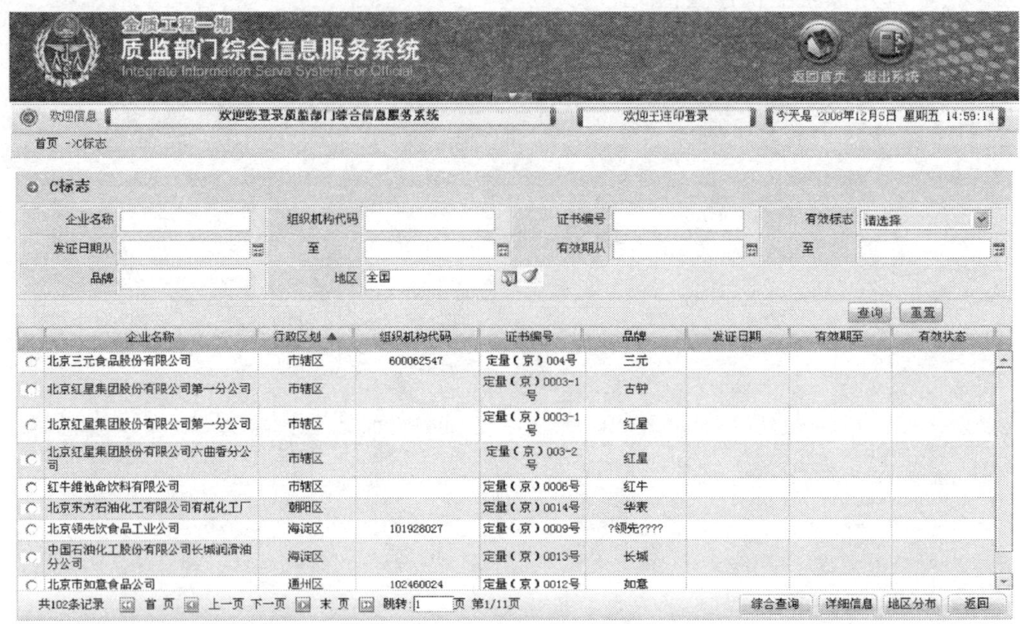

图 7-122　C 标志证书查询

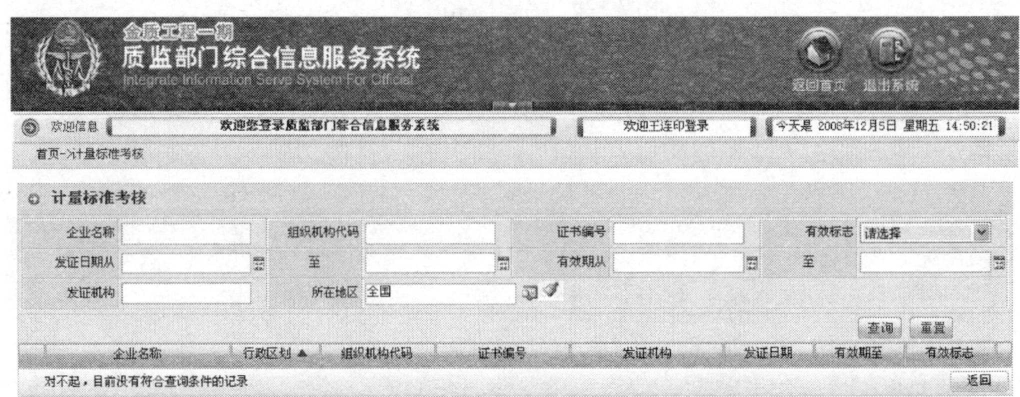

图 7-123　计量标准考核信息

7.3.3.6　社会公正计量行快速查询

单击快速查询中的“社会公正计量行”，即可进入社会公正计量行快速查询界面，见图 7-124。

7.3.3.7　食品生产许可证快速查询

单击快速查询中的“食品生产许可证”，即可进入食品生产许可证快速查询界面，见图 7-125。

7.3.3.8　食品相关产品生产许可证快速查询

单击快速查询中的“食品相关产品许可证”，即可进入食品相关产品许可证快速查询界面，见图 7-126。

7.3.3.9　化妆品许可证快速查询

单击快速查询中的“化妆品许可证”，即可进入化妆品许可证快速查询界面，见图 7-127。

7.3.3.10　特种设备安装维修许可证快速查询

单击快速查询中的“特种设备安装维修许可证”，即可进入特种设备安装维修许可证快速查询界面，见图 7-128。

7.3.3.11　设备监理单位快速查询

单击快速查询中的“设备监理单位”，即可进入设备监理单位快速查询界面，见图 7-129。

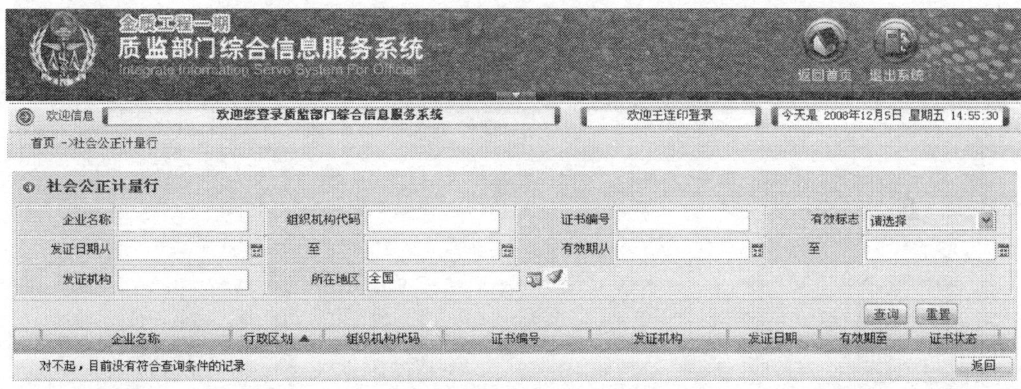

图 7-124　社会公正计量行

图 7-125　食品生产许可证

7.3.4 企业信息

质监部门信息服务系统提供对企业信息的查询,同时根据企业查询其相关的所有信息。实现以企业为主线,查询所有与企业关联的各个业务方向的信息。

登录系统首界面后,单击“企业信息”图片,即可进入企业信息列表,默认情况下,列表将显示出所有企业的信息,并分页显示,见图7-130。

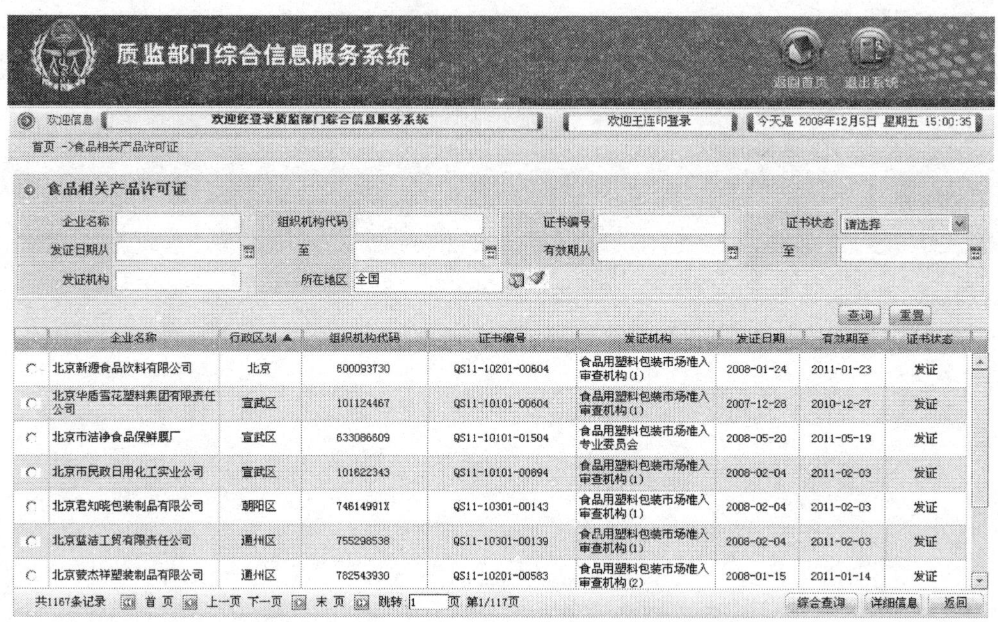

图7-126 食品相关产品生产许可证

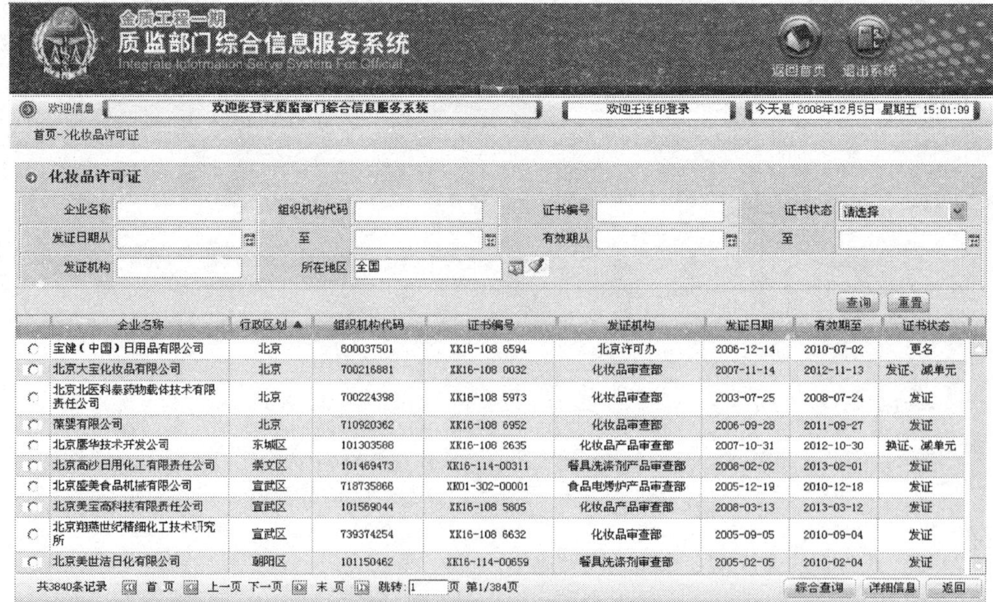

图7-127 化妆品许可证

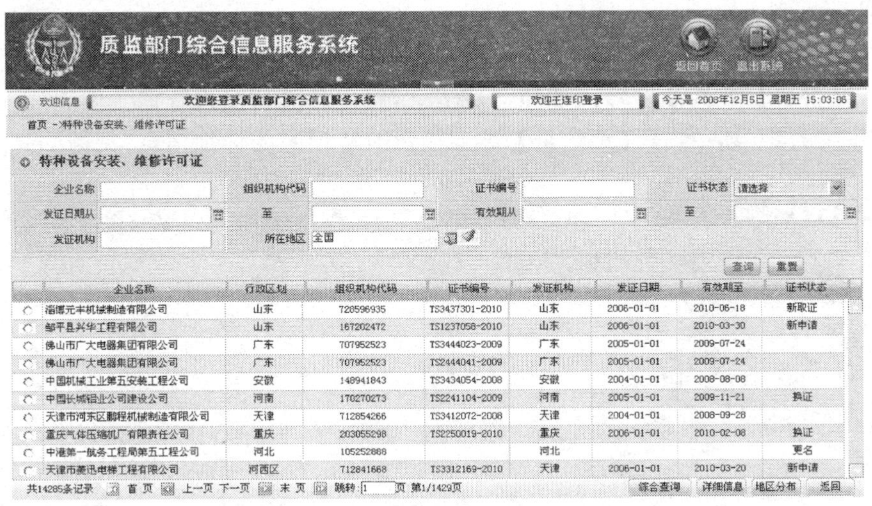

图 7-128　特种设备安装维修许可证

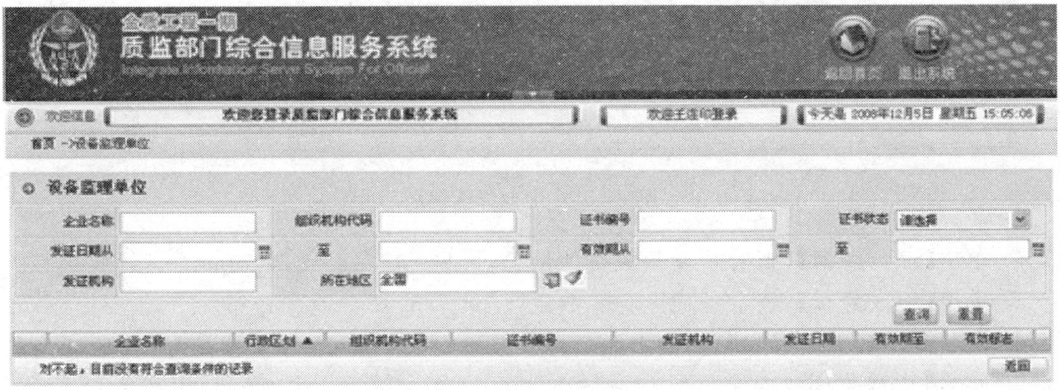

图 7-129　设备监理单位

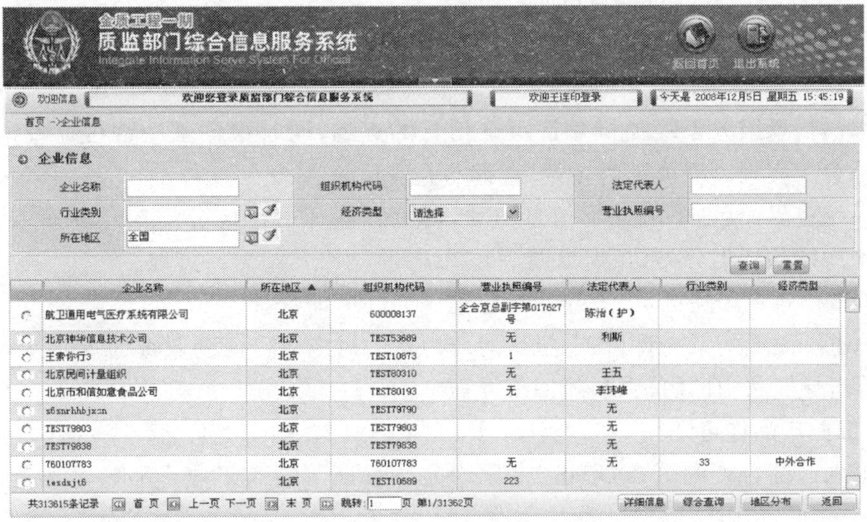

图 7-130　企业信息查询

在企业信息列表页面进行查询。

1）输入查询条件的任意组合后，单击【查询】，界面中显示符合查询条件的企业信息。

2）单击【重置】，查询条件输入框即会被清空，用户可重新输入查询条件。

3）选中一条记录，单击【详细信息】，界面显示对应记录的详细信息，见图 7-131。

企业详细信息

质检企业：	99001000000000000000001582
企业名称：	北京民间计量組织
组织机构代码：	TEST80310
成立日期：	
经济类型：	
行业类别：	
经营范围：	
注册资金：	
营业执照编号：	无
住所：	海淀区
住所行政区划：	110000
住所乡镇村街代码：	
法定代表人：	王五
法定代表人证件类型：	
法定代表人证件号码：	
负责人姓名：	王五
企业状态：	
上级单位质检企业：	
上级单位组织机构代码：	

关闭

图 7-131　企业详细信息

4）单击【综合查询】，查看企业相关其他信息，详见 7.3.12　综合查询。

5）单击【地区分布】，查看各地区企业数量，详见 7.3.13　地区分布。

6）鼠标移动到表头（即列名，如企业名称），鼠标变成手形状，单击鼠标左键，根据当前列对记录进行升序或降序排序。

7）单击【返回】，返回前一页。

8）单击导航条中的【首页】，返回首界面。

7.3.5　许可证信息

质监部门信息服务系统提供对许可证信息的查询，同时根据某一许可证查询其对应企业的所有信息。实现以许可证为主线，查询与企业信息。

登录系统首界面后，单击证书信息图片，即可进入证书地区分类信息界面，默认情况下将显示全国地区的证书分类信息，见图 7-132。

（1）单击任意一个地区，下方显示对应地区的许可证数量。

（2）单击页面上的某一许可证，进入对应地区的对应许可证列表查询页。

（3）单击导航条中的【首页】，返回首界面。

7.3.5.1　工业产品许可证

在证书地区综合查询页面，单击“工业产品许可证”，进入工业产品许可证查询列表，见图 7-133。

在工业产品许可证列表页面进行查询。

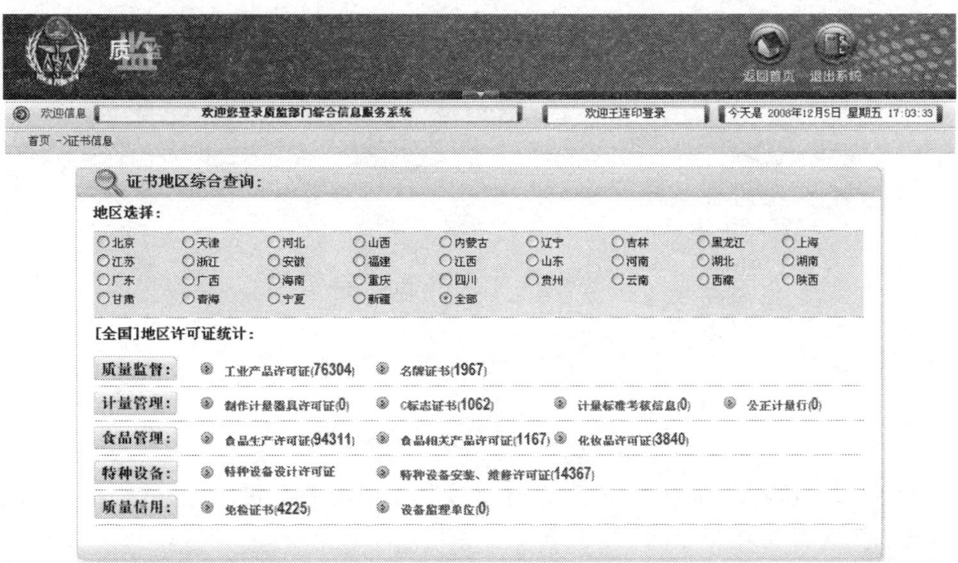

图 7-132　证书地区综合查询

图 7-133　工业产品许可证查询

（1）输入查询条件的任意组合后，单击【查询】，界面中显示符合查询条件的工业产品许可证信息。

（2）单击【重置】，查询条件输入框即会被清空，用户可重新输入查询条件。

（3）选中一条记录，单击【详细信息】，界面显示对应记录的详细信息，见图 7-134。

（4）单击【综合查询】，查看当前证书所属企业相关其他信息，详见 7.3.12　综合查询。

（5）单击【地区分布】，查看各地区工业产品许可证数量，详见 7.3.13　地区分布。

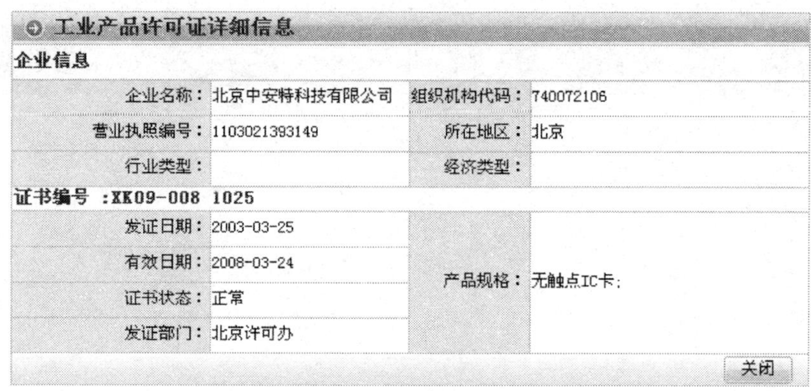

图 7-134　工业产品许可证详细信息

(6) 鼠标移动到表头(即列名,如企业名称),鼠标变成手形状,单击鼠标左键,根据当前列对记录进行升序或降序排序。

(7) 单击【返回】,返回前一页。

(8) 单击导航条中的【首页】,返回首界面。

7.3.5.2　名牌证书

在证书地区综合查询界面,单击“名牌证书”,进入名牌证书查询列表,见图 7-135。

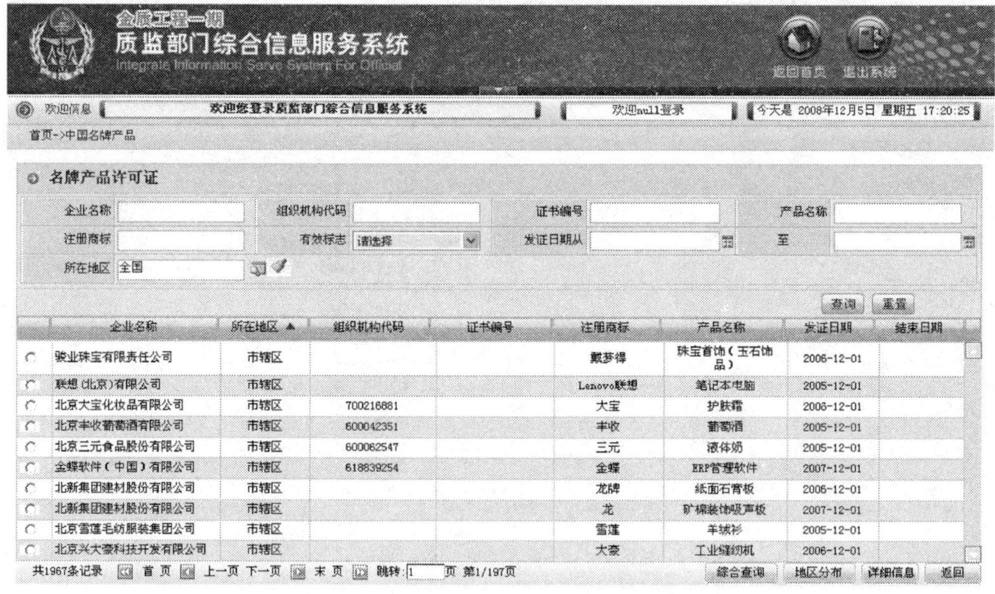

图 7-135　名牌证书查询

在名牌证书列表页面进行查询。

(1) 输入查询条件的任意组合后,单击【查询】,界面中显示符合查询条件的名牌证书信息。

(2) 单击【重置】,查询条件输入框即会被清空,用户可重新输入查询条件。

(3) 选中一条记录,单击【详细信息】,界面显示对应记录的详细信息,见图 7-136。

中国名牌详细信息

企业信息			
企业名称：	北京三元食品股份有限公司	组织机构代码：	600062547
营业执照编号：		所在地区：	北京市辖区
行业类型：		经济类型：	
证书编号　：			
注册商标：	三元	产品名称：	液体奶
名牌类型：	省名牌		
发证日期：	2005-12-01		
有效日期：			
证书状态：			
发证部门：			

关闭

图 7-136　名牌证书详细信息

(4) 单击【综合查询】，查看当前证书所属企业相关其信息，详见 2.7.12　综合查询。

(5) 单击【地区分布】，查看各地区名牌证书数量，详见 2.7.13　地区分布

(6) 鼠标移动到表头(即列名，如企业名称)，鼠标变成手形状，单击鼠标左键，根据当前列对记录进行升序或降序排序。

(7) 单击【返回】，返回前一页。

(8) 单击导航条中的【首页】，返回首界面。

7.3.5.3　制造计量器具许可证

在证书地区综合查询界面，单击"制作计量器具许可证"，进入制造计量器具许可证查询列表，见图 7-137。

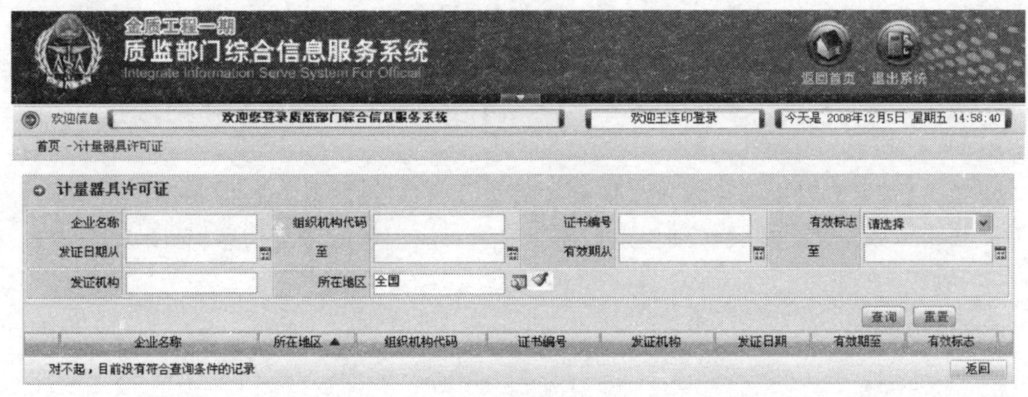

图 7-137　制作计量器具许可证查询

在制造计量器具许可证列表页面进行查询。

(1) 输入查询条件的任意组合后，单击【查询】，界面中显示符合查询条件的制造计量器具许可证信息。

(2) 单击【重置】，查询条件输入框即会被清空，用户可重新输入查询条件。

(3) 选中一条记录，单击【详细信息】，界面显示对应记录的详细信息。

(4) 单击【综合查询】，查看当前证书所属企业相关其他信息，详见 2.7.12　综合查询。

(5) 单击【地区分布】,查看各地区制作计量器具许可证数量,详见 2.7.13　地区分布

(6) 鼠标移动到表头(即列名,如企业名称),鼠标变成手形状,点击鼠标左键,根据当前列对记录进行升序或降序排序。

(7) 单击【返回】,返回前一页。

(8) 单击导航条中的【首页】,返回首界面。

7.3.5.4　C 标志证书

在证书地区综合查询界面,单击"C 标志证书",进入 C 标志证书查询列表,见图 7-138。

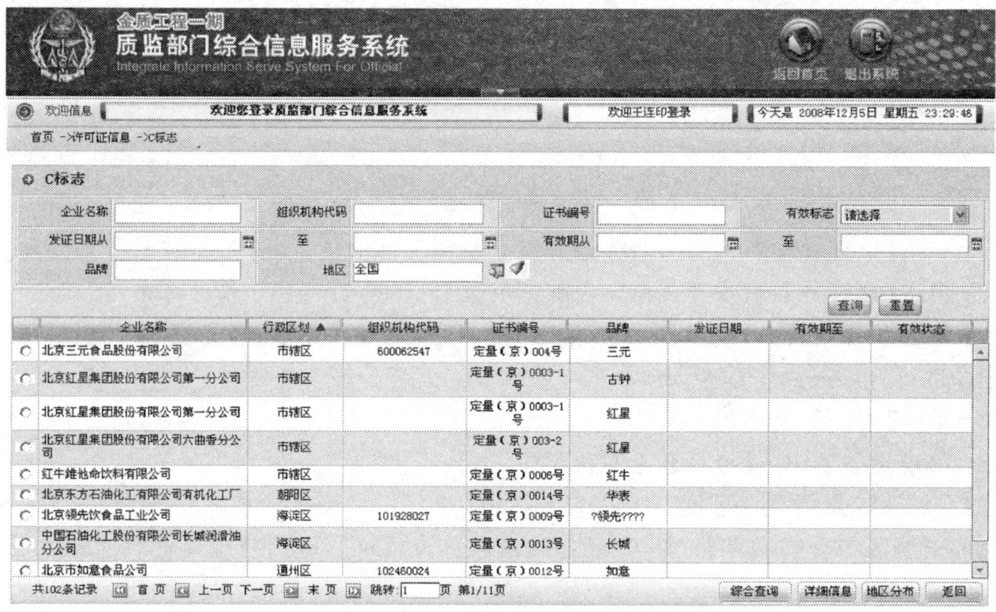

图 7-138　C 标志证书查询

在 C 标志证书列表页面进行查询。

(1) 输入查询条件的任意组合后,单击【查询】,界面中显示符合查询条件的 C 标志证书信息。

(2) 单击【重置】,查询条件输入框即会被清空,用户可重新输入查询条件。

(3) 选中一条记录,单击【详细信息】,界面显示对应记录的详细信息,见图 7-139。

C标志详细信息

企业信息			
企业名称:	北京三元食品股份有限公司	组织机构代码:	600062547
营业执照编号:	(空)	所在地区:	北京市辖区
行业类型:		经济类型:	
证书编号 :定量(京)004号			
发证日期:		产品规格:	天然酸奶、果粒酸奶无糖酸奶;
有效日期:			
证书状态:			
品牌:	三元		

关闭

图 7-139　C 标志证书详细信息

(4) 单击【综合查询】,查看当前证书所属企业相关其他信息,详见 2.7.12 综合查询。

(5) 单击【地区分布】,查看各地区 C 标志证书数量,详见 2.7.13 地区分布。

(6) 鼠标移动到表头(即列名,如企业名称),鼠标变成手形状,单击鼠标左键,根据当前列对记录进行升序或降序排序。

(7) 单击【返回】,返回前一页。

(8) 单击导航条中的【首页】,返回首界面。

7.3.5.5 计量标准考核信息

在证书地区综合查询界面,单击计量标准考核,进入计量标准考核查询列表,见图 7-140。

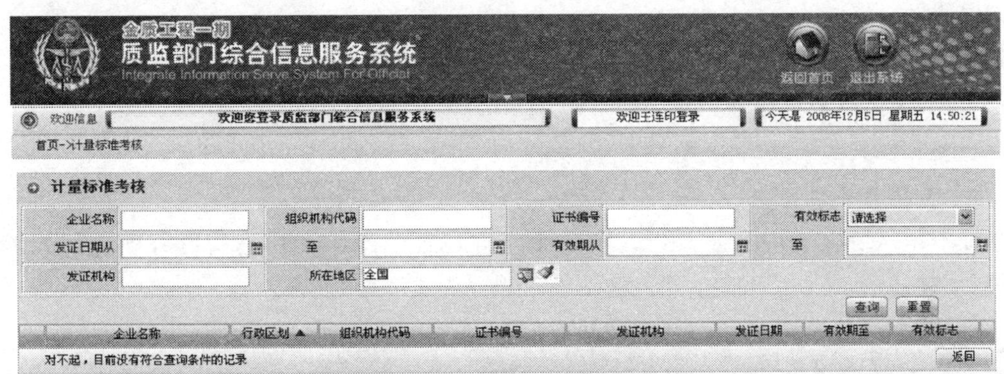

图 7-140 计量标准考核查询

在计量标准考核信息列表页面进行查询。

(1) 输入查询条件的任意组合后,单击【查询】,界面中显示符合查询条件的计量标准考核信息。

(2) 单击【重置】,查询条件输入框即会被清空,用户可重新输入查询条件。

(3) 选中一条记录,单击【详细信息】,界面显示对应记录的详细信息。

(4) 单击【综合查询】,查看当前证书所属企业相关其他信息,详见 2.7.12 综合查询。

(5) 单击【地区分布】,查看各地区计量标准考核数量,详见 2.7.13 地区分布。

(6) 鼠标移动到表头(即列名,如企业名称),鼠标变成手形状,单击鼠标左键,根据当前列对记录进行升序或降序排序。

(7) 单击【返回】,返回前一页。

(8) 单击导航条中的【首页】,返回首界面。

7.3.5.6 公正计量行

在证书地区综合查询页面,单击“公正计量行”,进入公正计量行查询列表,见图 7-141。

在公正计量行信息列表页面进行查询。

(1) 输入查询条件的任意组合后,单击【查询】,界面中显示符合查询条件的公正计量行信息。

(2) 单击【重置】,查询条件输入框即会被清空,用户可重新输入查询条件。

(3) 选中一条记录,单击【详细信息】,界面显示对应记录的详细信息。

(4) 单击【综合查询】,查看当前证书所属企业相关其他信息,详见 2.7.12 综合查询。

(5) 单击【地区分布】,查看各地区公正计量行数量,详见 2.7.13 地区分布。

(6) 鼠标移动到表头(即列名,如企业名称),鼠标变成手形状,单击鼠标左键,根据当前列对记录进行升序或降序排序。

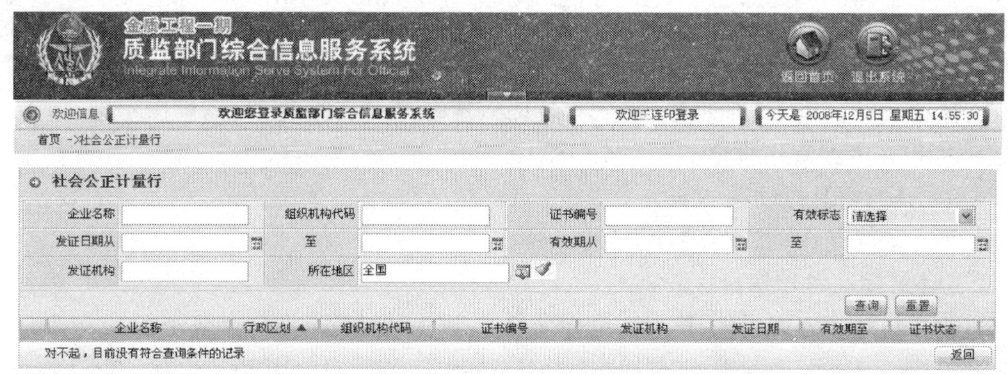

图 7-141　公正计量行查询

(7) 单击【返回】，返回前一页。

(8) 单击导航条中的【首页】，返回首界面。

7.3.5.7　食品生产许可证

在证书地区综合查询页面，单击"食品生产许可证"，进入食品生产许可证查询列表，见图 7-142。

图 7-142　食品生产许可证查询

在食品生产许可证列表页面进行查询。

(1) 输入查询条件的任意组合后，单击【查询】，界面中显示符合查询条件的食品生产许可证信息。

(2) 单击【重置】，查询条件输入框即会被清空，用户可重新输入查询条件。

(3) 选中一条记录，单击【详细信息】，页面显示对应记录的详细信息，见图 7-143。

(4) 单击【综合查询】，查看当前证书所属企业相关其他信息，详见 2.7.12　综合查询。

(5) 单击【地区分布】，查看各地区食品生产许可证数量，详见 2.7.13　地区分布。

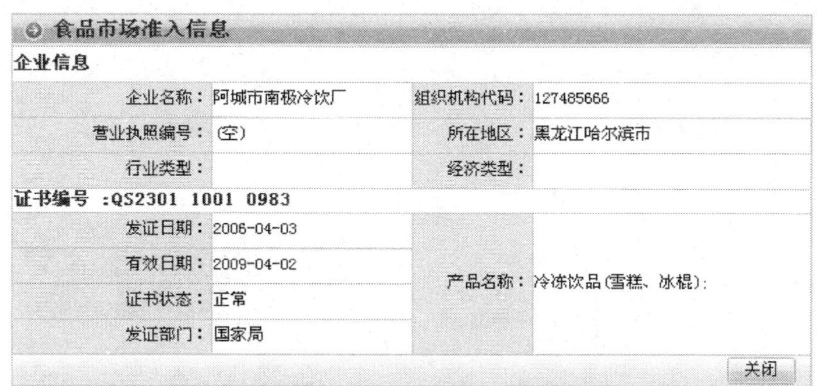

图 7-143　食品生产许可详细信息

(6) 鼠标移动到表头(即列名，如企业名称)，鼠标变成手形状，单击鼠标左键，根据当前列对记录进行升序或降序排序。

(7) 单击【返回】，返回前一页。

(8) 单击导航条中的【首页】，返回首界面。

7.3.5.8　食品相关产品许可证

在证书地区综合查询页面，单击“食品相关产品许可证”，进入食品相关产品许可证查询列表，见图 7-144。

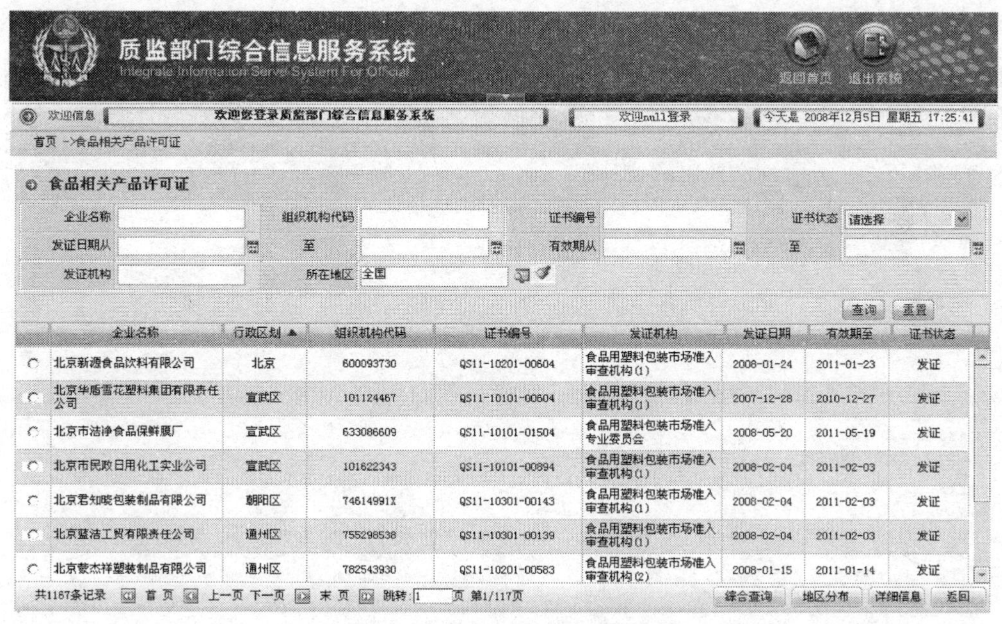

图 7-144　食品相关产品许可证查询

在食品相关产品许可证列表页面进行查询。

(1) 输入查询条件的任意组合后，单击【查询】，界面中显示符合查询条件的食品相关产品许可证信息。

(2) 单击【重置】，查询条件输入框即会被清空，用户可重新输入查询条件。

(3) 选中一条记录，单击【详细信息】，界面显示对应记录的详细信息，见图 7-145。

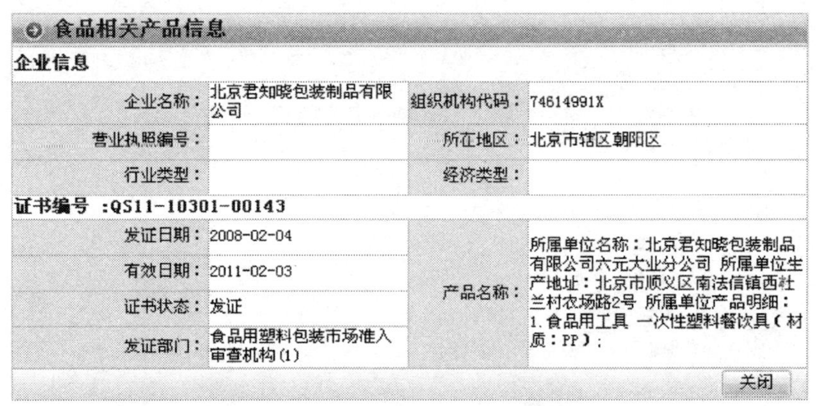

图 7-145　食品相关产品许可证详细信息

(4) 单击【综合查询】,查看当前证书所属企业相关其他信息,详见 2.7.12　综合查询。

(5) 单击【地区分布】,查看各地区食品相关产品许可证数量,详见 2.7.13　地区分布。

(6) 鼠标移动到表头(即列名,如企业名称),鼠标变成手形状,单击鼠标左键,根据当前列对记录进行升序或降序排序。

(7) 单击【返回】,返回前一页。

(8) 单击导航条中的【首页】,返回首界面。

7.3.5.9　化妆品许可证

在证书地区综合查询界面,单击"化妆品许可证",进入化妆品许可证查询列表,见图 7-146。

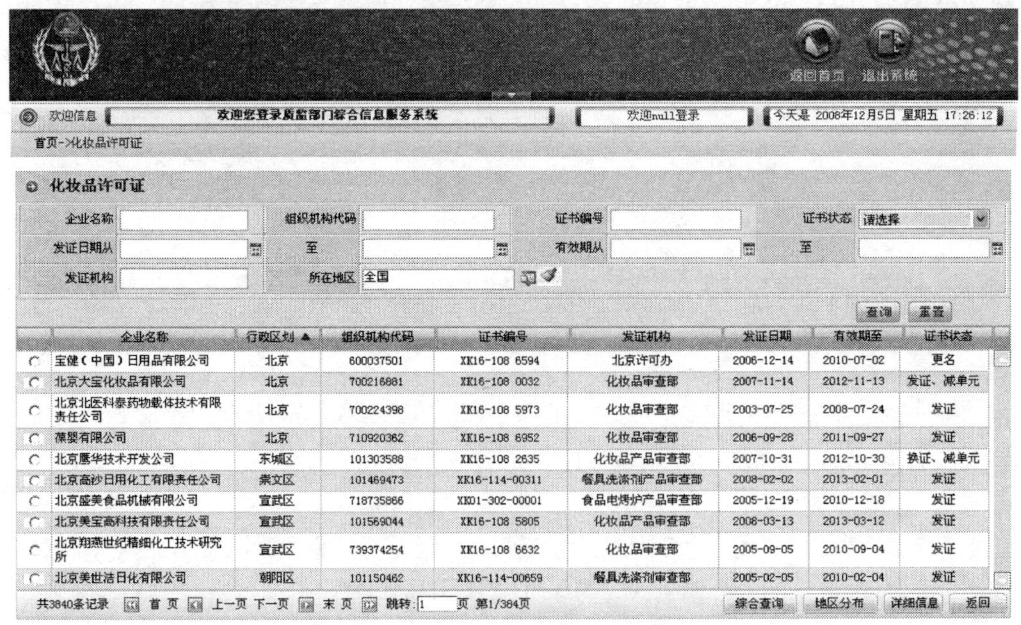

企业名称	行政区划	组织机构代码	证书编号	发证机构	发证日期	有效期至	证书状态
宝健(中国)日用品有限公司	北京	600037501	XK16-108 6594	北京许可办	2006-12-14	2010-07-02	更名
北京大宝化妆品有限公司	北京	700216881	XK16-108 0032	化妆品审查部	2007-11-14	2012-11-13	发证、减单元
北京北医科泰药物载体技术有限责任公司	北京	700224398	XK16-108 5973	化妆品审查部	2003-07-25	2008-07-24	发证
葆婴有限公司	北京	710920362	XK16-108 6952	化妆品审查部	2006-09-28	2011-09-27	发证
北京赓华技术开发公司	东城区	101303588	XK16-108 2635	化妆品产品审查部	2007-10-31	2012-10-30	换证、减单元
北京高沙日用化工有限责任公司	崇文区	101469473	XK16-114-00311	餐具洗涤剂产品审查部	2008-02-02	2013-02-01	发证
北京盛美食品机械有限公司	宣武区	718735866	XK01-302-00001	食品电烤炉产品审查部	2005-12-19	2010-12-18	发证
北京美宝高科技有限责任公司	宣武区	101569044	XK16-108 5805	化妆品产品审查部	2008-03-13	2013-03-12	发证
北京翔燕世纪精细化工技术研究所	宣武区	739374254	XK16-108 6632	化妆品审查部	2005-09-05	2010-09-04	发证
北京美世洁日化有限公司	朝阳区	101150462	XK16-114-00659	餐具洗涤剂审查部	2005-02-05	2010-02-04	发证

图 7-146　化妆品许可证查询

在化妆品许可证列表界面进行查询。

(1) 输入查询条件的任意组合后,单击【查询】,界面中显示符合查询条件的化妆品许可证信息。

（2）单击【重置】，查询条件输入框即会被清空，用户可重新输入查询条件。

（3）选中一条记录，单击【详细信息】，界面显示对应记录的详细信息，见图 7-147。

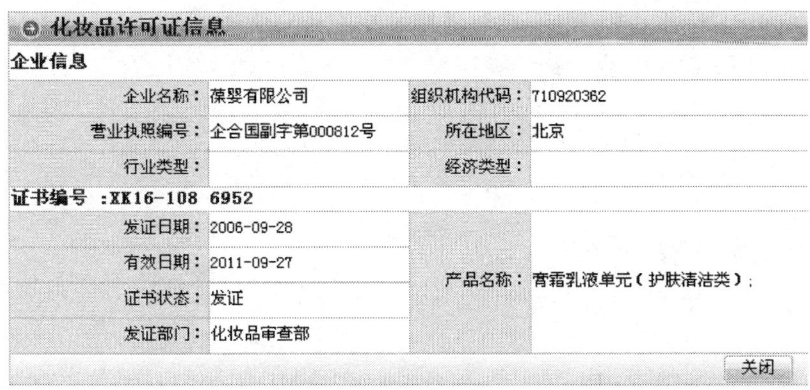

图 7-147　化妆品详细信息

（4）单击【综合查询】，查看当前证书所属企业相关其他信息，详见 2.7.12　综合查询。

（5）单击【地区分布】，查看各地区化妆品许可证数量，详见 2.7.13　地区分布。

（6）鼠标移动到表头（即列名，如企业名称），鼠标变成手形状，单击鼠标左键，根据当前列对记录进行升序或降序排序。

（7）单击【返回】，返回前一页。

（8）单击导航条中的【首页】，返回首界面。

7.3.5.10　特种设备安装、维修许可证

在证书地区综合查询界面，单击“特种设备安装、维修许可证”，进特种设备安装、维修许可证查询列表，见图 7-148。

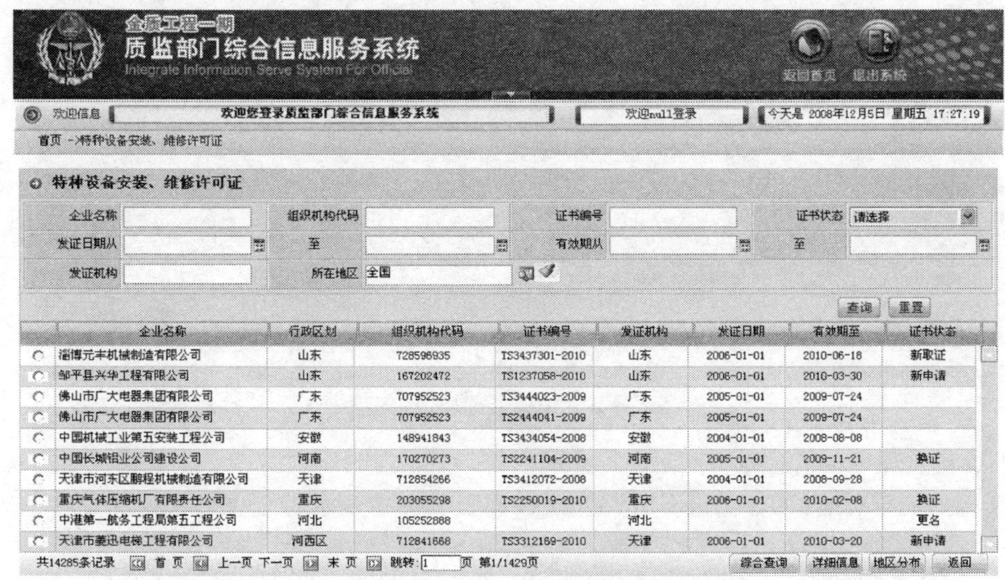

企业名称	行政区划	组织机构代码	证书编号	发证机构	发证日期	有效期至	证书状态
淄博元丰机械制造有限公司	山东	728596935	TS3437301-2010	山东	2006-01-01	2010-06-18	新取证
邹平县兴华工程有限公司	山东	167202472	TS1237058-2010	山东	2006-01-01	2010-03-30	新申请
佛山市广大电器集团有限公司	广东	707952523	TS3444023-2009	广东	2005-01-01	2009-07-24	
佛山市广大电器集团有限公司	广东	707952523	TS2444041-2009	广东	2005-01-01	2009-07-24	
中国机械工业第五安装工程公司	安徽	148941843	TS3434054-2008	安徽	2004-01-01	2008-08-08	
中国长城铝业公司建设公司	河南	170270273	TS2241104-2009	河南	2005-01-01	2009-11-21	换证
天津市河东区鹏程机械制造有限公司	天津	712854266	TS3412072-2008	天津	2004-01-01	2008-09-28	
重庆气体压缩机厂有限责任公司	重庆	203055298	TS2250019-2010	重庆	2006-01-01	2010-02-08	换证
中港第一航务工程局第五工程公司	河北	105252888		河北			更名
天津市菱迅电梯工程有限公司	河西区	712841668	TS3312169-2010	天津	2006-01-01	2010-03-20	新申请

图 7-148　特种设备安装、维修许可证查询

在特种设备安装、维修许可证列表界面进行查询。

（1）输入查询条件的任意组合后，单击【查询】，界面中显示符合查询条件的特种设备安

装、维修许可证信息。

(2) 单击【重置】,查询条件输入框即会被清空,用户可重新输入查询条件。

(3) 选中一条记录,单击【详细信息】,界面显示对应记录的详细信息,见图 7-149。

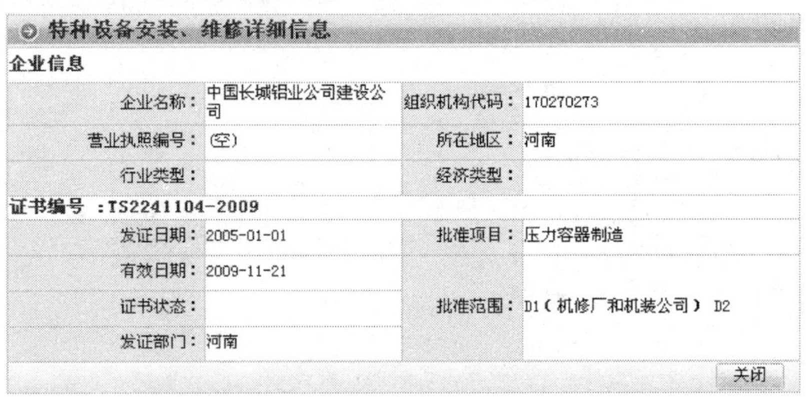

图 7-149　特种设备安装、维修许可证详细信息

(4) 单击【综合查询】,查看当前证书所属企业相关其他信息,详见 2.7.12　综合查询。

(5) 单击【地区分布】,查看各地区特种设备安装、维修许可证数量,详见 2.7.13　地区分布。

(6) 鼠标移动到表头(即列名,如企业名称),鼠标变成手形状,单击鼠标左键,根据当前列对记录进行升序或降序排序。

(7) 单击【返回】,返回前一页。

(8) 单击导航条中的【首页】,返回首界面。

7.3.5.11　设备监理单位

在证书地区综合查询界面,单击“设备监理单位”,进入设备监理单位查询列表,见图 7-150。

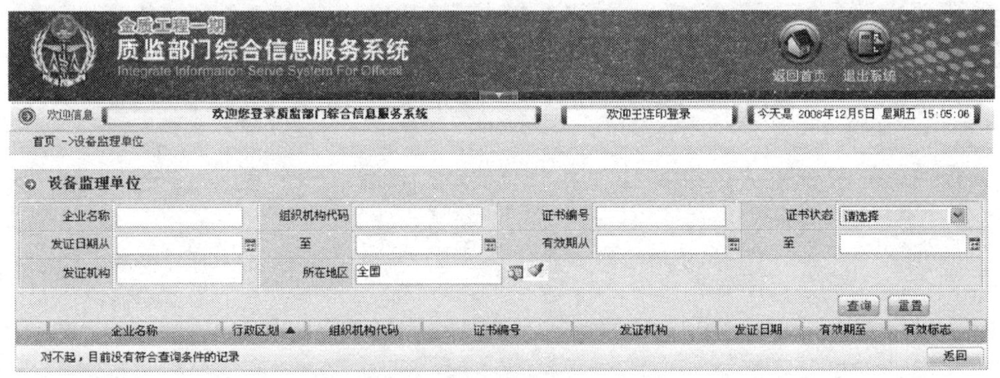

图 7-150　设备监理单位查询

在设备监理单位信息列表页面进行查询。

(1) 输入查询条件的任意组合后,单击【查询】,界面中显示符合查询条件的设备监理单位信息。

(2) 单击【重置】,查询条件输入框即会被清空,用户可重新输入查询条件。

(3) 选中一条记录,单击【详细信息】,界面显示对应记录的详细信息。

(4) 单击【综合查询】,查看当前证书所属企业相关其他信息,详见 2.7.12　综合查询。

(5) 单击【地区分布】,查看各地区设备监理单位数量,详见 2.7.13　地区分布。

(6) 鼠标移动到表头(即列名,如企业名称),鼠标变成手形状,单击鼠标左键,根据当前列对记录进行升序或降序排序。

(7) 单击【返回】,返回前一页。

(8) 单击导航条中的【首页】,返回首界面。

7.3.6 产品信息

质监部门信息服务系统提供对产品信息的查询,同时根据产品查询其相关的企业的信息。实现以产品为主线,查询所有与产品关联的企业各个业务方向的信息。

登录系统首页面后,点击“产品信息”图片,即可进入产品分类选择页面,见图 7-151。

图 7-151 产品分类选择

单击想要查看的产品种类,进入该类产品的查询列表,见图 7-152。

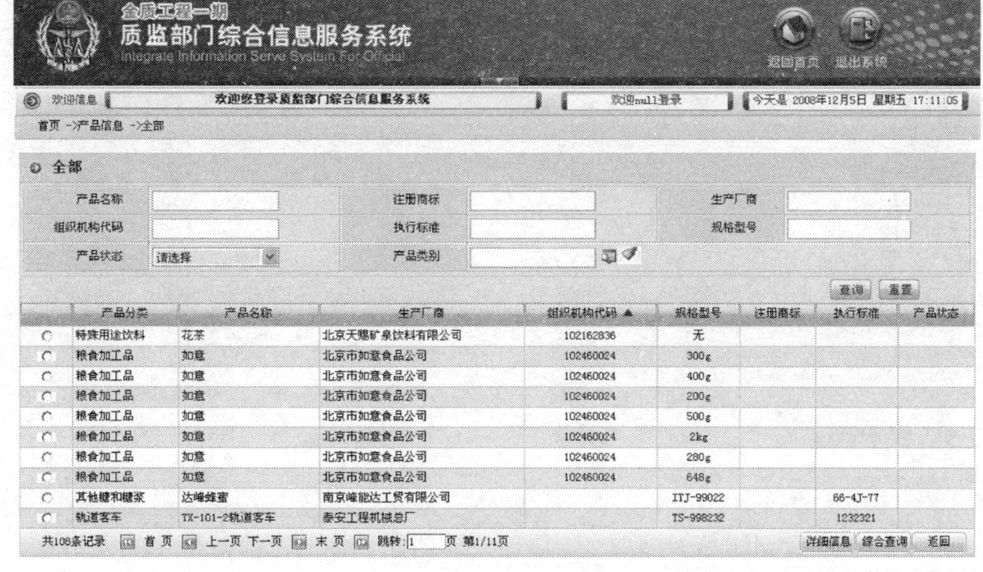

图 7-152 产品查询

在产品信息列表页面进行查询。

(1) 输入查询条件的任意组合后,单击【查询】,界面中显示符合查询条件的产品信息。

(2) 单击【重置】,查询条件输入框即会被清空,用户可重新输入查询条件。

(3) 选中一条记录,单击【详细信息】,界面显示对应记录的详细信息,见图 7-153。

全部详细信息

产品名称:	花茶
产品分类:	特殊用途饮料
规格型号:	无
商品条形码:	
生产厂商:	北京天赐矿泉饮料有限公司
组织机构代码:	102162836
注册商标:	
产品产地:	
执行标准:	
产品状态:	

返回

图 7-153　产品详细信息

(4) 单击【综合查询】,查看当前产品所属企业相关其他信息,详见 2.7.12　综合查询。

(5) 鼠标移动到表头(即列名,如企业名称),鼠标变成手形状,单击鼠标左键,根据当前列对记录进行升序或降序排序。

(6) 单击【返回】,返回前一页。

(7) 单击导航条中的【首页】,返回首界面。

7.3.7　机构信息

质监部门信息服务系统提供对质量检测机构信息的查询。

登录系统首页面后,单击机构信息图片,即可进入机构信息查询界面,见图 7-154。

机构名称	行政区划 ▲	机构代码	法人代表	注册号	级别	机构状态	成立日期
新申请	000110	TEST72214	111111				
机动车安全技术检验机构资格审批1	000110	TEST10400	王荣				
沈M2	092	TEST11681	CC		市级		
沈1k212	092		CC		市级		
沈M22	092		CC		市级		
沈1k12	092		CC		市级		
国家空调设备质量监督检验中心	北京	400001141	郎四维				
审查部机构名称	北京		(空)				
中国防伪技术协会	北京		向某				
齐齐哈尔市职业安全卫生检测站	北京		(空)				

图 7-154　质量检测机构查询

在质量检测机构信息列表页面进行查询。

(1) 输入查询条件的任意组合后,单击【查询】,界面中显示符合查询条件的质量检测机构信息。

(2) 单击【重置】,查询条件输入框即会被清空,用户可重新输入查询条件。

(3) 选中一条记录,单击【详细信息】,界面显示对应记录的详细信息,见图 7-155。

质量检测机构详细信息	
机构名称:	机动车安全技术检验机构资格审批1
组织机构代码:	TEST10400
成立日期:	
住所行政区划:	000110
法定代表人:	王荣
法定代表人证件类型 :	
法定代表人证件号码:	
负责人:	邹素
经济类型:	国有全资
所属行业:	
注册资金:	510
级别:	
机构状态:	
上级单位质检机构:	
	返回

图 7-155　质量检测机构详细信息

(4) 单击【地区分布】,查看各地区质量检测机构数量,详见 2.7.13　地区分布。

(5) 鼠标移动到表头(即列名,如企业名称),鼠标变成手形状,单击鼠标左键,根据当前列对记录进行升序或降序排序。

(6) 单击【返回】,返回前一页。

(7) 单击导航条中的【首页】,返回首界面。

7.3.8　监督检查信息

质监部门信息服务系统提供对监督检查信息的查询,同时根据监督检查信息查询其相关的企业的信息。实现以监督检查信息为主线,查询所有与监督检查关联的企业各个业务方向的信息。

登录系统首页面后,单击“监督检查信息”图片,即可进入监督检查信息查询界面,见图 7-156。

在监督检查信息列表页面进行查询。

(1) 输入查询条件的任意组合后,单击【查询】,界面中显示符合查询条件的监督检查信息。

(2) 单击【重置】,查询条件输入框即会被清空,用户可重新输入查询条件。

(3) 选中一条记录,单击【详细信息】,界面显示对应记录的详细信息,见图 7-157。

(4) 单击【综合查询】,查看当前监督检查信息对应企业其他信息,详见 2.7.12　综合查询。

(5) 单击【地区分布】,查看各地区监督检查信息数量,详见 2.7.13　地区分布。

(6) 鼠标移动到表头(即列名,如企业名称),鼠标变成手形状,单击鼠标左键,根据当前列对记录进行升序或降序排序。

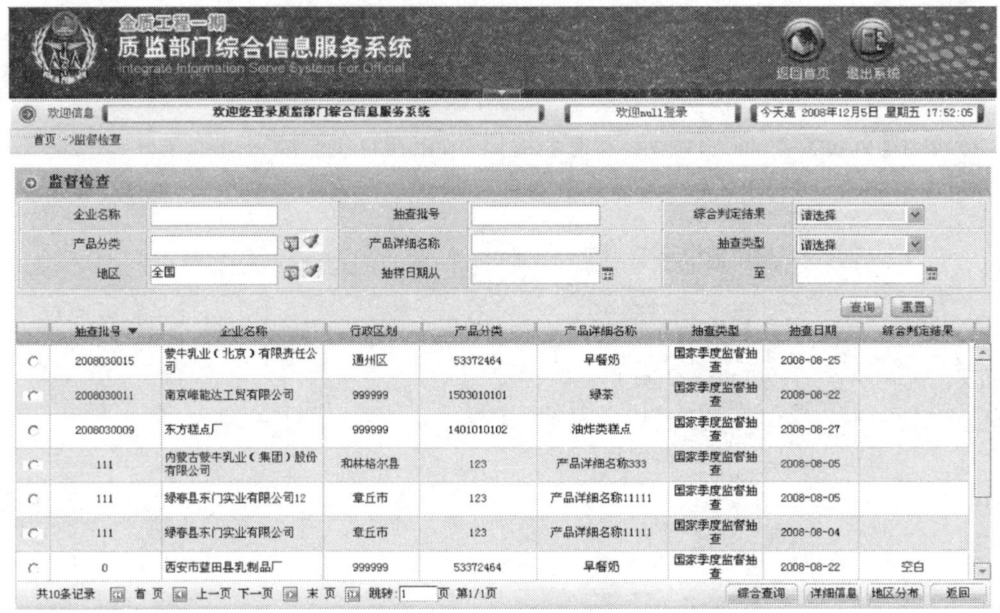

图 7-156　监督检查信息查询

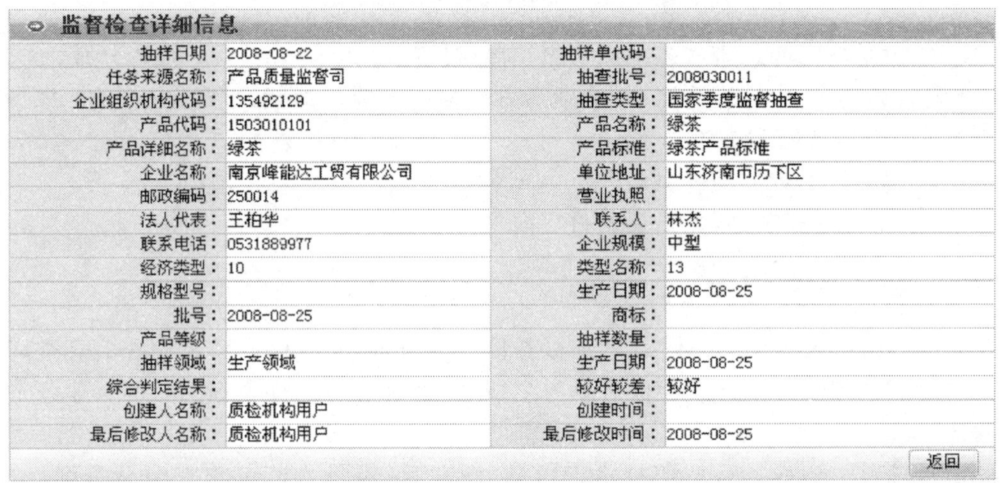

图 7-157　监督检查详细信息

（7）单击【返回】，返回前一页。

（8）单击导航条中的【首页】，返回首界面。

7.3.9　WTO 信息

质监部门信息服务系统提供对 WTO 信息的查询。

登录系统首界面后，单击“WTO 信息”图片，即可进入 WTO 信息查询界面，见图 7-158。

在 WTO 信息列表页面进行查询。

（1）输入查询条件的任意组合后，单击【查询】，界面中显示符合查询条件的 WTO 信息。

（2）单击【重置】，查询条件输入框即会被清空，用户可重新输入查询条件。

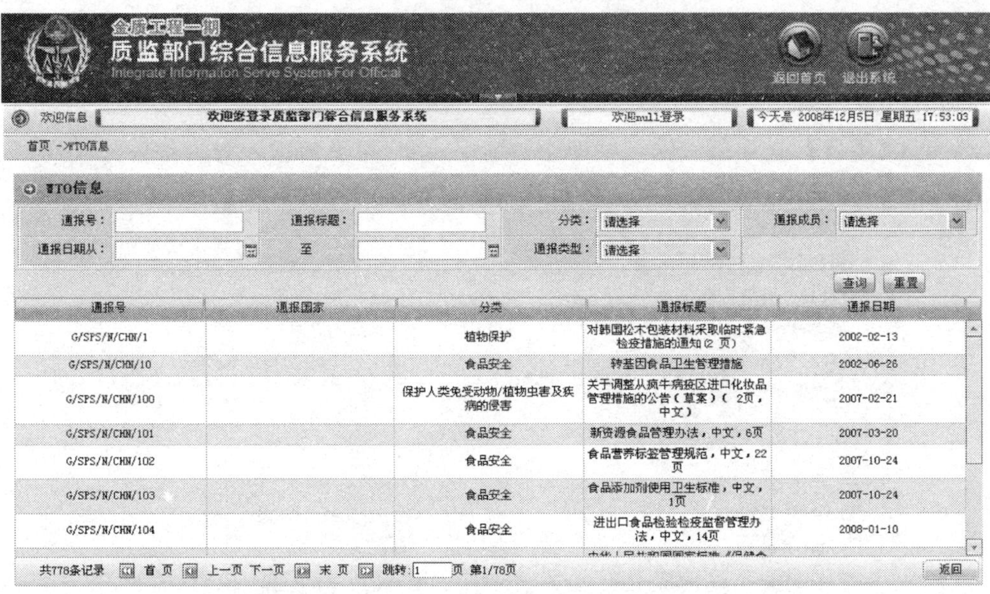

图 7-158　WTO 信息查询

（3）鼠标移动到表头（即列名，如企业名称），鼠标变成手形状，单击鼠标左键，根据当前列对记录进行升序或降序排序。

（4）单击【返回】，返回前一页。

（5）单击导航条中的【首页】，返回首界面。

7.3.10　标准化信息

质监部门信息服务系统提供对标准化信息的查询。

登录系统首界面后，单击“标准化信息”图片，即可进入标准化信息查询界面，见图 7-159。

图 7-159　标准化信息查询

在标准化信息列表页面进行查询。

(1) 输入查询条件的任意组合后,单击【查询】,界面中显示符合查询条件的标准化信息。

(2) 单击【重置】,查询条件输入框即会被清空,用户可重新输入查询条件。

(3) 选中一条记录,单击【详细信息】,界面显示对应记录的详细信息,见图 7-160。

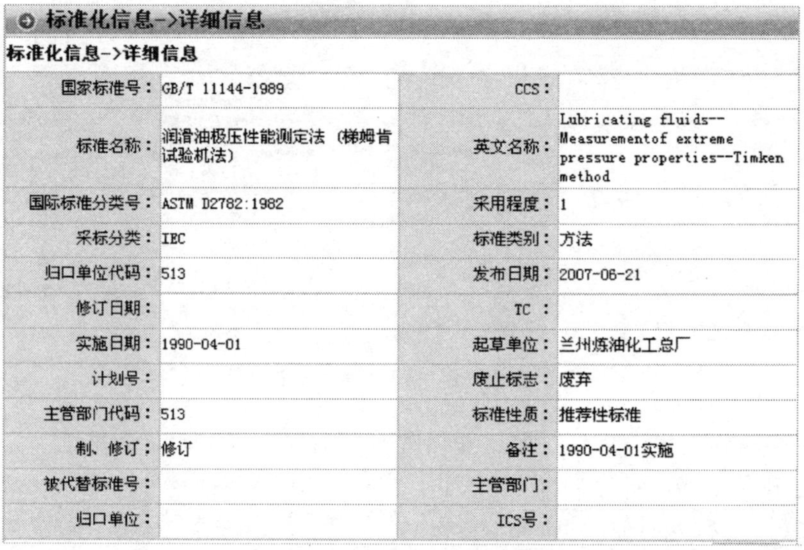

标准化信息->详细信息

标准化信息->详细信息

国家标准号:	GB/T 11144-1989	CCS:	
标准名称:	润滑油极压性能测定法(梯姆肯试验机法)	英文名称:	Lubricating fluids--Measurementof extreme pressure properties--Timken method
国际标准分类号:	ASTM D2782:1982	采用程度:	1
采标分类:	IEC	标准类别:	方法
归口单位代码:	513	发布日期:	2007-06-21
修订日期:		TC :	
实施日期:	1990-04-01	起草单位:	兰州炼油化工总厂
计划号:		废止标志:	废弃
主管部门代码:	513	标准性质:	推荐性标准
制、修订:	修订	备注:	1990-04-01实施
被代替标准号:		主管部门:	
归口单位:		ICS号:	

图 7-160　标准化详细信息

(4) 鼠标移动到表头(即列名,如企业名称),鼠标变成手形状,单击鼠标左键,根据当前列对记录进行升序或降序排序。

(5) 单击【返回】,返回前一页。

(6) 单击导航条中的【首页】,返回首界面。

7.3.11　认证认可信息

质监部门信息服务系统提供对认证认可信息的查询。

登录系统首界面后,单击"认证认可信息"图片,即可进入认证认可信息查询界面,见图 7-161。

在认证认可信息列表界面进行查询。

(1) 输入查询条件的任意组合后,单击【查询】,界面中显示符合查询条件的认证认可信息。

(2) 单击【重置】,查询条件输入框即会被清空,用户可重新输入查询条件。

(3) 选中一条记录,单击【详细信息】,界面显示对应记录的详细信息,见图 7-162。

(4) 鼠标移动到表头(即列名,如企业名称),鼠标变成手形状,单击鼠标左键,根据当前列对记录进行升序或降序排序。

(5) 单击【返回】,返回前一页。

(6) 单击导航条中的【首页】,返回首界面。

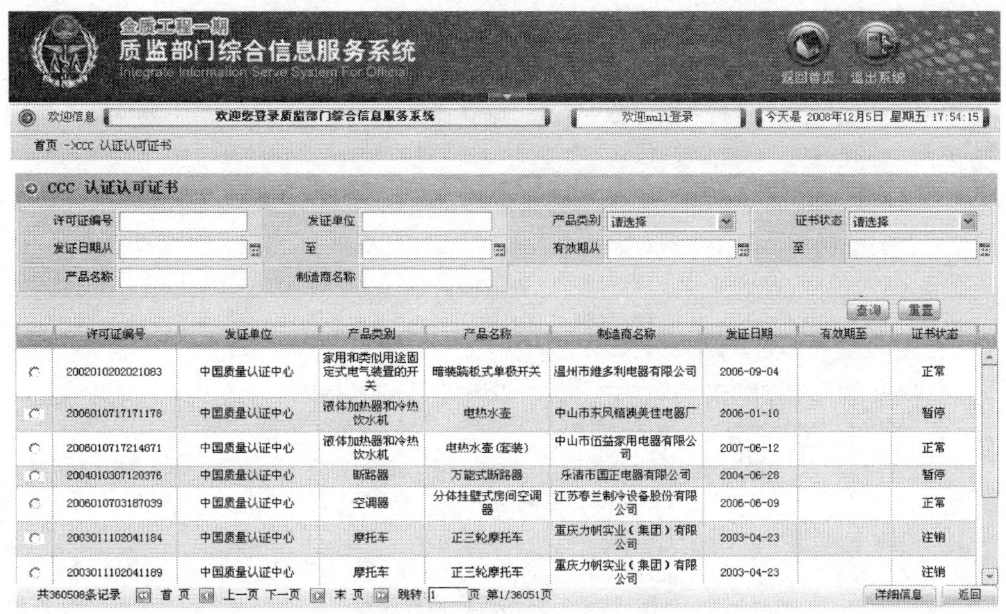

许可证编号	发证单位	产品类别	产品名称	制造商名称	发证日期	有效期至	证书状态
2002010202021083	中国质量认证中心	家用和类似用途固定式电气装置的开关	暗装跷板式单极开关	温州市维多利电器有限公司	2006-09-04		正常
2006010717171178	中国质量认证中心	液体加热器和冷热饮水机	电热水壶	中山市东凤精澳美佳电器厂	2006-01-10		暂停
2006010717214871	中国质量认证中心	液体加热器和冷热饮水机	电热水壶(套装)	中山市佰益家用电器有限公司	2007-06-12		正常
2004010307120376	中国质量认证中心	断路器	万能式断路器	乐清市国正电器有限公司	2004-06-28		暂停
2006010703187039	中国质量认证中心	空调器	分体挂壁式房间空调器	江苏春兰制冷设备股份有限公司	2006-06-09		正常
2003011102041184	中国质量认证中心	摩托车	正三轮摩托车	重庆力帆实业(集团)有限公司	2003-04-23		注销
2003011102041189	中国质量认证中心	摩托车	正三轮摩托车	重庆力帆实业(集团)有限公司	2003-04-23		注销

图 7-161 认证认可信息查询

认证认可详细信息

认证认可信息

许可证编号：	2002010202021083	发证单位：	中国质量认证中心
产品类别：	家用和类似用途固定式电气装置的开关	产品名称：	暗装跷板式单极开关
发证日期：	2006-09-04	有效期至：	
制造商名称：	温州市维多利电器有限公司	制造商代码：	746315578
申请人名称：	温州市维多利电器有限公司	申请人代码：	746315578
生产厂名称：	温州市维多利电器有限公司	生产厂代码 ：	746315578
证书状态：	正常		

关闭

图 7-162 认证认可详细信息

7.3.12 综合查询

质监部门信息服务系统提供综合查询功能。通过综合查询，用户可以查询到企业的全部信息，下面以企业信息模块为例来说明综合查询的使用。

(1) 在企业信息查询界面，选中一条记录后，点击【综合查询】，显示当前选中企业的全部概要信息界面，若该企业存在相应信息，那么，在计算机系统软件中，文字显示亮黄色；若该企业不存在相应信息，那么文字显示灰色，见图 7-163。

说明：在图 7-163 中，灰色字表示亮黄色，表示企业信息存在；显色字表示企业信息不存在(与计算机显示相反)。

(2) 单击计算机显示的亮黄色(图 7-163 灰色)文字(例如食品市场准入)，界面显示相应文字的详细信息，见图 7-164。

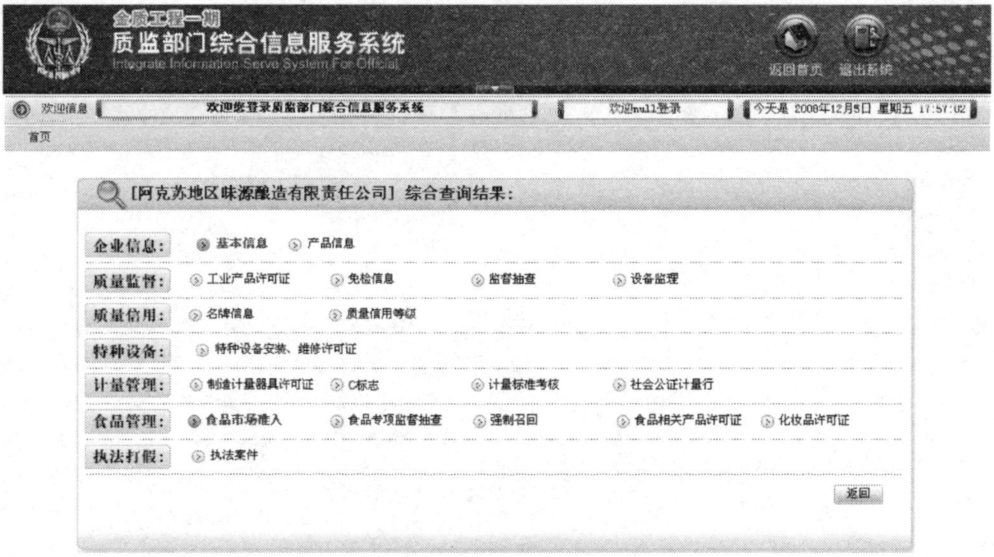

金质工程一期
质监部门综合信息服务系统
Integrate Information Serve System For Official
返回首页 退出系统

欢迎信息 | 欢迎您登录质监部门综合信息服务系统 | 欢迎null登录 | 今天是 2008年12月5日 星期五 17:57:02

首页

[阿克苏地区味源酿造有限责任公司] 综合查询结果:

企业信息:	基本信息	产品信息			
质量监督:	工业产品许可证	免检信息	监督抽查	设备监理	
质量信用:	名牌信息	质量信用等级			
特种设备:	特种设备安装、维修许可证				
计量管理:	制造计量器具许可证	C标志	计量标准考核	社会公证计量行	
食品管理:	食品市场准入	食品专项监督抽查	强制召回	食品相关产品许可证	化妆品许可证
执法打假:	执法案件				

返回

图 7-163 综合查询概要信息

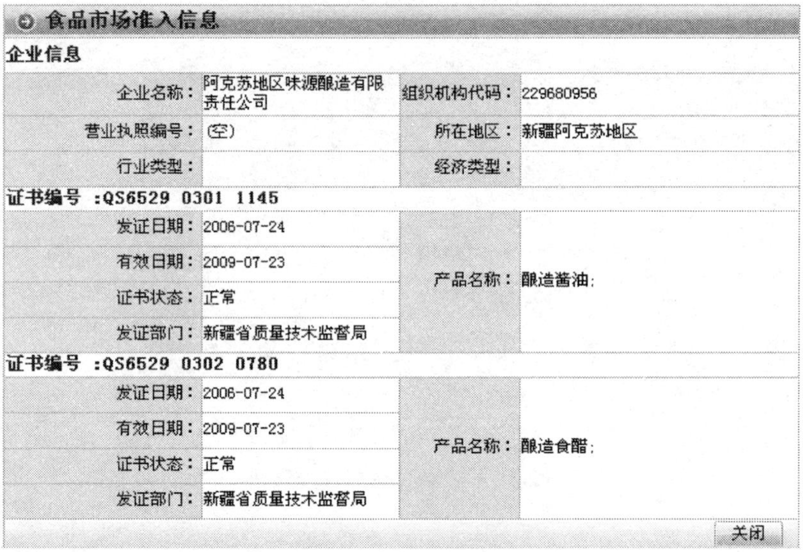

食品市场准入信息

企业信息

企业名称:	阿克苏地区味源酿造有限责任公司	组织机构代码:	229680956
营业执照编号:	(空)	所在地区:	新疆阿克苏地区
行业类型:		经济类型:	

证书编号 :QS6529 0301 1145

发证日期:	2006-07-24	产品名称:	酿造酱油;
有效日期:	2009-07-23		
证书状态:	正常		
发证部门:	新疆省质量技术监督局		

证书编号 :QS6529 0302 0780

发证日期:	2006-07-24	产品名称:	酿造食醋;
有效日期:	2009-07-23		
证书状态:	正常		
发证部门:	新疆省质量技术监督局		

关闭

图 7-164 企业相关详细信息

单击【返回】,返回前一页。

单击导航条中的【首页】,返回首界面。

7.3.13 地区分布

质监部门信息服务系统提供地区分布功能。通过地区分布功能,用户可以直观地获取其关注的信息在全国的分布情况,并且可以指定某一地区查询其关注的信息,缩小查询范围。下面以食品许可证地区分布为例说明地区分布的使用。

(1) 在食品许可证查询界面,单击【地区分布】,显示食品许可证的地区分布情况,左侧显示食品许可证在全国分布地区图，右侧显示所有行政区划对应食品许可证信息，见图 7-165。

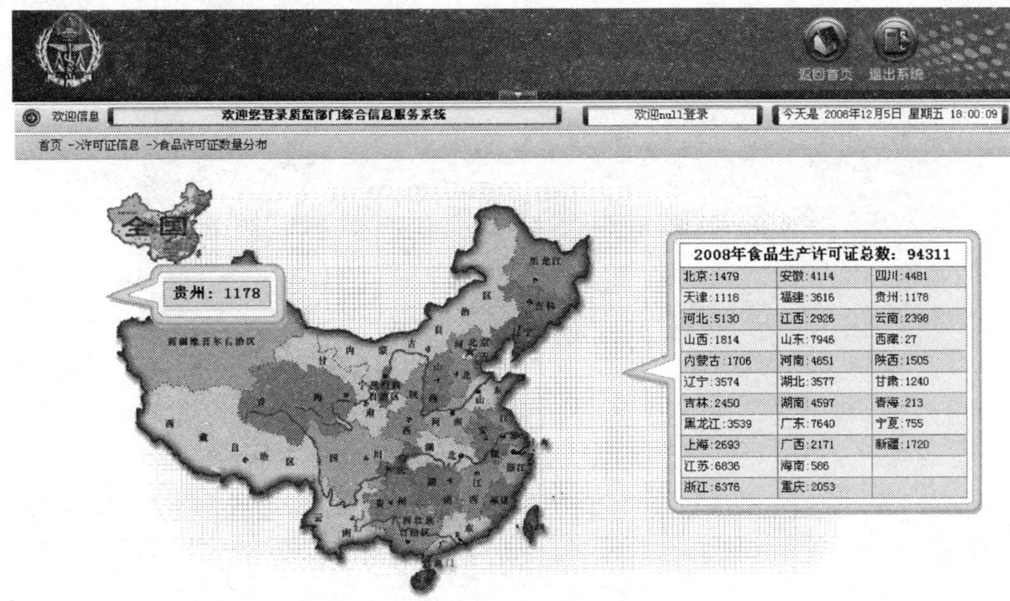

图 7-165　地区分布

（2）将鼠标移入地图区域，随着鼠标所在行政区划的不同，将跟随鼠标显示不同行政区划对应的食品许可证信息。

（3）鼠标移入地图区域后，单击左键，即可回到许可证信息查询列表界面，单击鼠标时，查询鼠标所在行政区划的食品许可证信息。

7.4　企业信息服务系统

7.4.1　概述

综合信息服务系统属于质检信息服务系统中的一部分，为领导决策提供支持，为企业和公众提供服务。企业综合信息服务系统是为企业提供业务办理和信息反馈的统一窗口，企业用户通过注册成为合法用户，登录系统可以进行自身信息查询，并通过业务办理连接进入业务办理界面。系统登录界面见图 7-166。

输入用户名密码及校验码后，单击【登录】进入系统。系统首界面如图 7-167。

7.4.2　用户注册

企业用户登录企业首先要进行注册。系统中注册包括两类注册，用户注册和企业注册。

企业用户首次登录系统首页时首先选择用户注册，注册时需要输入企业相关的信息，系统将信息与金质工程基础库中的企业库信息比对，如果信息比对成功则可以注册成功。如果信息与企业库中不符或是企业不存在则不能注册成功。企业需要进行企业注册。

图 7-166　登录界面

图 7-167　系统首界面

单击图 7-166 登录界面的【用户注册】，进入用户注册信息录入界面，见图 7-168。

在打开的用户注册中输入注册信息。

(1) 单击【验证用户名】则对输入的用户名进行校验，判断是否重复。验证通过可以继续添加其他信息。

用户信息注册

用户名:	dubin	验证用户名
全名:	北京大宝化妆品有限公司	
密码:	●	
确认密码:	●	
企业名称:	北京大宝化妆品有限公司	
组织机构代码:	700216881	
法人:	杜斌	

注册 清空 返回

图 7-168 用户注册

(2) 输入完整基本信息后单击【注册】,提交注册申请。

(3) 单击【清空】则情况界面输入内容重新输入。

(4) 单击【返回】则关闭窗口,退出注册。

注册成功,则可以根据注册用户名登录系统,如果不成功则提示首先进行企业注册。注册成功的提示见图 7-169。

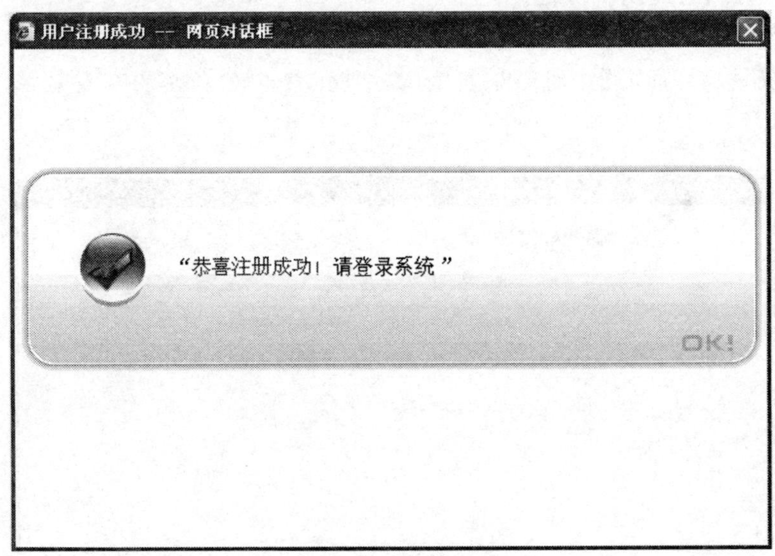

图 7-169 注册成功

7.4.3 企业注册

用户在进行用户注册时可能出现企业在基础库中不存在的情况,这种情况下需要企业进行企业注册,录入企业基本信息,在被审核通过后可成为合法用户,登录系统查看相关信息。对于企业用户注册后的注册结果可以通过审核结果查询完成。

单击登录页面中的【企业注册】,进入企业注册信息录入界面,见图 7-170。

图 7-170 企业注册

(1) 单击【验证用户名】则对输入的用户名进行校验,判断是否重复。验证通过可以继续添加其他信息。

(2) 输入完整基本信息后单击【注册】,提交注册申请。

(3) 单击【清空】则情况页面输入内容重新输入。

(4) 单击【返回】则关闭窗口,退出注册。

企业注册信息提交后将信息传送给内网管理员,管理员审核信息后返回审核结果。用户可以通过系统登录界面的【注册结果】,输入注册的用户名和密码查看是否注册成功。查询界面见图 7-171。

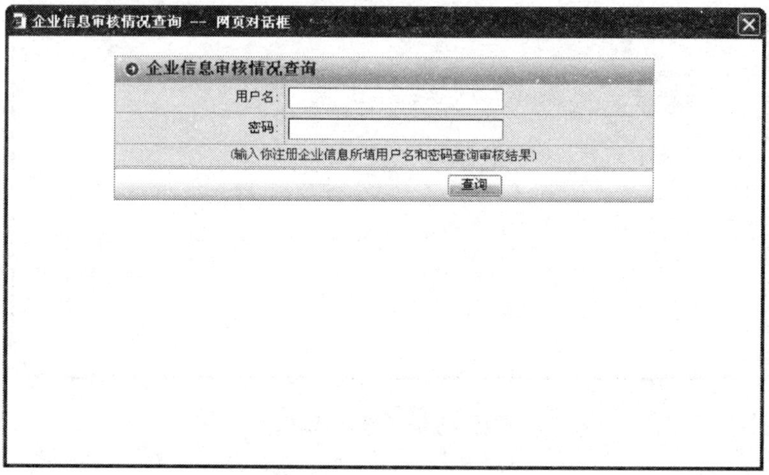

图 7-171 审核结果查询

7.4.4 我的桌面

企业系统是为企业用户提供统一的业务办理和信息查询的入口,系统显示登录企业相关的个性信息,因此为了方便企业查找和使用,用户可以根据自己的需要进行个性化桌面定制。企业系统共包括22项内容，企业用户可以通过桌面定制功能设置显示内容。桌面定制见图7-172。

桌面定制界面中显示了所有页面元素，选中对应项则代表需要在页面显示，不选中则不显示。

（1）单击【全选】，则选中全部选项，再单击【确定】，界面刷新，所有信息在首界面显示，选中部分项再单击【确定】，界面刷新，界面保留选中项。

（2）单击【全不选】，则全部选项不选中，再单击【确定】，界面只保留基本信息内容。

系统首界面部分项被选中后，界面样式见图7-173。

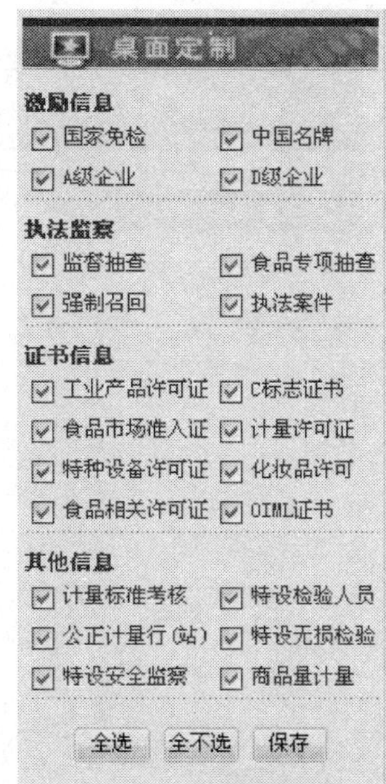

图7-172　桌面定制

7.4.5　基本信息

企业系统主要是对登录企业进行本身信息的发布和反馈，为确认当前登录企业身份及基本信息的正确性，在基本信息模块显示的是当前登录企业的信息情况。首界面中基本模块显示部分信息，见图7-174。

图7-173　系统首界

单击图7-174图标或标题栏可进入详细信息界面，见图7-175。此界面显示的是当前登录企业的详细信息。

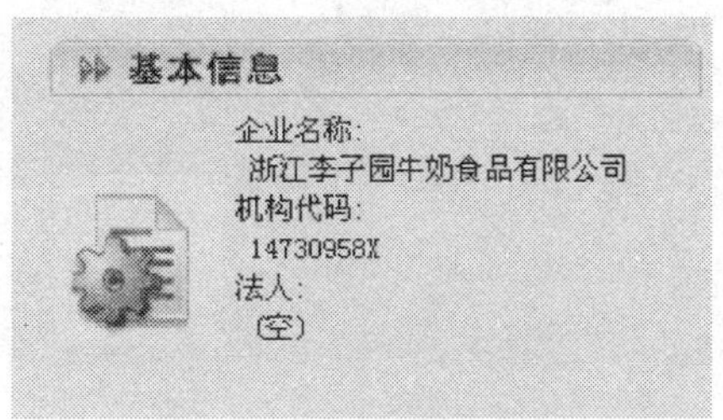

图7-174　基本信息桌面

7.4.6　激励信息

企业系统中的激励模块展现的是当前登录企业本身相关的名牌产品信息、A级企业信息和监督抽查

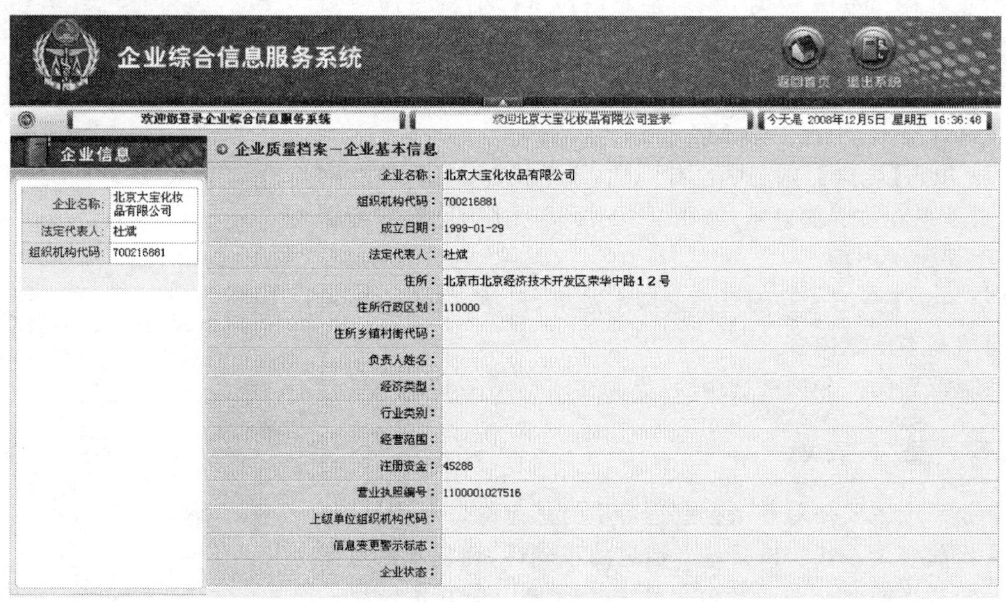

图 7-175　企业基本信息

数量信息。首界面的激励信息模块主要展现的是登录企业包含的证书数量信息，如果显示0，则代表该企业没有相关信息，如果有数字显示，则表示有对应信息的数量。

当前登录企业拥有名牌产品证书，因此名牌产品处显示 1，见图 7-176。

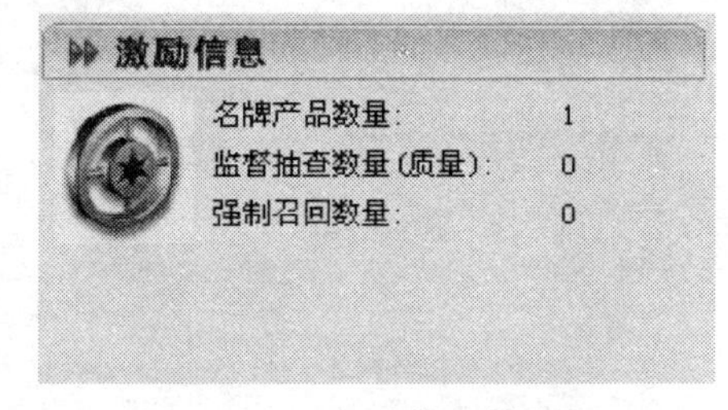

图 7-176　激励信息首界面

选择图 7-176 图标或点击标题，则能进入模块界面查看各类信息，单击某个项目连接则直接进入到对应列表。进入模块界面见图 7-177。

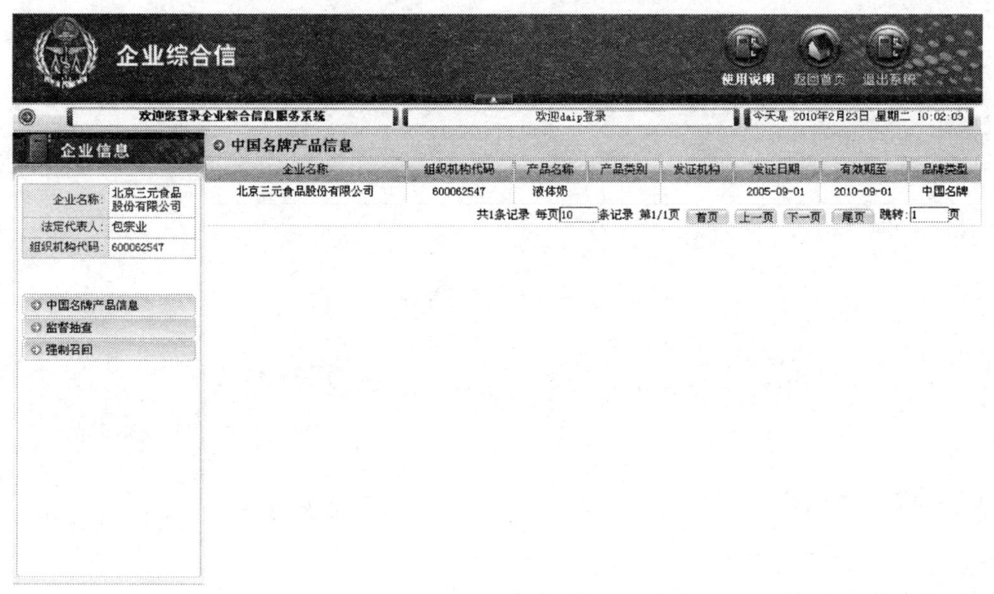

图 7-177　激励信息模块界面

界面左侧菜单显示激励信息模块所包含的全部内容，选择某个连接，右侧显示对应的列表信息。

(1) 单击“中国名牌产品信息”，进入中国名牌产品列表，见图 7-178。

中国名牌产品信息

企业名称	组织机构代码	产品名称	产品类别	发证机构	发证日期	有效期至	品牌类型
北京大宝化妆品有限公司	700216881	护肤霜	渔业产品		2006-12-01		省级名牌

共1条记录 每页10条记录 第1/1页 首页 上一页 下一页 尾页 跳转:1页

图 7-178　中国名牌产品列表

(2) 单击“A 级企业名单”，进入 A 级企业信息列表，见图 7-179。

A级企业名单

企业名称	组织机构代码	法定代表人	行政区代码	营业执照编号	经营范围	注册地址

对不起，目前没有符合查询条件的记录

图 7-179　A 级企业信息列表

(3) 单击“监督抽查”，进入监督抽查数量信息列表，见图 7-180。

监督抽查

企业规模	产品名称	注册商标	抽查类型	抽查日期	综合判定结果	较好较差

对不起，目前没有符合查询条件的记录

图 7-180　监督抽查数量信息列表

7.4.7　证书信息

企业系统中的证书模块展现的是当前登录企业本身相关的所有证书类信息，包括工业产品许可证、C 标志证书、制造计量器具证书、特种设备按照维修许可证证书、食品生产许可证、食品相关产品许可证、化妆品许可证和 OIML 证书。首界面的证书信息模块主要展现的是登录企业各类证书的数量，如果显示 0，则代表该企业没有对应的证书信息，如果有数字显示，则表示有对应证书的数量。

当前登录企业证书信息首界面显示，见图 7-181。

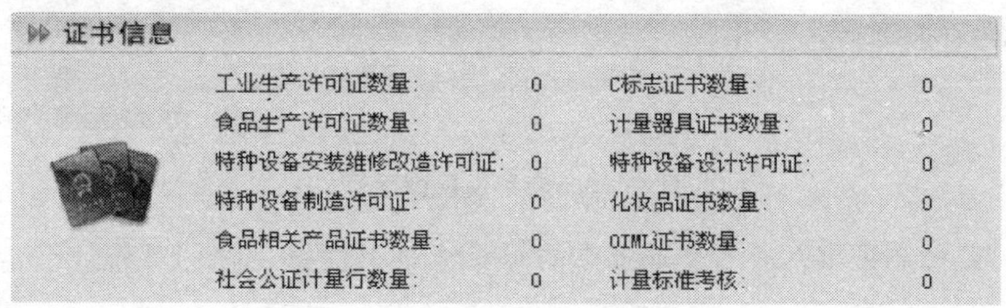

图 7-181　证书信息首界面

单击图 7-181 中的证书图标或标题栏可进入证书信息界面，见图 7-182。

单击左侧连接可查看对应证书信息。

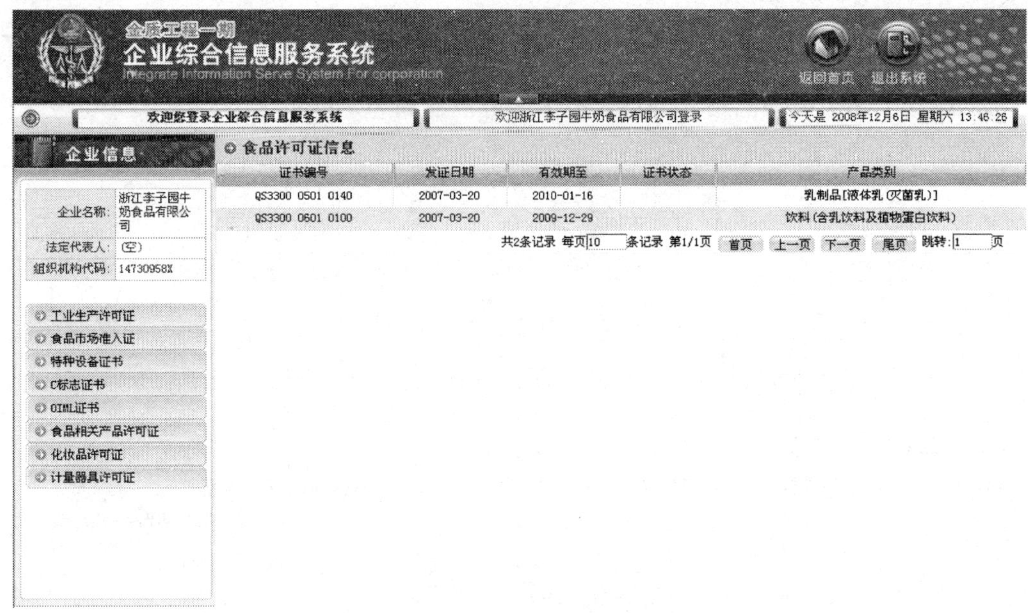

图 7-182　证书信息首界面

(1) 单击“工业产品生产许可证”，查看企业拥有的工业产品许可证信息，见图 7-183。

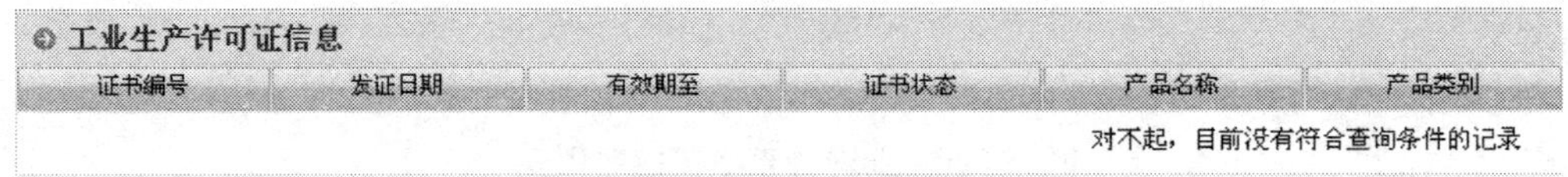

工业生产许可证信息

证书编号	发证日期	有效期至	证书状态	产品名称	产品类别
					对不起，目前没有符合查询条件的记录

图 7-183　工业产品许可证

(2) 单击“食品市场准入证”，查看企业拥有的食品生产许可证信息，见图 7-184。

证书编号	发证日期	有效期至	证书状态	产品类别
QS3300 0501 0140	2007-03-20	2010-01-16		乳制品[液体乳(灭菌乳)]
QS3300 0601 0100	2007-03-20	2009-12-29		饮料(含乳饮料及植物蛋白饮料)

共2条记录 每页10条记录 第1/1页 首页 上一页 下一页 尾页 跳转:1页

图 7-184　食品生产许可证

(3) 单击“特种设备证书”，查看企业拥有的特种设备许可证信息，见图 7-185。

特种设备许可证信息

证书编号	发证日期	有效期至	证书状态
			对不起，目前没有符合查询条件的记录

图 7-185　特种设备许可证

(4) 单击“C 标志证书”，查看企业拥有的 C 标志证书信息，见图 7-186。

C标志许可证信息

证书编号	产品名称	发证日期	有效期至	证书状态	发证机构
					对不起，目前没有符合查询条件的记录

图 7-186　C 标志证书

(5) 单击“OIML 证书”，查看企业拥有的 OIML 证书信息，见图 7-187。

OIML证书

证书编号	发证日期	有效期至	证书状态	发证机构
				对不起，目前没有符合查询条件的记录

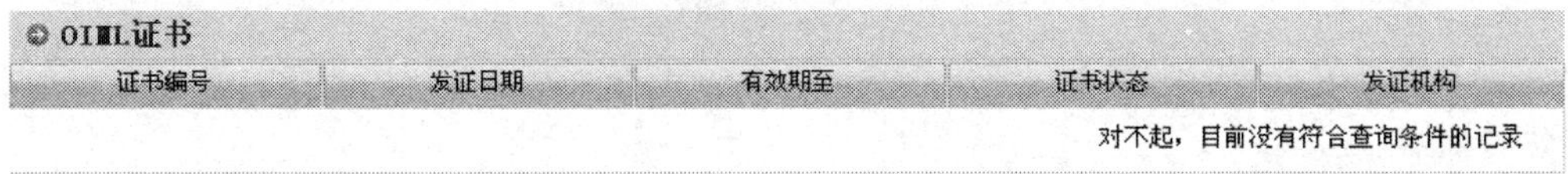

图 7-187 OIML 证书

(6) 单击“食品相关产品许可证”，查看企业拥有的食品相关许可证信息，见图 7-188。

食品相关产品许可证信息

证书编号	发证日期	有效期至	证书状态	产品类别
QS33-10201-01102	2008-06-11	2011-06-10	发证	食品用塑料容器

共1条记录 每页10条记录 第1/1页 首页 上一页 下一页 尾页 跳转:1页

图 7-188 食品相关产品许可证

(7) 单击“化妆品许可证”，查看企业拥有的化妆品信息，见图 7-189。

化妆品许可证信息

证书编号	发证日期	有效期至	证书状态	产品类别
				对不起，目前没有符合查询条件的记录

图 7-189 化妆品许可证

(8) 单击“计量器具许可证”，查看企业拥有的制造计量器具许可证信息，见图 7-190。

计量器具许可证信息

证书编号	发证日期	有效期至	证书状态	发证机构
				对不起，目前没有符合查询条件的记录

图 7-190 制造计量器具许可证

7.4.8 其他信息

企业系统中的其他信息模块展现的是当前登录企业相关信息，包括特设检验人员、特设无损检验人员、特设安全监察人员和商品量计量监督检查。首界面的企业信息模块主要展现的是各类信息数量，见图 7-191。

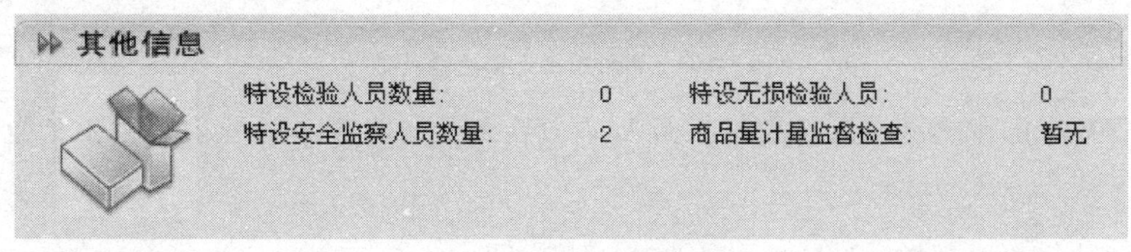

图 7-191 其他信息首界面

单击图 7-191 首页中的证书图标或标题栏可进入其他信息界面，见图 7-192。

单击界面中各个连接可以查看对应信息。

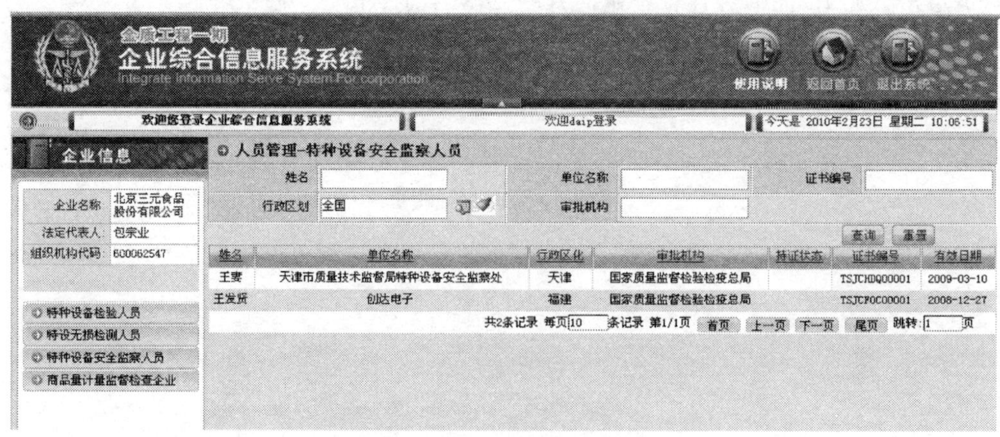

图 7-192　其他信息模块

(1) 单击“商品量计量监督监察企业”连接查看信息，见图 7-193。

市场商品量专项计量监督检查统计表

产品名称	产品类别	标注净含量	检查件数	平均实际含量	净含量标注检查结果	净含量检验检查结果
						对不起，目前没有符合查询条件的记录

图 7-193　商品量计量监督监察

(2) 单击“特种设备检验人员”，查看注册的特种设备检验人员信息，见图 7-194。

人员管理-特种设备检验人员

姓名	档案编号	身份证号	持证系统编号	证书编号	持证状态	持证级别
						对不起，目前没有符合查询条件的记录

图 7-194　特种设备检验人员

(3) 单击“特种设备无损检测人员”，查看注册的特种设备检验无损人员信息，见图 7-195。

人员管理-特种设备无损检测人员

姓名	档案编号	身份证号	持证系统编号	证书编号	持证状态	证书类别
						对不起，目前没有符合查询条件的记录

图 7-195　特种设备无损检验人员

(4) 单击“特种设备安全监察人员”，查看注册的特种设备检验安全监察信息，见图 7-196。

人员管理-特种设备安全监察人员

姓名	档案编号	身份证号	持证系统编号	证书编号	持证状态	持证类别
						对不起，目前没有符合查询条件的记录

图 7-196　特种设备安全监察

7.4.9 业务办理及信息查询

企业系统中的业务办理及信息查询模块主要是提供企业用户业务办理窗口，企业用户办理各个应用系统的外网业务，则可直接点击连接进入业务办理界面，见图 7-197。

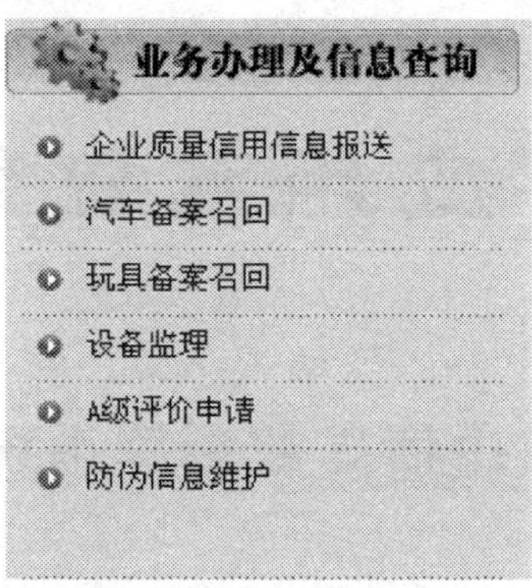

图 7-197 业务办理及信息查询

8 应用系统部署

8.1 全国企业质量信用信息数据库系统部署

8.1.1 概述

本章节适用于部署“金质工程(一期)全国企业质量信用信息数据库系统”,并从数据库服务器、应用服务器两方面说明系统的部署,同时总结了在部署中碰到的常见问题,具体可参考 8.1.7　系统部署常见问题。

8.1.2 部署环境说明

系统部署要求:应用服务器、数据库服务器的操作系统为 Windows(2000/2003)/Linux;应用服务器采用金蝶中间件 5.1 版(Apusic5.1);数据库服务器采用 Oracle10g。

访问系统的客户端环境要求为 Windows 操作系统;浏览器为 IE6 sp2 版以上。

8.1.3 数据库服务器部署

8.1.3.1 数据库说明

企业信用系统的数据库环境,见表 8-1。

表 8-1　质量信用系统数据库说明表

系统名称	所属区域	表空间描述	表空间名	用户名
全国企业质量信用信息数据库系统	核心业务区	支撑库	TS_UNIEAPQYXY	UNIEAPQYXY
		业务库	TS_QC_BN	QC_BN
		共享库	TS_QC_SR	QC_SR
		其他业务库	TS_QYXYSHARE	QYXYSHARE
	内部接入区	交换库	TS_QC_EX	QC_EX

8.1.3.2 数据库导入

(1) 核心业务区

1) 检查表空间 ts_unieapqyxy,ts_qc_bn,ts_qc_sr,ts_qyxyshare 是否已经创建;如果没有则创建相应表空间。

2）检查数据库用户 unieapqyxy，qc_bn，qc_sr，qyxyshare 是否能正常登录；如果不能则创建数据库用户，密码分别设置为 unieapqyxyaqsiq09＃，qc_bnaqsiq09＃，qc_sraqsiq09＃，qyxyshareaqsiq09＃。

3）然后将提供的数据库文件 unieapqyxy. dmp 和 modelresult. dmp，qc_bn. dmp，qc_sr. dmp，qyxyshare. dmp 分别导入到 unieapqyxy，qc_bn，qc_sr，qyxyshare 数据库用户中。

（2）内部接入区

1）检查表空间 ts_qc_ex 是否已经创建。

2）检查数据库用户 qc_ex 是否能正常登录，密码 qc_exaqsiq09＃。

3）然后在 qc_ex 数据库用户中执行脚本文件《qc_ex_sj. sql》。

8.1.3.3 视图检查

检查导入的数据库中的视图是否出现编译错误。

如果出现了无法编译的视图，则需要确认相关业务系统的数据库是否已经建立，是否给予了允许访问的授权。当相关业务系统给予授权之后，再次编译该视图即可。

8.1.4 应用服务器部署

8.1.4.1 核心业务区部署

本系统程序需要放置在金蝶中间件的“qyxy”域下，系统访问端口为 9888，安全访问端口为 9889，金蝶应用服务器的部署请参见“附录　金蝶中间件 Apusic 安装部署手册”。

8.1.4.2 外部接入区部署

（1）企业质量信用主系统部署

本系统程序需要放置在金蝶中间件的“qyxy”域下，系统访问端口为 9888，安全访问端口为 9889，金蝶应用服务器的部署请参见“附录　金蝶中间件 Apusic 安装部署手册”。

（2）企业质量信用企业端部署

本系统程序需要放置在金蝶中间件的“qyxy”域下，系统访问端口为 9896，安全访问端口为 9896，金蝶应用服务器的部署请参见“附录　金蝶中间件 Apusic 安装部署手册”。

8.1.5 数据交换部署及调试

8.1.5.1 数据交换部署

金质工程(一期)全国企业质量信用信息数据库系统数据交换主要通过存储过程完成，总共要部署省局上报和总局下发两组过程，具体部署方式见表 8-2。

表 8-2　企业信用系统交换部署方式

步骤	省局上报	总局下发
1. 确认存储过程文件	《Progress_qc_bn_省局. sql》 《Progress_qyxyshare_省局. sql》	《Progress_qc_ex_省局. sql》
2. 创建 DB link	编辑《DBLink_QC_EX_SU. sql》设置当前数据库地址 IP 的 SID，在 qc_bn 用户下执行 DBLink_QC_EX_SU. sql 脚本创建 DBlink。 在 qyxyshare 用户下执行《DBLink_QC_EX_SU》脚本创建 DBlink	编辑《DBLink_QC_BN_SU. sql》和《DBLink_QYXYSHARE_SU》设置当前数据库地址的 IP 和 SID，在 qc_ex 用户下执行《DBLink_QC_BN_SU》和《DBLink_QYXY SHARE_SU》两个脚本创建 DBlink

表 8-2(续)

步骤	省局上报	总局下发
3. 执行存储过程脚本,创建存储过程	在 qc_bn 用户下执行《Progress_qc_bn_省局. sql》脚本创建存储过程。 在 qyxyshare 用户下执行《Progress_qyxyshare_省局. sql》脚本创建存储过程	在交换库 qc_ex 用户下执行《Progress_qc_ex_省局. sql》脚本创建存储过程
4. 更新数据库记录结点编号	在 EX_RECORD 中查询结点编号,批量替换《qyxy_u_qc_bn_nodename. sql》脚本中的 nodename 值,使用 qc_bn 账号登录业务库,执行更改过的《qyxy_u_qc_bn_nodename. sql》脚本,批量更改历史数据的 nodename	无
5. dexcon trol 用授权	使用 qc_bn 账号登录业务库,执行 grant. sql 查询出所有授权语句,全部执行为 dexcontol 授权,使用 qyxyshare 账号登录共享库,执行 grant. sql 查询出所有授权语句,全部执行为 dexcontol 授权	使用 qc_ex 账号登录业务库,执行 grant. sql 查询出所有授权语句,全部执行为 dexcontol 授权

8.1.5.2 数据交换测试

(1) 省局上报数据交换测试

1) 使用 qc_ex 用户登录交换库,执行《qc_ex_clear. sql》清空交换库数据。

2) 使用 qc_bn 用户登录业务库,执行《qc_bn_clear. sql》清空业务库数据,手动在交换表中创建测试数据,执行 PRC_QC_BN_SUP 存储过程。

3) 使用 qyxyshare 用户登录业务库,执行《qyxyshare_clear. sql》清空共享库数据,手动在交换表中创建测试数据,执行 PRC_QYXYSHARE_SUP 存储过程。

4) 使用 qc_ex 用户登录交换库,在数据表中查看业务库中数据是否交换过来了,并执行《qc_ex_clear. sql》清空交换库数据。

5) 使用 qc_bn 用户登录业务库,执行《qc_bn_clear. sql》清空业务库数据,并初始化历史数据。

6) 使用 qyxyshare 用户登录业务库,执行《qyxyshare_clear. sql》清空共享库数据。

(2) 总局下发数据交换测试

1) 使用 qc_bn 用户登录业务库,执行《qc_bn_clear. sql》清空业务库数据。

2) 使用 qyxyshare 用户登录业务库,执行《qyxyshare_clear. sql》清空共享库数据。

3) 使用 qc_ex 用户登录交换库,执行《qc_ex_clear. sql》清空交换库数据,手动在交换表中创建测试数据,执行 PRC_QC_EX_SUP 存储过程。

4) 使用 qc_bn 用户登录业务库,在数据表中查看交换库中数据是否交换过来了,并执行《qc_bn_clear. sql》清空业务库数据,并初始化历史数据。

5) 使用 qyxyshare 用户登录到共享库,在数据表中查看交换库中数据是否交换过来,并执行《qyxyshare_clear. sql》清空共享库数据。

6) 使用 qc_ex 用户登录业务库,执行《qc_ex_clear. sql》清空业务库数据。

8.1.6 应用程序部署及访问

8.1.6.1 应用程序部署

(1) 核心业务区

企业质量信用应用程序部署到核心业务区，即将应用程序文件夹“qyxy”拷贝到对应服务器的 apusic-5.1/domains/qyxy/applications/目录下。

(2) 外部接入区

企业质量信用应用程序部署到外部接入区，即将应用程序文件夹“qyxy”拷贝到对应服务器的 apusic-5.1/domains/qyxy/applications/目录下。

企业质量信用企业端应用程序部署到外部接入区，即将应用程序文件夹“ent”拷贝到对应服务器的 apusic-5.1/domains/ent/applications/目录下。

8.1.6.2 应用程序配置

(1) 修改支撑库连接文件

核心业务区和外部接入区部署的企业质量信用系统做下述修改。

按照实际情况修改本系统\EAPDomain\WEB-INF\conf\unieap\udolink\conf\supportDB.properties 文件中的 DataSourceURL 连接串及用户名密码。设置应用于局域网区域的企业质量信用应用程序和互联网区域的企业质量信用应用程序。具体修改位置见下文斜体部分：

```
DriverName=oracle.jdbc.driver.OracleDriver
TargetDatabase=Oracle
DBServer=jzgctest
DataSourceURL=jdbc:oracle:thin:@localhost:1521:jzgctest
UserName=unieapqyxy
Password=unieapqyxyAqsiq09#
```

对于数据库集群环境下的 DataSourceURL 连接串为

jdbc:oracle:thin:@(DESCRIPTION=(ADDRESS_LIST=(ADDRESS=(PROTOCOL=TCP)(HOST=*10.13.10.222*)(PORT=1521))(ADDRESS=(PROTOCOL=TCP)(HOST=*10.13.10.221*)(PORT=1521)))(LOAD_BALANCE=yes)(CONNECT_DATA=(SERVER=DEDICATED)(SERVICE_NAME=*IESUSR*)))

其中斜体部分需要根据实际情况替换。

(2) 修改金蝶连接池

1) 修改金蝶中间件 qyxy 域 config 目录下的配置文件 datasources.xml；

2) 将所有数据源的属性修改为实际情况，需要修改的属性示例见下文斜体部分：

```
<datasource name="qyxy"
        jndi-name="jdbc/qyxy"
        driver-class="oracle.jdbc.driver.OracleDriver"
        driver-classpath="/opt/apusic-5.1/lib/ext/ojdbc14.jar"
```

```
        url="jdbc:oracle:thin:@10.134.10.1:1521:QS0000J1"
        max-spare-connections="5"
        max-connections="30"
        initial-connections="5"
        min-spare-connections="5"
    >
      <property name="user"value="qc_bn"/>
      <property name="test-before-reused"value="false"/>
      <property name="password"value="qc_bnAqsiq09#"/>
      <property name="stmt-cache-size"value="0"/>
      <property name="test-command"value=""/>
      <property name="pre-fetch-size"value="0"/>
    </datasource>
```

（3）修改平台登录入口

修改核心业务区和外部接入区的应用下\WEB-INF\conf\unieap\security 录下的配置文件 applicationContext. xml，将平台入口的属性修改为实际情况。

需要修改的入口位置见下文斜体部分。

```
    <bean id="authenticationProcessingFilterEntryPoint"
class="com.neusoft.unieap.service.security.ui.webapp.AuthenticationProcessingFilterEntryPointEx-
tend">
        <property
name="loginFormUrl"><value>http://10.134.10.3:6888/zjzjdomain</value></property>
        <property name="forceHttps"><value>false</value></property>
    </bean>
```

（4）WEBSERVICE 配置

核心业务区部署的企业质量信用系统做下述检查和调整。

1）检查本系统应用程序的 WEB-INF\classes\webservice. properties 文件中的 URL 连接，与 WebService 服务端部署的 URL 是否一致。

2）进行 WebService 服务注册，需要先检查应用程序目录下的 WEB-INF\classes\licensexml. xml 文件。如果文件存在，则需要验证文件中的注册信息与 WebService 服务端的对应信息是否一致；如果文件不存在，则需要进行 WebService 服务注册。注册信息验证和 WebService 服务注册，具体参见 5. 6WebService 服务注册。

（5）企业质量信用系统部署配置

1）核心业务区：

在\apusic-5. 1\domains\qyxy\目录下创建一个新文件夹，并将文件夹命名为 temp；

在质量信用核心业务区应用程序下，进入目录 domains\qyxy\applications\qyxy\WEB-INF\classes\common. properties，增加内容如下，斜体部分根据实际情况做如下修改。

```
#节点名称
nodeName=450000110
#附件临时文件路径
attachmentHome=/opt/apusic-5.1/domains/qyxy/temp
#同步数据的位置
transport_configFile=/opt/apusic-5.1/domains/qyxy/applications/qyxy/WEB-INF/transport-Config.xml
#数据库连接方式:UNIEAP、JNDI、JDBC
datasourceType=JNDI
```

2）外部接入区：

在\apusic-5.1\domains\qyxy\目录下创建一个新文件夹，并将文件夹命名为 temp；

进入目录 domains\qyxy\applications\qyxy\WEB-INF\classes\common.properties，增加内容如下，其中斜体部分根据实际情况做如下修改。

```
#节点名称
nodeName=450000110
#附件临时文件路径
attachmentHome=/temp
#数据库连接方式:UNIEAP、JNDI、JDBC
datasourceType=JNDI
```

进入目录 domains\qyxy\applications\qyxy\WEB-INF\classes\syn_common.properties，文件中提供了端口（port）和密钥（deskey），一般配置不会变动，采用默认的端口号 9088。如果有变动则需要更改相应设置。其中斜体部分根据实际情况做相应修改：

```
port=9088
deskey=mykey
```

关于企业质量信用的在线投诉，包括名牌在线投诉和汽车、玩具缺陷在线投诉两部分，需要在质检总局的相关网站配置出来。

关于企业质量信用的缺陷召回业务，汽车和玩具企业基本信息的填报入口，需要在质检总局的相关网站配置出来。

（6）企业端部署配置

1）在\apusic-5.1\domains\qyxy\目录下创建一个新文件夹，并将文件夹命名为 temp；

2）在质量信用企业端应用程序下，进入目录 domains\ent\applications\ent\WEB-INF\classes\common.properties，增加内容如下，其中斜体部分根据实际情况修改：

```
#节点名称
nodeName=450000110
#附件临时文件路径
```

```
attachmentHome=/temp
#企业服务访问地址
ent_addr=http://127.0.0.1:9896/qyfw
#数据库连接方式:UNIEAP、JNDI、JDBC
datasourceType=JNDI
```

企业质量信用企业端的相关业务入口需要在企业服务综合平台的首页配置对应链接。

8.1.6.3 系统登录访问

金蝶应用服务器的启动请参见《附录　金蝶中间件 Apusic 安装部署手册》。金蝶应用服务器启动后,通过 Unieap 平台访问系统。

(1) 核心业务区访问

用具有企业信用系统访问权限的账号登录 Unieap 集成平台,并点击左侧任意质量信用相关的业务菜单链接,如果右侧成功出现系统界面,则说明系统部署成功。

(2) 外部接入区访问

1) 企业质量信用主系统:用具有企业信用系统访问权限的账号登录 Unieap 集成平台,并点击左侧任意质量信用相关的业务菜单链接,如果右侧成功出现系统界面,则说明系统部署成功。

2) 企业质量信用企业端:假如企业服务系统的服务器地址为 127.0.0.1,端口设置为 8896,则在浏览器中敲击系统的访问地址为 http://127.0.0.1:8896/qyfw。

在系统的登录页面,使用已存在的用户登录系统,进入系统首页,点击右侧业务区下面的链接,如果能够正确的进入企业端的业务,则说明质量信用企业端应用程序部署成功。

8.1.7 系统部署常见问题

8.1.7.1 数据库集成问题

数据库配置过程中,可能会遇到表或者视图已经存在。

解决办法:请打开试图编辑窗口,点击执行查看是哪个表或者试图不存在,然后到相应的数据库中将其为企业信用库授权。

8.1.7.2 菜单问题

系统菜单集成解决方法如下。

(1) 集成后需要将数据库用户 unieapqyxy 中的表 menu_qyxy 内容导入到 unieapzjzj 库中的 up_console_menu_qyxy 表中。

(2) 用数据库用户 unieapzjzj 登录数据库并将 up_console_menu_qyxy 表授权给 unieapqyxy 用户。然后用 unieapqyxy 登录数据库并创建视图 menu_qyxy,脚本参见《qyxy_数据库用户 unieapqyxy 建视图脚本.txt》。

8.1.7.3 人员、权限问题

集成人员和权限的解决方法如下。

(1) 根据总集成要求,并经过总集成审核,将本系统支撑库中如下表导入 unieapzjzj 中:org_role_ext、org_role、sec_role_permission_resource。

(2) 在本地支撑库建立视图,建立视图之前必须确保 unieapzjzj 用户已经将这三个表授

权给 unieapqyxy 用户，创建视图的脚本源码如下：

```
CREATE OR REPLACE VIEW SEC_ROLE_PERMISSION_RESOURCE AS
SELECT
A. ROLE_ID ROLE_ID,
A. PERMISSION_ID PERMISSION_ID,
A. RESOURCE_ID RESOURCE_ID,
A. RESOURCETYPE_ID RESOURCETYPE_ID,
A. EXT_DESC EXT_DESC
FROM
UNIEAPZJZJ. SEC_ROLE_PERMISSION_RESOURCE@UNIEAPZJZJLINK A where A. RESOURCE_ID
like 'qyxy%';
```

8.1.7.4 乱码问题

登录企业质量信用系统，发现代码集或者其他界面出现乱码。解决方法如下所述，其中斜体部分根据实际情况做如下修改。

(1) 修改配置文件 apusic-5.1\domains\qyxy\config\apusic.conf，在如下代码位置增加斜体部分：

```
<SERVICECLASS="com.apusic.web.WebService">
<ATTRIBUTE NAME="MaxWaitingClients"VALUE="500"/>
<ATTRIBUTE NAME="WaitingClientTimeout"VALUE="5"/>
    <ATTRIBUTE NAME="KeepAlive"VALUE="true"/>
    <ATTRIBUTE NAME="KeepAliveTimeout"VALUE="15"/>
    <ATTRIBUTE NAME="MaxKeepAliveRequests"VALUE="100"/>
    <ATTRIBUTE NAME="MaxKeepAliveConnections"VALUE="300"/>
    <ATTRIBUTE NAME="NumberSelectors"VALUE="1"/>
    <ATTRIBUTE NAME="ServletReloadCheckInterval"VALUE="3"/>
    <ATTRIBUTE NAME="EnableLog"VALUE="False"/>
    <ATTRIBUTE NAME="LogFileName"VALUE="logs/access.log"/>
    <ATTRIBUTE NAME="LogFileLimit"VALUE="1000000"/>
    <ATTRIBUTE NAME="LogFileCount"VALUE="10"/>
    <ATTRIBUTE NAME="URIEncoding"VALUE="GBK"/>
</SERVICE>
```

(2) 然后再将本系统项目中的 WEB-INF\classes\common.properties 文件按照斜体修改如下：

```
#form 表单 get 方式的编码
formGetEncoding=GBK
#form 表单 Post 方式的编码
formPostEncoding=GBK
#数据库连接方式:UNIEAP、JNDI、JDBC
datasourceType=JDBC
#应用服务器类型,TOMCAT、WEBSPHERE、WEBLOGIC
appServer=TOMCAT
```

```
#OrgExt 的值为 true 时,使用我们自己业务的机构扩展;
#false 为东软的扩展;默认为 true
OrgExt=true
#附件临时文件路径
attachmentHome=/temp
baseDebug=true
```

8.1.7.5 报表出错问题

在运行报表时会提示数据源错误。其解决方法:要确认本系统数据库用户 unieapqyxy 中 drm_sys_datasource 表的数据库连接是否正确。

8.1.7.6 报表无执行权限问题

打开报表提示无执行权限。其解决方法:以系统管理员身份登录到系统管理中,在权限管理→业务角色授权页面,找到用户所属的角色,并在"报表权限"中将报表的执行权限分配给该角色。

8.1.7.7 WebService 问题

WebService 正确运行的解决方法:

(1) 在部署完成后要修改本系统中:WEB-INF\classes\webservice. properties 文件中的 URL 连接,与 WebService 服务端部署的 URL 一致。

(2) 检查 WEB-INF\classes\licensexml. xml 下的许可的 appsysid, licenseid 是否已经在主数据管理系统中注册。

(3) 确认集成系统是否对本系统的 IP 地址进行了绑定,否则在保存时会报客户端 IP 与注册地址不同。

8.1.7.8 缓存问题

集成过程中缓存问题的处理方法:

(1) 在本系统的部署文件 WEB-INF\conf\unieap\EAPConfig. xml 中将 cacheSynchronize 的 isEnabled 设置为 ture。

(2) 在本系统的部署文件 WEB-INF\conf\unieap\cache\ehcache. xml 中将 UniSecurity 属性中的参数修改为

```
maxElementsInMemory="20000"
eternal="true"
overflowToDisk="true"
```

(3) 在本系统的部署文件 WEB-INF\conf\unieap\udolink\conf\OP. properties 中将 RESULTSET_LIMITATION 设置为-1。

8.2 计量业务监督管理系统部署

8.2.1 概述

本章节适用于部署"金质工程(一期)计量业务监督管理系统",从数据库服务器、应用服务器两方面说明系统的部署,并总结了在部署中碰到的常见问题,具体可参考 8.2.6 系统部署常见问题。

8.2.2 部署环境说明

系统部署要求：应用服务器、数据库服务器的操作系统为Windows(2000/2003)/Linux；应用服务器采用金蝶中间件5.1版(Apusic5.1)；数据库服务器采用Oracle10g。

访问系统的客户端环境要求为Windows操作系统；浏览器为IE6 sp2版以上。

8.2.3 数据库服务器部署

8.2.3.1 数据库说明

计量业务系统的数据库环境，见表8-3。

表8-3 数据库说明

系统名称	所属区域	表空间描述	表空间名	用户名
计量业务监督管理系统	局域网	支撑库	TS_UNIEAPJLJD	UNIEAPJLJD
		业务库	TS_MM_BN	MM_BN
		共享库	TS_MM_SR	MM_SR
	专网交换区	交换库	TS_MM_EX	MM_EX

8.2.3.2 数据库导入

(1) 局域网区域

1) 确认表空间ts_unieapjljd、ts_mm_bn、ts_mm_sr已经创建。如果没有的话通过创建表空间脚本来完成表空间的创建。

2) 确认数据库用户uniapjljd、mm_bn、mm_sr已经创建，且密码分别设置为unieapjljdAqsiq09#、mm_bnAqsiq09#、mm_srAqsiq09#。如果没有的话通过创建数据库用户脚本来完成用户创建。

3) 将提供的数据库文件unieapjljd.dmp、mm_bn.dmp、mm_sr.dmp分别导入到unieapjljd、mm_bn、mm_sr数据库用户中。通过数据库导入脚本完成数据库导入。

(2) 专网交换区域

1) 确认表空间ts_mm_ex已经创建。如果没有的话通过创建表空间脚本来完成表空间的创建。

2) 确实认数据库用户mm_ex已经创建，且密码设置为mm_exAqsiq09#。如果没有的话通过创建数据库用户脚本来完成用户创建。

3) 将提供的数据库文件mm_ex.dmp导入到mm_ex数据库用户中。

8.2.3.3 数据库配置

(1) 修改数据源

1) 修改局域网区域的数据库用户unieapjljd的drm_sys_datasource表中的数据源链接信息，即将字段dburl、username、password、servername的内容按照实际情况进行修改，见图8-1。

2) 修改局域网区域数据库用户unieapjljd的drm_sys_connectionpool表中的数据库用户信息，即将字段DEFAULTDBSCHEMANAME的内容按照实际情况进行修改，见图8-2。

DRIVERNAME	DBTYPE	DBURL	USERNAME	PASSWORD	SERVERNAME
oracle.jdbc.driver.OracleDriver	Oracle	jdbc:oracle:thin:@localhost:1521:orcl	mm_bn	mm_bnaqsiq09#	orcl
oracle.jdbc.driver.OracleDriver	Oracle	jdbc:oracle:thin:@localhost:1521:orcl	unieapjljd	unieapjljdaqsiq09#	orcl
oracle.jdbc.driver.OracleDriver	Oracle	jdbc:oracle:thin:@localhost:1521:orcl	unieapjljd	unieapjljdaqsiq09#	orcl

图 8-1　数据源配置表

	MINIMUM	MAXIMUM	WAITTIME	VALIDSTATUS	DBCHARSET	DEFAULTDBSCHEMANAME
1	1	1	6	1	GB2312	mm_bn
2	1	1	6	1	GB2312	unieapjljd
3	10	99	6	1	GB2312	mm_bn

图 8-2　连接池配置表

（2）菜单配置

需要将局域网区域的数据库用户 unieapjljd 的 UP_CONSOLE_MENU_MEASSUPER 与 UP_CONSOLE_MENU_PROMEASSUPER 表中的菜单信息导入到系统管理的支撑库用户 unieapzjzj 的 UP_CONSOLE_MENU_MEASSUPER、UP_CONSOLE_MENU_PROMEASSUPER 表中。

（3）创建视图

1）建立链接：在局域网区域数据库用户 unieapjljd 中创建名称为 unieapzjzjlink 的数据库连接（dblink），如果导入后的数据库中已经存在同名称的数据库连接，则最好是先删除原来的数据库连接，重新创建，通过数据库用户 DBLink 脚本创建 DBLink 连接。

2）删除表：在局域网区域数据库用户 unieapjljd 下，由于菜单，权限、人员信息已经集成，所以不再使用本地支撑库的相关表，需要进行删除，即在数据库用户 unieapjljd 下，执行删除语句，通过数据库用户 unieapjljd 删除表脚本删除表。

3）创建相关视图：通过数据库用户 unieapjljd 建视图脚本创建视图。

（4）基础库授权

需要在局域网区域数据库用户 mdb 中，给数据库用户 mm_bn 进行表访问授权，即在数据库用户 mdb 中，执行授权脚本。通过数据库用户 mdb 授权脚本进行数据库授权。

8.2.4　应用服务器部署

本系统程序需要放置在金蝶中间件相应的域下，见表 8-4。金蝶应用服务器的部署请参见“附录　金蝶中间件 Apusic 安装部署手册”。

表 8-4　计量系统的金蝶域部署说明

系统名称	所属区域	应用名称	域名称	端口	安全端口
计量业务审批系统	互联网区	计量业务网上	webmeassuper	8051	8052
	局域网区	计量业务前台	promeassuper	5071	5072
		计量业务后台	meassuper	5051	5052

8.2.5 应用程序部署及访问

8.2.5.1 应用程序部署

计量系统的部署位置，见表 8-5。

表 8-5 计量系统的部署位置

系统名称	所属区域	程序包名称	部署位置
计量业务审批系统	互联网区	webmeassuper	apusic-5.1/domains/webmeassuper/applications/
	局域网区	promeassuper	apusic-5.1/domains/promeassuper/applications/
		meassuper	apusic-5.1/domains/meassuper/applications/

(1) 修改应用服务数据源文件

按照实际情况修改本系统在局域网区域的 apusic-5.1\domains\meassuper\config 目录下的 datasources.xml 文件，在其中<datasources></datasources>中添加以下内容(其中斜体部分需要根据实际情况设置)：

```
<datasource name="mm_bn"
jndi-name="mm_bn"
driver-class="oracle.jdbc.driver.OracleDriver"
        driver-classpath="/opt/apusic-5.1/lib/ext/ojdbc14.jar"
        url="jdbc:oracle:thin:@10.10.205.95:1521:orcl"
max-spare-connections="5"
max-connections="40"
initial-connections="5"
>
<property name="user"value="mm_bn"/>
<property name="test-before-reused"value="false"/>
<property name="password"value="mm_bn"/>
<property name="stmt-cache-size"value="0"/>
<property name="pre-fetch-size"value="0"/>
</datasource>
<datasource name="unieapjlyw"
        jndi-name="unieapjlyw"
driver-class="oracle.jdbc.driver.OracleDriver"
        driver-classpath="/opt/apusic-5.1/lib/ext/ojdbc14.jar"
        url="jdbc:oracle:thin:@10.10.205.95:1521:orcl"
max-spare-connections="5"
max-connections="40"
initial-connections="5"
>
<property name="user"value="unieapjlyw"/>
<property name="test-before-reused"value="false"/>
```

```
<property name="password"value="unieapjlyw"/>
<property name="stmt-cache-size"value="0"/>
<property name="pre-fetch-size"value="0"/>
</datasource>
```

上文的 url 属性连接串只针对单节点数据库而言，对于数据库集群环境下的 url 属性中连接串如下（其中，斜体部分需要根据实际情况替换）。

jdbc:oracle:thin:@(DESCRIPTION=(ADDRESS_LIST=(ADDRESS=(PROTOCOL=TCP)(HOST=*10.13.10.222*)(PORT=*1521*))(ADDRESS=(PROTOCOL=TCP)(HOST=*10.13.10.221*)(PORT=*1521*)))(LOAD_BALANCE=yes)(CONNECT_DATA=(SERVER=DEDICATED)(SERVICE_NAME=*IESUSR*)))

（2）修改支撑库连接文件

按照实际情况修改本系统\EAPDomain\WEB-INF\conf\unieap\udolink\conf\support-DB.properties 文件中的 DataSourceURL 连接串及用户名密码。

```
DriverName=oracle.jdbc.driver.OracleDriver
TargetDatabase=Oracle
DBServer=orcl
DataSourceURL=jdbc:oracle:thin:@locmmhost:1521:orcl
UserName=unieapjljd
Password=unieapjljdAqsiq09#
```

对于数据库集群环境下的 DataSourceURL 连接串为：

jdbc:oracle:thin:@(DESCRIPTION=(ADDRESS_LIST=(ADDRESS=(PROTOCOL=TCP)(HOST=*10.13.10.222*)(PORT=*1521*))(ADDRESS=(PROTOCOL=TCP)(HOST=*10.13.10.221*)(PORT=*1521*)))(LOAD_BMMANCE=yes)(CONNECT_DATA =(SERVER=DEDICATED)(SERVICE_NAME=*IESUSR*)))。

其中，斜体部分需要根据实际情况替换。

（3）WEBSERVICE 配置

1）检查本系统应用程序的 WEB-INF\classes\service.properties 文件中的 URL 连接，与 Webservice 服务端部署的 URL 是否一致。

2）进行 Webservice 服务注册，需要先检查应用程序目录下的 WEB-INF\classes\webservicelicense.xml 文件。如果文件存在，则需要验证文件中的注册信息与 WebService 服务端的对应信息是否一致；如果文件不存在，则需要进行 WebService 服务注册。注册信息验证和 WebService 服务注册，具体参见 5.6WebService 服务注册。

8.2.5.2 系统登录访问

（1）核心业务区访问

启动金蝶应用服务器，在局域网区域启动计量业务前台应用、计量业务后台应用，然后用具有计量系统访问权限的账号登录 Unieap 集成平台，并点击左侧任意计量相关的业务菜单链接，如果右侧成功出现系统界面，则说明系统部署成功。

（2）外部接入区访问

启动金蝶应用服务器，在互联网区域启动计量业务网上应用，根据应用系统部署的服务器地址访问系统。假如应用系统部署的服务器地址为 192.168.0.1，则在浏览器中输入系统的访问地址为

http://192.168.0.1:8051/webmeassuper

在系统的登录页面，输入计量业务系统的用户名和密码登录系统，如果金蝶中间件启动没有错误信息，且系统登录成功，则说明系统部署成功。

8.2.6 系统部署常见问题

8.2.6.1 数据库集成问题

数据库配置过程中，可能会遇到表或者视图已经存在，此问题解决方法如下：

（1）参考本书 8.2.3.3。

（2）必须保证 dblink 正确创建，如果视图不能成功建立，需要首先将本系统支撑库中的表删除，然后在建立视图，并进行视图编译。

8.2.6.2 菜单问题

本系统菜单集成的方法如下。

（1）集成后需要将数据库用户 unieapjljd 中的表 up_console_menu_promeassuper、up_console_menu_meassuper 内容导入到 unieapzjzj 库中的 up_console_menu_promeassuper、up_console_menu_meassuper 表中。

（2）然后在数据库用户 unieapjljd 中创建 dblink，然后创建菜单视图，从而完成对菜单的集成。创建名为 unieapzjzjlink 的 dblink。创建视图 up_console_menu_promeassuper、up_console_menu。

8.2.6.3 人员和权限问题

集成人员和权限的方法如下。

（1）根据总集成要求，并经过总集成审核，将本系统支撑库中如下表导入 unieapzjzj 中：org_role_ext，org_role，sec_role_permission_resource。

（2）在本地支撑库建立视图，本视图依赖上面建立的 dblink，源码如下：

```
CREATE OR REPLACE VIEW SEC_ROLE_PERMISSION_RESOURCE AS
SELECT
A.ROLE_ID ROLE_ID,
A.PERMISSION_ID PERMISSION_ID,
A.RESOURCE_ID RESOURCE_ID,
A.RESOURCETYPE_ID RESOURCETYPE_ID,
A.EXT_DESC EXT_DESC
FROM UNIEAPZJZJ.SEC_ROLE_PERMISSION_RESOURCE@UNIEAPZJZJLINK A where A.RESOURCE_ID like 'jljd%';
```

8.2.6.4 报表出错问题

在运行报表时会提示数据源错误。此问题的解决方法：

要确认本系统数据库用户 unieapjljd 中 drm_sys_datasource 表的数据库连接是否正确。

8.2.6.5 WebService 问题

保证 WebService 正确运行的方法：

（1）在部署完成后要修改本系统中：WEB-INF\classes\service. properties 文件中的 URL 连接，与 Webservice 服务端部署的 URL 一致；

（2）检查 WEB-INF\classes\webservicelicense. xml 下的许可的 appsysid，licenseid 是否已经在主数据管理系统中注册；

（3）确认集成系统是否对本系统的 IP 地址进行了绑定，否则在保存时会报客户端 IP 与注册地址不同。

8.2.6.6 缓存问题

集成过程中出现缓存问题时的解决方法如下所述。

（1）在本系统的部署文件 WEB-INF\conf\unieap\EAPConfig. xml 中将 cacheSynchronize 的 isEnabled 设置为 ture；

（2）在本系统的部署文件 WEB-INF\conf\unieap\cache\ehcache. xml 中将 UniSecurity 属性中的设置修改如下：

```
maxElementsInMemory="20000"
eternal="true"
overflowToDisk="true"
```

（3）在本系统的部署文件 WEB-INF\conf\unieap\udolink\conf\OP. properties 中将 RESULTSET_LIMITATION 设置为-1。

8.3 产品质量监督系统部署

8.3.1 概述

本章节适用于部署“金质工程（一期）产品质量监督系统”。手册从部署环境说明、数据库服务器部署、应用服务器部署、应用程序部署及访问、日常维护等方面讲解系统的部署安装过程。

8.3.2 部署环境说明

系统部署要求：应用服务器、数据库服务器的操作系统为 Windows（2000/2003）/Linux；应用服务器采用金蝶中间件 5.1 版（Apusic5.1）；数据库服务器采用 Oracle10g。

访问系统的客户端环境要求为 Windows 操作系统；浏览器为 IE6 sp2 版以上。

8.3.3 数据库服务器部署

8.3.3.1 数据库说明

系统的数据库环境，如表 8-6 所示：

表 8-6 监督系统的数据库环境

系统名称	所属区域	表空间描述	表空间名	用户名
产品质量监督系统	业务处理区	支撑库	TS_UNIEAPINSPUR	UNIEAPZLJD
		业务库	TS_QS_BN	QS_BN
		共享库	TS_QS_SR	QS_SR
	数据交换区	交换库	TS_QS_EX	QS_EX

8.3.3.2 数据库导入

(1) 业务处理区

1) unieapzljd 导入。输入导入语句 imp unieapzljd/unieapzljdaqsiq09＃@jx_qs0791j file＝c:\unieapzljd. dmp fromuser＝unieapzljd touser＝unieapzljd(用户名密码及 sid 根据实际情况修改),见图 8-3。

图 8-3 unieapzljd 数据导入

执行结果见图 8-4。

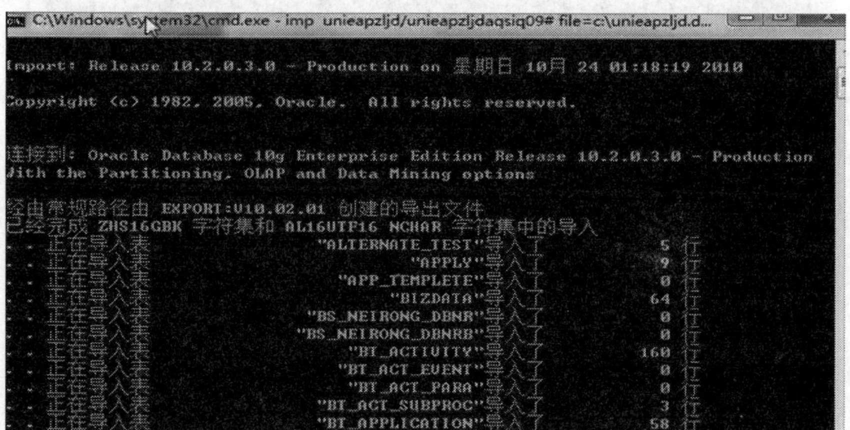

图 8-4 unieapzljd 导入执行

用数据库用户 unieapzljd 登录 pl/sql,查询试图是否正确导入并正常编译,见图 8-5。

2) qs_bn 导入。输入导入语句 imp qs_bn/qs_bnaqsiq09＃@jx_qs0791j file＝c:\qs_bn. dmp fromuser＝qs_bn touser＝qs_bn,(用户名密码及 sid 根据实际情况修改),见图 8-6。

执行结果见图 8-7。

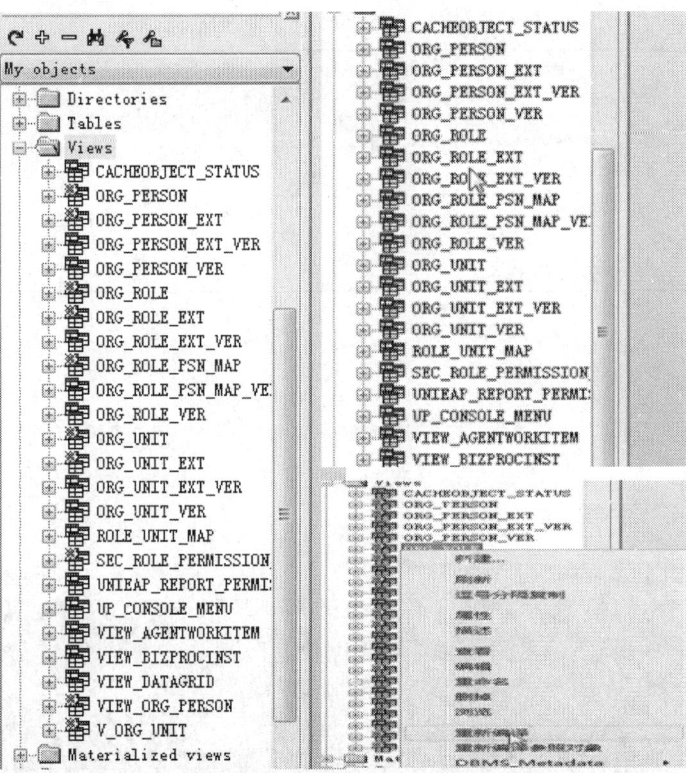

图 8-5 unieapzljd 查看视图

图 8-6 qs_bn 数据导入

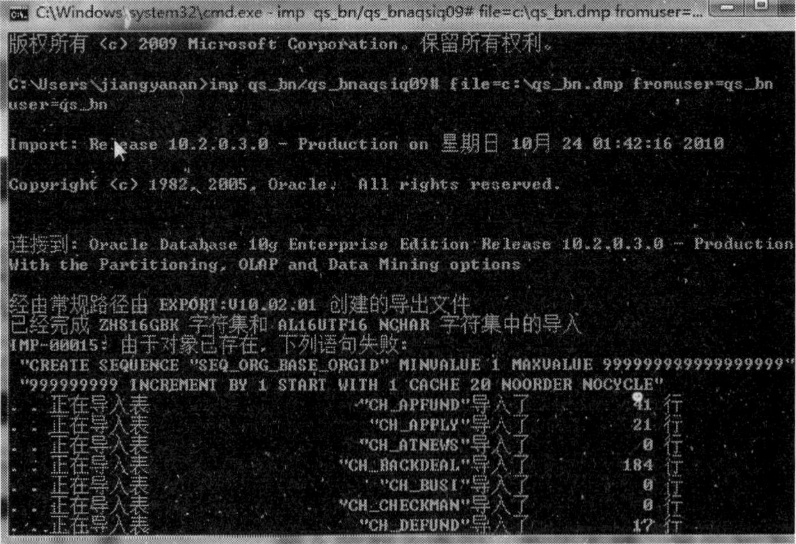

图 8-7 qs_bn 导入执行

导入完成后用数据库用户 qs_bn 登录 pl/sql，查询试图是否正确导入并可以正常编译，见图 8-8。

图 8-8　qs_bn 查看视图

用户 qs_bn 登录 pl/sql，修改 dblink，见图 8-9。

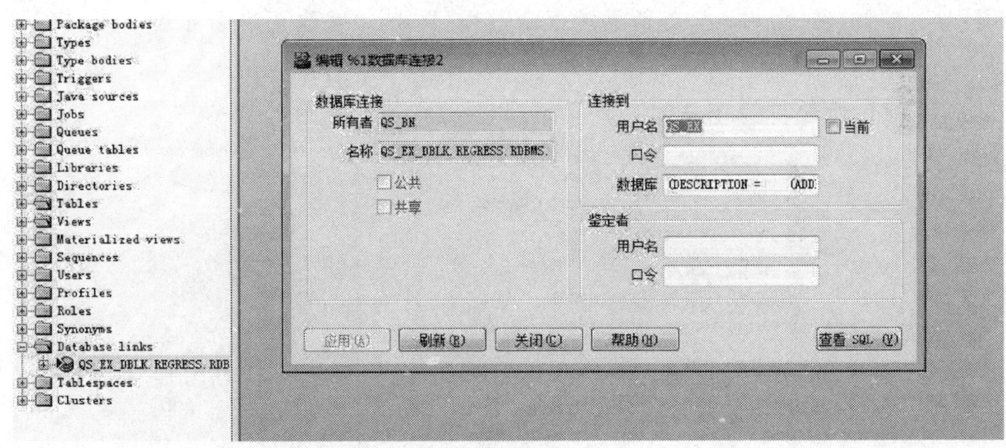

图 8-9　qs_bn 的 dblink

如果数据库使用了数据库集群环境，则可以执行 sql（斜体部分 ip 地址及数据库 sid 根据实际情况改变）：

```
drop database link QS_EX_DBLK.REGRESS.RDBMS.DEV.US.ORACLE.COM;
create database link QS_EX_DBLK.REGRESS.RDBMS.DEV.US.ORACLE.COM
  connect to QS_EX identified by QS_EXaqsiq09#
```

```
  using '(DESCRIPTION=
    (ADDRESS=(PROTOCOL=TCP)(HOST=172.16.16.5)(PORT=1521))
    (ADDRESS=(PROTOCOL=TCP)(HOST=172.16.16.6)(PORT=1521))
    (LOAD_BALANCE=yes)
    (CONNECT_DATA=
      (SERVER=DEDICATED)
      (SERVICE_NAME=QS4500Z)
    )
)';
```

否则，则可以执行以下 sql 脚本(斜体部分 ip 地址及数据库 sid 根据实际情况改变)：

```
drop database link QS_EX_DBLK.REGRESS.RDBMS.DEV.US.ORACLE.COM;
create database link QS_EX_DBLK.REGRESS.RDBMS.DEV.US.ORACLE.COM
  connect to QS_EX identified by QS_EXaqsiq09#
  using '(DESCRIPTION=
    (ADDRESS=(PROTOCOL= TCP)(HOST= 172.16.16.5)(PORT=1521)) (LOAD_
BALANCE=yes)
    (CONNECT_DATA=
      (SERVER=DEDICATED)
      (SERVICE_NAME=QS4500Z)
    )
)';
```

用用户 qs_bn 登录 pl/sql，重新编译存储过程(Dblink 修改正确后才可以正常编译)，见图 8-10。

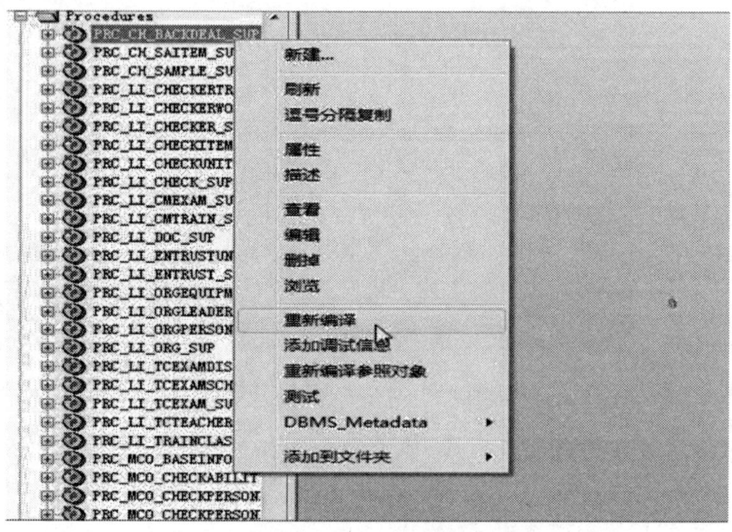

图 8-10　qs_bn 视图重编译

3) qs_sr 导入。输入导入语句 imp　qs_sr/qs_sraqsiq09#@jx_qs0791j　file=c:\qs_sr.dmp　fromuser=qs_sr　touser=qs_sr(用户名密码及 sid 根据实际情况修改)，见图 8-11。

```
C:\Windows\system32\CMD.exe
icrosoft Windows [版本 6.1.7600]
版权所有 (c) 2009 Microsoft Corporation。保留所有权利。

C:\Users\jiangyanan>imp qs_sr/qs_sraqsiq09# file=c:\qs_sr.dmp fromuser=qs_sr  to
user=qs_sr
```

图 8-11　qs_sr 导入

执行结果，见图 8-12。

```
C:\Windows\system32\CMD.exe
ORA-01917: 用户或角色 'AL_BN' 不存在
. . 正在导入表          "MCO_CHECKPERSONBASE"导入了          46 行
IMP-00017: 由于 ORACLE 错误 1917, 以下语句失败:
 "GRANT SELECT ON "MCO_CHECKPERSONBASE" TO "AL_SR" WITH GRANT OPTION"
IMP-00003: 遇到 ORACLE 错误 1917
ORA-01917: 用户或角色 'AL_SR' 不存在
IMP-00017: 由于 ORACLE 错误 1917, 以下语句失败:
 "GRANT SELECT ON "MCO_CHECKPERSONBASE" TO "AL_BN" WITH GRANT OPTION"
IMP-00003: 遇到 ORACLE 错误 1917
ORA-01917: 用户或角色 'AL_BN' 不存在
. . 正在导入表          "MCO_COMPLAINANTINFO"导入了          0 行
. . 正在导入表          "QCO_COMPLAINANTINFO"导入了          0 行

"CREATE FORCE VIEW "QS_SR"."AL_LI_DEPTCHECK"                    ("DEP"
"TCHECKID","CHECKDEPTID","ENTNAME","ENTID","PRODNAME","CHECKDATE","CHECKRESU"
"LI","AREACODE") AS "
"select "DEPTCHECKID","CHECKDEPTID","ENTNAME","ENTID","PRODNAME","CHECKDATE""
","CHECKRESULT","AREACODE" from al_sr.al_li_deptcheck"
""
""
成功终止导入, 但出现警告。

C:\Users\jiangyanan>r
```

图 8-12　qs_sr 导入执行

用数据库用户 qs_sr 登录 pl/sql，查询试图是否正确导入并可以正常编译（QS_SR 中的视图都是其他用户共享的，如果编译不能正常进行，则需要查看视图提供用户是否授权），见图 8-13。

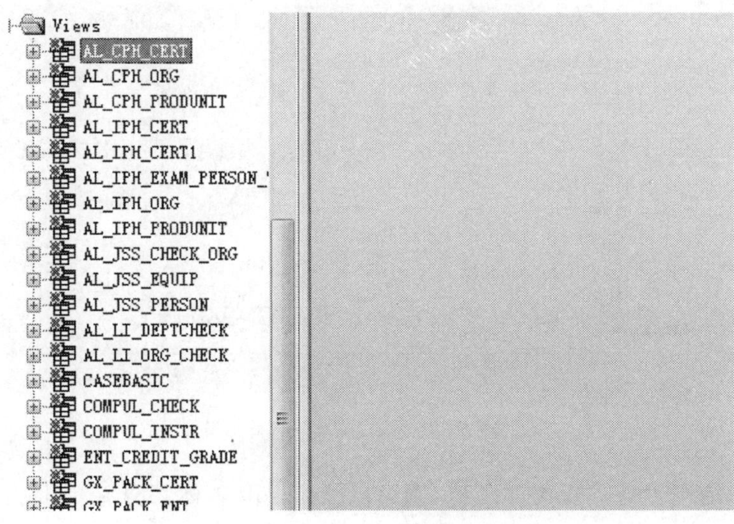

图 8-13　qs_sr 视图重编译

（2）数据交换区

将提供的数据库文件 qs_ex. dmp 导入到 qs_ex 数据库用户中。输入导入语句 imp qs_ex/qs_exaqsiq09＃@jx_qs0791j file＝c:\qs_ex. dmp fromuser＝qs_ex touser＝qs_ex（用户名密码及 sid 根据实际情况修改），见图 8-14。

图 8-14 qs_ex 导入

执行结果见图 8-15。

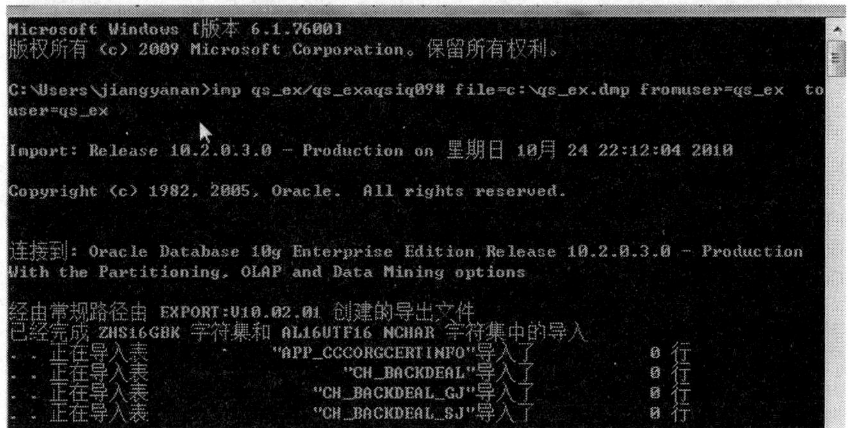

图 8-15 qs_ex 导入执行

用用户 qs_ex 登录 pl/sql，修改 dblink，见图 8-16。

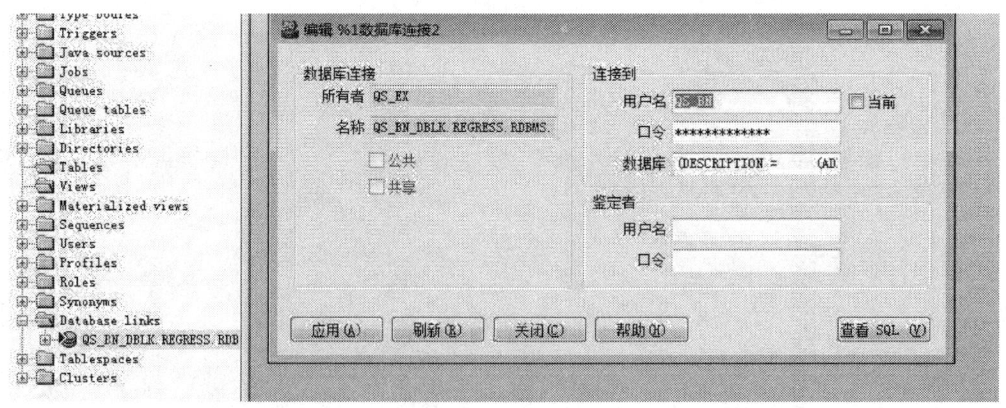

图 8-16 qs_ex 的 dblink

如果数据库使用了数据库集群环境，则可以执行 sql（斜体部分 ip 地址及数据库 sid 根据实际情况改变）：

```
drop database link QS_BN_DBLK. REGRESS. RDBMS. DEV. US. ORACLE. COM;
create database link QS_BN_DBLK. REGRESS. RDBMS. DEV. US. ORACLE. COM
  connect to QS_BN identified by QS_BNaqsiq09#
  using '(DESCRIPTION=
     (ADDRESS=(PROTOCOL=TCP)(HOST=172.16.16.7)(PORT=1521))
    (ADDRESS=(PROTOCOL=TCP)(HOST=172.16.16.8)(PORT=1521))
    (LOAD_BALANCE=yes)
    (CONNECT_DATA=
      (SERVER=DEDICATED)
      (SERVICE_NAME=QS4500J)
    )
)';
```

否则，则可以执行 sql(斜体部分 ip 地址及数据库 sid 根据实际情况改变)：

```
drop database link QS_BN_DBLK. REGRESS. RDBMS. DEV. US. ORACLE. COM;
create database link QS_BN_DBLK. REGRESS. RDBMS. DEV. US. ORACLE. COM
  connect to QS_BN identified by QS_BNaqsiq09#
  using '(DESCRIPTION=
    (ADDRESS=(PROTOCOL= TCP)(HOST= 172.16.16.7)(PORT=1521))(LOAD_
BALANCE=yes)
    (CONNECT_DATA=
      (SERVER=DEDICATED)
      (SERVICE_NAME=QS4500J)
    )
)';
```

用数据库用户 qs_ex 登录 pls/ql，重新编译存储过程(Dblink 修改正确后才可以正常编译)，见图 8-17。

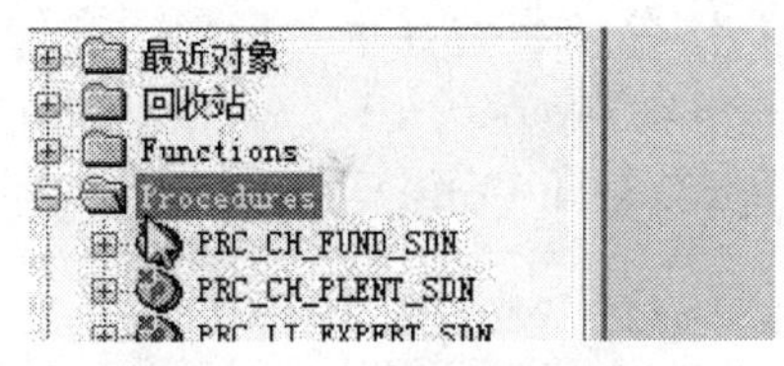

图 8-17 qs_ex 的存储过程

8.3.4 应用服务器部署

本系统程序需要放置在金蝶中间件的"zljd"域下，系统访问端口为 8181，安全访问端口为 8182，金蝶应用服务器的部署请参见《附录 金蝶中间件 Apusic 安装部署手册》。

8.3.5 应用程序部署及访问

8.3.5.1 应用程序部署

(1) 外部接入区

应用程序部署到互联网区域，即将应用程序文件夹"zljd"拷贝到对应服务器的 apusic-5.1/domains/zljd/applications/目录下。

(2) 业务处理区

应用程序部署到局域网区域，即将应用程序文件夹"zljd"拷贝到对应服务器的 apusic-5.1/domains/zljd/applications/目录下。

8.3.5.2 应用程序配置

（1）修改配置文件

1）修改支持库连接文件 supportDB. properties。按照实际情况修改本系统\apusic-5. 1\domains\zljd\applications\zljd\EAPDomain\WEB-INF\conf\unieap\udolink\conf\supportDB. properties 文件，DataSourceURL 连接串及用户名密码。具体修改位置，见图 8-18 所示斜体字（数据库采用单机部署时用）。

```
DriverName=oracle. jdbc. driver. OracleDriver
TargetDatabase=oracle
DBServer=orcl
DataSourceURL=jdbc:oracle:thin:@localhost:1521:orcl
UserName=unieapzljd
Password=unieapzljdAqsiq09#
```

图 8-18 质监监督系统的支撑库配置文件

对于数据库集群环境下的 DataSourceURL 连接串如下文所示（斜体部分 ip 地址及 sid 根据实际情况改变）：

jdbc:oracle:thin:@(DESCRIPTION=(ADDRESS_LIST=(ADDRESS=(PROTOCOL=TCP)(HOST=*10. 13. 10. 222*)(PORT=1521))(ADDRESS=(PROTOCOL=TCP)(HOST=*10. 13. 10. 221*)(PORT=1521)))(LOAD_BALANCE=yes)(CONNECT_DATA=(SERVER=DEDICATED)(SERVICE_NAME=*IESUSR*)))

2）修改平台登录入口配置文件 applicationContext. xml。

编辑\apusic-5. 1\domains\zljd\applications\zljd\WEB-INF\conf\unieap\security 路径下 applicationContext. xml 文件，修改集成框架连接 ip 地址及端口号，见图 8-19。

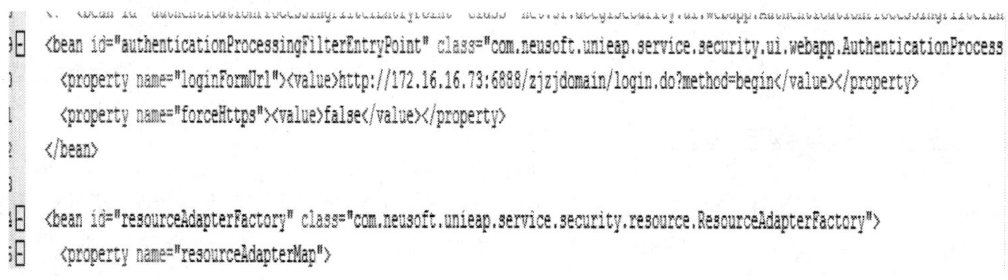
```
<bean id="authenticationProcessingFilterEntryPoint" class="com.neusoft.unieap.service.security.ui.webapp.AuthenticationProcess
  <property name="loginFormUrl"><value>http://172.16.16.73:6888/zjzjdomain/login.do?method=begin</value></property>
  <property name="forceHttps"><value>false</value></property>
</bean>

<bean id="resourceAdapterFactory" class="com.neusoft.unieap.service.security.resource.ResourceAdapterFactory">
  <property name="resourceAdapterMap">
```

图 8-19 平台登录入口配置

3）修改金蝶数据源连接文件 datasources. xml。

编辑\apusic-5. 1\domains\zljd\config 路径下 datasources. xml 文件中的数据源连接，图 8-20 所示，需要按照实际情况来修改 IP 地址及数据库实例名 sid。

如果数据用了数据库集群环境，则采用如下方式配置 URL（斜体部分 ip 地址及 sid 根据实际情况改变）：

url="jdbc:oracle:thin:@(DESCRIPTION=(ADDRESS_LIST=(ADDRESS=(PROTOCOL=TCP)(HOST=*172. 16. 16. 7*)(PORT=1521))(ADDRESS=(PROTOCOL=TCP)(HOST=*172. 16. 16.*

```
<?xml version="1.0" encoding="UTF-8"?>

<!DOCTYPE datasources PUBLIC '-//Apusic//DTD Apusic Data Source Configuration 1.0//EN' 'http://www.apusic.com/dtds/datasources_1

<datasources>

  <datasource name="qs_bn"
     jndi-name="jdbc/qs_bn"
     driver-class="oracle.jdbc.driver.OracleDriver"
     driver-classpath="D:\apusic-5.1-zljd\lib\ext\ojdbc14.jar"
     url="jdbc:oracle:thin:@127.0.0.1:1521:test"
     max-spare-connections="5"
     max-connections="30"
     initial-connections="5"
  >
    <property name="user" value="qs_bn"/>
    <property name="test-before-reused" value="false"/>
    <property name="password" value="qs_bnaqsiq09#"/>
    <property name="stmt-cache-size" value="0"/>
    <property name="pre-fetch-size" value="0"/>
  </datasource>

  <datasource name="UNIEAP"
     jndi-name="jdbc/unieap"
     driver-class="oracle.jdbc.driver.OracleDriver"
```

图 8-20　金蝶数据库连接配置

8)(PORT=1521)))(LOAD_BALANCE=yes)(CONNECT_DATA=(SERVER=DEDICATED)(SERVICE_NAME=*QS4500J*)))

否则当数据库采用单机部署时，采用如下方式配置 URL（斜体部分 ip 地址及数据库 sid 根据实际情况改变）：

url="jdbc:oracle:thin:@*localhost*:1521:*zhijian*"

(2) 替换平台 lisence

从总集成商处获得平台正式 lisence 并替换，其路径为\apusic-5.1\domains\zljd\applications\zljd\WEB-INF\conf\unieap\license 将正式 lisence 直接覆盖即可。

(3) WEBSERVICE 配置

Webservice 的许可替换路径为\apusic-5.1\domains\zljd\applications\zljd\WEB-INF\classes\com\inspur\zljd\pub。

直接编辑 qslicensexml.xml 文件，将申请的序列号替换；并编辑 qsserviceurlxml.xml，按照实际 ip 地址配置 Webservice 的链接。

8.3.5.3　系统登录访问

金蝶应用服务器的启动请参见《附录　金蝶中间件 Apusic 安装部署手册》。金蝶应用服务器启动后，用具有质量监督访问权限的账号登录 Unieap 集成平台，并点击左侧任意质量监督相关业务菜单链接，如果右侧成功出现系统界面，则说明系统部署成功。

8.3.6　日常维护

8.3.6.1　程序启动

Windows 操作系统下，在路径\apusic-5.1-all\domains\zljd\bin 下双击 startapusic.cmd，见图 8-21。

linux 操作系统下，在根目录下执行：cd\opt\apusic-5.1-all\domains\zljd\bin，运行命令 setsid./startapusic 即可。

8.3.6.2　程序停止

Windows 操作系统下，直接关闭掉图 8-21 所示对话框即可。

```
ngletons(DefaultListableBeanFactory.java:261) >> Pre-instantiating singletons in
 factory [org.springframework.beans.factory.support.DefaultListableBeanFactory d
efining beans []; root of BeanFactory hierarchy]
2010-10-24 14:39:08 信息 [con.out] 2010/10/24-14:39:08 >>  INFO >> main >> com.n
eusoft.unieap.config.EAPConfig.load(EAPConfig.java:129) >> 配置组件[bl]处理完毕
2010-10-24 14:39:08 信息 [con.out] 2010/10/24-14:39:08 >>  INFO >> main >> com.n
eusoft.unieap.config.EAPConfig.load(EAPConfig.java:111) >> 正在读取配置组件[menu
]
2010-10-24 14:39:08 信息 [con.out] 2010/10/24-14:39:08 >>  INFO >> main >> com.n
eusoft.unieap.config.EAPConfig.load(EAPConfig.java:127) >> 配置组件[menu]被开始
处理
2010-10-24 14:39:09 信息 [con.out] 2010/10/24-14:39:09 >>  INFO >> main >> com.n
eusoft.unieap.config.EAPConfig.load(EAPConfig.java:129) >> 配置组件[menu]处理完
毕
2010-10-24 14:39:09 信息 [con.out] 2010/10/24-14:39:09 >>  INFO >> main >> com.n
eusoft.unieap.config.plugin.EAPPlugin.init(EAPPlugin.java:80) >> 业务应用"consol
e"启动完毕
2010-10-24 14:39:10 信息 [apusic.web.zljd./zljd] Context Root [/zljd]
2010-10-24 14:39:10 信息 [apusic.application.zljd] 成功启动
2010-10-24 14:39:10 信息 [apusic.service.J2EEDeployer] 成功启动
2010-10-24 14:39:10 信息 [apusic.service.ClassLoaderViewer] 成功启动
2010-10-24 14:39:10 信息 [apusic.service.JDBCTracer] 成功启动
2010-10-24 14:39:10 信息 [apusic.service.admin] 成功启动
2010-10-24 14:39:10 信息 [apusic.server.Main] 服务器就绪。
```

图 8-21 windows 环境的系统启动

Linux 操作系统下，先执行 ps-ef|grep zljd，查出进程号，然后执行如下指令来停止程序：

kill-9 进程号

8.3.6.3 日志查看

找到路径\apusic-5.1-all\domains\zljd\logs 下打开文件 apusic.log.0，检查日志情况。金蝶日志最多保留 10 个，分别命名为 apusic.log.0，apusic.log.1，……，尾部序号数字越小日期就越新。

8.4 食品安全监管系统

8.4.1 概述

本章节适用于部署“金质工程(一期)食品生产监管系统”，从数据库服务器、应用服务器两方面说明系统的部署，并总结了在部署中碰到的常见问题，具体可参考 8.4.7 系统部署常见问题。

8.4.2 部署环境说明

系统部署要求：应用服务器、数据库服务器的操作系统为 Windows(2000/2003)/Linux；应用服务器采用金蝶中间件 5.1 版(Apusic5.1)；数据库服务器采用 Oracle10g。

访问系统的客户端环境要求为 Windows 操作系统；浏览器为 IE6 sp2 版以上。

8.4.3 数据库服务器部署

8.4.3.1 数据库说明

食品系统的数据库环境，见表 8-7。

表 8-7 食品系统数据库环境

系统名称	所属区域	表空间描述	表空间名	用户名
食品安全监管系统	局域网	支撑库	TS_UNIEAPICSS	UNIEAPICSS
		业务库	TS_SF_BN	SF_BN
		共享库	TS_SF_SR	SF_SR
		其他业务库	TS_WTOSHARE TS_SF_JK_BN TS_SF_YJ_BN	WTOSHARE SF_JK_BN SF_YJ_BN
	专网交换区	交换库	TS_SF_EX	SF_EX

8.4.3.2 数据库导入

（1）在局域网区域

1）检查表空间 ts_unieapicss、ts_sf_bn、ts_sf_jk_bn、ts_sf_yj_bn、ts_sf_sr、ts_wtoshare 是否已经创建，如果没有则创建相应表空间。

2）检查数据库用户 uniezpicss、sf_bn、sf_sr、sf_jk_bn、sf_yj_bn、wtoshare 是否能正常登录，密码分别为 unieapicssAqsiq09＃、sf_bnAqsiq09＃、sf_srAqsiq09＃、sf_jk_bnAqsiq09＃、sf_yj_bnAqsiq09＃、wtoshareAqsiq0＃。

3）然后将提供的数据库文件 unieapicss. dmp、sf_bn. dmp、sf_sr. dmp、wtoshare. dmp、sf_jk_bn. dmp、sf_yj_bn. dmp 分别导入到 unieapicss 、sf_bn、sf_sr、wtoshare、sf_yj_bn、sf_jk_bn 数据库用户中。

（2）在专网交换区域

1）检查表空间 ts_sf_ex 是否已经创建，如果没有则创建相应表空间。

2）检查数据库用户 sf_ex 是否能正常登录，如果不能则创建数据库用户，密码 sf_exAqsiq09＃。

3）然后在 sf_ex 数据库用户中执行脚本文件《sf_ex_sj. sql》。

8.4.3.3 视图检查

检查上节中导入的数据库中的视图是否出现编译错误。如果出现了无法编译的视图，则需要确认相关业务系统的数据库是否已经建立，是否给予了允许访问的授权。当相关业务系统给予授权之后，再次编译该视图即可。

8.4.4 应用服务器部署

本系统程序需要放置在金蝶中间件的“spjg”域下，系统访问端口为 8888，安全访问端口为 8889，金蝶应用服务器的部署请参见《附录　金蝶中间件 Apusic 安装部署手册》。

8.4.5 数据交换部署及调试

8.4.5.1 数据交换部署

金质工程（一期）食品生产监管系统数据交换主要通过存储过程完成，总共要部署省局上报和总局下发两组过程。具体部署方式见表 8-8。

表 8-8 食品监管系统交换部署方式

步骤	省局上报	总局下发
1. 确认存储过程文件	《Progress_sf_bn_省局. sql》 《Progress_wtoshare_省局. sql》	《Progress_sf_cx_省局. sql》
2. 创建 DB link	编辑《DBLink_SF_EX_SU. sql》设置当前数据库地址的 IP 和 SID,在 sf_bn 用户下执行《DBLink _ SF _ EX _ SU. sql》脚本创建 DBlink。在 wtoshare 用户下执行《DBLink_SF_EX_SU》脚本创建 DBlink	编辑《DBLink _ SF _ BN _ SU. sql》和《DBLink_ WTOSHARE_SU》设置当前数据库地址的 IP 和 SID,在 sf_ex 用户下执行《DBLink _ SF _ BN _ SU》和《DBLink_WTO_SHARE_SU》两个脚本创建 DBlink
3. 执行存储过程脚本,创建存储过程	在 sf_bn 用户下执行《Progress_sf_bn_省局. sql》脚本创建存储过程。 在 wtoshare 用户下执行《Progress _ wtoshae_省局. sql》脚本创建存储过程	在交换库 sf _ ex 用户下执行《Progress_ sf_ex_省局. sql》脚本创建存储过程
4. 更新数据库记录结点编号	在 EX_RECORD 中查询结点编号,批量替换《spjg_u_sf_bn_node. sql》脚本中的 nodename 值,使用 sf_bn 账号登录业务库,执行更改过的《spjg_u_sf_bn_nodename. sql》脚本,批量更改历史数据的 nodename	无
5. 为 dexcontrol 用户授权	使用 sf_bn 账号登录业务库,执行 grant. sql 查询出所有授权语句,全部执行为 dexcontol 授权,使用 wtoshare 账号登录共享库,执行 grant. sql 查询出所有授权语句,全部执行为 dexcontol 授权	使用 sf _ ex 账号登录业务库,执行 grant. sql 查询出所有授权语句,全部执行为 dexcontol 授权

8.4.5.2 数据交换测试

(1) 省局上报数据交换测试

1) 使用 sf_ex 用户登录交换库,执行脚本 sf_ex_clear. sql 清空交换库数据。

2) 使用 sf_bn 用户登录业务库,执行脚本 sf_bn_clear. sql 清空业务库数据,手动在交换表中创建测试数据,执行 PRC_SF_BN_SUP 存储过程。

3) 使用 wtoshare 用户登录业务库,执行脚本 wtoshare_clear. sql 清空共享库数据,手动在交换表中创建测试数据,执行 PRC_WTOSHARE_SUP 存储过程。

4) 使用 sf_ex 用户登录交换库,在数据表中查看业务库中数据是否交换过来了,并执行脚本 sf_ex_clear. sql 清空交换库数据。

5) 使用 sf_bn 用户登录业务库,执行脚本 sf_bn_clear. sql 清空业务库数据,并初始化历史数据。

6) 使用 wtoshare 用户登录业务库,执行脚本 wtoshare_clear. sql 清空共享库数据。

(2) 总局下发数据交换测试

1) 使用 sf_bn 用户登录业务库,执行脚本 sf_bn_clear. sql 清空业务库数据。

2) 使用 wtoshare 用户登录业务库,执行脚本 wtoshare_clear. sql 清空共享库数据。

3) 使用 sf_ex 用户登录交换库,执行脚本 sf_ex_clear. sql 清空交换库数据,手动在交换表中创建测试数据，执行 PRC_SF_EX_SUP 存储过程。

4）使用 sf_bn 用户登录业务库，在数据表中查看交换库中数据是否交换过来了，并执行脚本 sf_bn_clear. sql 清空业务库数据，并初始化历史数据。

5）使用 wtoshare 用户登录到共享库，在数据表中查看交换库中数据是否交换过来，并执行脚本 wtoshare_clear. sql 清空共享库数据。

6）使用 sf_ex 用户登录业务库，执行脚本 sf_ex_clear. sql 清空业务库数据。

8.4.6 应用程序部署及访问

8.4.6.1 应用程序部署

将应用程序部署到局业务处理区的 spjg 金蝶域下，即将应用程序文件夹“spjg”拷贝到对应服务器的 apusic-5.1/domains/spjg/applications/目录下。

8.4.6.2 应用程序配置

（1）修改支撑库连接文件

按照实际情况修改本系统\EAPDomain\WEB-INF\conf\unieap\udolink\conf\supportDB.properties 文件中的 DataSourceURL 连接串及用户名密码，具体修改位置见下面斜体部分。

```
DriverName=oracle.jdbc.driver.OracleDriver
TargetDatabase=Oracle
DBServer=orcl
DataSourceURL=jdbc:oracle:thin:@localhost:1521:orcl
UserName=unieapicss
Password=unieapicssAqsiq09#
```

对于数据库集群环境下的 DataSourceURL 连接串为：

```
jdbc:oracle:thin:@(DESCRIPTION=(ADDRESS_LIST=(ADDRESS=(PROTOCOL=TCP)(HOST=10.13.10.222)(PORT=1521))(ADDRESS=(PROTOCOL=TCP)(HOST=10.13.10.221)(PORT=1521)))(LOAD_BALANCE=yes)(CONNECT_DATA=(SERVER=DEDICATED)(SERVICE_NAME=IESUSR)))
```

其中斜体部分需要根据实际情况替换。

（2）修改金蝶连接池

1）修改金蝶中间件 spjg 域 config 目录下的配置文件 datasources. xml。

2）将所有数据源的属性修改为实际情况，具体修改位置见下面斜体文部分。

```
<datasource name="spjg"
    jndi-name="jdbc/spjg"
    driver-class="oracle.jdbc.driver.OracleDriver"
    driver-classpath="/opt/apusic-5.1/lib/ext/ojdbc14.jar"
    url="jdbc:oracle:thin:@localhost:1521:orcl"
    max-spare-connections="20"
    max-connections="50"
```

```
    initial-connections="5"
>
    <property name="user"value="sf_bn"/>
    <property name="test-before-reused"value="false"/>
    <property name="password"value="SF_BNAQSIQ09#"/>
    <property name="stmt-cache-size"value="0"/>
    <property name="pre-fetch-size"value="0"/>
</datasource>
```

(3) 修改平台登录入口

修改 WEB-INF\conf\unieap\security 目录下的配置文件 applicationContext. xml，将平台入口的属性修改为实际情况，具体修改位置见下面文斜体部分。

```
<bean id="authenticationProcessingFilterEntryPoint"
class="com.neusoft.unieap.service.security.ui.webapp.AuthenticationProcessingFilterEntryPointExtend">
    <property
name="loginFormUrl"><value>http://10.134.10.3:6888/zjzjdomain</value></property>
    <property name="forceHttps"><value>false</value></property>
</bean>
```

(4) WebService 配置

1) 检查本系统应用程序的 WEB-INF\classes\webservice. properties 文件中的 URL 连接，与 WebService 服务端部署的 URL 是否一致。

2) 进行 WebService 服务注册，需要先检查应用程序目录下的 WEB-INF\classes\licensexml. xml 文件。如果文件存在，则需要验证文件中的注册信息与 WebService 服务端的对应信息是否一致；如果文件不存在，则需要进行 WebService 服务注册。注册信息验证和 WebService 服务注册，具体参见 5.6 WebService 服务注册。

(5) 应用系统部署配置

1) 在\apusic-5.1\domains\spjg\目录下创建一个新文件夹，并将文件夹命名为 temp；

2) 在 spjg 业务区应用程序目录下，修改 domains\spjg\applications\spjg\WEB-INF\classes\common. properties，具体修改位置见下面斜体部分。

```
#节点名称
nodeName=450000110
#附件临时文件路径
attachmentHome=/opt/apusic-5.1/domains/qyxy/temp
#同步数据的位置
transport_configFile=/opt/apusic-5.1/domains/qyxy/applications/qyxy/WEB-INF/transport-
Config.xml
#数据库连接方式:UNIEAP、JNDI、JDBC
datasourceType=JNDI
```

8.4.6.3 系统登录访问

金蝶应用服务器的启动请参见《附录　金蝶中间件Apusic安装部署手册》。金蝶应用服务器启动后，用具有食品生产监管系统访问权限的账号登录Unieap集成平台，并点击左侧任意食品相关业务菜单链接，如果右侧成功出现系统界面，则说明系统部署成功。

8.4.7 系统部署常见问题

8.4.7.1 数据库集成问题

数据库配置过程中，可能会遇到表或者视图已经存在。此问题的解决方法：请打开试图编辑窗口，点击执行查看是哪个表或者试图不存在，然后到相应的数据库中将其为企业信用库授权。

8.4.7.2 菜单问题

本系统菜单集成的方法如下。

(1) 集成后需要将数据库用户unieapicss中的表menu_spjg内容导入到unieapzjzj库中的up_console_menu_spjg表中。

(2) 然后在数据库用户unieapicss中创建dblink，然后创建菜单视图，从而完成对菜单的集成。

(3) 创建dblink，脚本参见《spjg_数据库用户unieapicss建连接脚本.txt》。

(4) 创建视图menu_spjg，脚本参见《spjg_数据库用户unieapicss建视图脚本.txt》。

8.4.7.3 人员和权限问题

集成人员和权限的方法如下。

(1) 根据总集成要求，并经过总集成审核，将本系统支撑库中如下表导入unieapzjzj中：org_role_ext、org_role、sec_role_permission_resource。

(2) 在本地支撑库建立视图，本视图依赖上面建立的dblink，源码如下：

```
CREATE OR REPLACE VIEW SEC_ROLE_PERMISSION_RESOURCE AS
SELECT
A. ROLE_ID ROLE_ID,
A. PERMISSION_ID PERMISSION_ID,
A. RESOURCE_ID RESOURCE_ID,
A. RESOURCETYPE_ID RESOURCETYPE_ID,
A. EXT_DESC EXT_DESC
FROM
UNIEAPZJZJ. SEC_ROLE_PERMISSION_RESOURCE@UNIEAPZJZJLINK A
where A. RESOURCE_ID like 'spjg%';
```

8.4.7.4 乱码问题

登录食品系统，发现代码集或者其他页面出现乱码。其解决方法如下。

(1) 修改配置文件apusic-5.1\domains\mydomain\config\apusic.conf

在如下代码位置，增加斜体部分：

```
<SERVICECLASS="com. apusic. web. WebService">
  <ATTRIBUTE NAME="MaxWaitingClients"VALUE="500"/>
```

<ATTRIBUTE NAME="WaitingClientTimeout"VALUE="5"/>
<ATTRIBUTE NAME="KeepAlive"VALUE="true"/>
<ATTRIBUTE NAME="KeepAliveTimeout"VALUE="15"/>
<ATTRIBUTE NAME="MaxKeepAliveRequests"VALUE="100"/>
<ATTRIBUTE NAME="MaxKeepAliveConnections"VALUE="300"/>
<ATTRIBUTE NAME="NumberSelectors"VALUE="1"/>
<ATTRIBUTE NAME="ServletReloadCheckInterval"VALUE="3"/>
<ATTRIBUTE NAME="EnableLog"VALUE="False"/>
<ATTRIBUTE NAME="LogFileName"VALUE="logs/access. log"/>
<ATTRIBUTE NAME="LogFileLimit"VALUE="1000000"/>
<ATTRIBUTE NAME="LogFileCount"VALUE="10"/>
<ATTRIBUTE NAME="URIEncoding"VALUE="GBK"/>
</SERVICE>

(2）然后再将本系统项目中的 WEB-INF\classes\common. properties 文件按照斜体部分修改，如下：

#节点名称
nodeName=zjzj
#数据同步批号缓存机制
transport_cache=true
#数据同步批号的 ID
transport_id=8
transport_desc=食品同步
#同步数据的位置
#transport_configFile=../apusic-5.1-spjg/domains/mydomain/applications/spjg/WEB-INF/transportConfig. xml
transport_configFile=../transportConfig. xml
#综合查询配置 queryModule
queryModule=PCJD，普查建档，WTJG，委托加工，ZDZZ，重点整治，ZXCC，专项抽查，XCXC，现场巡查，JGDD，监管督导
#form 表单 get 方式的编码
formGetEncoding=GBK
#form 表单 Post 方式的编码
formPostEncoding=GBK
#数据库连接方式：UNIEAP、JNDI、JDBC
datasourceType=JDBC
#应用服务器类型，TOMCAT、WEBSPHERE、WEBLOGIC
appServer=TOMCAT
#OrgExt 的值为 true 时，使用我们自己业务的机构扩展；false 为东软的扩展；默认为 true
OrgExt=true
#附件临时文件路径
attachmentHome=/temp
baseDebug=true

8.4.7.5 报表出错问题

在运行报表时会提示数据源错误。其解决方法:要确认本系统数据库用户 unieapicss 中 drm_sys_datasource 表的数据库连接是否正确。

8.4.7.6 报表无执行权限问题

打开报表提示无执行权限。其解决方法:以系统管理员身份登录到系统管理中,在权限管理→业务角色授权页面,找到用户所属的角色,并在"报表权限"中将报表的执行权限分配给该角色。

8.4.7.7 WEBSERVICE 问题

保证 WebService 正确运行的方法如下。

(1) 在部署完成后要修改本系统中:WEB-INF\classes\webservice. properties 文件中的 URL 连接,与 Webservice 服务端部署的 URL 一致。

(2) 检查 WEB-INF\classes\licensexml. xml 下的许可的 appsysid, licenseid 是否已经在主数据管理系统注册。

(3) 确认集成系统是否对本系统的 IP 地址进行了绑定,否则在保存时会报客户端 IP 与注册地址不同。

8.4.7.8 缓存问题

集成过程中缓存问题。其解决方法如下。

(1) 在本系统的部署文件 WEB-INF\conf\unieap\EAPConfig. xml 中将 cacheSynchronize 的 isEnabled 设置为 ture。

(2) 在本系统的部署文件 WEB-INF\conf\unieap\cache\ehcache. xml 中将 UniSecurity 属性中的设置修改如下:

```
maxElementsInMemory="20000"
eternal="true"
overflowToDisk="true"
```

(3) 在本系统的部署文件 WEB-INF\conf\unieap\udolink\conf\OP. properties 中将 RESULTSET_LIMITATION 设置为-1。

8.5 特种设备安全监管系统

8.5.1 概述

本章节适用于部署"金质工程(一期)特种设备安全监管系统",从数据库服务器、应用服务器两方面说明系统的部署,并总结了在部署中碰到的常见问题,具体可参考 8.5.6 系统部署常见问题。

8.5.2 部署环境说明

特种设备安全监管系统部署要求:应用服务器、数据库服务器的操作系统为 Windows(2000/2003)/Linux;应用服务器采用金蝶中间件 5.1 版(Apusic5.1);数据库服务器采用 Oracle10g。

访问系统的客户端环境要求为 Windows 操作系统;浏览器为 IE6 sp2 版。

8.5.3 数据库服务器部署

8.5.3.1 数据库说明

特设系统的数据库环境，见表 8-9。

表 8-9 特设系统的数据库说明

系统名称	所属区域	表空间描述	表空间名	用户名
特种设备安全监管系统	局域网	支撑库	TS_UNIEAPJCAPP	UNIEAPJCAPP
		支撑库	TS_UNIEAPJCAPP	UNIEAPJCAPP_H
		业务库	TS_SE_BN	SE_BN
		共享库	TS_SE_SR	SE_SR
	专网交换区	交换库	TS_SE_EX	SE_EX

8.5.3.2 数据库导入

一般表空间和用户已在集成系统建好，只需要导入数据文件，如果不存在则创建相关表空间、用户。数据库文件的导入是通过命令行导入，导入脚本格式为

imp *数据库用户名/密码@数据库实例名* file=*路径\文件名* full=*y*

（1）局域网区域

将提供的数据库文件 unieapjcapp. dmp、unieapjcapp_h. dmp、se_bn. dmp、se_sr. dmp 分别导入到 unieapjcapp 、unieapjcapp _h、se_bn、se_sr 数据库用户中。导入命令如下（其中数据库实例名、密码、文件路径需改成实际情况）：

```
imp unieapjcapp/unieapjcappAqsiq09#@orcl file=d:\unieapjcapp.dmp;
imp unieapjcapp_H/unieapjcappAqsiq09#@orcl file=d:\unieapjcapp_H.dmp;
imp se_bn/se_bnAqsiq09#@orcl file=d:\se_bn.dmp;
imp se_sr/se_srAqsiq09#@orcl file=d:\se_sr.dmp;
```

（2）专网交换区域

将提供的数据库文件 se_ex. dmp 导入到 se_ex 数据库用户中，导入命令如下（其中数据库实例名、密码、文件路径需改成实际情况）：

```
imp   se_ex/se_exAqsiq09#@orcl   file=d:\se_ex.dmp
```

8.5.3.3 数据交换

（1）省局交换库到省局业务库

在省局交换库 se_ex 执行《se_ex_prc_sj. sql》，并且在用户 dexcontrol 下执行《dexcontrol_insert_sj_se_ex. sql》初始化存储过程调度配置，《dexcontrol_insert_sj. sql》的节点编号需要根据各试点局做相应修改。

（2）省局业务库到省局交换库

在省局业务库 se_bn 执行《se_bn_prc_sj. sql》，并且在用户 dexcontrol 下执行《dexcontrol_insert_sj_se_bn. sql》初始化存储过程调度配置，《dexcontrol_insert_sj_se_bn. sql》的节

点编号需要根据各试点局做相应修改。

8.5.3.4 数据库配置

（1）数据源连接修改

1）修改局域网区域的数据库用户 unieapjcapp、unieapjcapp_h 的 drm_sys_datasource 表中的数据源链接信息，即将字段 DBURL、USERNAME、PASSWORD、SERVERNAME 的内容按照实际情况进行修改，见图 8-22。

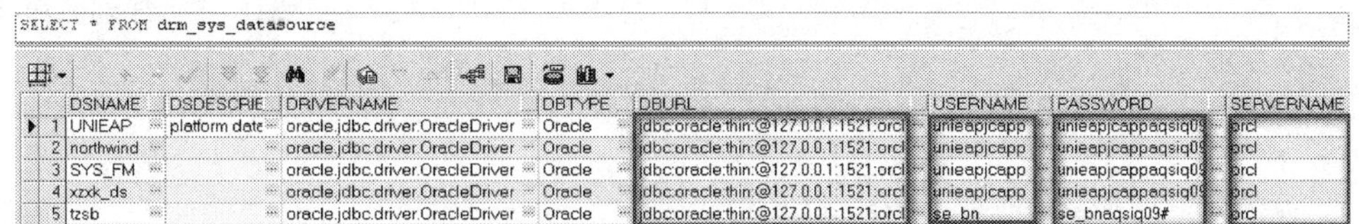

SELECT * FROM drm_sys_datasource

	DSNAME	DSDESCRIE	DRIVERNAME	DBTYPE	DBURL	USERNAME	PASSWORD	SERVERNAME
1	UNIEAP	platform date	oracle.jdbc.driver.OracleDriver	Oracle	jdbc:oracle:thin:@127.0.0.1:1521:orcl	unieapjcapp	unieapjcappaqsiq0	orcl
2	northwind		oracle.jdbc.driver.OracleDriver	Oracle	jdbc:oracle:thin:@127.0.0.1:1521:orcl	unieapjcapp	unieapjcappaqsiq0	orcl
3	SYS_FM		oracle.jdbc.driver.OracleDriver	Oracle	jdbc:oracle:thin:@127.0.0.1:1521:orcl	unieapjcapp	unieapjcappaqsiq0	orcl
4	xzxk_ds		oracle.jdbc.driver.OracleDriver	Oracle	jdbc:oracle:thin:@127.0.0.1:1521:orcl	unieapjcapp	unieapjcappaqsiq0	orcl
5	tzsb		oracle.jdbc.driver.OracleDriver	Oracle	jdbc:oracle:thin:@127.0.0.1:1521:orcl	se_bn	se_bnaqsiq09#	orcl

图 8-22 数据表信息 1

2）修改局域网区域数据库用户 unieapjcapp、unieapjcapp_h 的 drm_sys_connectionpool 表中的数据库用户信息，即将字段 DEFAULTDBSCHEMANAME 的内容按照实际情况进行修改，见图 8-23。

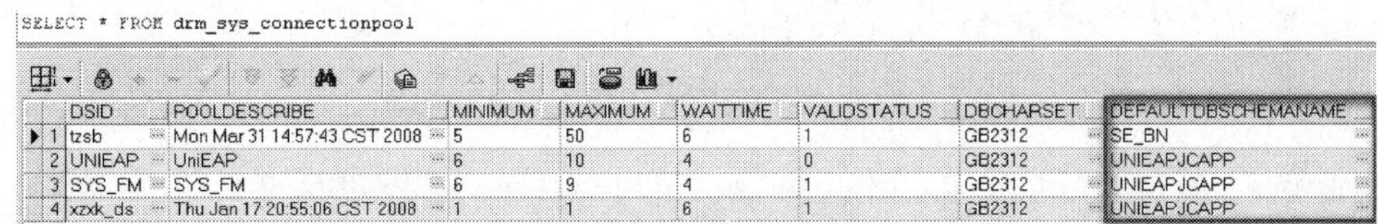

SELECT * FROM drm_sys_connectionpool

	DSID	POOLDESCRIBE	MINIMUM	MAXIMUM	WAITTIME	VALIDSTATUS	DBCHARSET	DEFAULTDBSCHEMANAME
1	tzsb	Mon Mar 31 14:57:43 CST 2008	5	50	6	1	GB2312	SE_BN
2	UNIEAP	UniEAP	6	10	4	0	GB2312	UNIEAPJCAPP
3	SYS_FM	SYS_FM	6	9	4	1	GB2312	UNIEAPJCAPP
4	xzxk_ds	Thu Jan 17 20:55:06 CST 2008	1	1	6	1	GB2312	UNIEAPJCAPP

图 8-23 数据表信息 2

3）在数据库用户 unieapjcapp、unieapjcapp_h 添加 dblink，见图 8-24、图 8-25 和图 8-26。

```
Database links
  TEST.REGRESS.RDBMS.DEV.US.ORACLE.COM
  TZSB.REGRESS.RDBMS.DEV.US.ORACLE.COM
  UNIEAPZJZJLINK.REGRESS.RDBMS.DEV.US.ORACLE.COM
  ZJJSCXK.REGRESS.RDBMS.DEV.US.ORACLE.COM
```

图 8-24 dblink

```
-- Drop existing database link
drop database link TZSB;
-- Create database link
create database link TZSB
  connect to SE_BN
  using '(DESCRIPTION =
    (ADDRESS = (PROTOCOL = TCP)(HOST = 172.16.16.7)(PORT = 1521))
    (ADDRESS = (PROTOCOL = TCP)(HOST = 172.16.16.8)(PORT = 1521))
    (LOAD_BALANCE = yes)
    (CONNECT_DATA =
      (SERVER = DEDICATED)
      (SERVICE_NAME = QS4500J)
    )
  )';
```

图 8-25 dblink 详细配置 1

```
-- Drop existing database link
drop database link UNIEAPZJZJLINK;
-- Create database link
create database link UNIEAPZJZJLINK
  connect to UNIEAPZJZJ
  using '(DESCRIPTION =
    (ADDRESS = (PROTOCOL = TCP)(HOST = 172.16.16.7)(PORT = 1521))
    (ADDRESS = (PROTOCOL = TCP)(HOST = 172.16.16.8)(PORT = 1521))
    (LOAD_BALANCE = yes)
    (CONNECT_DATA =
      (SERVER = DEDICATED)
      (SERVICE_NAME = QS4500J)
    )
  )';
```

图 8-26 dblink 详细配置 2

在 database links 下添加 tzsb 和 unieapzjzjlink 数据连接文件。

根据实际情况修改图 8-25 和图 8-26 中的地址 host 以及数据库实例 sid。

4）在数据库用户 se_bn 修改或者添加 al_sr、eap、eap_h、se_ex_dblk、zjjscxk 数据库链接，见图 8-9。

类似上述 31 操作，情况修改地址 host 以及数据库实例 si 改，见图 8-28。

```
Database links
  AL_SR
  EAP
  EAP_H
  SE_EX_DBLK
  ZJJSCXK
```

图 8-27　dblink 详细配置 3

```
-- Drop existing database link
drop database link TZSB;
-- Create database link
create database link TZSB
  connect to SE_BN
  using '(DESCRIPTION =
    (ADDRESS = (PROTOCOL = TCP)(HOST = 172.16.16.7)(PORT = 1521))
    (ADDRESS = (PROTOCOL = TCP)(HOST = 172.16.16.8)(PORT = 1521))
    (LOAD_BALANCE = yes)
    (CONNECT_DATA =
      (SERVER = DEDICATED)
      (SERVICE_NAME = QS4500J)
    )
  )';
```

图 8-28　dblink 详细配置 4

5）对 unieapjcapp、unieapjcapp_h、se_bn、se_ex 相关错误的视图进行重新编译，见图 8-29。

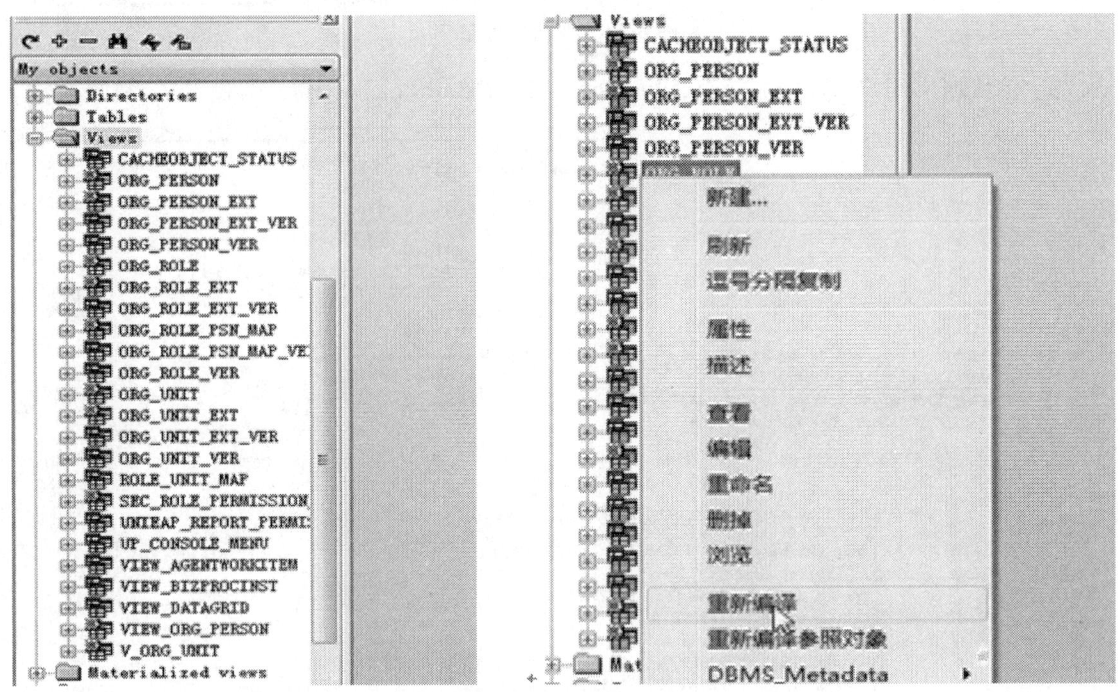

图 8-29　编译视图

（2）支撑库授权

在局域网区域的数据库用户 unieapjcapp 中，给数据库用户 se_bn 授权，即在数据库用户 unieapjcapp 下，执行授权语句《jcapp_数据库用户 unieapjcapp 授权脚本.txt》。

(3) 基础库授权

在局域网区域的数据库用户 mdb 中，给局域网区域数据库用户 se_bn 进行表访问授权，即在数据库用户 mdb 中，执行授权脚本《jcapp_数据库用户 mdb 授权脚本. txt》。

8.5.4　应用服务器部署

本系统程序需要部署在局域网区域和互联网区域的金蝶中间件的“jcapp”域下，系统访问端口为 6988，安全访问端口为 6989，金蝶应用服务器的部署请参见《附录　金蝶中间件 Apusic 安装部署手册》。

8.5.5　应用程序部署及访问

8.5.5.1　应用程序部署

在核心业务区，将核心业务区应用程序文件夹“jcapp”拷贝到对应内网服务器的 apusic-5. 1/domains/jcapp/applications/目录下。

在外部接入区，将外部接入区应用程序文件夹“jcapp”拷贝到对应外网服务器的 apusic-5. 1/domains/jcapp/applications/目录下。

8.5.5.2　应用程序配置

(1) 修改金蝶连接池

在区域网区域(核心业务区)，根据实际地址修改金蝶连接池配置文件 apusic-5. 1/domains/jcapp/config/datasources. xml，具体修改位置见下文斜体部分：

```
  <datasource name="se_bn"
        jndi-name="se_bn"
        driver-class="oracle.jdbc.driver.OracleDriver"
        driver-classpath="/opt/apusic-5.1/lib/ext/ojdbc14.jar"
        url="jdbc:oracle:thin:@localhost:1521:orcl"
        max-spare-connections="20"
        max-connections="50"
        initial-connections="5"
  >
     <property name="user"value="se_bn"/>
     <property name="test-before-reused"value="false"/>
     <property name="password"value="SE_BNAQSIQ09#"/>
     <property name="stmt-cache-size"value="0"/>
     <property name="pre-fetch-size"value="0"/>
  </datasource>
<datasource name="unieapjcapp"
        jndi-name="unieapjcapp"
        driver-class="oracle.jdbc.driver.OracleDriver"
        driver-classpath="/opt/apusic-5.1/lib/ext/ojdbc14.jar"
        url="jdbc:oracle:thin:@localhost:1521:orcl"
        max-spare-connections="20"
```

```
    max-connections="50"
    initial-connections="5"
>
    <property name="user"value="unieapjcapp"/>
    <property name="test-before-reused"value="false"/>
    <property name="password"value="UNIEAPJCAPPAQSIQ09#"/>
    <property name="stmt-cache-size"value="0"/>
    <property name="pre-fetch-size"value="0"/>
</datasource>
```

在互联网区域(外部接入区),根据实际地址修改金蝶连接池配置文件 apusic-5. 1/domains/jcapp/config/datasources. xml,具体修改位置见下文斜体部分:

```
<datasource name="se_bn"
    jndi-name="se_bn"
    driver-class="oracle. jdbc. driver. OracleDriver"
    driver-classpath="/opt/apusic-5. 1/lib/ext/ojdbc14. jar"
    url="jdbc:oracle:thin:@localhost:1521:orcl"
    max-spare-connections="20"
    max-connections="50"
    initial-connections="5"
>
    <property name="user"value="se_bn"/>
    <property name="test-before-reused" value="false"/>
    <property name="password"value="SE_BNAQSIQ09#"/>
    <property name="stmt-cache-size"value="0"/>
    <property name="pre-fetch-size"value="0"/>
</datasource>
<datasource name="unieapjcapp_h"
    jndi-name="unieapjcapp_h"
    driver-class="oracle. jdbc. driver. OracleDriver"
    driver-classpath="/opt/apusic-5. 1/lib/ext/ojdbc14. jar"
    url="jdbc:oracle:thin:@localhost:1521:orcl"
    max-spare-connections="20"
    max-connections="50"
    initial-connections="5"
>
    <property name="user"value="unieapjcapp_h"/>
    <property name="test-before-reused"value="false"/>
    <property name="password"value="UNIEAPJCAPPAQSIQ09#"/>
    <property name="stmt-cache-size"value="0"/>
    <property name="pre-fetch-size"value="0"/>
</datasource>
```

(2) 修改支撑库连接文件

局域网区域和互联网区域的特种设备安全监管系统应用程序做下述修改。

按照实际情况修改本系统\EAPDomain\WEB-INF\conf\unieap\udolink\conf\supportDB. properties 文件中的 DataSourceURL 连接串及用户名密码(外网及内网),具体修改位置见下文斜体部分:

```
DriverName=oracle.jdbc.driver.OracleDriver
TargetDatabase=Oracle
DBServer=orcl
DataSourceURL=jdbc:oracle:thin:@localhost:1521:orcl
UserName=unieapjcapp
Password=unieapjcappAqsiq09#
```

对于数据库集群环境下的 DataSourceURL 连接串为:

jdbc:oracle:thin:@(DESCRIPTION=(ADDRESS_LIST=(ADDRESS=(PROTOCOL=TCP)(HOST=*10.13.10.222*)(PORT=1521))(ADDRESS=(PROTOCOL=TCP)(HOST=*10.13.10.221*)(PORT=1521)))(LOAD_BALANCE=yes)(CONNECT_DATA=(SERVER=DEDICATED)(SERVICE_NAME=*IESUSR*)))

其中斜体部分需要根据实际情况替换。

(3) 修改平台登录入口

修改核心业务区和外部接入区的应用下\WEB-INF\conf\unieap\security 目录下的配置文件 applicationContext. xml,将平台入口的属性修改为实际情况,需要修改的入口位置见下面斜体部分:

```
    <bean id="authenticationProcessingFilterEntryPoint"
class="com.neusoft.unieap.service.security.ui.webapp.AuthenticationProcessingFilterEntryPointExtend">
            <property
name="loginFormUrl"><value>http://10.134.10.3:6888/zjzjdomain</value></property>
            <property name="forceHttps"><value>false</value></property>
    </bean>
```

(4) WebService 配置

局域网区域的特种设备安全监管系统应用程序做下述修改:

1) 检查本系统应用程序的 WEB-INF\classes\service. properties 文件中的 URL 连接,与 WebService 服务端部署的 URL 是否一致。

2) 进行 WebService 服务注册,需要先检查应用程序目录下的 WEB-INF\classes\webserviceLicense. xml 文件。如果文件存在,则需要验证文件中的注册信息与 WebService 服务端的对应信息是否一致;如果文件不存在,则需要进行 WebService 服务注册。注册信息验证和 WebService 服务注册,具体参见 5.6 WebService 服务注册。

8.5.5.3 系统登录访问

金蝶应用服务器的启动请参见《附录 金蝶中间件 Apusic 安装部署手册》。金蝶应用服务器启动后，用具有特设访问权限的账号登录 Unieap 集成平台，并点击左侧任意特设相关业务菜单链接，如果右侧成功出现系统界面，则说明系统部署成功。

8.5.6 系统部署常见问题

8.5.6.1 施工告知受理界面报找不到表或视图

查看是否是局域网区域的数据库用户 UNIEAPJCAPP 下的 view_bizworkitem 视图没有创建成功，如果没有成功，请重新创建该视图，创建语句参见《jcapp_数据库用户 unieapj-capp 建施工告知视图脚本.txt》。

8.5.6.2 EcTable 列表展示界面只有条数，没有具体内容

这种情况是 drm_sys_connectionpool 的 DEFAULTDBSCHEMANAME 字段的内容没有按照实际情况进行修改。将 DEFAULTDBSCHEMANAME 字段的内容改为实际的大写用户名。

8.5.6.3 WebService 问题

确保 WebService 正确运行的方法如下。

(1) 在部署完成后要修改本系统中：WEB-INF\classes\service.properties 文件中的 URL 连接，与 Webservice 服务端部署的 URL 一致。

(2) 检查 WEB-INF\classes\webserviceLicense.xml 下的许可的 appsysid，licenseid 是否已经在主数据管理系统中进行注册。

(3) 确定集成系统是否对本系统的 IP 地址进行了绑定，否则在保存时会报客户端 IP 与注册地址不同。

8.6 执法打假快速反应系统部署

8.6.1 概述

本章节适用于部署“金质工程(一期)执法打假快速反应系统”，从部署环境说明、数据库服务器部署、应用服务器部署、应用程序部署及访问、日常维护等方面讲解系统的部署安装过程。

8.6.2 部署环境说明

系统部署要求：应用服务器、数据库服务器的操作系统为 Windows(2000/2003)/Linux；应用服务器采用金蝶中间件 5.1 版(Apusic5.1)；数据库服务器采用 Oracle10g。

访问系统的客户端环境要求为 Windows 操作系统；浏览器为 IE6 sp2 版以上。

8.6.3 数据库服务器部署

8.6.3.1 数据库说明

执法系统的数据库环境，如表 8-10 所示。

表 8-10 执法系统的数据库环境

系统名称	所属区域	表空间描述	表空间名	用户名
执法打假快速反应系统	业务处理区	支撑库	TS_UNIEAPINSPUR	UNIEAPZFDJ
		业务库	TS_LE_BN	LE_BN
		共享库	TS_LE_SR	LE_SR
	数据交换区	交换库	TS_LE_EX	LE_EX

8.6.3.2 数据库导入

（1）业务处理区

1）unieapzfdj 导入。输入导入语句：imp unieapzfdj/unieapzfdjaqsiq09＃@jx_qs0791j file＝c：\unieapzfdj. dmp fromuser＝unieapzfdj touser＝unieapzfdj，（用户名密码及 sid 根据实际情况修改）见图 8-30。

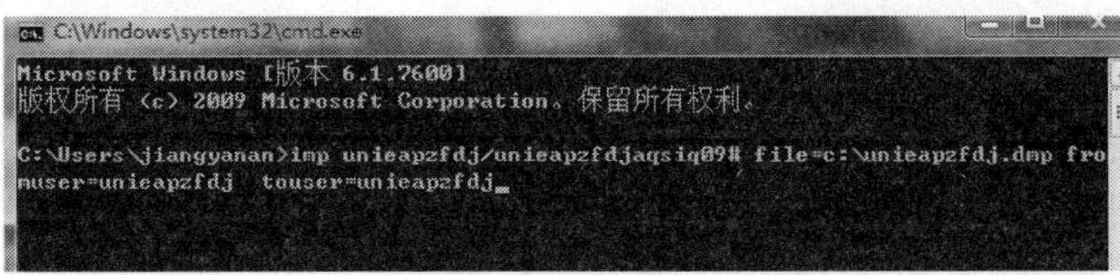

图 8-30 unieapzfdj 导入

执行结果，见图 8-31。

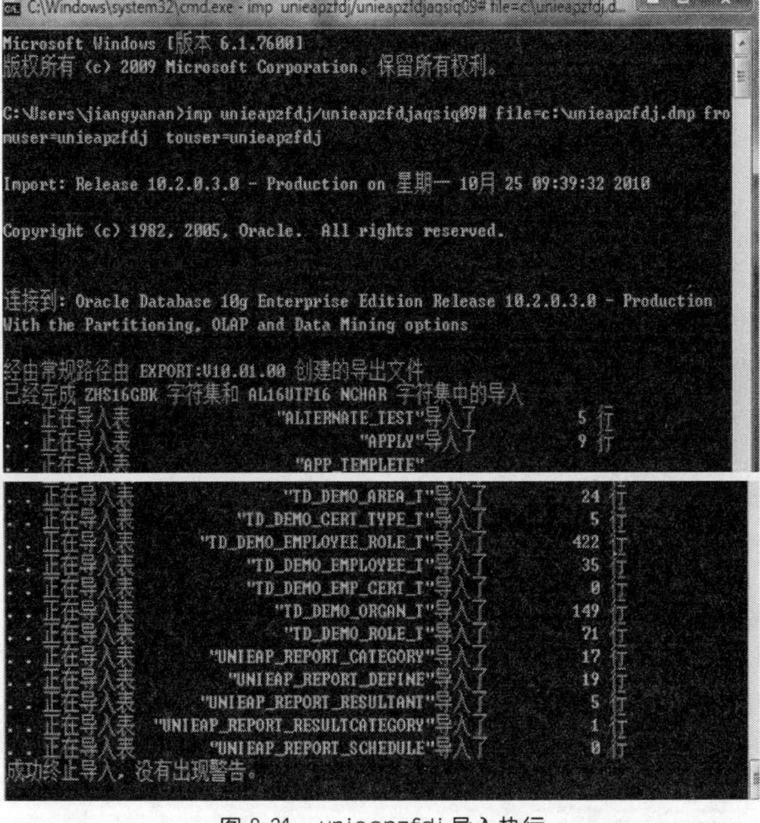

图 8-31 unieapzfdj 导入执行

导入之后用数据库用户 unieapzfdj 登录 pl/sql，查询试图是否正确导入并正常编译，见图 8-32。

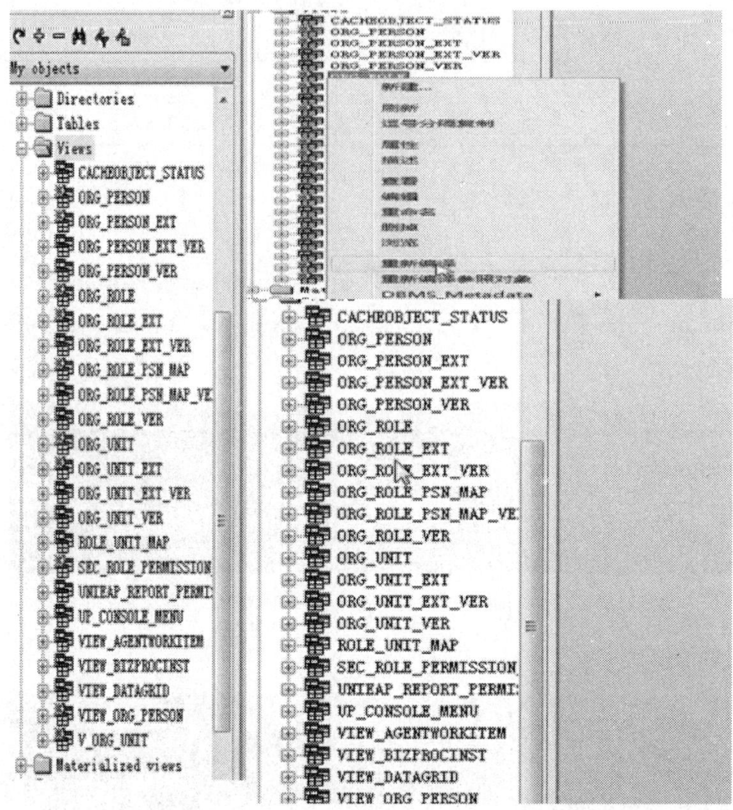

图 8-32 unieapzfdj 视图重编译

2）le_bn 导入。输入导入语句 imp le_bn/le_bnaqsiq09＃@jx_qs0791j file＝c:\le_bn.dmp fromuser＝le_bn touser＝le_bn（用户名密码及 sid 根据实际情况修改），见图 8-33。

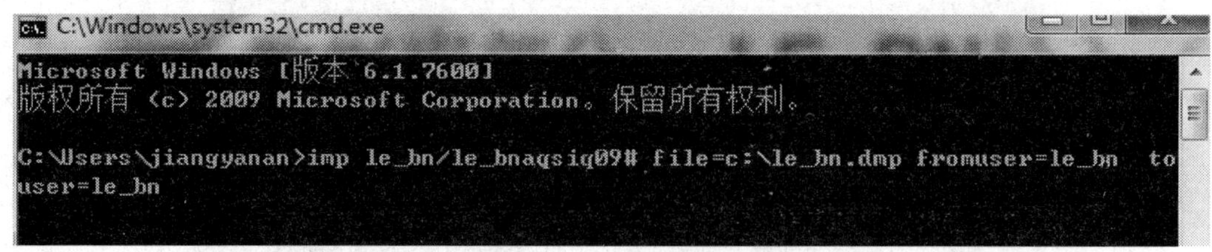

图 8-33 le_bn 数据导入

执行结果见图 8-34。

用数据库用户 le_bn 登录 pl/sql，查询试图是否正确导入并可以正常编译，见图 8-35。

用数据库用户 le_bn 登录 pl/sql，修改 dblink，见图 8-36：

如果数据库使用了数据库集群环境，则可以执行 sql（斜体部分 ip 地址及数据库 sid 根据实际情况改变）：

```
C:\Windows\system32\cmd.exe - imp le_bn/le_bnaqsiq09# file=c:\le_bn.dmp fromuser=le...

C:\Users\jiangyanan>imp le_bn/le_bnaqsiq09# file=c:\le_bn.dmp fromuser=le_bn to
user=le_bn

Import: Release 10.2.0.3.0 - Production on 星期一 10月 25 09:49:32 2010

Copyright (c) 1982, 2005, Oracle.  All rights reserved.


连接到: Oracle Database 10g Enterprise Edition Release 10.2.0.3.0 - Production
With the Partitioning, OLAP and Data Mining options

经由常规路径由 EXPORT:V10.01.00 创建的导出文件
已经完成 ZHS16GBK 字符集和 AL16UTF16 NCHAR 字符集中的导入
. . 正在导入表              "ACTION_REQUIRE"导入了          0 行
. . 正在导入表               "ACTION_RESULT"导入了          0 行
. . 正在导入表               "AREAIMPICASE"导入了           0 行
. . 正在导入表            "AREAIMPT_HISTORY"导入了          0 行
. . 正在导入表            "AREAIMPT_REQUIRE"导入了          0 行
. . 正在导入表                  "BLACK_CASE"导入了          0 行
. . 正在导入表             "BLACK_CONDITION"导入了          0 行
. . 正在导入表                   "BLACK_ENT"导入了          0 行
. . 正在导入表                      "BOUNTY"导入了          0 行
```

图 8-34　le_bn 数据导入执行

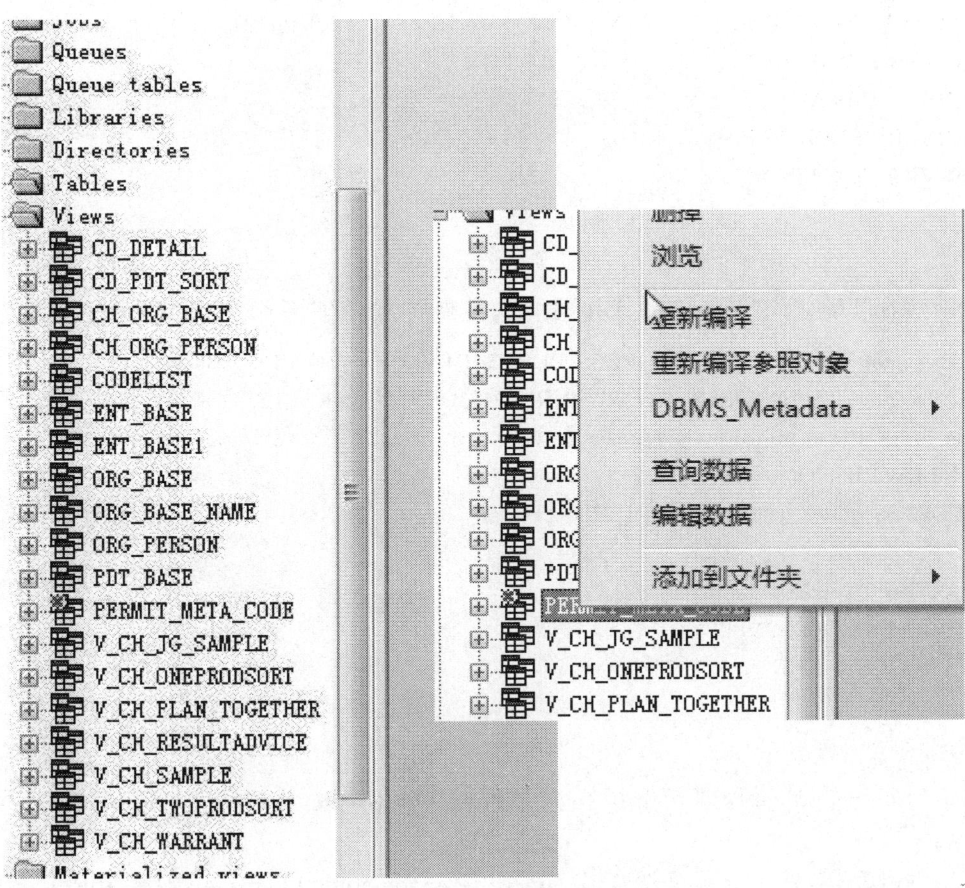

图 8-35　le_bn 视图重编译

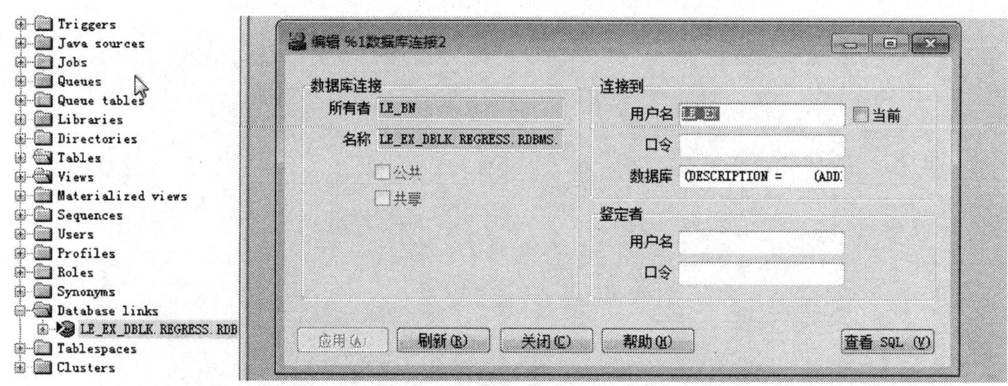

图 8-36 le_bn的dblink

```
drop database link LE_EX_DBLK. REGRESS. RDBMS. DEV. US. ORACLE. COM
create database link LE_EX_DBLK. REGRESS. RDBMS. DEV. US. ORACLE. COM
connect to LE _EX identified by le_exaqsiq09#
using '(DESCRIPTION=
  (ADDRESS=(PROTOCOL=TCP)(HOST=172.16.16.5)(PORT=1521))
  (ADDRESS=(PROTOCOL=TCP)(HOST=172.16.16.6)(PORT=1521))
  (LOAD_BALANCE=yes)
  (CONNECT_DATA=
    (SERVER=DEDICATED)
    (SERVICE_NAME=QS4500Z)
  )
)';
```

否则，则可以执行sql(斜体部分ip地址及数据库sid根据实际情况改变)：

```
drop database link LE_EX_DBLK. REGRESS. RDBMS. DEV. US. ORACLE. COM;
create database link LE_EX_DBLK. REGRESS. RDBMS. DEV. US. ORACLE. COM
  connect to LE_EX identified by le_exaqsiq09#
  using '(DESCRIPTION=
    (ADDRESS=(PROTOCOL=TCP)(HOST=172.16.16.5)(PORT=1521)) (LOAD_BALANCE=
yes)
    (CONNECT_DATA=
      (SERVER=DEDICATED)
      (SERVICE_NAME=QS4500Z)
    )
)';
```

用le_bn登录pl/sql，重新编译存储过程(Dblink修改正确后才可以正常编译)，见图8-37。

3) le_sr导入。输入导入语句imp le_sr/le_sraqsiq09#@jx_qs0791j file=c:\le_sr.dmp fromuser=le_sr touser=le_sr(用户名密码及sid根据实际情况修改)，见图8-38。

执行结果见图8-39。

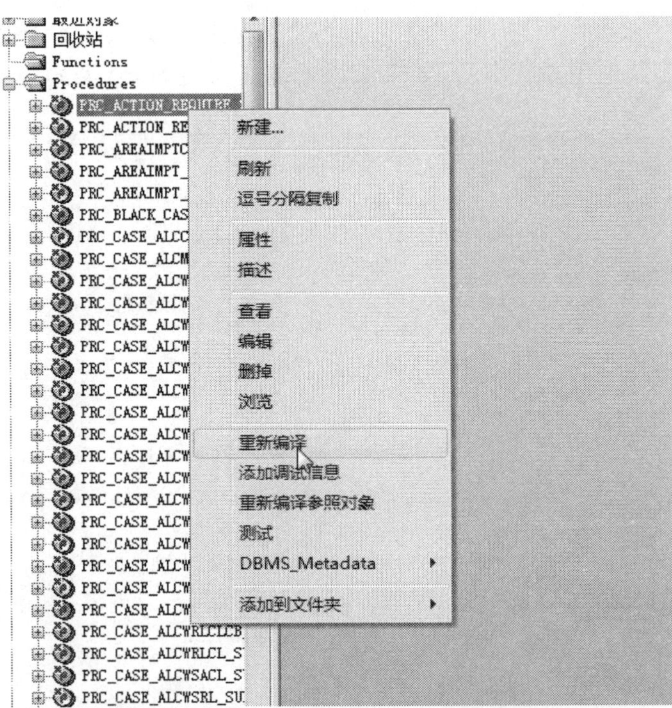

图 8-37 le_bn 的存储过程重编译

```
C:\Windows\system32\cmd.exe
Microsoft Windows [版本 6.1.7600]
版权所有 (c) 2009 Microsoft Corporation。保留所有权利。

C:\Users\jiangyanan>imp le_sr/le_sraqsiq09# file=c:\le_sr.dmp fromuser=le_sr  to
user=le_sr
```

图 8-38 le_sr 数据导入

```
C:\Windows\system32\cmd.exe - imp le_sr/le_sraqsiq09# file=c:\le_sr.dmp fromuser=le_sr...
连接到: Oracle Database 10g Enterprise Edition Release 10.2.0.3.0 - Production
With the Partitioning, OLAP and Data Mining options

经由常规路径由 EXPORT:V10.01.00 创建的导出文件
已经完成 ZHS16GBK 字符集和 AL16UTF16 NCHAR 字符集中的导入
. . 正在导入表                "AMOUNT_ENT_UN"导入了           0 行
. . 正在导入表            "APP_CCCORGCERTINFO"导入了           0 行
. . 正在导入表                 "CASEALCWAPD"导入了           0 行
IMP-00017: 由于 ORACLE 错误 1917, 以下语句失败:
 "GRANT SELECT ON "CASEALCWAPD" TO "QC_BN""
IMP-00003: 遇到 ORACLE 错误 1917
ORA-01917: 用户或角色 'QC_BN' 不存在
. . 正在导入表                   "CASEBASIC"导入了           0 行
IMP-00017: 由于 ORACLE 错误 1917, 以下语句失败:
 "GRANT SELECT ON "CASEBASIC" TO "QC_BN""
IMP-00003: 遇到 ORACLE 错误 1917
ORA-01917: 用户或角色 'QC_BN' 不存在
. . 正在导入表                 "CASEBASICZH"导入了           0 行
. . 正在导入表               "CC_BUSILOG_CQS"导入了           0 行
. . 正在导入表              "COMPUL_CHECK_UN"导入了           0 行
. . 正在导入表                "EXELAW_ORGAN"导入了           0 行
. . 正在导入表                "EXELAW_PERON"导入了           0 行
. . 正在导入表           "PD_INSPECT_INFO_CASE"导入了           0 行
. . 正在导入表                 "CASEBASICZH"导入了           0 行
. . 正在导入表               "CC_BUSILOG_CQS"导入了           0 行
. . 正在导入表              "COMPUL_CHECK_UN"导入了           0 行
. . 正在导入表                "EXELAW_ORGAN"导入了           0 行
. . 正在导入表                "EXELAW_PERON"导入了           0 行
. . 正在导入表           "PD_INSPECT_INFO_CASE"导入了           0 行
. . 正在导入表                 "SR_IBMS_CASE"导入了           0 行
. . 正在导入表                "TS_ORG_CERT123"导入了           0 行
. . 正在导入表             "WB_RT_VERSION_FLAG"导入了           2 行
成功终止导入, 但出现警告。
```

图 8-39 le_sr 导入执行

导入完成之后用数据库用户 le_sr 登录 pl/sql，查询视图是否正确导入并可以正常编译（le_sr 中的视图都是其他用户共享的，如果编译不能正常进行，则需要查看视图提供用户是否授权），见图 8-40。

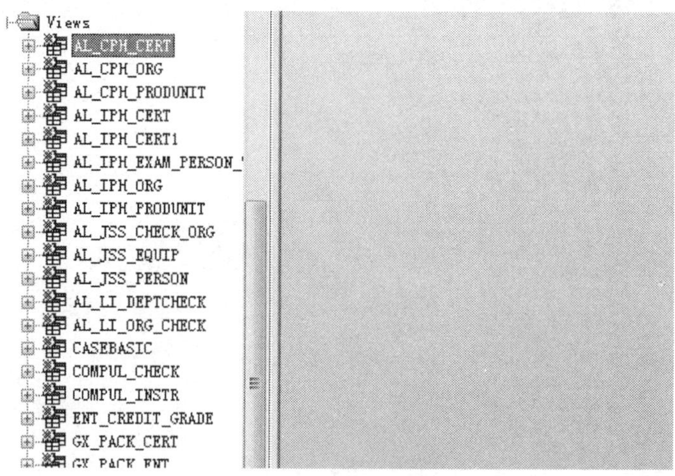

图 8-40　le_sr 视图重编译

（2）数据交换区

将提供的数据库文件 le_ex. dmp 导入到 le_ex 数据库用户中。输入语句 imp　le_ex/le_exaqsiq09＃@jx_qs0791j　file＝c:\le_ex. dmp　fromuser＝le_ex　touser＝le_ex（用户名密码及 sid 根据实际情况修改），见图 8-41。

图 8-41　le_ex 数据导入

执行结果见图 8-42。

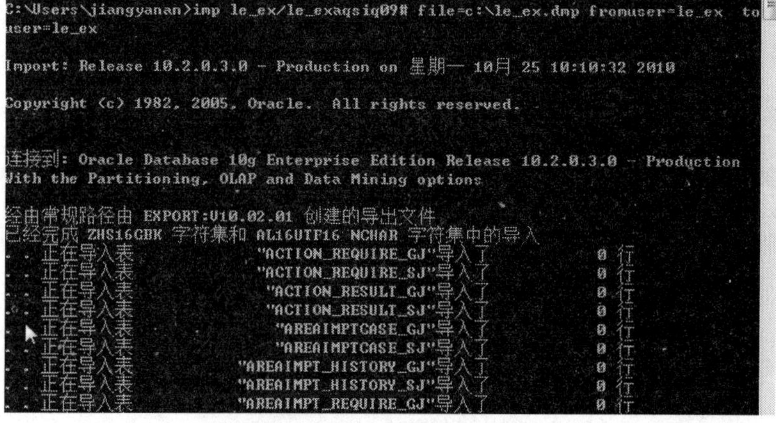

图 8-42　le_ex 数据导入执行

用数据库用户 le_ex 登录 pl/sql，修改 dblink，见图 8-43。

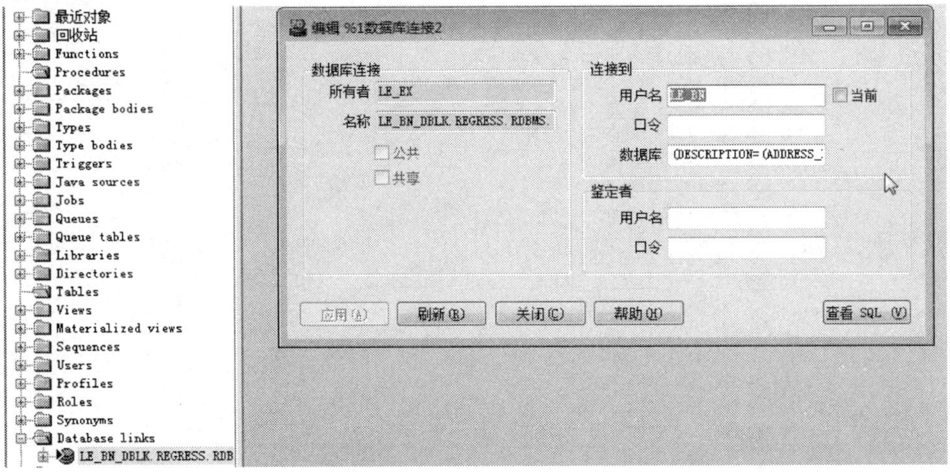

图 8-43 le_ex 的 dblink

如果数据库使用了数据库集群环境，则可以执行 sql（斜体部分 ip 地址及数据库 sid 根据实际情况改变）：

```
drop database link LE_BN_DBLK. REGRESS. RDBMS. DEV. US. ORACLE. COM;
create database link LE_BN_DBLK. REGRESS. RDBMS. DEV. US. ORACLE. COM
  connect to LE_BN identified by LE_BNaqsiq09#
  using '(DESCRIPTION=
    (ADDRESS=(PROTOCOL=TCP)(HOST=172.16.16.7)(PORT=1521))
    (ADDRESS=(PROTOCOL=TCP)(HOST=172.16.16.8)(PORT=1521))
    (LOAD_BALANCE=yes)
    (CONNECT_DATA=
      (SERVER=DEDICATED)
      (SERVICE_NAME=QS4500J)
    )
)';
```

否则，则可以执行如下 sql（斜体部分 ip 地址及数据库 sid 根据实际情况改变）：

```
drop database link LE_BN_DBLK. REGRESS. RDBMS. DEV. US. ORACLE. COM;
create database link LE_BN_DBLK. REGRESS. RDBMS. DEV. US. ORACLE. COM
  connect to LE_BN identified by QS_BNaqsiq09#
  using '(DESCRIPTION=
    (ADDRESS=(PROTOCOL=TCP)(HOST=172.16.16.7)(PORT=1521)) (LOAD_BALANCE=yes)
    (CONNECT_DATA=
    (SERVER=DEDICATED)
    (SERVICE_NAME=QS4500J)
    )
)';
```

用户 le_ex 登录 pl/sql，重新编译存储过程（Dblink 修改正确后才可以正常编译），见图 8-44。

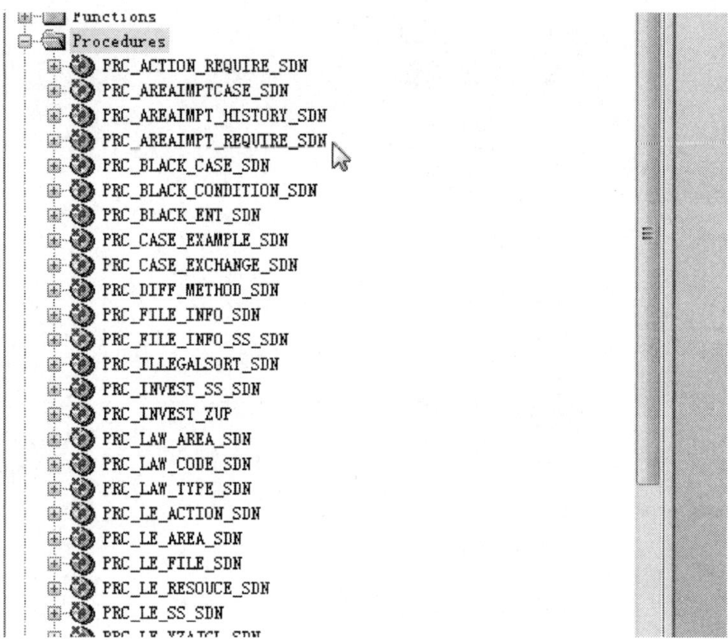

图 8-44　le_ex 的存储过程重编译

8.6.4　应用服务器部署

本系统程序需要放置在金蝶中间件的“zfdj”域下，系统访问端口为 6788，安全访问端口为 6789，金蝶应用服务器的部署请参见《附录　金蝶中间件 Apusic 安装部署手册》。

8.6.5　应用程序部署及访问

8.6.5.1　应用程序部署

（1）外部接入区

总局部署，地方局不用部署。

应用程序部署到互联网区域，即将应用程序文件夹“zfdj”拷贝到对应服务器的 apusic-5.1/domains/zfdj/applications/目录下。

（2）业务处理区

应用程序部署到局域网区域，即将应用程序文件夹“zfdj”拷贝到对应服务器的 apusic-5.1/domains/zfdj/applications/目录下。

8.6.5.2　应用程序配置

（1）修改配置文件

1）修改支撑库配置文件 supportDB.properties。

按照实际情况修改本系统\apusic-5.1\domains\zfdj\applications\zfdj\EAPDomain\WEB-INF\conf\unieap\udolink\conf\supportDB.properties 文件中的 DataSourceURL 连接串及用户名与密码。具体修改位置，见图 8-45 斜体字体(数据库采用单机部署时用)。

对于数据库集群环境下的 DataSourceURL 连接串为(斜体部分 ip 地址及 sid 根据实际情况改变)：

```
DriverName=oracle.jdbc.driver.OracleDriver
TargetDatabase=Oracle
DBServer=orcl
DataSourceURL=jdbc:oracle:thin:@localhost:1521:orcl
UserName=unieapzljd
Password=unieapzljdAqsiq09#
```

图 8-45　支撑库配置文件

jdbc:oracle:thin:@(DESCRIPTION=(ADDRESS_LIST=(ADDRESS=(PROTOCOL=TCP)(HOST=*10.13.10.222*)(PORT=1521))(ADDRESS=(PROTOCOL=TCP)(HOST=*10.13.10.221*)(PORT=1521)))(LOAD_BALANCE=yes)(CONNECT_DATA=(SERVER=DEDICATED)(SERVICE_NAME=*IESUSR*)))

2）修改平台登录入口配置文件 applicationContext.xml。

编辑\apusic-5.1\domains\zfdj\applications\zfdj\WEB-INF\conf\unieap\security 路径下 applicationContext.xml 文件中的集成框架连接 ip 地址及端口号，见图 8-46。

```
applicationContext.xml
    <property name="authenticationEntryPoint"><ref bean="authenticationProcessingFilterEntryPoint"/></property>
    <property name="authenticationManager"><ref bean="authenticationManager"/></property>
  </bean>

  <bean id="authenticationProcessingFilter" class="com.neusoft.unieap.service.security.ui.webapp.AuthenticationProcessingFilte
  <!--<bean id="authenticationProcessingFilter" class="net.sf.acegisecurity.ui.webapp.AuthenticationProcessingFilter">-->
    <property name="authenticationManager"><ref bean="authenticationManager"/></property>
    <property name="authenticationFailureUrl"><value>/login.do?method=error</value></property>
    <property name="defaultTargetUrl"><value>/login.do?method=login</value></property>
    <property name="alwaysUseDefaultTargetUrl"><value>true</value></property>
    <property name="filterProcessesUrl"><value>/j_unieap_security_check.do</value></property>
  </bean>
  <!-- 2008-3-27 [illegible] Tian.ye@neusoft.com [illegible]
  <!--<bean id="authenticationProcessingFilterEntryPoint" class="net.sf.acegisecurity.ui.webapp.AuthenticationProcessingFilter
  <bean id="authenticationProcessingFilterEntryPoint" class="com.neusoft.unieap.service.security.ui.webapp.AuthenticationProce
    <property name="loginFormUrl"><value>http://127.0.0.1:6888/zjzjdomain/login.do?method=begin</value></property>
    <property name="forceHttps"><value>false</value></property>
  </bean>
```

图 8-46　平台入口地址配置文件

3）修改金蝶数据源连接文件 datasources.xml。

编辑\apusic-5.1\domains\zljd\config 路径下 datasources.xml 文件中的数据源连接，见图 8-47，需要按照实际情况来修改 IP 地址及数据库实例名 sid。

```
datasources.xml

<datasources>
  <datasource name="le_ex"
    jndi-name="jdbc/le_ex"
    driver-class="oracle.jdbc.driver.OracleDriver"
    driver-classpath="E:\test\apusic-5.1-zfdj\lib\ext\ojdbc14.jar"
    url="jdbc:oracle:thin:@127.0.0.1:1521:test"
    max-spare-connections="5"
    max-connections="20"
    initial-connections="5"
  >
    <property name="user" value="le_ex"/>
    <property name="test-before-reused" value="false"/>
    <property name="password" value="le_exaqsiq09#"/>
    <property name="stmt-cache-size" value="0"/>
    <property name="pre-fetch-size" value="0"/>
  </datasource>
    <datasource name="le_sr"
    jndi-name="jdbc/le_sr"
    driver-class="oracle.jdbc.driver.OracleDriver"
    driver-classpath="E:\test\apusic-5.1-zfdj\lib\ext\ojdbc14.jar"
    url="jdbc:oracle:thin:@127.0.0.1:1521:test"
    max-spare-connections="5"
    max-connections="20"
    initial-connections="5"
```

图 8-47　金蝶连接池配置文件

如果数据用了数据库集群环境，则采用如下方式配置 URL(斜体部分 ip 地址及 sid 根据实际情况改变)：

url="jdbc:oracle:thin:@(DESCRIPTION=(ADDRESS_LIST=(ADDRESS=(PROTOCOL=TCP)(HOST=*172.16.16.7*)(PORT=1521))(ADDRESS=(PROTOCOL=TCP)(HOST=*172.16.16.8*)(PORT=1521)))(LOAD_BALANCE=yes)(CONNECT_DATA=(SERVER=DEDICATED)(SERVICE_NAME=*QS4500J*)))"

否则当数据库采用单机部署时，采用如下方式配置 URL(斜体部分 ip 地址及数据库 sid 根据实际情况改变)：

url="jdbc:oracle:thin:@*localhost*:1521:*zhijian*"

(2) 替换平台 lisence

从总集成商处获得平台正式 lisence 并替换，其路径为\apusic-5.1\domains\zljd\applications\zfdj\WEB-INF\conf\unieap\license

将正式 lisence 直接覆盖即可。

(3) WEBSERVICE 配置

WebService 的许可替换路径为\apusic-5.1\domains\zfdj\applications\zfdj\WEB-INF\classes\com\inspur\zfdj\pub。直接编辑 licensexml_zfdj.xml 文件，将申请的序列号替换，编辑 licenseurl_zfdj.xml，按照实际 ip 地址配置 WebService 的链接。

8.6.5.3 系统登录访问

金蝶应用服务器的启动请参见《附录　金蝶中间件 Apusic 安装部署手册》。金蝶应用服务器启动后，用具有执法访问权限的账号登录 Unieap 集成平台，并点击左侧任意执法相关业务菜单链接，如果右侧成功出现系统界面，则说明系统部署成功。

8.6.6 日常维护

8.6.6.1 程序启动

Windows 操作系统下，在路径\apusic-5.1-all\domains\zfdj\bin 下双击 startapusic.cmd，见图 8-48。

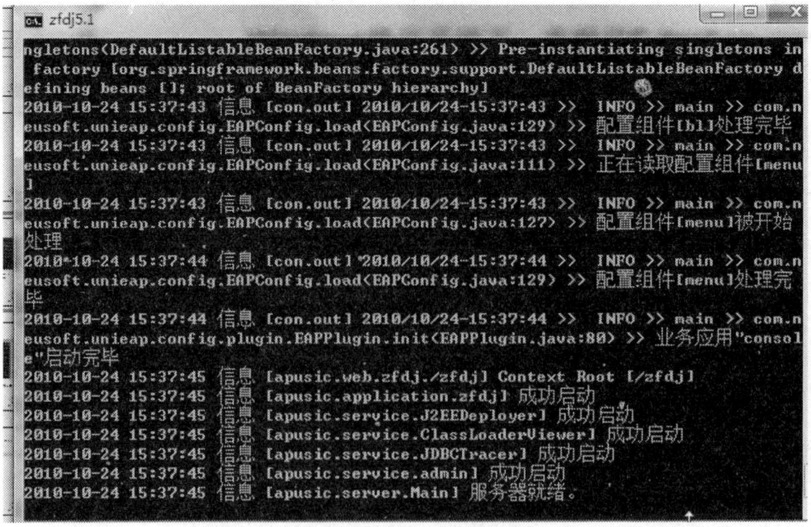

```
zfdj5.1
ngletons(DefaultListableBeanFactory.java:261) >> Pre-instantiating singletons in
 factory [org.springframework.beans.factory.support.DefaultListableBeanFactory d
efining beans []; root of BeanFactory hierarchy]
2010-10-24 15:37:43 信息 [con.out] 2010/10/24-15:37:43 >>  INFO >> main >> com.n
eusoft.unieap.config.EAPConfig.load(EAPConfig.java:129) >> 配置组件[bl]处理完毕
2010-10-24 15:37:43 信息 [con.out] 2010/10/24-15:37:43 >>  INFO >> main >> com.n
eusoft.unieap.config.EAPConfig.load(EAPConfig.java:111) >> 正在读取配置组件[menu
]
2010-10-24 15:37:43 信息 [con.out] 2010/10/24-15:37:43 >>  INFO >> main >> com.n
eusoft.unieap.config.EAPConfig.load(EAPConfig.java:127) >> 配置组件[menu]被开始
处理
2010-10-24 15:37:44 信息 [con.out] 2010/10/24-15:37:44 >>  INFO >> main >> com.n
eusoft.unieap.config.EAPConfig.load(EAPConfig.java:129) >> 配置组件[menu]处理完
毕
2010-10-24 15:37:44 信息 [con.out] 2010/10/24-15:37:44 >>  INFO >> main >> com.n
eusoft.unieap.config.plugin.EAPPlugin.init(EAPPlugin.java:80) >> 业务应用"consol
e"启动完毕
2010-10-24 15:37:45 信息 [apusic.web.zfdj./zfdj] Context Root [/zfdj]
2010-10-24 15:37:45 信息 [apusic.application.zfdj] 成功启动
2010-10-24 15:37:45 信息 [apusic.service.J2EEDeployer] 成功启动
2010-10-24 15:37:45 信息 [apusic.service.ClassLoaderViewer] 成功启动
2010-10-24 15:37:45 信息 [apusic.service.JDBCTracer] 成功启动
2010-10-24 15:37:45 信息 [apusic.service.admin] 成功启动
2010-10-24 15:37:45 信息 [apusic.server.Main] 服务器就绪。
```

图 8-48　Windows 环境下的系统启动

Linux 操作系统下，在根目录下执行：cd\opt\apusic-5.1-all\domains\zfdj\bin，运行命令 setsid./startapusic 即可。

8.6.6.2　程序停止

Windows 操作系统下，直接关闭掉图 8-48 所示的对话框即可。

Linux 操作系统下，先执行 ps-ef|grep zfdj，查出进程号，然后执行如下指令来停止程序：*kill-9* 进程号。

8.6.6.3　日志查看

找到路径\apusic-5.1-all\domains\zfdj\logs，打开文件 apusic.log.0，检查日志情况。金蝶日志最多保留 10 个，分别命名为 apusic.log.0，apusic.log.1，……，尾部序号数字越小日期就越新。

8.7　行政许可业务管理系统

8.7.1　概述

本章节适用于部署"金质工程(一期)行政许可系统"，从数据库服务器、应用服务器两方面说明系统的部署，并总结了在部署中碰到的常见问题，具体参考 8.7.6　系统部署常见问题。

8.7.2　部署环境说明

系统部署要求：应用服务器、数据库服务器的操作系统为 Windows(2000/2003)/Linux；应用服务器采用金蝶中间件 5.1 版(Apusic5.1)；数据库服务器采用 Oracle10g。访问系统的客户端环境要求为 Windows 操作系统；浏览器为 IE6 sp2 版以上。

系统安装前提要求：已安装相应的操作系统、数据库、应用中间件。

安装系统需要工具：数据库工具，Pl/sql、Oracle 客户端；文件传输工具，SSH。

8.7.3　环境检查

8.7.3.1　数据库表空间、用户检查

行政许可系统的数据库环境，见表 8-11。

表 8-11　行政许可的数据库说明

系统名称	所属区域	表空间描述	表空间名	用户名
行政许可系统	局域网	支撑库	TS_UNIEAPXZXK	UNIEAPXZXK
		业务库	TS_AL_BN	AL_BN
		共享库	TS_AL_SR	AL_SR
		监察支撑库	TS_UNIEAPJIANCHA	UNIEAPJIANCHA
		监察库	TS_AL_SP_BN	AL_SP_BN
	专网交换区	交换库	TS_AL_EX	AL_EX

表空间和用户不存在的话请参照集成系统提供的数据库表空间、用户创建说明创建相应的表空间和用户，见图 8-49 和图 8-50。

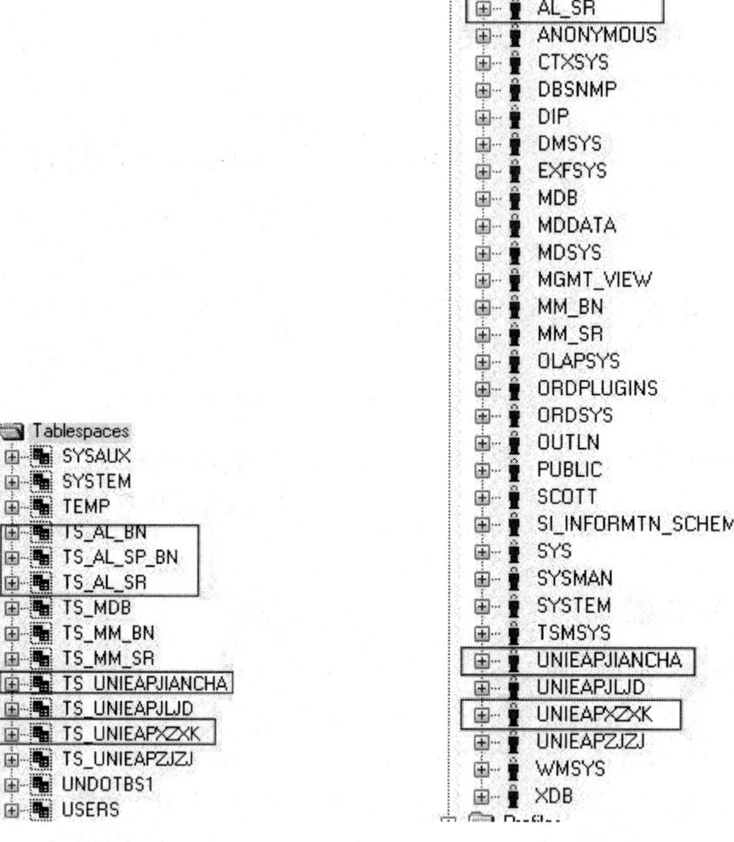

图 8-49　表空间

图 8-50　数据库用户

8.7.3.2　应用环境检查

本系统程序需要放置在金蝶中间件相应的域下，见表 8-12。

表 8-12　行政许可的金蝶域部署说明

系统名称	所属区域	应用名称	域名称	端口	安全端口
行政许可系统	互联网区	行政许可网上	xzxk	9090	9091
		行政许可后台	proto	5050	5051
	核心业务区	行政许可前台	qtapp	7070	7071
		行政许可后台	proto	5050	5051
		行政许可监察	jiandujiancha	6060	6061

使用 ssh 工具登录到指定应用服务器检查相关域是否已存在，见图 8-51 和图 8-52。

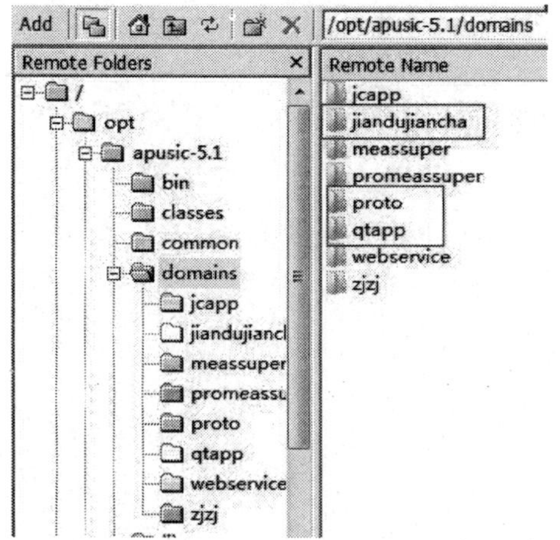

图 8-51 内网域检查图

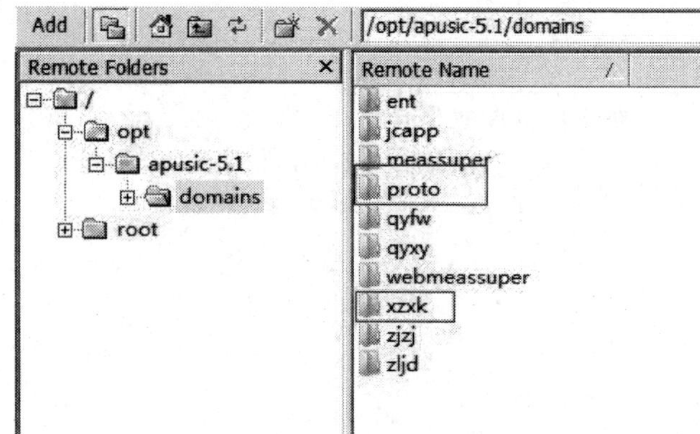

图 8-52 外网域检查图

检查每个域下面 config 目录中的 apusic. conf 文件中的如下内容：

<SERVICE CLASS="com. apusic. net. Muxer">
<ATTRIBUTE NAME="KeyPassword"VALUE="keypass"/>
<ATTRIBUTE NAME="Timeout"VALUE="300"/>
<ATTRIBUTE NAME="Port"VALUE="*6060*"/>(端口号)
<ATTRIBUTE NAME="SecurePort"VALUE="*6061*"/>(安全端口号)
<ATTRIBUTE NAME="SSLEnabled"VALUE="true"/>
<ATTRIBUTE NAME="Backlog"VALUE="50"/>
<ATTRIBUTE NAME="WaitingClientTimeout"VALUE="5"/>
<ATTRIBUTE NAME="MaxWaitingClients"VALUE="200"/>
<ATTRIBUTE NAME="KeyStore"VALUE="config/sslserver"/>
</SERVICE>

注意：斜体字部分应与表 8-12 部署说明表中的端口号对应。

8.7.4 数据库导入

8.7.4.1 导入数据库

将提供的数据库文件导入到名称对应的数据库用户中。

导入语句格式：imp *数据库用户名/密码@数据库实例名* file=*路径\文件名* full=*y*

其中，斜体字部分依实际情况修改。

8.7.4.2 检查 DBLink

导入数据库后，使用 pl/sql 数据库工具登录数据库，修改 DBLink 数据库连接内容，具体见下文，根据实际情况修改斜体字部分：

```
using '(description=
    (address_list=
(address=(protocol=tcp)(host=10.151.1.131)(port=1521))
    )
    (connect_data=
```

```
        (sid=QS5100Z)
        (server=dedicated)
    )
)';
```

对于数据库集群环境下，修改下文：

```
using '(description=
    (address_list=
(address=(protocol=tcp)(host=10.151.1.131)(port=1521))
        (address=(protocol=tcp)(host=10.151.1.131)(port=1521))
    )
    (connect_data=
        (sid=QS5100Z)
        (server=dedicated)
    )
)';
```

8.7.4.3 检查相关视图

使用 pl/sql 数据库工具登录数据库检查视图是否全部成功编译，如果发现有错误的视图，按图 8-53 方式再次编译。

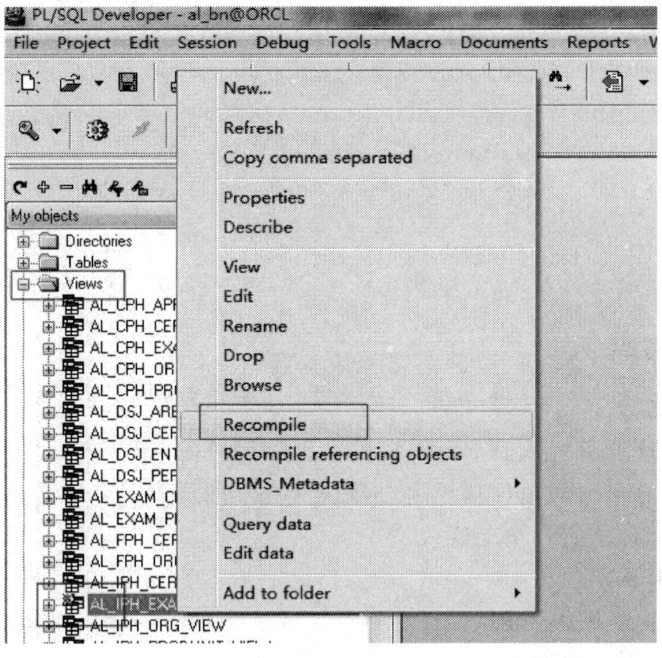

图 8-53 视图编译

8.7.4.4 检查存储过程

按 8.7.4.3 章节方式检查存储过程。

8.7.4.5 基础库授权

需要在局域网区域的数据库用户 mdb 中，给数据库用户 al_bn 进行表访问授权，即在数据库用户 mdb 中，执行授权脚本。通过数据库用户 mdb 授权脚本进行授权。

8.7.5 应用程序部署

行政许可部署位置，见表 8-13。

表 8-13 行政许可的部署说明

系统名称	所属区域	程序包名称	部署位置
行政许可系统	互联网区	wsproto	apusic-5. 1/domains/wsproto/applications/
		proto	apusic-5. 1/domains/proto/applications/
	局域网区	qtapp	apusic-5. 1/domains/qtapp/applications/
		proto	apusic-5. 1/domains/proto/applications/
		jiandujiancha	apusic-5. 1/domains/jiandujiancha/applications/

8.7.5.1 应用程序配置

（1）修改应用服务数据源文件

按照实际情况，修改本系统在局域网区域的\apusic-5. 1\domains\proto\config\datasources. xml 文件，在<datasources></datasources>中添加以下内容（斜体部分需要根据实际情况替换）：

```
<datasource name="al_sp_bn"
jndi-name="al_sp_bn"
driver-class="oracle. jdbc. driver. OracleDriver"
        driver-classpath="/opt/apusic-5. 1/lib/ext/ojdbc14. jar"
        url="jdbc:oracle:thin:@10. 10. 205. 95:1521:orcl"
max-spare-connections="5"
max-connections="40"
initial-connections="5"
>
<property name="user"value="al_sp_bn"/>
<property name="test-before-reused"value="false"/>
<property name="password"value="al_sp_bn"/>
<property name="stmt-cache-size"value="0"/>
<property name="pre-fetch-size"value="0"/>
</datasource>

<datasource name="al_bn"
jndi-name="al_bn"
driver-class="oracle. jdbc. driver. OracleDriver"
        driver-classpath="/opt/apusic-5. 1/lib/ext/ojdbc14. jar"
        url="jdbc:oracle:thin:@10. 10. 205. 95:1521:orcl"
max-spare-connections="5"
max-connections="40"
```

```
initial-connections="5"
>
<property name="user"value="al_bn"/>
<property name="test-before reused"value="false"/>
<property name="password"value="al_bn"/>
<property name="stmt-cache-size"value="0"/>
<property name="pre-fetch-size"value="0"/>
</datasource>

<datasource name="unieapxzxk"
jndi-name="unieapxzxk"
driver-class="oracle. jdbc. driver. OracleDriver"
        driver-classpath="/opt/apusic-5. 1/lib/ext/ojdbc14. jar"
        url="jdbc:oracle:thin:@10. 10. 205. 95:1521:orcl"
max-spare-connections="5"
max-connections="40"
initial-connections="5"
>
<property name="user"value="unieapxzxk"/>
<property name="test-before-reused"value="false"/>
<property name="password"value="unieapxzxk"/>
<property name="stmt-cache-size"value="0"/>
<property name="pre-fetch-size"value="0"/>
</datasource>
```

上文的 url 属性连接串只针对单节点数据库而言，对于数据库集群环境下的 url 属性中连接串为(斜体字部分需要根据实际情况替换)：

```
jdbc:oracle:thin:@(DESCRIPTION=(ADDRESS_LIST=(ADDRESS=(PROTOCOL=TCP)(HOST=10. 13. 10. 222)(PORT=1521))(ADDRESS=(PROTOCOL=TCP)(HOST=10. 13. 10. 221)(PORT=1521)))(LOAD_BALANCE=yes)(CONNECT_DATA=(SERVER=DEDICATED)(SERVICE_NAME=IESUSR)))
```

(2) 修改支撑库连接文件

按照实际情况修改本系统在局域网区域的\proto\WEB-INF\conf\unieap\udolink\conf\supportDB. properties 文件中的 DataSourceURL 连接串及用户名与密码，如下文(斜体字部分，需根据实际情况修改)：

```
DriverName=oracle. jdbc. driver. OracleDriver
TargetDatabase=Oracle
DBServer=orcl
DataSourceURL=jdbc:oracle:thin:@localhost:1521:orcl
UserName=unieapxzxk
Password=unieapxzxkAqsiq09#
```

对于数据库集群环境下的 DataSourceURL 连接串为：

jdbc:oracle:thin:@(DESCRIPTION=(ADDRESS_LIST=(ADDRESS=(PROTOCOL=TCP)(HOST=*10.13.10.222*)(PORT=*1521*))(ADDRESS=(PROTOCOL=TCP)(HOST=*10.13.10.221*)(PORT=*1521*)))(LOAD_BALANCE=yes)(CONNECT_DATA=(SERVER=DEDICATED)(SERVICE_NAME=*IESUSR*)))

其中，斜体部分需要根据实际情况替换。

(3) WebService 配置

检查本系统应用程序的 WEB-INF\classes\service. properties 文件中的 URL 连接，与 WebService 服务端部署的 URL 是否一致。

从集成系统中取得注册文件 webserviceLicense. xml 替换应用程序目录下的 WEB-INF\classes\webserviceLicense. xml 文件，见图 8-54。

/opt/apusic-5.1/domains/proto/applications/eapdomain/WEB-INF/classes

Remote Name	Size	Type	Modified
hollyinfo-role-config.xml	15,605	XML 文件	2008/11/13 11:1...
log-config.properties	141	PROPER...	2008/09/17 14:0...
log4j.property	446	PROPER...	2008/09/17 14:0...
log4j.xml	4,513	XML 文件	2008/09/17 14:0...
LogInfo.properties	1,580	PROPER...	2008/09/17 14:0...
logListener.properties	851	PROPER...	2008/09/17 14:0...
org-config.properties	137	PROPER...	2008/09/17 14:0...
org-notify.properties	341	PROPER...	2008/09/17 14:0...
orgcalendar.properties	638	PROPER...	2009/10/22 09:3...
purviewcopy.properties	525	PROPER...	2008/09/17 14:0...
report-error-messages...	9,152	PROPER...	2008/09/17 14:0...
service.properties	306	PROPER...	2009/09/07 16:4...
Struts-Layout_default.pr...	1,075	PROPER...	2008/09/17 14:0...
unieap-version.properti...	630	PROPER...	2008/09/17 14:0...
unieap_workflow_en.pr...	30,271	PROPER...	2008/09/17 14:0...
unieap_workflow_ja_JP....	0	PROPER...	2008/09/17 14:0...
unieap_workflow_zh_CN...	39,123	PROPER...	2008/09/17 14:0...
webserviceLicense.xml	289	XML 文件	2009/06/04 16:3...
xzxkconfig.properties	38	PROPER...	2011/06/27 09:5...

图 8-54 WebService 注册文件

(4) 检查 license

向总集成商索取集成系统的 unieap. license 文件并进行替换，替换路径见图 8-55。

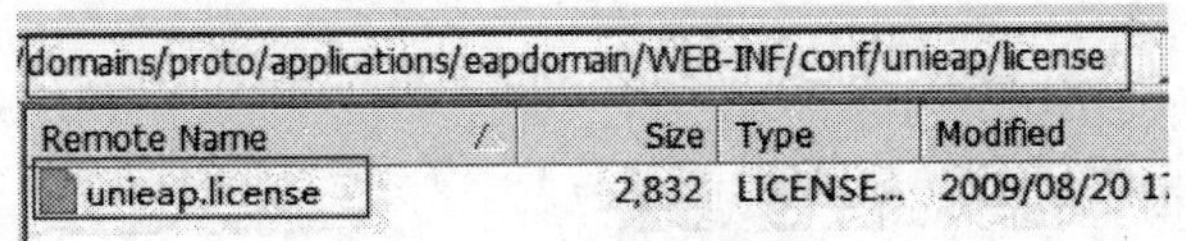

图 8-55 license 位置

8.7.5.2 系统登录访问

启动金蝶应用服务器，在互联网区域启动行政许可网上应用，在局域网区域启动行政许可前台应用、行政许可后台应用、行政许可监察应用，金蝶应用服务器的部署请参见《附录 金蝶中间件 Apusic 安装部署手册》。金蝶应用服务器启动后，根据应用系统部署的服务器地址，访问系统。假如应用系统部署的服务器地址为：*192.168.0.1*，则在浏览器中输入系统的访

问地址为

外网上：http://192.168.0.1：9090/eapdomain；

集成框架：http://192.168.0.1：6888/zjzjdomain；

监察：http://192.168.0.1：6060/jcapp。

在系统的登录页面，输入行政许可系统的用户名和密码登录系统，如果金蝶中间件启动没有错误信息，且系统登录成功，则说明系统部署成功。

8.7.6 系统部署常见问题

8.7.6.1 数据库集成问题

数据库配置过程中，遇到表或者视图已经存在，该问题的解决方法如下。

(1) 参考8.7.2部署环境说明。

(2) 必须保证dblink正确创建，如果视图不能成功建立，需要首先将本系统支撑库中的表删除，然后在建立视图，并进行视图编译。

8.7.6.2 菜单问题

本系统菜单集成的方法如下。

(1) 集成后需要将数据库用户unieapxzxk中的表eap_menu_qt 、eap_menu_ht内容导入到unieapzjzj库中的up_console_menu_qtapp、up_console_menu_proto表中。

(2) 然后在数据库用户unieapxzxk中创建dblink，然后创建菜单视图，从而完成对菜单的集成。创建名为unieapzjzjlink的dblink，通过数据库用户DBLink脚本创建用户。创建视图up_console_menu_qt、up_console_menu，通过数据库用户unieapxzxk建视图脚本创建视图。

8.7.6.3 人员和权限问题

集成人员和权限的方法如下。

(1) 根据总集成要求，并经过总集成审核，将本系统支撑库中如下表导入unieapzjzj中：org_role_ext、org_role、sec_role_permission_resource；

(2) 在本地支撑库建立视图，本视图依赖上面建立的dblink，源码如下：

```
CREATEORREPLACEVIEW SEC_ROLE_PERMISSION_RESOURCE AS
SELECT
A. ROLE_ID ROLE_ID,
A. PERMISSION_ID PERMISSION_ID,
A. RESOURCE_ID RESOURCE_ID,
A. RESOURCETYPE_ID RESOURCETYPE_ID,
A. EXT_DESC EXT_DESC
FROM
UNIEAPZJZJ. SEC_ROLE_PERMISSION_RESOURCE@UNIEAPZJZJLINK A where A. RESOURCE_ID
like 'xzxk%';
```

8.7.6.4 报表出错问题

在运行报表时，提示数据源错误。该问题解决方法：

要确认本系统数据库用户unieapxzxk中drm_sys_datasource表的数据库连接是否

正确。

8.7.6.5 WebService 问题

确保 WebService 正确运行的解决方法如下。

(1) 在部署完成后要修改本系统中:WEB-INF\classes\service. properties 文件中的 URL 连接,与 Webservice 服务端部署的 URL 一致。

(2) 检查 WEB-INF\classes\webserviceLicense. xml 下的许可的 appsysid, licenseid 是否已经在主数据管理系统中注册。

(3) 确认总集成是否对本系统的 IP 地址进行了绑定,否则在保存时会报客户端 IP 与注册地址不同。

8.7.6.6 缓存问题

集成过程中缓存问题的解决方法如下。

(1) 在本系统的部署文件 WEB-INF\conf\unieap\EAPConfig. xml 中将 cacheSynchronize 的 isEnabled 设置为 ture。

(2) 在本系统的部署文件 WEB-INF\conf\unieap\cache\ehcache. xml 中将 UniSecurity 属性中的设置修改如下:

```
maxElementsInMemory="20000"
eternal="true"
overflowToDisk="true"
```

(3) 在本系统的部署文件 WEB-INF\conf\unieap\udolink\conf\OP. properties 中将 RESULTSET_LIMITATION 设置为-1。

金蝶中间件 Apusic 安装部署手册

1 前言

1.1 文档范围

本文档主要描述金质工程 Apusic5.1 服务器，在 linux 下，安装部署配置和集群的搭建。

1.2 文档说明

$APUSIC_HOME 是指 Apusic-5.1 的安装目录，例如/opt/Apusic-5.1。

$DOMAINS_HOME 是指应用域的主目录，例如/opt/Apusic-5.1/domains/mydomain，不同应用域域名不同，默认都在/opt/Apusic-5.1/domains 目录下。

1.3 基础概念

(1) 体系结构

金蝶 Apusic 应用服务器 5.1 是一个 JavaEE 5 标准兼容的应用服务器，构建于特有的 RTTC 微内核技术之上。金蝶 Apusic 应用服务器 5.1 的体系结构见图 F1-1。

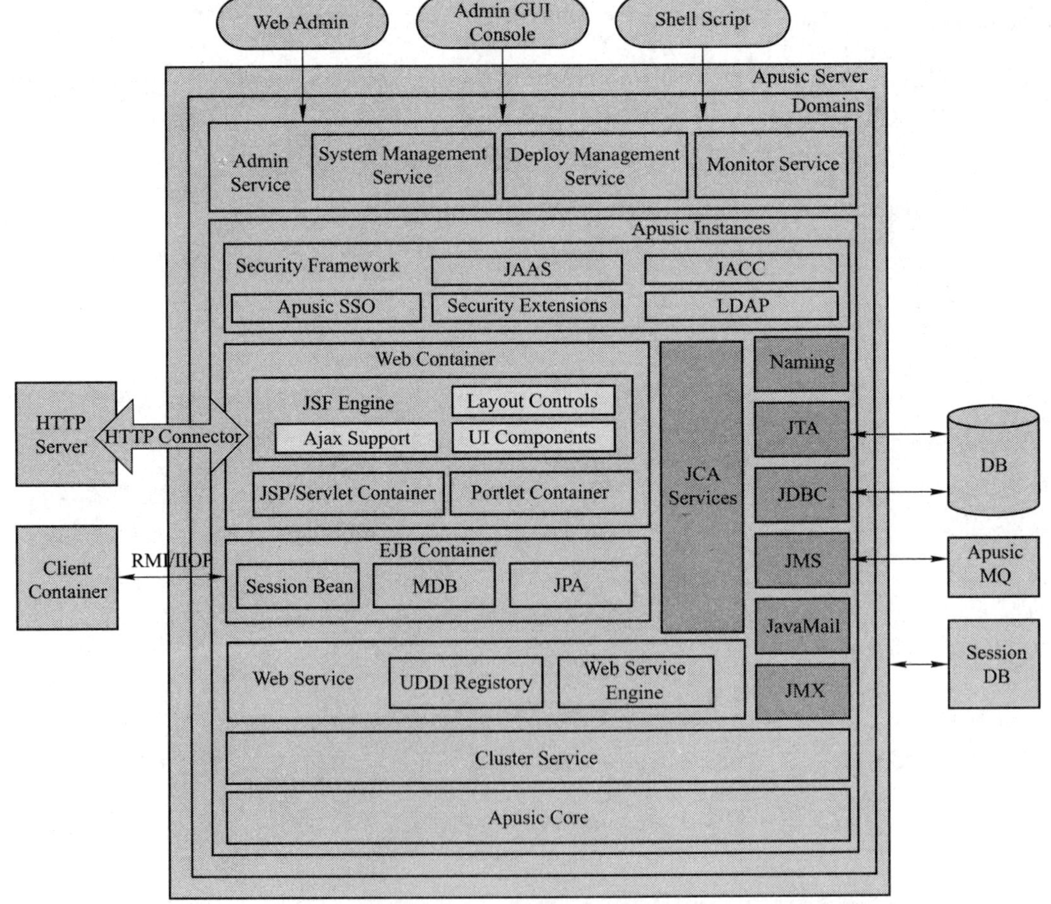

图 F1-1 Apusic 5.1 体系结构

（2）Apusic 服务器、Apusic 域和 Apusic 实例

要理解金蝶 Apusic 应用服务器 5.1 如何进行部署和管理，需要理解 Apusic 服务器、Apusic 域和 Apusic 实例的概念。

（3）Apusic 服务器（Apusic Server）

Apusic Server 是应用服务器的物理部署单元。直观的来说，就是金蝶 Apusic 应用服务器 5.1 在一台用户机器上的一个物理安装。

（4）Apusic 域（Apusic Domain）

Apusic 域是一个逻辑的管理配置单元。一个 Apusic 域包含着一组配置，这些配置可以被多个 Apusic 实例（Apusic Instance）共享。每个 Apusic 域都有自己的一个或多个 Apusic 实例。Apusic 域可以将自己的 Apusic 实例委托给其他 Apusic 域管理，也可以接受其他 Apusic 域委托，管理委托者的 Apusic 实例。

（5）Apusic 实例（Apusic Instance）

Apusic 实例是一组运行的进程，为用户提供应用服务器的各种服务。Apusic 实例受到 Apusic 域的管理并使用它的配置。

通过 Apusic 域，部署在不同物理位置上的 Apusic 实例，可以共享一套公用配置。同时，可以在单一节点上，通过一个 Apusic 域统一管理多个 Apusic 实例。这使得金蝶 Apusic 应用服务器 5.1 的部署和管理变得简单和灵活。

2　安装部署

如需快速安装，直接参考本附录“3 快速安装配置”。

安装步骤如下。

（1）获取 Apusic-5.1

Apusic-5.1-OS-Independent_sp3.zip

（2）获取 JDK1.5 版本

进入下载网址 http://java.sun.com/javase/downloads/index_jdk5.jsp，下载最新的版本，例如 JDK 5.0 Update 22.选择 linux 版本，见图 F2-1。

JDK 5.0 Update 22　　Download

The Java SE Development Kit (JDK) includes:

- the Java Runtime Environment (JRE)
- command-line development tools, such as compilers and debuggers, that are necessary or useful for developing applets and applications

» More info about Java SE

Installation Instructions | ReadMe | ReleaseNotes | Oracle License | Third Party Licenses

图 F2-1　下载 JDK

（3）安装 JDK

上传 JDK：jdk-1_5_0_22-linux-i586.bin 到/usr/java 目录下，如果没有 JAVA 目录，创建 JAVA 目录：

```
#mkdir-p/usr/java
```

运行 jdk 文件：

```
# sh jdk-1_5_0_22-linux-i586. bin
```

会提示许可信息，按 Esc 即可：

```
for the JAVA 2 PLATFORM STANDARD EDITION DEVELOPMENT KIT 5.0

SUN  MICROSYSTEMS,  INC.  ("SUN") IS WILLING TO LICENSE  THE
SOFTWARE  IDENTIFIED  BELOW TO YOU ONLY  UPON THE  CONDITION
THAT YOU ACCEPT ALL OF THE TERMS  CONTAINED  IN THIS  BINARY
CODE  LICENSE  AGREEMENT  AND  SUPPLEMENTAL  LICENSE  TERMS
(COLLECTIVELY   "AGREEMENT").  PLEASE  READ  THE   AGREEMENT
CAREFULLY.  BY USING  THE SOFTWARE YOU  ACKNOWLEDGE THAT YOU
HAVE READ THE TERMS AND  AGREE TO THEM. IF YOU ARE  AGREEING
TO THESE TERMS ON BEHALF OF A COMPANY OR OTHER LEGAL ENTITY,
YOU REPRESENT THAT YOU HAVE THE LEGAL  AUTHORITY TO BIND THE
LEGAL  ENTITY   TO THESE TERMS.  IF  YOU  DO NOT  HAVE  SUCH
AUTHORITY, OR IF YOU DO  NOT WISH TO BE BOUND  BY THE TERMS,
THEN YOU MUST NOT USE THE SOFTWARE ON THIS SITE OR ANY OTHER
MEDIA ON WHICH THE SOFTWARE IS CONTAINED.

1.  DEFINITIONS.  "Software"  means the identified  above in
binary   form,   any  other   machine   readable   materials
(including,  but not limited to,  libraries,  source  files,
header   files,  and  data  files),  any  updates  or  error
corrections   provided   by  Sun,  and  any  user   manuals,
--More--
```

输入 yes，回车：

```
1.  DEFINITIONS.  "Software"  means the identified  above in
binary   form,   any  other   machine   readable   materials
(including,  but not limited to,  libraries,  source  files,
header   files,  and  data  files),  any  updates  or  error
corrections   provided   by  Sun,  and  any  user   manuals,

Do you agree to the above license terms? [yes or no]
yes
```

会在/usr/java/目录下 产生 jdk1. 5. 0_22 目录：

```
ZJ_OUTAPP1:/usr/java # ls
jdk1.5.0_16 jdk1.5.0_22
```

(4) 安装 Apusic-5. 1

Apusic-5. 1 介质上传到所在服务器上。

例如/tmp/Apusic-5. 1-OS-Independent_sp3. zip

解压缩到/opt 目录：

```
# unzip Apusic-5. 1-OS-Independent_sp3. zip-d/opt/
```

这样会在/opt 目录下产生 Apusic-5. 1 目录：

```
Aqsiq-dmz-jyjyjhl:/opt # ls
.  ..  IBMJava2-142  apusic-5.1  gnome  kde3
```

（5）修改环境配置

进入到/opt/Apusic-5.1/bin 目录：

```
cd/opt/Apusic-5.1/bin
```

通过 vi 命令修改 setenv，添加斜体部分，设置 JAVA_HOME：

```
# set JAVA_HOME variable here.
#JAVA_HOME=your_java_home_dir
JAVA_HOME=/usr/java/jdk1.5.0_22
```

（6）验证安装

进入 mydomain 域：

```
cd/opt/Apusic-5.1/domains/mydomain/bin
```

启动应用：

```
./startApusic &
```

```
tials-agent.jar:/opt/apusic-5.1/lib/ext/toplink-essentials.jar:/opt/apusic-5.1/l
ib/ext/*.zip/opt/apusic-5.1/domains/mydomain/lib/*.zip:/opt/apusic-5.1/domains/m
ydomain/lib/*.jar:

PATH=/opt/apusic-5.1/jdk/bin:/opt/apusic-5.1/jre/bin:/sbin:/usr/sbin:/usr/local/
sbin:/opt/gnome/sbin:/root/bin:/usr/local/bin:/usr/bin:/usr/X11R6/bin:/bin:/usr/
games:/opt/gnome/bin:/opt/kde3/bin:/usr/lib/mit/bin:/usr/lib/mit/sbin

start apusic in normal mode.....

Apusic/Enterprise 5.1 SP3
Licensed from 2010-12-21 to 2011-12-30
Connections limited to 10

2011-05-30 10:40:32 信息 [apusic.service.ThreadPool.default] 成功启动
2011-05-30 10:40:32 信息 [apusic.service.ThreadPool.MuxHandler] 成功启动
2011-05-30 10:40:32 信息 [apusic.service.ThreadPool.HTTPHandler] 成功启动
2011-05-30 10:40:32 信息 [apusic.service.ThreadPool.JMSHandler] 成功启动
2011-05-30 10:40:32 信息 [apusic.service.ThreadPool.ORBWorker] 成功启动
2011-05-30 10:40:32 信息 [apusic.service.Muxer] 侦听端口 6888
2011-05-30 10:40:33 信息 [apusic.service.Muxer] 侦听端口 6889
2011-05-30 10:40:33 信息 [apusic.service.Muxer] 成功启动
2011-05-30 10:40:33 信息 [apusic.service.JCA] 成功启动
2011-05-30 10:40:33 信息 [apusic.service.MUXEndpoint] 成功启动
2011-05-30 10:40:33 信息 [apusic.service.ACPEndpoint] 成功启动
2011-05-30 10:40:33 信息 [apusic.service.HttpSessionStore] 成功启动
2011-05-30 10:40:33 信息 [apusic.service.Web] 成功启动
2011-05-30 10:40:33 信息 [apusic.service.ORB] 成功启动
2011-05-30 10:40:33 信息 [apusic.service.HttpSession] 成功启动
2011-05-30 10:40:33 信息 [apusic.service.Domain] 成功启动
2011-05-30 10:40:33 信息 [apusic.service.Naming] 成功启动
2011-05-30 10:40:33 信息 [apusic.service.Transaction] 成功启动
2011-05-30 10:40:33 信息 [apusic.JDBC.SampleDB] 成功启动
2011-05-30 10:40:33 信息 [apusic.service.JDBC] 成功启动
2011-05-30 10:40:33 信息 [apusic.service.EJB] 成功启动
2011-05-30 10:40:33 信息 [apusic.service.RMIConnector] 成功启动
```

启动完成后,打开浏览器,输入地址 http://IP:6888/,会出现默认页面见图 F2-2 表示安装成功。

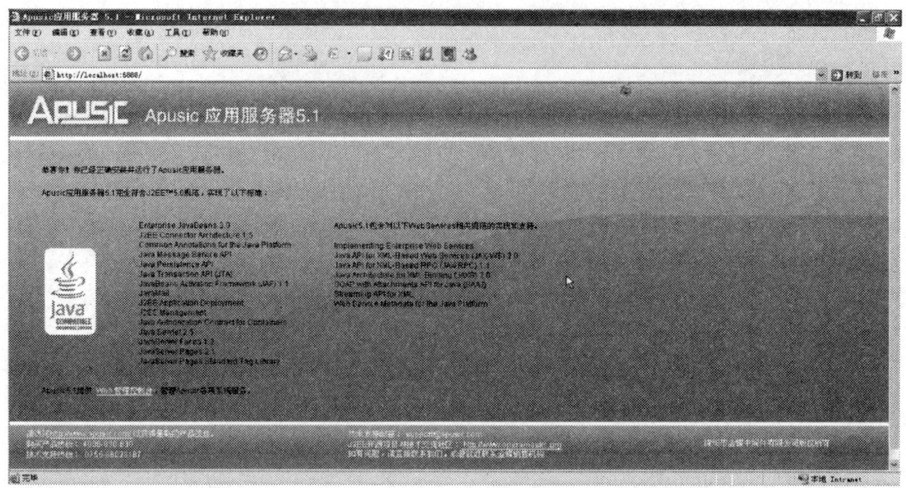

图 F2-2 金蝶页面

3 快速安装配置

3.1 安装介质

Apusic_install 目录内容:

Apusic-5.1-OS-Independent_sp3.zip //Apusic-5.1 的介质

jdk1.5.0_16_linux.zip //Apusic 所需的 JDK

setenv.zip //Apusic-5.1 的环境设置文件

install.sh //安装执行程序

3.2 安装步骤

上传 Apusic_install 到任意目录,例如放在/tmp 目录下执行:

```
#cd/tmp/Apusic_install
#sh install.sh
```

```
Aqsiq-dmz-jyjyjhl:/tmp/apusic_install # sh install.sh
/opt
unzip jdk1.5.0_16
Archive:  jdk1.5.0_16_linux.zip
   creating: /usr/java/jdk1.5.0_16/
   creating: /usr/java/jdk1.5.0_16/bin/
  inflating: /usr/java/jdk1.5.0_16/bin/extcheck
  inflating: /usr/java/jdk1.5.0_16/bin/apt
  inflating: /usr/java/jdk1.5.0_16/bin/ControlPanel
  inflating: /usr/java/jdk1.5.0_16/bin/HtmlConverter
  inflating: /usr/java/jdk1.5.0_16/bin/appletviewer
  inflating: /usr/java/jdk1.5.0_16/bin/jarsigner
  inflating: /usr/java/jdk1.5.0_16/bin/idlj
  inflating: /usr/java/jdk1.5.0_16/bin/jar
```

这样会在/opt 目录下出现一个 Apusic-5.1:

```
Aqsiq-dmz-jyjyjhl:/opt # ls
.  ..  IBMJava2-142  apusic-5.1  gnome  kde3
```

在/usr/java 目录下会出现 jdk1.5.0_16 目录：

```
Aqsiq-dmz-jyjyjhl:/usr/java # ls
.  ..  jdk1.5.0_16
```

3.3　建应用域

创建应用域名时，由于系统原因，不支持使用中文域名，合法的域名如 zhcx_clusterdomain，假定使用 WEB 端口 9868，安全端口 1896。

进入/opt/Apusic-5.1/bin，执行 config 命令：

```
#cd/opt/Apusic-5.1/bin
#sh config
```

根据提示，输入 1(创建新域)：

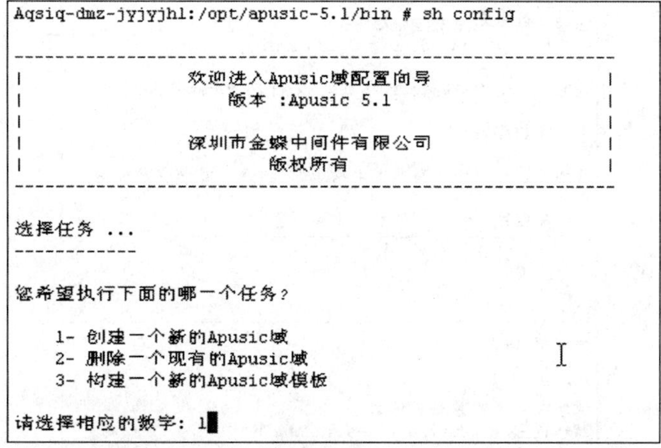

```
Aqsiq-dmz-jyjyjhl:/opt/apusic-5.1/bin # sh config

-------------------------------------------------------------
|                 欢迎进入Apusic域配置向导                    |
|                   版本 :Apusic 5.1                          |
|                                                             |
|                 深圳市金蝶中间件有限公司                    |
|                       版权所有                              |
-------------------------------------------------------------

选择任务 ...
------------

您希望执行下面的哪一个任务?

    1- 创建一个新的Apusic域
    2- 删除一个现有的Apusic域
    3- 构建一个新的Apusic域模板

请选择相应的数字: 1
```

根据提示选择 1，创建不需要指定的域模板：

```
-------------------------------------------------------------
|                 欢迎进入Apusic域配置向导                    |
|                   版本 :Apusic 5.1                          |
|                                                             |
|                 深圳市金蝶中间件有限公司                    |
|                       版权所有                              |
-------------------------------------------------------------

选择任务 ...
------------

您希望执行下面的哪一个任务?

    1- 创建一个新的Apusic域
    2- 删除一个现有的Apusic域
    3- 构建一个新的Apusic域模板

请选择相应的数字: 1

欢迎进入域创建向导中心
----------------------

该向导将会帮助您创建一个全新的Apusic域. 同时也会在您的计算机上创建一些相关文件和需要的目录.

按<ENTER>键继续:

选择域来源 ...
--------------

选择将要创建的域的来源.您能够指定一个域模板来创建域,也可以不使用域模板创建域.

  ->1- 创建域不需要指定域模板
    2- 通过指定域模板来创建域

请选择相应的数字,或按<ENTER>键接受默认选择:1
```

接着会提示域的路径。可以直接按回车（选择默认位置）。会在/opt/Apusic-5.1/domains 下建立相应的域：

```
域配置 ...
----------

您想在哪一位置安装该域?
默认位置 = /opt/apusic-5.1/domains

请输入一个绝对路径,或按<ENTER>键接受默认位置

    安装路径: █
```

建立域的名称，例如 zhcx_clusterdomain（根据需要修改）

```
域配置 ...
----------

您想在哪一位置安装该域?
默认位置 = /opt/apusic-5.1/domains

请输入一个绝对路径,或按<ENTER>键接受默认位置

    安装路径:

请为该域输入一个有效的名称,域名称是该域的有效标识.

    域名称: zhcx_clusterdomain█
```

监听地址 0.0.0.0：

```
域配置 ...
----------

您想在哪一位置安装该域?
默认位置 = /opt/apusic-5.1/domains

请输入一个绝对路径,或按<ENTER>键接受默认位置

    安装路径:

请为该域输入一个有效的名称,域名称是该域的有效标识.

    域名称: zhcx_clusterdomain

服务器配置 ...
--------------

请输入服务器监听地址

    监听地址 : 0.0.0.0█
```

设置 web 端口 9868（根据需要修改）：

```
服务器配置 ...
--------------

请输入服务器监听地址

    监听地址 : 0.0.0.0

请输入服务器监听端口

    监听端口 : 9868█
```

启动 SSL，输入 y（根据需要启动）：

```
服务器配置 ...
--------------

请输入服务器监听地址

    监听地址 : 0.0.0.0

请输入服务器监听端口

    监听端口 : 9868

请为服务器选择是否启用SSL安全.
默认选择 = 否

请输入您的选择,按<ENTER>键接受默认选择

    启用SSL安全 (Y|N): y
```

设置 SSL 监听端口:1896(根据需要修改)

```
请为服务器选择是否启用SSL安全.
默认选择 = 否

请输入您的选择,按<ENTER>键接受默认选择

    启用SSL安全 (Y|N): y

请输入服务器SSL安全监听端口

    SSL监听端口 : 1896
```

配置数据源：可以在建立完域之后进行配置，选择 N。

```
请输入服务器SSL安全监听端口

    SSL监听端口 : 1896

数据源配置 ...
--------------

这里将会帮助您在创建域时, 也能够配置您所需要的数据源.
默认选择 = 否

请选择,按<ENTER>键接受默认选择

    是否希望配置一些数据源? (Y|N): n
```

应用程序配置:(这里我没有配置)可以在建立完域之后进行配置，选择 N。

```
J2EE应用程序配置 ...
--------------------

这里将会帮助您在创建域时, 也能够配置您所需要的J2EE应用程序.
默认选择 = 否

请选择,按<ENTER>键接受默认选择

    是否希望配置一些J2EE应用程序? (Y|N):
```

成功建立域的提示信息：

```
请选择,按<ENTER>键接受默认选择

    是否希望配置一些J2EE应用程序? (Y|N):

请稍后...
---------

....

您所选择的任务成功执行完毕.
```

这时可以进入/opt/Apusic-5.1/domains 查看新建立的应用域，会出现 zhcx_clusterdomain 目录：

```
Aqsiq-dmz-jyjyjhl:/opt/apusic-5.1/domains # ls
.  ..  mydomain  samples  zhcx_clusterdomain_
```

3.4 删除域

如果需要，可进行域的删除。

进入/opt/Apusic-5.1/bin，执行 config 命令：

```
#cd/opt/Apusic-5.1/bin
#sh config
```

根据提示选择 2 删除域：

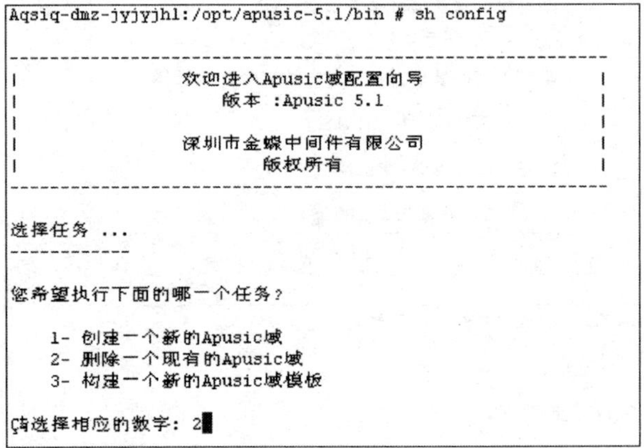

```
Aqsiq-dmz-jyjyjhl:/opt/apusic-5.1/bin # sh config

------------------------------------------------------------
|                  欢迎进入Apusic域配置向导                 |
|                   版本 :Apusic 5.1                        |
|                                                           |
|                 深圳市金蝶中间件有限公司                  |
|                       版权所有                            |
------------------------------------------------------------

选择任务 ...
------------

您希望执行下面的哪一个任务？

    1- 创建一个新的Apusic域
    2- 删除一个现有的Apusic域
    3- 构建一个新的Apusic域模板

请选择相应的数字: 2
```

回车后会列出目前所创建的域，选择你删除的域：

```
请选择相应的数字: 2

欢迎进入删除域向导中心
----------------------

该向导将会帮助您删除一个存在的Apusic域，同时也会在您的计算机上删除一些相关的文件和目录.

按<ENTER>键继续:

选择域 ...
----------

下面列出了该Apusic产品中安装的所有域，请选择需要被删除的域.

    1- mydomain
    2- samples
    3- zhcx_clusterdomain

请选择相应的数字:2
```

回车后，会提示删除成功：

```
选择域 ...
----------

下面列出了该Apusic产品中安装的所有域，请选择需要被删除的域.

    1- mydomain
    2- samples
    3- zhcx_clusterdomain

请选择相应的数字:2


您所选择的任务成功执行完毕.
```

可以进入/opt/Apusic-5.1/domains，查看到刚才删除的域已不存在：

```
Aqsiq-dmz-jyjyjhl:/opt/apusic-5.1/domains # ls
.  ..  mydomain  zhcx_clusterdomain
```

3.5　启动/停止金蝶

启动 Apusic，进入要启动域的 bin 目录，输入启动指令：

```
#cd/opt/Apusic-5.1/domains/zhcx_clusterdomain/bin
#setsid ./startApusic &
```

启动时提示信息：

```
Aqsiq-dmz-jyjyjhl:/opt/apusic-5.1/domains/zhcx_clusterdomain/bin # ./startapusic
Using APUSIC_HOME:      /opt/apusic-5.1
Using DOMAIN_HOME:      /opt/apusic-5.1/domains/zhcx_clusterdomain
Using JAVA_HOME:        /usr/java/jdk1.5.0_16

Using JAVA_RUN=/usr/java/jdk1.5.0_16/bin/java

CLASSPATH=.:/opt/apusic-5.1/classes:/opt/apusic-5.1/sp/*.jar:/opt/apusic-5.1/common/apusic-resources.jar:/opt/apusic-5.1/common/el
/opt/apusic-5.1/common/javaee.jar:/opt/apusic-5.1/common/jaxb-api.jar:/opt/apusic-5.1/common/jsf-api.jar:/opt/apusic-5.1/lib/apusi
:/opt/apusic-5.1/lib/apusic.jar:/opt/apusic-5.1/lib/apusic-launcher.jar:/opt/apusic-5.1/lib/concurrent.jar:/opt/apusic-5.1/lib/dep
/apusic-5.1/lib/dsn.jar:/opt/apusic-5.1/lib/elite.jar:/opt/apusic-5.1/lib/firststep.jar:/opt/apusic-5.1/lib/gftool.jar:/opt/apusic
b-impl.jar:/opt/apusic-5.1/lib/jaxb-xjc.jar:/opt/apusic-5.1/lib/jgroups-all.jar:/opt/apusic-5.1/lib/jhall.jar:/opt/apusic-5.1/lib/
/opt/apusic-5.1/lib/ldapsp.jar:/opt/apusic-5.1/lib/mejb.jar:/opt/apusic-5.1/lib/operamasks-impl.jar:/opt/apusic-5.1/lib/razor.jar:
5.1/lib/standard.jar:/opt/apusic-5.1/lib/*.zip:/opt/apusic-5.1/lib/ext/bcprov-jdk15-138.jar:/opt/apusic-5.1/lib/ext/operamasks-thi
:/opt/apusic-5.1/lib/ext/toplink-essentials-agent.jar:/opt/apusic-5.1/lib/ext/toplink-essentials.jar:/opt/apusic-5.1/lib/ext/*.zip
5.1/domains/zhcx_clusterdomain/lib/*.zip:/opt/apusic-5.1/domains/zhcx_clusterdomain/lib/*.jar:

PATH=/opt/apusic-5.1/jdk/bin:/opt/apusic-5.1/jre/bin:/sbin:/usr/sbin:/usr/local/sbin:/root/bin:/usr/local/bin:/usr/bin:/usr/X11R6/
r/games:/opt/gnome/bin:/opt/kde3/bin:/usr/lib/java/jre/bin

start apusic in normal mode.....

Apusic/Enterprise 5.1 SP3
Licensed from 2007-01-31 to 2010-12-30
Connections limited to 10

2009-04-22 08:44:41 信息 [apusic.service.ThreadPool.default] 成功启动
2009-04-22 08:44:41 信息 [apusic.service.ThreadPool.MuxHandler] 成功启动
2009-04-22 08:44:41 信息 [apusic.service.ThreadPool.HTTPHandler] 成功启动
2009-04-22 08:44:41 信息 [apusic.service.ThreadPool.JMSHandler] 成功启动
2009-04-22 08:44:41 信息 [apusic.service.ThreadPool.ORBWorker] 成功启动
2009-04-22 08:44:41 信息 [apusic.service.Muxer] 侦听端口 9868
2009-04-22 08:44:41 信息 [apusic.service.Muxer] 侦听端口 1896
2009-04-22 08:44:41 信息 [apusic.service.Muxer] 成功启动
2009-04-22 08:44:41 信息 [apusic.service.JCA] 成功启动
2009-04-22 08:44:42 信息 [apusic.service.MUXEndpoint] 成功启动
2009-04-22 08:44:42 信息 [apusic.service.ACPEndpoint] 成功启动
2009-04-22 08:44:42 信息 [apusic.service.HttpSessionStore] 成功启动
2009-04-22 08:44:42 信息 [apusic.service.Web] 成功启动
2009-04-22 08:44:42 信息 [apusic.service.ORB] 成功启动
2009-04-22 08:44:42 信息 [apusic.service.HttpSession] 成功启动
2009-04-22 08:44:42 信息 [apusic.service.Domain] 成功启动
2009-04-22 08:44:42 信息 [apusic.service.Naming] 成功启动
2009-04-22 08:44:42 信息 [apusic.service.Transaction] 成功启动
2009-04-22 08:44:42 信息 [apusic.JDBC.SampleDB] 成功启动
2009-04-22 08:44:42 信息 [apusic.service.JDBC] 成功启动
2009-04-22 08:44:42 信息 [apusic.service.EJB] 成功启动
2009-04-22 08:44:42 信息 [apusic.service.RMIConnector] 成功启动
2009-04-22 08:44:42 信息 [apusic.realm.default] 成功启动
2009-04-22 08:44:42 信息 [apusic.service.Security] 成功启动
2009-04-22 08:44:42 信息 [apusic.service.EJBTimer] 成功启动
2009-04-22 08:44:42 信息 [apusic.service.JMSMessageStoreProvider] 成功启动
2009-04-22 08:44:42 信息 [apusic.service.JMS] 成功启动
2009-04-22 08:44:42 信息 [apusic.JMS.JMSQueue.SYSTEM.DEAD_LETTER] 成功启动
2009-04-22 08:44:42 信息 [apusic.JMS.JMSQueue.testQueue] 成功启动
2009-04-22 08:44:42 信息 [apusic.JMS.JMSQueue.testReplyQueue] 成功启动
2009-04-22 08:44:42 信息 [apusic.JMS.JMSTopic.SYSTEM] 成功启动
2009-04-22 08:44:42 信息 [apusic.JMS.JMSTopic.SYSTEM.ADMIN_EVENT_TOPIC] 成功启动
2009-04-22 08:44:42 信息 [apusic.JMS.JMSTopic.testTopic] 成功启动
2009-04-22 08:44:42 信息 [apusic.JMS.ConnectionFactory.ConnectionFactory] 成功启动
2009-04-22 08:44:42 信息 [apusic.JMS.ConnectionFactory.SYSTEM.ADMIN_CONNECTION_FACTORY] 成功启动
2009-04-22 08:44:42 信息 [apusic.service.JMSRegistry] 成功启动
2009-04-22 08:44:43 信息 [apusic.web.webtool.ear./admin] Context Root [/admin]
2009-04-22 08:44:43 信息 [apusic.application.webtool.ear] 成功启动
2009-04-22 08:44:43 信息 [apusic.ejb.mejb.jar.MEJB] EJB home 'ejb/mgmt/MEJB' 已注册.
2009-04-22 08:44:43 信息 [apusic.application.mejb.jar] 成功启动
2009-04-22 08:44:43 信息 [apusic.web.default./] Context Root [/]
2009-04-22 08:44:43 信息 [apusic.application.default] 成功启动
2009-04-22 08:44:43 信息 [apusic.service.J2EEDeployer] 成功启动
2009-04-22 08:44:43 信息 [apusic.service.ClassLoaderViewer] 成功启动
2009-04-22 08:44:43 信息 [apusic.service.JDBCTracer] 成功启动
2009-04-22 08:44:43 信息 [apusic.service.admin] 成功启动
2009-04-22 08:44:43 信息 [apusic.server.Main] 服务器就绪.
```

停止 Apusic：

```
./stopApusic admin password iiop://localhost:9868
```

其中，admin：管理员的用户名；password：管理员的密码；9868：所在域的端口号。

3.6 修改相关配置

（1）增加 JVM 大小

进入/opt/Apusic-5.1/domains/zhcx_clusterdomain/bin/目录，通过 vi 命令修改 startApusic 文件（斜体部分为修改部分）：

```
JVM_OPTS="-server-Xms128m-Xmx512m-XX:MaxPermSize=128m"
修改为 JVM_OPTS="-server-Xms512m-Xmx1024m-XX:MaxPermSize=128m"
在最后一行
$JAVA_RUN-Dcom.Apusic.domain.home="$DOMAIN_HOME"-classpath "$CP"com.Apusic.server.Main-root"$APUSIC_HOME""$@"
增加$JVM_OPTS
修改为：
$JAVA_RUN-Dcom.Apusic.domain.home="$DOMAIN_HOME"$JVM_OPTS-classpath"$CP"com.Apusic.server.Main-root"$APUSIC_HOME""$@"
```

（2）支持 URI 中文

进入/opt/Apusic-5.1/domains/zhcx_clusterdomain/config/目录，通过 vi 修改 Apusic.conf 文件。找到 CLASS="com.Apusic.web.WebService"段增加斜体部分：

```
<SERVICE
    CLASS="com.Apusic.web.WebService"
    >
    <ATTRIBUTE NAME="URIEncoding"VALUE="GBK"/>
    <ATTRIBUTE NAME="MaxWaitingClients"VALUE="500"/>
    <ATTRIBUTE NAME="WaitingClientTimeout"VALUE="5"/>
    <ATTRIBUTE NAME="KeepAlive"VALUE="true"/>
    <ATTRIBUTE NAME="KeepAliveTimeout"VALUE="15"/>
    <ATTRIBUTE NAME="MaxKeepAliveRequests"VALUE="100"/>
    <ATTRIBUTE NAME="MaxKeepAliveConnections"VALUE="300"/>
    <ATTRIBUTE NAME="NumberSelectors"VALUE="1"/>
    <ATTRIBUTE NAME="ServletReloadCheckInterval"VALUE="3"/>
    <ATTRIBUTE NAME="EnableLog"VALUE="False"/>
    <ATTRIBUTE NAME="LogFileName"VALUE="logs/access.log"/>
    <ATTRIBUTE NAME="LogFileLimit"VALUE="1000000"/>
    <ATTRIBUTE NAME="LogFileCount"VALUE="10"/>
</SERVICE>
```

4　集群部署

软集群部署采用 Apusic 的负载均衡。如果采用硬件负载均衡，只需要普通建域过程即可。以建立 zhcx_clusterdomain 应用集群为例，根据用户具体的部署应用情况，逐个建立所有的应用集群。

4.1　建立集群负载和应用域

集群域规划设置，见表 F4-1。

表 F4-1　集群域规划设置

项目	域名	ip	web 端口/ssl 端口
负载均衡	zhcx_loadbalancer	10.10.87.9	9898/1898
节点 1	zhcx_clusterdomain	10.10.87.9	9896/1896
节点 2	zhcx_clusterdomain	10.10.87.10	9896/1896

根据本附录“3.3 建应用域”的方法，在 10.10.87.9 上建立 zhcx_loadbalancer、zhcx_clusterdomain 2 个域；在 10.10.87.10 上建立 zhcx_clusterdomain 域。

4.2　集群节点域的配置

进入/opt/Apusic-5.1/domains/zhcx_clusterdomain/config 目录，通过 vi 命令修改 Apusic.conf 文件，修改斜体部分：

```
<SERVICE
    CLASS="com.Apusic.net.Muxer"
    >
    <ATTRIBUTE NAME="Timeout"VALUE="300"/>
    <ATTRIBUTE NAME="KeyStore"VALUE="config/sslserver"/>
    <ATTRIBUTE NAME="SecurePort"VALUE="1896"/>
    <ATTRIBUTE NAME="MaxWaitingClients"VALUE="200"/>
    <ATTRIBUTE NAME="WaitingClientTimeout"VALUE="5"/>
    <ATTRIBUTE NAME="SSLEnabled"VALUE="true"/>
    <ATTRIBUTE NAME="KeyPassword"VALUE="keypass"/>
    <ATTRIBUTE NAME="Backlog"VALUE="50"/>
    <ATTRIBUTE NAME="Port"VALUE="9896"/>
</SERVICE>

<SERVICE
    CLASS="com.Apusic.web.WebService"
    >
    <ATTRIBUTE NAME="URIEncoding"VALUE="GBK"/>
    <ATTRIBUTE NAME="EnableLog"VALUE="False"/>
    <ATTRIBUTE NAME="MaxWaitingClients"VALUE="500"/>
    <ATTRIBUTE NAME="WaitingClientTimeout"VALUE="5"/>
```

```
    <ATTRIBUTE NAME="LogFileCount"VALUE="10"/>
    <ATTRIBUTE NAME="LogFileName"VALUE="logs/access.log"/>
    <ATTRIBUTE NAME="LogFileLimit"VALUE="1000000"/>
    <ATTRIBUTE NAME="ServletReloadCheckInterval"VALUE="300"/>
    <ATTRIBUTE NAME="KeepAlive"VALUE="true"/>
    <ATTRIBUTE NAME="NumberSelectors"VALUE="1"/>
    <ATTRIBUTE NAME="KeepAliveTimeout"VALUE="15"/>
    <ATTRIBUTE NAME="MaxKeepAliveConnections"VALUE="300"/>
    <ATTRIBUTE NAME="MaxKeepAliveRequests"VALUE="100"/>

</SERVICE>

<SERVICE
    CLASS="com.Apusic.web.session.SessionService"
    >
    <ATTRIBUTE NAME="Distributable"VALUE="True"/>
    <ATTRIBUTE NAME="Replicable"VALUE="False"/>
    <ATTRIBUTE NAME="SessionStick"VALUE="False"/>
    <ATTRIBUTE NAME="SessionInvalidateCheckInterval"VALUE="60"/>
    <ATTRIBUTE NAME="DestorySessionOnApplicationStop"VALUE="True"/>
    <ATTRIBUTE NAME="PersisteSession"VALUE="False"/>
    <ATTRIBUTE NAME="MaxSessionsInCache"VALUE="10240"/>
    <ATTRIBUTE NAME="DefaultSessionTimeout"VALUE="3600"/>
</SERVICE>
```

修改说明：<ATTRIBUTE NAME="Distributable" VALUE="*True*"/> 支持负载转发。

4.3 集群负载域配置

进入/opt/Apusic-5.1/domains/zhcx_loadbalancer/config 目录：

```
#cd/opt/Apusic-5.1/domains/zhcx_loadbalancer/config
```

备份 Apusic.conf 文件为 appusic.conf.bak：

```
#mv Apusic.conf Apusic.conf.bak
```

修改 loadbalancer.conf 为 Apusic.conf：

```
#mv loadbalancer.conf Apusic.conf
```

修改 Apusic.conf 文件中的斜体部分：

```
<?xml version="1.0"encoding="UTF-8"?>

<CONFIG>
```

```
<SERVICE
    CLASS="com. Apusic. util. ThreadPoolService"
    NAME="Apusic:service=ThreadPool,name=HTTPHandler"
    >
    <ATTRIBUTE NAME="MinSpareThreads"VALUE="5"/>
    <ATTRIBUTE NAME="MaxSpareThreads"VALUE="30"/>
    <ATTRIBUTE NAME="MaxThreads"VALUE="30"/>
    <ATTRIBUTE NAME="IdleTimeout"VALUE="300"/>
</SERVICE>

<SERVICE
    CLASS="com. Apusic. web. loadbalancer. LoadBalancer"
    >
    <ATTRIBUTE NAME="URIEncoding"VALUE="GBK"/>
    <ATTRIBUTE NAME="ServerPort"VALUE="9898"/>
    <ATTRIBUTE NAME="BackendServers"
VALUE="10.10.87.9:9896,10.10.87.10:9896"/>
    <ATTRIBUTE NAME="MaxWaitingClients"VALUE="500"/>
    <ATTRIBUTE NAME="WaitingClientTimeout"VALUE="5"/>
    <ATTRIBUTE NAME="KeepAlive"VALUE="True"/>
    <ATTRIBUTE NAME="MaxKeepAliveRequests"VALUE="100"/>
    <ATTRIBUTE NAME="KeepAliveTimeout"VALUE="15"/>
    <ATTRIBUTE NAME="MaxKeepAliveConnections"VALUE="300"/>
    <ATTRIBUTE NAME="EnableLog"VALUE="False"/>
    <ATTRIBUTE NAME="LogFileName"VALUE="logs/access. log"/>
    <ATTRIBUTE NAME="LogFileLimit"VALUE="1000000"/>
    <ATTRIBUTE NAME="LogFileCount"VALUE="10"/>
</SERVICE>

<SERVICE
    CLASS="com. Apusic. web. session. FileSessionStoreService"
    >
    <ATTRIBUTE NAME="Directory"VALUE="store/swap111"/>
</SERVICE>

<SERVICE
    CLASS="com. Apusic. web. http. tcp. TCPEndpoint"
    NAME="Endpoint:type=tcp,service=LoadBalancer"
    >
    <ATTRIBUTE NAME="Port"VALUE="9898"/>
    <ATTRIBUTE NAME="Backlog"VALUE="50"/>
    <ATTRIBUTE NAME="Timeout"VALUE="300"/>
```

```
</SERVICE>

<SERVICE
    CLASS="com.Apusic.web.http.ssl.SSLEndpoint"
    NAME="Endpoint:type=ssl,service=LoadBalancer"
    >
    <ATTRIBUTE NAME="Port"VALUE="1898"/>
    <ATTRIBUTE NAME="Backlog"VALUE="50"/>
    <ATTRIBUTE NAME="Timeout"VALUE="300"/>
    <ATTRIBUTE NAME="KeyStore"VALUE="config/sslserver"/>
    <ATTRIBUTE NAME="KeyPassword"VALUE="keypass"/>
</SERVICE>

</CONFIG>
```

斜体部分为根据具体情况修改：

<ATTRIBUTE NAME="ServerPort"VALUE="9898"/> ,9898 是 web 的服务端口。

<ATTRIBUTE NAME="BackendServers"

VALUE="10.10.87.9:9896,10.10.87.10:9896"/>为集群节点的 ip 和端口。

<ATTRIBUTE NAME="Port"VALUE="9898"/>,9898 是 web 的服务端口,与 ServerPort 一致。

<ATTRIBUTE NAME="Port"VALUE="1898"/>,1898 为 ssl 的服务端口。

5 常见问题

5.1 License 说明

Apusic5.1 有三种授权方式：

(1) 从官方网站下载或随产品介质发放的 AAS 开发版授权,此类授权有 10 个连接数限制,无时间限制。

(2) 联系金蝶中间件销售人员申请临时授权,此类授权有时间限制,无连接数限制。

(3) 向金蝶中间件公司购买正式授权,此类授权绑定 IP 地址,无限制。

5.2 如何查看 license 信息

进入到域目录：

```
#cd/opt/Apusic-5.1/domains/mydomain/bin
#startApusic-v
```

可查看到包括 Apusic 版本号,license 有效时间等内容,见图 F5-1。

5.3 如何安装 license

把获取到的 license,替换到/opt/Apusic-5.1/license/目录下即可。然后重启应用,不需要重启机器。

```
starting apusic in normal mode......

Apusic/Enterprise 5.1 SP3
Licensed from 2010-12-21 to 2011-12-30
Connections limited to 10

2011-05-24 09:54:02 信息 [apusic.service.ThreadPool.default] 成功启动
2011-05-24 09:54:02 信息 [apusic.service.ThreadPool.MuxHandler] 成功启动
2011-05-24 09:54:02 信息 [apusic.service.ThreadPool.HTTPHandler] 成功启动
2011-05-24 09:54:02 信息 [apusic.service.ThreadPool.JMSHandler] 成功启动
2011-05-24 09:54:02 信息 [apusic.service.ThreadPool.ORBWorker] 成功启动
2011-05-24 09:54:02 信息 [apusic.service.Muxer] 侦听端口 6888
```

图 F5-1　金蝶 license 信息

5.4　License 加入后没有生效

如果 Apusic License 没有生效，启动出现类似以下字样：

```
C:\Program Files\ThinkPad Wireless LAN Adapter Software;C
Files\Thunder Network\KanKan\Codecs;C:\Program Files\Quic
ram Files\SSH Communications Security\SSH Secure Shell

The server license is out of date
```

这时 Apusic 没有检测到有效的 License 文件，可以依据以下方法来分析：

(1) 先确定 License 是不是有效的。例如申请 License 时用的 IP 和真实环境中的 IP 地址不一致，License 无效。

(2) License 的文件名和位置是否正确。Apusic License 文件名没有任何后缀，文件名为：license，license 文件所在位置是：APUSIC_HOME/license/目录下。

5.5　启动后出现乱码

```
start apusic in normal mode.....

Apusic/Enterprise 5.1 SP3
Licensed from 2010-12-21 to 2011-12-30
Connections limited to 10

2011-05-30 11:01:01 淇℃?[apusic.service.ThreadPool.default] 鍚姩
2011-05-30 11:01:01 淇℃?[apusic.service.ThreadPool.MuxHandler] 鍚姩
2011-05-30 11:01:01 淇℃?[apusic.service.ThreadPool.HTTPHandler] 鍚姩
2011-05-30 11:01:01 淇℃?[apusic.service.ThreadPool.JMSHandler] 鍚姩
2011-05-30 11:01:01 淇℃?[apusic.service.ThreadPool.ORBWorker] 鍚姩
2011-05-30 11:01:01 淇℃?[apusic.service.Muxer] 渚﹀惉  ?6888]
2011-05-30 11:01:01 淇℃?[apusic.service.Muxer] 渚﹀惉  ?6889]
2011-05-30 11:01:01 淇℃?[apusic.service.Muxer] 鍚姩
2011-05-30 11:01:01 淇℃?[apusic.service.JCA] 鍚姩
2011-05-30 11:01:01 淇℃?[apusic.service.MUXEndpoint] 鍚姩
2011-05-30 11:01:01 淇℃?[apusic.service.ACPEndpoint] 鍚姩
2011-05-30 11:01:01 淇℃?[apusic.service.HttpSessionStore] 鍚姩
2011-05-30 11:01:01 淇℃?[apusic.service.Web] 鍚姩o
```

如果出现以上乱码，不影响正常使用。

可以通过 export LC_ALL=zh.GBK 命令解决乱码问题。

5.6　Apusic 远程管理(WebAdmin)地址

地址：http://your-host-name:6888/admin/，其中 your-host-name 指目标服务器所在的 IP 地址，6888 为应用域的端口号。

5.7　金蝶后台管理的默认密码

用户：admin；密码：admin。

5.8 没有找到 JDK 环境

```
$ DOMAINS_HOME\bin>startapusic
The JAVA_HOME environment variable is not defined
This environment variable is needed to run this program
```

解决方法:设置 Apusic-5.1/bin 目录下的 setenv 设置 JAVA_HOME。

5.9 端口被占用

端口被占用时,启动时会提示:

java.net.BindException: Address already in use: bind

```
# ./startapusic
Apusic/Advanced 4.0.3 Build 200606011112
Licensed from 2006-07-26 to 2088-09-13
Connections limited to 15

2007-02-03 10:03:40 INFO [apusic.service.ThreadPool.default] Started.
2007-02-03 10:03:40 INFO [apusic.service.ThreadPool.MuxHandler] Started.
2007-02-03 10:03:40 INFO [apusic.service.ThreadPool.HTTPHandler] Started.
2007-02-03 10:03:40 INFO [apusic.service.ThreadPool.JMSHandler] Started.
2007-02-03 10:03:40 INFO [apusic.service.ThreadPool.ORBWorker] Started.
2007-02-03 10:03:40 INFO [apusic.service.Muxer] Listen on port 6888.
2007-02-03 10:03:40 ERROR [apusic.service.Muxer] Starting failed.
java.net.BindException: The socket name is already in use.
        at sun.nio.ch.Net.bind(Native Method)
        at sun.nio.ch.ServerSocketChannelImpl.bind(ServerSocketChannelImpl.java:1
        at sun.nio.ch.ServerSocketAdaptor.bind(ServerSocketAdaptor.java:86)
        at com.apusic.net.Muxer.createServerSocketChannel(Unknown Source)
        at com.apusic.net.Muxer.startService(Unknown Source)
        at com.apusic.service.Service.start(Unknown Source)
        at sun.reflect.NativeMethodAccessorImpl.invoke0(Native Method)
```

端口被占用有两种可能:

(1) 所启动的应用域可能已经启动。解决:停止已启动的应用域,重新启动即可。

(2) 所使用的端口被别的程序占用。解决:需要查看哪个程序占用端口,停止占用端口的程序。或者修改应用域的端口号。

5.10 如何察看运行日志

系统及应用日志保存在 $DOMAINS_HOME/logs 目录中。

日志一共 10 个,分别以 0,1,2…9 结尾。每个文件最大为 10M。

日志为循环记录,最新日志在 apusic.log.0 文件中。

5.11 如何获得 Apusic-5.1 用户手册

可以访问金蝶的信息中心网址 http://infocenter.Apusic.com 来获取。

蓝实通科技有限公司

蓝实通科技有限公司是为适应无线射频大型开放式系统集成及软件开发，生物识别的需要而成立的系列相关企业。公司的技术人员有多年的 RFID 应用系统架构设计和中间件产品的开发使用经验，在 RFID 领域，为客户提供以下服务：

(1) RFID 应用的咨询和全面解决方案；

(2) 各类电子标签产品；

(3) 各类读写器和天线产品；

(4) RFID 中间件产品；

(5) RFID 应用的各类应用软件；

(6) 数据交换及传输软件平台；

(7) 系统集成服务。

1. RFID 活猪溯源监管系统

本系统结合目前活猪生产、检疫、运输、屠宰等环节流程设计，整个系统保持了良好的兼容性、稳定性和可扩展性。系统界面操作简单，贴近活猪生产及流通各环节实际使用，信息自动流转，提高整体效率，简化管理流程。

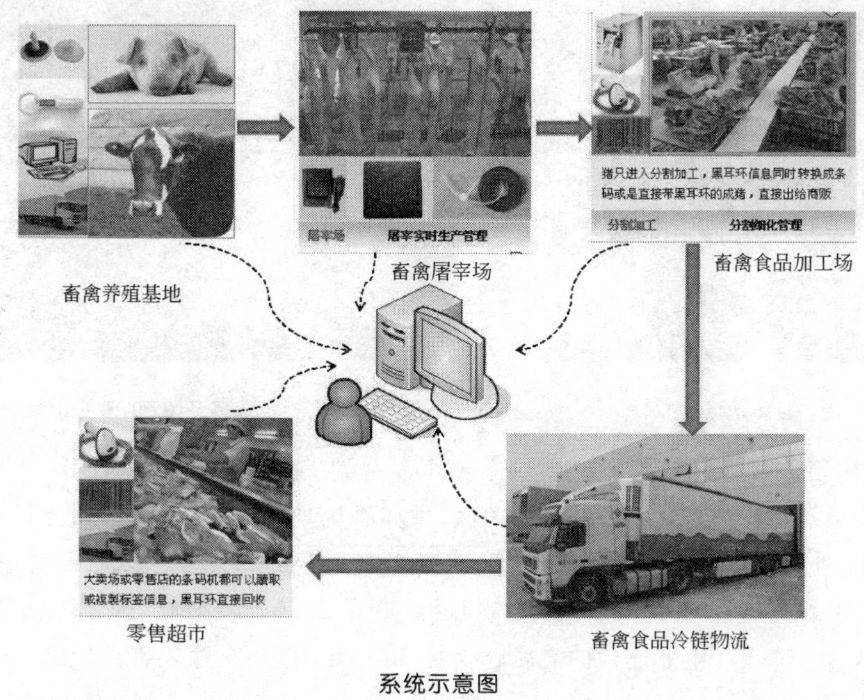

系统示意图

公司地址：北京市海淀区长春桥路 11 号 3 号楼万柳亿城中心 C2 座 1002

电话：010-58818852

传真：010-58815200

邮编：100086

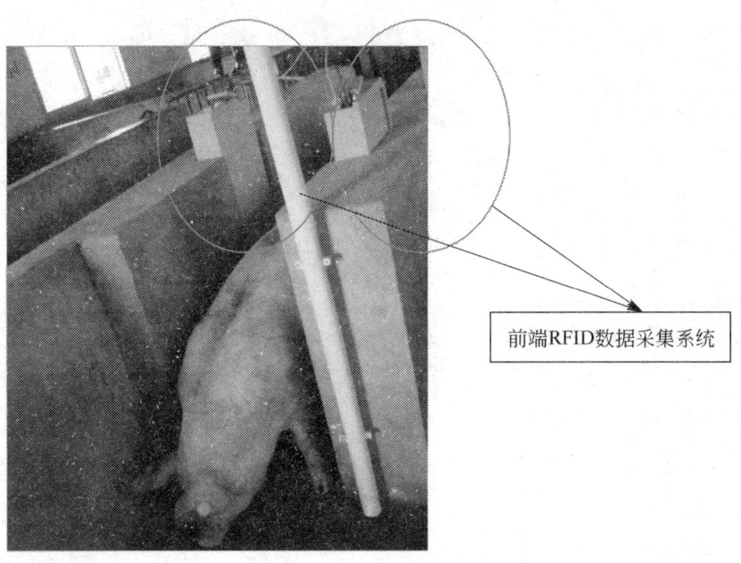

现场实际场景图

整体现场图

现场系统图

2. RFID 供港蔬菜溯源监管系统

食品安全问题日益受到广大消费者关注，中国香港地区作为内地的巨大的农产品及食品贸易伙伴，香港地区不仅本身具有巨大的消费能力，而且也是一条极其重要的把大陆的农产品及食品销往更广阔的国际市场的出口通道。随着 CEPA 的全面实施，香港地区与内地，尤其与广东乃至珠江三角洲地区的经贸合作更加紧密。经广东输入香港地区的蔬菜，占据了香港绝大部分的市场份额。目前据不完全统计，广东局辖区供港蔬菜基地 158 家 18 万亩。年供港蔬菜约 35 万吨，每天约 1 000 吨，每个蔬菜箱按照装 10 公斤计算，每天要用 100 000 个蔬菜箱。供港蔬菜数量巨大并且具有非常好的持续性。

随着供港蔬菜贸易量的不断增加，以及香港市民对食品安全关注度的不断提高，实现供港蔬菜全供应链溯源监管成为迫切需要解决的问题。检验检疫机构对供港蔬菜的监管是按照国家质量监督检验检疫总局(简称国家质检总局)2009 年 11 月 1 日颁布实施的《供港澳蔬菜检验检疫监督管理办法》,并担负着对供港蔬菜品质管理监督的职责,如何从蔬菜源头规范管理供港蔬菜加工、种植企业,以及实现快速监管、快速通关等企业关心的问题,成为亟待突破的管理瓶颈问题。

供港食品(蔬菜)溯源监管项目正是在以上背景下产生。监管系统平台将力争打造成进出口食品溯源监管的第三方公共平台,兼顾企业、政府、监管部门、物流企业、零售企业、消费者等多方信息公共平台。

目前,该系统平台已经完成开发并部署到广东出入境检验检疫局,系统在番禺区泰记蔬菜加工企业正式试点应用,每天经平台供港的蔬菜 3 000 多箱,蔬菜源头信息从种植、加工、检验检疫、发货等数据信息经电子标签绑定后自动读取,并上传到省局系统平台,蔬菜信息及电子标签数据信息即时共享到深圳口岸查验系统和香港物流数据平台。香港市民可以通过超市查验终端和网上查询系统就能了解蔬菜的源头信息和供应链信息。该系统平台在应用测试阶段得到香港用户好评。

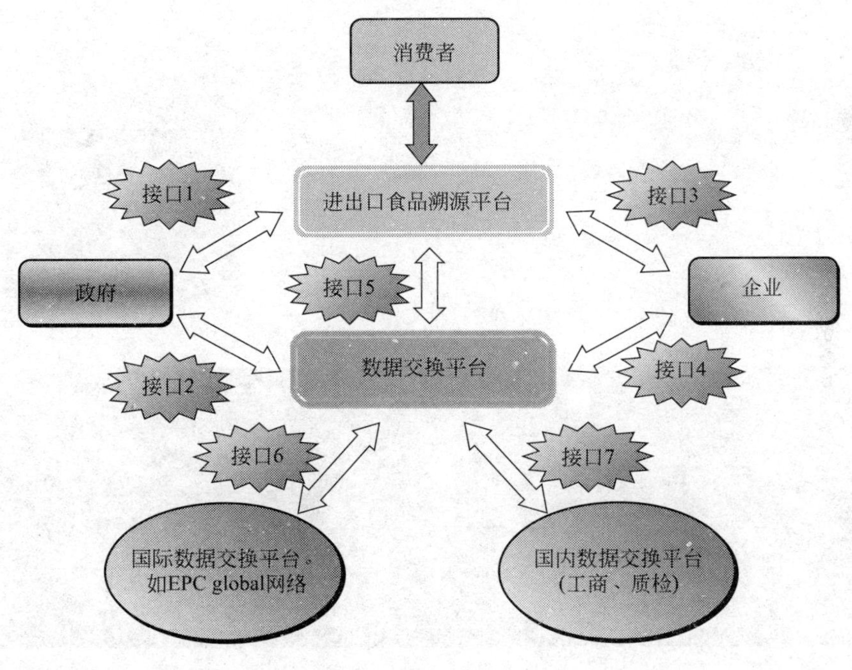

平台示意图

3. 进口红九溯源管理系统

基于物联网技术的进口法国葡萄酒溯源平台(简称 COID 平台),是以法国进口葡萄酒为载体,应用物联网技术对法国进口葡萄酒从葡萄种植产区、酒庄酿制生产、国际运输、进口检验检疫及通关、中国门店销售等国际供应链各环节信息进行采集、记录、整理和反馈,实现对法国进口葡萄酒的全程溯源追踪和管理。

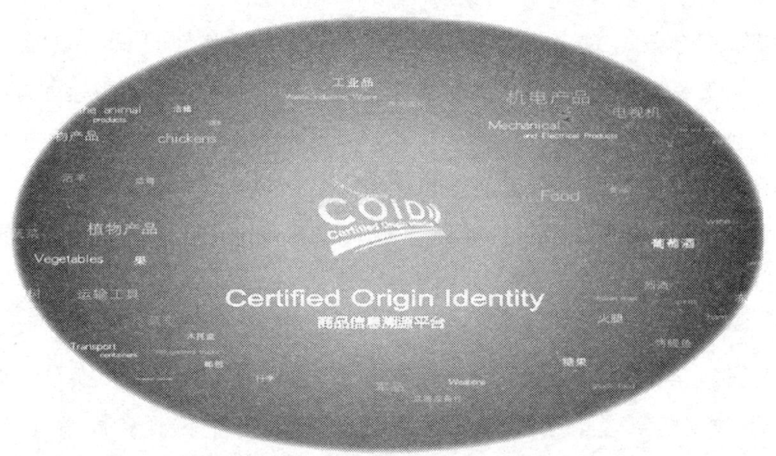

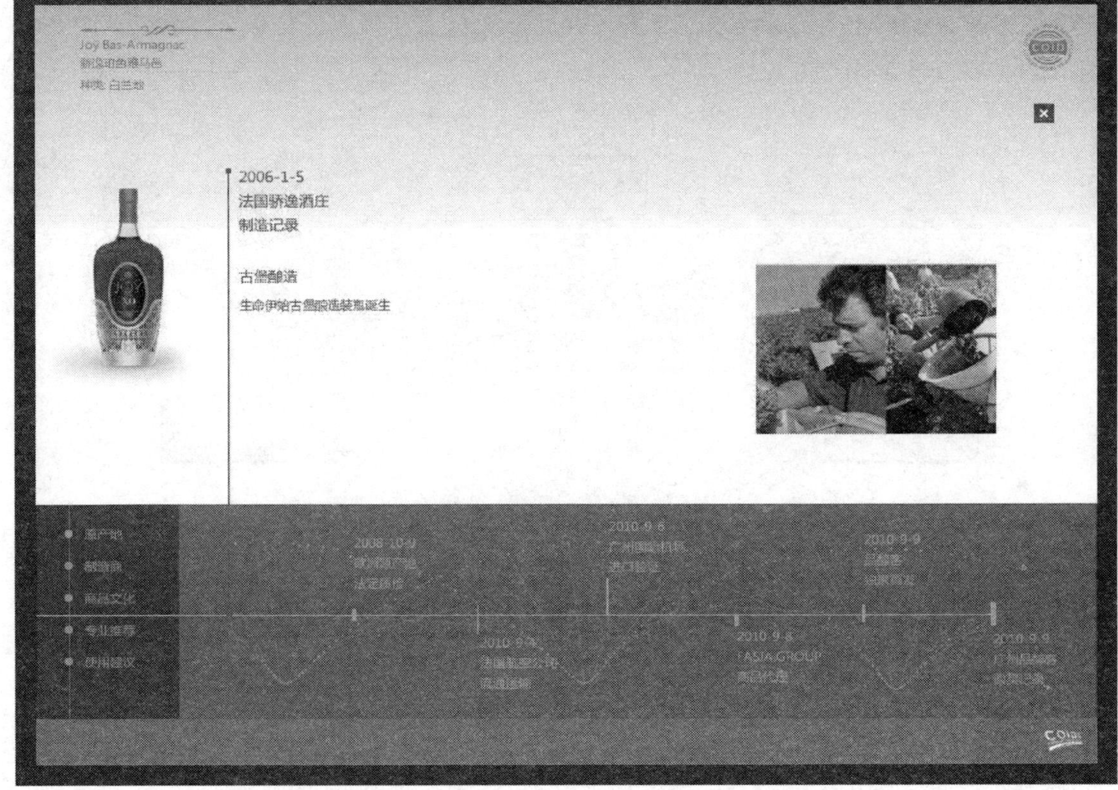

系统特点如下。

(1) 红酒商品全流程溯源，保证红酒原产地认证以及各个流通环节。

(2) 系统提供丰富的平台接口，可同政府监管等多个平台数据对接。

(3) 葡萄酒 7 个关键生命节点，严格监控每一瓶酒的质量。

(4) RFID 酒标全球唯一识别码，杜绝假冒红酒混淆消费者。

(5) 系统提供葡萄酒文化展示，让消费者认识和体验红酒文化。

4. 会议签到及人员管理系统

本系统选用特殊天线和读写设备，保证系统读取的敏度和准确率，适合高质量的大、中、小型会议场合，及多人员出入控制定位。

系统示意图

特点如下。

（1）国内首次实际项目中采用了 REVA 的 RFID 中间件，来管理读写器联网和获取标签数据。

（2）实现了标签的精确定位，通过核心算法有效地避免了相邻数据采集点的串读问题。

（3）实现了标签的准确读取，抓取的成功率达 98%以上。

（4）整套系统具有极高的响应速度，确保工作人员可以在第一时间做出反映。

（5）图形界面和声光报警等手段的采用，使全套系统非常友好，方便使用。